Robin Norwood

Briefe von Frauen, die zu sehr lieben

Betroffene machen Hoffnung

Deutsch
von Jürgen Peter Krause
und Karin Petersen

Rowohlt

Die Originalausgabe erschien 1988 unter dem Titel
Letters from Women Who Love Too Much. A Closer Look at Relationship, Addiction and Recovery
im Verlag POCKET BOOKS, a division of Simon & Schuster, Inc., New York

Umschlaggestaltung: Annette Brodda
Redaktion: Hermann Gieselbusch
Jürgen Peter Krause übersetzte die Seiten 9–200
Karin Petersen übersetzte die Seiten 200–390

1. Auflage März 1988

Gesetzt aus der Bembo (Linotron 202)
Gesamtherstellung: Clausen & Bosse, Leck
Printed in Germany
ISBN 3 498 04632 2

Inhalt

Was du in Jahren nicht ergrübeln kannst,
das Ziel «Erkenne dich selbst!»,
lehrt dich der Liebe Leidenschaft
an einem einzigen Tag.

Ralph Waldo Emerson
(1803–1882), «History»

Dank

Genau wie bei meinem vorigen Buch «Wenn Frauen zu sehr lieben» ist auch das Schreiben dieses neuen Textes wieder eine schwierige Geburt gewesen, bei der mir zwei Frauen unschätzbare Hebammendienste geleistet haben. Zum einen hat meine Lektorin Laura Golden Bellotti, die an der Entstehung und Gestaltung von «Wenn Frauen zu sehr lieben» schon so lebhaft Anteil genommen hatte, auch bei diesem Projekt wieder ihr feines Gespür und ihr großes Talent eingebracht. Obwohl sie sich auf die Geburt ihres eigenen Sohnes vorbereiten mußte und seither von den Pflichten und Freuden einer Mutter ganz in Anspruch genommen wird, hat sie als Lektorin weiterhin eine glückliche Hand gehabt, die mich stets sanft, fest und ermutigend geführt hat. Was für ein Segen, daß ich wieder mit ihr arbeiten durfte!

Zum anderen hat mir Victoria Raye Starr beigestanden. Während sie diese vielen Briefe und meine handschriftlichen Kommentare dazu abtippte, hat sie immer wieder eigene Bemerkungen an die Blätter geheftet und mich mit diesen vielen, vielen Notizzetteln darüber informiert, wie sie ganz persönlich und aufrichtig als Frau mit einer reichen Lebenserfahrung zu dem in diesem Buch behandelten Themenkreis steht. Häufig sah ich mich dann gezwungen, bestimmte Textpassagen im Lichte ihrer treffenden Randbemerkungen und auf Klärung drängenden Fragen noch einmal zu überarbeiten. Die Gespräche mit ihr waren mir eine unschätzbare Hilfe dabei, die in diesem Buch behandelten Themen auch anders zu sehen.

Für etwaige Fehler und Mängel bin ich allein verantwortlich, während diese beiden Frauen unendlich viel zu dem, was an diesem Buch wertvoll ist, beigetragen haben. Dafür bin ich ihnen zutiefst dankbar.

Vorwort

«Na, schreibst du an einem *neuen* Buch?» bin ich immer wieder gefragt worden, und mir scheint, das fing schon in dem Moment an, als ich «Wenn Frauen zu sehr lieben» abgeschlossen hatte. Meine Reaktion war immer die gleiche. Mir war wie einer frisch entbundenen Mutter zumute, die erschöpft daliegt und sich von einer langwierigen, schweren Geburt zu erholen sucht, und ständig kommen fröhliche Besucher ans Bett und fragen: «Na, und wann kommt das *nächste* Baby?» Allein die Frage zeigte schon, daß man das ganze Geschehen unterschätzte und für nichts Besonderes hielt, was mich meist etwas sauer reagieren ließ, wie das besagte Mutter vielleicht auch getan hätte: «Also daran will ich jetzt nicht einmal denken!» Insgeheim war ich mir sicher, daß mich keine zehn Pferde dazu bringen würden, die Schmerzen der Geburt noch einmal durchzumachen.

Doch die Saat, aus der dieser zweite Band gewachsen ist, wurde schon mit dem ersten Brief gesät, den ich auf das erste Buch hin erhielt. Sogar schon vor dem offiziellen Erscheinungstermin hatte eine Frau es in die Hände bekommen und gelesen und war davon so betroffen gewesen, daß sie mir einen Brief schrieb, den ich hier ungekürzt wiedergeben möchte.

> Liebe Frau Norwood,
> noch nie in meinem Leben hat mich ein Buch so berührt, daß ich an den Autor schreiben mußte. Ihr Buch habe ich zufällig entdeckt, als ich eigentlich

nach betriebswirtschaftlichen Lehrbüchern suchte, von denen ich mir Hilfe für mein gerade begonnenes neues Leben versprach. Ich muß sagen, Ihr Buch hat mich tief bewegt. Es war für mich ein Schlüsselerlebnis, das mich dazu brachte, nach so vielen qualvollen und verworrenen Jahren eine neue, und zwar positive Richtung einzuschlagen. Dessen bin ich ganz sicher. Beim Lesen hatte ich manchmal das Gefühl, dieses Buch sei allein für mich geschrieben worden. Es hatte auf mich eine außerordentlich starke Wirkung. Ich kann mich erinnern, wie ich eines Abends in der Küche auf dem Boden saß und die Buchseiten naß wurden von meinen Tränen. Manchmal mußte ich das Buch zuklappen und beiseitelegen, bis mein Weinen etwas nachließ. Dem Himmel sei Dank für Ihre Klarheit, Ihre Sensibilität und Ausdruckskraft und vor allem für Ihren Entschluß, dieses Buch zu schreiben!

Ich bin mit einem sehr mächtigen Mann verheiratet gewesen. Ich mußte ihn verlassen, um selbst zu überleben – obwohl er mich doch auf seine Art sehr geliebt hat. Dank Ihrer Gabe, das alles so klar aufzuschreiben, erkenne ich jetzt so viel von dem, was zwischen uns abgelaufen ist und was ich bisher nie verstanden habe.

Elizabeth B.

Als ich diesen Brief las, mußte ich weinen. Drei lange, schwere Jahre hatte es gedauert, bis mein Buch «Wenn Frauen zu sehr lieben» das Licht der Welt erblickte. Aber jetzt wußte ich, daß es der Mühe wert gewesen war. Vorher, während mein Buch langsam heranwuchs, hatte es so manche schwierigen Momente gegeben: Leute, die das Verlagsgeschäft weit besser kannten als ich, hatten immer wieder gesagt, mein Buch müsse heiterer, positiver, weniger deprimierend sein und dürfe nicht so sehr auf den Aspekt der Sucht abheben, wenn es sich gut verkaufen solle. Aber ich sah meine Aufgabe darin, das zu schildern, was bei meinen Klientinnen, meinen Freundinnen und Bekannten und bei mir selbst in unseren täglichen Kämpfen mit den Männern unseres Lebens wirklich passierte. Ich wollte zeigen, wie oft süchtige Abhängigkeit und Co-Abhängigkeit in unseren Erzählungen auftauchen und wie ungeheuer gefährlich es für uns ist, wenn wir in unseren Beziehungen und im Zusammenleben mit Männern weiterhin solchen ungesunden Verhaltensmustern folgen. Und ich wollte klarmachen, welch ein enormes Stück Arbeit vor uns liegt, wenn wir uns dazu entschließen sollten, diese Verhaltensmuster zu ändern. Da ich versucht hatte, das oft qualvolle Leben von Frauen, die zu sehr lieben, ohne Beschönigung zu schildern, war mein Buch nicht das flotte, leicht lesbare Selbsthilfebuch geworden, das einige Leute erwartet hatten. Aber es war genau das Buch, das ich hatte schreiben wollen.

Durch Elizabeth B.s Brief wußte ich, daß mein erstes Buch zumindest *einer* Frau etwas gegeben hatte. Doch abgesehen davon, daß das Buch offenbar seinen Zweck erfüllte, gab es in Elizabeths Brief noch etwas, das mich innerlich ansprach. Ich wußte nur zu gut, wie das ist, auf dem Fußboden zu hocken und zu weinen – vor Schmerz, Erlösung und Dankbarkeit darüber, daß eine andere Frau ihren eigenen Kampf so ehrlich geschildert hatte, einen Kampf, der in so vielem an meinen eigenen erinnerte. Es war Anfang der siebziger Jahre: Da las ich einen Artikel, in dem die Autorin schilderte, was es in unserer Kultur bedeutet, eine Frau zu sein – aufzuwachen und endlich klar zu erkennen, auf wie vielerlei Art Frauen als Klasse beleidigt werden. Während ich diesen Artikel las, wußte ich, daß ich nicht mehr allein war. Diese Erkenntnis kam wie ein Schock über mich. Hier schrieb eine Autorin so tief und wahrhaftig über das Bedürfnis, über *mein* Bedürfnis, Augen und Ohren zuzumachen und einfach nichts wahrnehmen zu wollen, um nur den Schmerz, die Wut und die Demütigung nicht spüren zu müssen, die in unserer männerbeherrschten Gesellschaft zum Frausein dazugehören. Aber der Preis, den ich bisher dafür gezahlt hatte, daß ich so viele meiner eigenen Erfahrungen und Reaktionen nicht wahrhaben wollte, war hoch, und so sprach der Artikel in mir den Wunsch an, mir meiner Erfahrung voll bewußt zu werden und alles, was ich erlebte, wirklich zu sehen, zu hören und zu spüren – und nicht länger stillschweigend an meiner eigenen Entwertung mitzuwirken. Das, was für die Autorin jenes Artikels wahr war, traf auch auf mich zu, und durch ihr Beispiel war ich in der Lage, solchen Gefühlen freien Lauf zu lassen, die ich zuvor sogar mir selbst verheimlicht hatte. Ihre Wahrheit hatte mir geholfen, stärker, mutiger und erwachsener zu werden. Als ich nun, über ein Jahrzehnt später, Elizabeths Brief las, konnte ich mich an diesen inneren Wandlungsprozeß von damals lebhaft erinnern. Jetzt hatte mein Buch «Wenn Frauen zu sehr lieben» eine Frau ebenso tief berührt wie damals jener Artikel mich; und an dieser Erfahrung ließ sie mich jetzt teilhaben. So begann ein Austausch zwischen uns, der immer umfassender, immer tiefer und immer erhellender werden sollte.

Diesem ersten Brief folgte sehr schnell eine Lawine von Zuschriften. Brieflich und telefonisch wollten Frauen und auch einige Männer mit mir Kontakt aufnehmen, um mir zu sagen, was ihnen das Buch bedeutete. (Bald sah ich mich wegen der zahllosen Anrufe gezwungen, mir eine neue Telefonnummer zu besorgen, die nicht mehr im Telefonbuch stand.) Sie wollten mir ihr Herz ausschütten, mir von ihren eigenen Erfahrungen erzählen und, sehr häufig, sich bei mir bedanken. Viele suchten aber auch nach Antworten auf spezielle Fragen, oder sie hatten Probleme, auf die das Buch ihnen nicht gründlich genug eingegangen war.

Diese Fragen waren wichtig. Manche hatte ich schon bei meiner Arbeit mit Suchtkranken immer wieder gehört. Andere Fragen bezogen sich auf Punkte, die ich in «Wenn Frauen zu sehr lieben» behandelt hatte, und kamen nicht nur in vielen Briefen vor, sondern auch bei meinen Vortragsveranstaltungen und Seminaren zu diesem Thema. Als die viele Post nicht mehr auf meinem Schreibtisch Platz hatte und so langsam beinahe jede Fläche im Haus von Briefen bedeckt war, und als es für mich zum Problem wurde, alle Schreiben zu beantworten, da mußte ich mir Gedanken machen, wie ich sie möglichst effizient und möglichst individuell beantworten könnte. Obwohl es aus Zeitgründen und schon allein wegen der riesigen Anzahl von Briefen unmöglich war, verspürte ich doch den Wunsch, jeden einzelnen Brief ausführlich zu beantworten –

und zwar zum einen aus meiner eigenen Sicht als Frau, die zu sehr geliebt hat (ja, die die meiste Zeit ihres Lebens beziehungssüchtig gewesen ist), und zum anderen aus meiner Sicht als Therapeutin mit meiner langjährigen Erfahrung auf dem Gebiet der Suchttherapie.

Doch ich wußte auch, daß die Menschen, die mir da schrieben, viel mehr brauchen als nur einen Antwortbrief. Sie brauchen sich gegenseitig. Diese Frauen und Männer, die mir so viel von sich mitteilten, müßten eigentlich gegenseitig ihre Geschichten hören, um gemeinsam zu entdecken, welche Rolle ihre Krankheit, ihre Beziehungssucht, bislang in ihrem Leben gespielt hat. Ich wollte ihnen gerne die Möglichkeit verschaffen zu erfahren, wie sehr es das eigene Leben verändern kann, wenn man von anderen, die das gleiche Problem haben, hört, wie es ihnen damit ergeht. Wahrscheinlich haben die meisten noch nie etwas von einer solchen Möglichkeit gehört, oder aber sie haben noch nicht erlebt, wie wirksam diese Methode auch bei der Behandlung von Beziehungssucht ist.

Als Therapeutin und als selber Betroffene bin ich davon überzeugt, daß Selbsthilfegruppen von enormem Wert sind. In solchen Gruppen arbeiten Menschen, die offen und ehrlich miteinander über ein Problem reden wollen, das jeder von ihnen hat. Sie halten sich dabei an einfache Regeln und spirituelle Grundsätze und kommen so ohne äußere Leitung aus. Nach meiner Erfahrung stellen diese Selbsthilfegruppen die stärkste und intensivste Heilquelle dar, die uns überhaupt zur Verfügung steht. Sie bieten die Grundlage, auf der man sich von jeder Art von Sucht befreien kann, sei sie nun körperlich oder verhaltensmäßig begründet. Mit Hilfe einer derartigen Gruppe kann jeder Süchtige auf ein neues, besseres Leben hoffen.

«Briefe von Frauen, die zu sehr lieben» verfolgt demnach einen doppelten Zweck. Zum einen kann ich auf diesem Wege all die vielen Briefe ausführlich beantworten, deren Thematik und Fragestellung gleichgelagert sind. Zum anderen kann ich Menschen, die alle mit dem Problem der Beziehungssucht konfrontiert sind, auf diese Weise die Möglichkeit geben, voneinander zu erfahren, wie sie mit ihrer Sucht umgehen und –

falls sie sich von ihr schon etwas haben freimachen können – wie sie diesen Schritt geschafft haben.

Wer aus dem vorliegenden Band einen möglichst großen Gewinn ziehen möchte, sollte zuvor «Wenn Frauen zu sehr lieben» gelesen haben – und zwar langsam, sorgfältig und am besten mehr als einmal. Ich empfehle sehr, das frühere Buch noch einmal zu lesen, ehe Sie mit diesem neuen anfangen. Solange Sie «Wenn Frauen zu sehr lieben» nicht *gründlich* verarbeitet haben, werden Ihnen diese «Briefe von Frauen, die zu sehr lieben» nicht viel helfen, da sie nicht etwa veröffentlicht werden, um nur die im vorangegangenen Buch entwickelten Gedanken noch etwas weiter auszuführen. Vielmehr soll hier anhand von Fragen und Erfahrungen von Leserinnen (und Lesern) erörtert werden, was es heißt, diese Einsichten in die Tat umzusetzen.

Wenn wir uns einsam und verlassen fühlen, sehnen wir uns nicht einfach nur nach Gesellschaft, sondern nach Menschen, denen es ähnlich geht wie uns. Ich bin überzeugt, daß die «Kummerbriefkästen» der Presse nicht so sehr wegen der Antworten, sondern wegen der Fragen gelesen werden. Wir möchten wissen, daß wir nicht allein sind – daß unter all den anderen Menschen, deren Leben sich nicht vor unseren Augen abspielt, doch auch welche sind, die genauso zu kämpfen haben wie wir. Indem ich dieses Buch schreibe, bin auch ich nicht allein, und dafür bin ich dankbar. So viele von Ihnen haben mir erzählt, was sie durchmachen, und mir dadurch geholfen, meinen eigenen Kampf zu bestehen und mich ins Freie vorzuarbeiten. Und das ist schon all die Jahre so gewesen, in denen ich langsam von meiner eigenen Sucht genesen bin. Durch diese «Briefe von Frauen, die zu sehr lieben» können Sie jetzt, so hoffe ich, wechselseitig an Ihrer aller Lebensgeschichten Anteil nehmen.

Ihnen allen ist dieses Buch gewidmet.

Einleitung

Die Briefe, die in diesem Buch abgedruckt sind, existieren wirklich und werden hier mit Genehmigung der jeweiligen Verfasser/innen wiedergegeben. Viele der Schreiber/innen, deren Briefe hier zitiert werden, haben darin auch zum Ausdruck gebracht, wie dankbar sie für das sind, was «Wenn Frauen zu sehr lieben» ihnen gegeben hat. Dafür möchte ich mich an dieser Stelle herzlich bedanken. Um Wiederholungen zu vermeiden, wird dieser Briefteil im folgenden allerdings nicht mitabgedruckt. Außerdem sind die Briefe geringfügig bearbeitet worden, um sie an manchen Stellen klarer zu machen und um die Anonymität der Verfasserinnen zu gewährleisten.

Die Briefe und meine Antworten sind – wie könnte es anders sein – in Kapitel eingeteilt worden, die sich jeweils mit einem bestimmten Thema befassen. Etliche Briefe enthalten jedoch eine Vielzahl von Fragen und Problemen. Suchtkrankheiten, zu denen auch die Beziehungssucht gehört, überschneiden sich im wirklichen Leben oft, und das kommt folglich auch in den Briefen zum Ausdruck. So kann es etwa sein, daß in einem einzigen Brief die Themen Alkoholismus und Co-Alkoholismus, sexuelle Abhängigkeit, Inzest, Eßzwang und Genesung zur Sprache kommen. Von daher muß jede Einteilung dieser Briefe willkürlich sein. Erwarten Sie deshalb bitte nicht, daß der Inhalt eines bestimmten Briefes genauso eng gefaßt oder eindeutig ist, wie die jeweilige Kapitelüberschrift vielleicht vermuten läßt.

Beim Beantworten der Briefe kommt mir meine fünfzehnjährige Erfahrung aus der Arbeit mit Suchtkranken sowie meine eigene Betroffenheit zugute, denn auch ich habe fast mein ganzes Leben lang zu sehr geliebt, kann aber inzwischen dankbar auf sieben Jahre der Genesung zurückblicken. Das heißt jedoch keineswegs, daß meine Antworten «richtig» sind. Es sind eben *meine* Antworten und also unvollkommen, subjektiv und nicht frei von Vorurteilen. Ich versuche nie, absolut umfassende Antworten zu geben. Ich beantworte jeden Brief vielmehr unter dem Blickwinkel der Sucht *als Krankheit*, und in jeder Entgegnung oder Anmerkung kommen meine festen Ansichten darüber zum Ausdruck, wie eine Therapie auszusehen hätte. Zu diesen Ansichten bin ich erst im Laufe vieler Jahre gelangt, in denen ich Fehler gemacht und daraus gelernt habe. Vielleicht gefällt Ihnen unter Umständen die eine oder andere meiner Antworten nicht; mit manchem mögen Sie nicht einverstanden sein. Ich gebe gerne zu, daß auch andere Antworten möglich sind, die vielleicht hilfreicher, verständnisvoller oder sachbezogener wären als die, die Sie in diesem Buch kennenlernen. Jede von uns wird diese Briefe mit ihren Augen und ihrem Herzen lesen, so wie wir das bei einer Serie von Rorschach-Tintenklecksen täten, bei deren Interpretation unsere individuelle – durch unsere unverwechselbare eigene Lebensgeschichte gefärbte – Wahrnehmung entscheidend ist. Beim Lesen fließen unsere eigenen Erfahrungen mit ein; die Briefe spiegeln unsere eigenen Projektionen. Deshalb wird jede von uns in ihnen natürlich etwas anderes sehen und dabei etwas anderes empfinden. Ich glaube sowieso, daß meine Kommentare gar nicht so wichtig sind. Was zählt, sind die Briefe selbst mit ihren schmerzvollen und ergreifenden Stellen, ihren Lernschritten, Rückschlägen, Fortschritten und manchmal sogar ihren Triumphen.

Wir alle suchen Lösungen für unsere Fragen, unsere Ängste und Zweifel und unser Ringen mit Problemen. Aber letztlich erhalten wir die Antworten nicht durch Ratschläge, die uns jemand gibt, sondern durch dessen persönliches Beispiel und unseren eigenen Einsatz; wir müssen unser Leben wirklich verändern *wollen*. Der Weg zur Genesung fällt uns leichter, wenn wir uns auf einen Pfad begeben, den schon andere beschritten haben und beschreiten, die mit den gleichen Problemen konfrontiert sind und die gleichen Ängste, Zweifel und Kämpfe kennen, die dabei aber ihren Weg nicht aus den Augen verlieren. Wenn wir von anderen hören, wie es ihnen dabei ergeht, welche Fehler sie machen und welche Siege sie erringen, dann hilft uns das, auch unseren eigenen Weg zu finden.

Darüber hinaus muß ich betonen, daß der vorliegende Band keinesfalls eine allgemeine Abhandlung über die Liebe sein soll oder darüber, wie man den richtigen Mann findet oder wie man es am besten anpackt, damit eine Beziehung klappt. Ganz im Gegenteil, genau wie «Wenn Frauen zu sehr lieben» habe ich dieses Buch in erster Linie für heterosexuelle Frauen geschrieben, die beziehungs*süchtig* sind. Es soll Frauen helfen, die mit ihrem Leben immer weniger zurechtkommen, entweder weil sie auf einen langjährigen Partner oder auf ihre neueste Eroberung völlig fixiert sind oder aber – wenn eine Beziehung gerade zu Ende gegangen ist –, weil sie wie besessen nach einem neuen Mann suchen und bei alldem zunehmend Kräfte lassen. Wenn ich das Thema dieses Buches solchermaßen eingrenze, will ich damit nicht behaupten, daß nur heterosexuelle Frauen beziehungssüchtig werden können, denn das ist keineswegs der Fall. Auch viele heterosexuelle Männer entwikkeln in ihren Beziehungen eine suchtartige Abhängigkeit, und ebenso ist für zahlreiche homosexuelle Paare die Beziehungssucht ein nicht zu übersehendes Thema. Ich habe beschlossen, mich auf heterosexuelle Frauen zu konzentrieren, weil ich das, was sie bei ihrer Beziehungssucht durchmachen, sowohl persönlich als auch beruflich am besten verstehe.

Obwohl dieses Buch hauptsächlich Briefe von Frauen enthält, die sich in ihren Beziehungen mit Männern verzehren, umfaßt es auch Briefe von homosexuellen Männern und Frauen, von heterosexuellen Männern, von Eltern, die zu sehr auf ihre Kinder, und von Kindern, die zu sehr auf ihre Eltern fixiert sind. Ich hoffe, daß «Briefe von Frauen, die zu sehr lieben» all diesen Gruppen etwas geben kann und auch Wertvolles für diejenigen enthält, die zwar nicht gerade eine suchtartige, aber auch keine ganz problemlose Beziehung haben. Dennoch wendet sich der Text in erster Linie an Frauen, deren geistige und körperliche Gesundheit entweder in Gefahr ist oder bereits gelitten hat, deren Arbeitsfähigkeit potentiell oder tatsächlich beeinträchtigt ist, die sehr wahrscheinlich Geldprobleme haben, die ihre Kinder, Freundinnen und andere Familienmitglieder sowie ihre anderen Interessen vernachlässigen oder mißachten, die potentiell oder tatsächlich selbstmordgefährdet sind – die in ihrer Abhängigkeit von Männern und von dem, was sie selbst «Liebe» nennen, mit den Jahren krank und kränker werden.

Wie ich bereits in «Wenn Frauen zu sehr lieben» gesagt habe, betrachte ich Beziehungssucht als einen definierbaren, diagnostizierbaren und therapierbaren *Krankheitsprozeß*, der deutliche Ähnlichkeiten mit anderen Suchtkrankheiten wie Alkoholismus und Eßzwang aufweist. Genau wie diese anderen Suchtkrankheiten schreitet auch die Beziehungssucht immer weiter fort (das heißt, sie verschlimmert sich), solange sie nicht behandelt wird, spricht aber umgekehrt auch auf eine spezielle, die körperlichen, emotionalen und geistigen Komponenten berücksichtigende Therapie an. Es ist meine Überzeugung, daß eine Therapie, die einen dieser Aspekte vernachlässigt, sich im Laufe der Zeit als unwirksam erweisen wird.

All das mußte gesagt werden, damit die kompromißlose Methode, die ich auf dem Weg zur Genesung für erforderlich halte, nicht auf Unverständnis stößt. Die wirksamste Methode, um sich von einer Sucht zu befreien, ist diejenige, die von den Gruppen der *Anonymen* (Alkoholiker, Eßsüchtigen und so weiter) angewendet wird, und dieser Ansatz ist meines Erachtens auch der beste, um von einer Beziehungssucht loszukommen. Sie ist die *einzige* Methode, die ich persönlich empfehlen kann.

Kapitel 1: Briefe von Frauen

Liebe Robin Norwood,
ich habe Ihr Buch gehaßt.
Ich habe «Wenn Frauen zu sehr lieben» gehaßt.
Ich habe dieses Buch so sehr gehaßt, daß ich Monate gebraucht habe, um es zu lesen.
Manchmal habe ich am Tag nur eine Seite lesen können.
Ich habe die Frauen gehaßt, über die Sie geschrieben haben. Ich habe die Geschichten gehaßt.
Ich habe Ihre Kommentare gehaßt.
Und dann hatte ich das Buch durchgelesen.

Und dann

– habe ich mit einer Gruppentherapie angefangen;
– habe ich zum erstenmal in meinem Leben darüber geredet, daß ich sexuell mißbraucht worden bin;
– habe ich mit meinen Freßorgien aufgehört;
– habe ich eine neue Arbeit angenommen;
– habe ich zum erstenmal (ich bin dreiunddreißig) mein Geld eingeteilt und meine Ausgaben geplant;
– habe ich ein neues Leben angefangen.

Früher war ich verrückt und nicht zu bremsen. Ich bin 1,60 Meter groß und habe 90 Pfund gewogen, weil ich soviel gefuttert und gleichzeitig Abführmittel geschluckt habe. Jetzt kann ich mir keinen Tag vorstellen, an dem mich «Wenn Frauen zu sehr lieben» nicht begleitet. Ich habe es auf dem Eßtisch liegen, und ein zweites Exemplar liegt in meiner «Privatschublade» im Büro.

Ich danke Ihnen.

Wendy D.

Wendys Brief spricht meiner Meinung nach so ziemlich alles an. Wenn wir unser Leben ändern wollen, reicht es niemals, einfach nur ein Buch zu lesen, wie tief es uns auch berührt. Im besten Falle kann ein Buch ein Wegweiser sein – ein Pfeil, der die Richtung anzeigt, die wir einschlagen müssen. Es liegt bei uns, ob wir unsere Schritte in diese Richtung lenken wollen. Aber Wendys Brief erinnert an einen sehr wichtigen Punkt. Wann beginnt eigentlich der *Gesundungsprozeß*? Wodurch fängt man an, sich von einer Sucht zu befreien?

Der Gesundungsprozeß beginnt, wenn wir uns wie Wendy entschließen, die Energie und Mühe, die wir bisher auf unsere Krankheit(en) ver(sch)wendet haben, statt dessen auf unsere Genesung zu konzentrieren. Wendy wird viel Zeit, Arbeit und Durchhaltevermögen brauchen, um sich von ihrer Sucht zu befreien, aber auf der anderen Seite hat ihre Sucht sie ja auch eine ganze Menge gekostet. Deshalb hat sie sich entschlossen, vor nichts zurückzuschrecken und alles zu tun, um gesund zu werden – und sie entschließt sich dazu jeden Tag aufs neue. Damit hat ihr Gesundungsprozeß begonnen, und er wird weiter anhalten, solange sie diesen Entschluß immer wieder aufrechterhält.

Wo setzen diejenigen von uns an, die den ersten Schritt auf dem Weg zur Genesung von der Beziehungssucht noch vor sich haben? Wir fangen damit an, daß wir die *Bereitschaft* entwickeln, die Energie und Mühe, die wir bisher darauf verwendet haben, jemand anderen ändern zu wollen, nun darauf zu konzentrieren, uns selbst zu ändern. Unsere ersten Schritte in diese neue Richtung sind nicht unbedingt leicht und schnell und erscheinen anfangs vielleicht als sehr klein, aber wir müssen lernen, sie wichtig zu nehmen. Auf dem Weg zur Genesung ist *keiner* unserer Schritte wirklich klein, denn jeder einzelne ändert die Ausrichtung unseres gesamten Lebens.

Der nächste Brief liefert ein gutes Beispiel, wie ein solcher erster Schritt auf dem Wege zur Genesung aussehen könnte. Daß die Frau diesen kleinen Schritt unternimmt und keinen Rückzieher macht, wird sich auf den Rest ihres Lebens auswirken. Sie hat angefangen, sich zu ändern.

Liebe Robin Norwood,
dem Valentinstag habe ich immer voller Hoffnung entgegengesehen und ihn gleichzeitig gefürchtet, da ich Angst davor hatte, wieder einmal enttäuscht zu werden, weil niemand an mich gedacht hatte.

Vor zwei Tagen hatte ich gerade die ersten dreißig Seiten von «Wenn Frauen zu sehr lieben» gelesen. In meiner Schreibtischschublade lag eine Valentinskarte – süß und vielsagend – an einen Mann, der sich im Grunde genommen schon mehrere Wochen lang um unsere Beziehung überhaupt nicht gekümmert hat. Diese Karte nicht abzuschicken, scheint bloß eine Kleinigkeit zu sein, und doch wäre dies das erste Mal, daß ich mich bewußt entschieden hätte, keine Energie für einen Mann und für eine Beziehung mehr aufzuwenden, die nicht auf Gegenseitigkeit beruht.

Ich habe das Buch noch nicht zu Ende gelesen. Ja, es fällt mir tatsächlich schwer, es zu lesen, weil es so klar anspricht, warum ich eine gescheiterte Beziehung nach der anderen gehabt habe. Vielleicht könnte das endlich ein Ansatzpunkt sein, um mich zu befreien.

Die Karte habe ich immer noch. Ich werde sie nicht abschicken. Vielleicht wird der Geschenktag mein Gedenktag.

Thea P.

Damit Theas Gesundungsprozeß weiter voranschreitet, ist es erforderlich, daß sie einem Mann, der an ihr kein Interesse hat, nicht nur keinen Liebesgruß schickt, sondern daß sie auch etwas Schönes *für sich* tut, um die solchermaßen entstandene Leere auszufüllen. Wir können ein Suchtverhalten nicht einfach beenden, ohne an seine Stelle ein anderes (hoffentlich positiveres) Verhalten zu setzen. Sonst wird sich das Suchtverhalten nur um so stärker melden. Das liegt wohl daran, daß die Natur ein Vakuum im Bereich des menschlichen Verhaltens und der Gefühle genausowenig ertragen kann wie in der Physik.

Da Thea das, was sie sich bislang die ganze Zeit von jemand anderem ersehnt hat, nicht nur empfangen, sondern auch geben kann, muß sie nicht – innerlich leer – warten, bis endlich ein Mann kommt und ihr Leben mit Freude und Liebe erfüllt. Sie kann sich selbst Liebe geben, wenn sie nur will. Je liebevoller und großzügiger sie zu sich selbst ist, desto weniger wird sie zulassen, daß jemand anders schlecht oder gleichgültig mit ihr umgeht.

All das ist leicht einzusehen, aber nicht so leicht auszuführen, denn nichts ist so schwer zu verändern wie die Art unseres Denkens, Fühlens und Handelns – vor allem mit Blick auf *uns selbst.* Thea gibt zu, daß sie «Wenn Frauen zu sehr lieben» noch nicht zu Ende gelesen hat, weil es ihr so unangenehm ist, sich ihr eigenes Verhaltensmuster in Beziehungen vor Augen zu führen. Doch wenn wir von einer Sucht loskommen wollen, müssen wir uns ändern, und das ist nur möglich, wenn wir uns als erstes unser Verhalten bewußt machen. Wir müssen bereit sein, uns unser Leben offen und ehrlich anzusehen – und das erfordert Mut. Wir müssen bereit sein zuzugeben, daß wir nicht vollkommen sind, daß wir Hilfe brauchen und daß wir es nicht allein schaffen – und das erfordert Demut. *Mut und Demut* sind unbedingt erforderlich, damit der Gesundungsprozeß in Gang kommen kann.

In dem folgenden Brief wollen wir sehen, was nötig ist, damit der einmal in Gang gekommene Gesundungsprozeß auch weiter anhält.

Liebe Robin Norwood,
meine Eltern haben ein Alkoholproblem, und obwohl ich weder Alkohol trinke noch Drogen nehme, ist mir jetzt aufgegangen, daß auch ich süchtig bin, und zwar süchtig nach selbstzerstörerischen Männern. Durch Drohungen, verführerisches Verhalten, Lob, Predigten und alle möglichen anderen scheinbar erfolgversprechenden Manipulationsmethoden habe ich versucht, die drei Männer, mit denen ich zusammengelebt habe, in meinem Sinne zu beeinflussen.

Ich sehe jetzt, daß ich genauso selbstzerstörerisch bin wie sie, weil ich mir anscheinend immer nur die bedürftigen Männer aussuche, denen irgend etwas fehlt. Bei Männern, die gesund und tüchtig sind, läßt mein Interesse immer bald nach.

Mein jetziger Freund hat mich gerade von der Kaserne aus angerufen. Er muß fünfundvierzig Tage Arrest absitzen, weil man ihn mit Marihuana erwischt hat. Er meint, das werde ihm eine Lehre sein und er werde sich ab sofort nie wieder in Schwierigkeiten bringen. Ich habe ihm gesagt, wie gern ich das höre. Und ich hoffe wirklich, er nimmt sich in acht. Mir ist klar geworden, daß ich nur auf mich selbst achtgeben kann, und in ein paar Tagen werde ich zu meinem ersten Selbsthilfegruppen-Treffen gehen.

Ich weiß nicht, ob er und ich je wieder zusammenkommen werden, und das ist eigentlich auch gar nicht wichtig, denn ich lerne gerade, mit mir allein zurechtzukommen.

Viele Grüße von einer, die dabei ist, sich von ihrer Männersucht zu befreien.

Britt J.

An Britt können wir beispielhaft das erste Genesungsstadium von einer Beziehungssucht erkennen: Sie macht sich von dem Problem ihres Freundes frei, konzentriert sich statt dessen auf ihr eigenes ungesundes Verhaltensmuster und holt sich äußere Hilfestellung, um dieses zu ändern. Ob sie über dieses erste

Stadium hinauskommt, hängt davon ab, wie konsequent sie weiter an ihrer eigenen Genesung arbeitet. An den anderen hier abgedruckten Briefen von Beziehungssüchtigen werden Sie sehen, daß es keine bestimmte Schmerzschwelle gibt, jenseits derer ein Mensch sich auf jeden Fall aus vollem Herzen um seine Gesundung kümmert. Manche lassen sich sogar von einem unglaublichen Maß an persönlicher Demütigung und Erniedrigung nicht dazu bringen zu kapitulieren; und ohne Eingeständnis der eigenen Niederlage kann es zu keiner Gesundung kommen. Ähnlich wie ein zwanghafter Spieler, der mit dem Spielen nicht aufhören kann, *weil er schon so viel verloren hat*, benutzen auch diese Beziehungssüchtigen ihre Erniedrigung, um ihre immer verzweifelteren Versuche zu rechtfertigen, einen anderen Menschen zu kontrollieren und eine immer schlimmer werdende Situation noch zu retten. Mit anderen Worten: manche Menschen werden als Folge ihrer sich verschlimmernden Beziehungssucht immer kränker. Andere hingegen erreichen irgendwann den Tiefstpunkt und sind dann zumindest vorübergehend bereit, alles Erforderliche zu tun, um nur gesund zu werden.

Manchmal ist es schwer zu verstehen, wie es sein kann, daß ein Mensch zwar die zerstörerische Kraft der Sucht in seinem Leben erkennt und für eine Weile auch bereit ist, dagegen anzugehen, später diese Bereitschaft aber wieder völlig aufgibt. Doch so ist es in der Mehrzahl der Fälle. Deshalb muß zwischen drei Phasen der Genesung oder Gesundung unterschieden werden: Zuerst muß man den Krankheitsprozeß erkennen, der sich im eigenen Leben abspielt (das kann durch ein Buch wie «Wenn Frauen zu sehr lieben» geschehen); als nächstes gilt es, die Bereitschaft zu entwickeln, diese Krankheit als die lebensbedrohende Sucht, die sie ist, anzugehen (indem man zu einer der Anonymen-Gruppen geht, die sich mit dem betreffenden Suchtproblem befaßt); und schließlich gilt es, die eigene Gesundung täglich aufs neue zur persönlich wichtigsten Angelegenheit zu machen (indem man regelmäßig an den Gruppensitzungen teilnimmt und täglich liest und betet). So schwer es auch ist, die eigene Genesung in Gang zu setzen, so ist das doch nur ein erster Schritt und keine Garantie dafür, daß die Gesundung zwangsläufig weiter voranschreitet. Viele Alkoholiker schaffen es zwar, trocken zu werden, aber nur einem geringen Teil von ihnen gelingt es, dauerhaft trocken zu bleiben. Und ebenso gelingt es nur einem kleinen Teil von Beziehungssüchtigen, nach den ersten Schritten zur Gesundung auch weiter durchzuhalten.

Es ist ein unerklärliches Merkmal jeder Art von Sucht und jedes Typs von Süchtigen, daß auch bei noch so großer Erfahrung und noch so vielseitigem Fachwissen kein Mensch vorhersagen kann, wer nun von einer bestimmten Sucht loskommen wird und wer nicht. Alles, was sich mit einiger Sicherheit sagen läßt, ist, daß die meisten Süchtigen es nicht schaffen werden. Und dennoch wird es denjenigen, die sich jeden Tag aufs neue nichts sehnlicher wünschen als gesund zu werden und das zu ihrem *Haupt*anliegen machen, schließlich doch gelingen – langsam, Schritt für Schritt und häufig mit Hilfe anderer Menschen, die den gleichen Kampf durchgestanden haben und ihnen Anleitung und Unterstützung geben können.

Um den Gesundungsprozeß in Gang zu halten, müssen wir zu den genannten Voraussetzungen (Bereitschaft, Mut und Demut), die so notwendig für das Ingangsetzen des Prozesses sind, zusätzlich zwei weitere Eigenschaften entwickeln: die Fähigkeit zu *rückhaltloser Aufrichtigkeit und Selbsterforschung* und das *Vertrauen in eine Macht, die größer ist als wir.* Diese Höhere Macht braucht gewiß nicht dem zu entsprechen, was irgendein anderer Mensch in ihr sieht oder gerne in ihr sähe. Man kann sie «Gott» nennen. Sie kann aber auch ohne Namen sein. Man kann sie genausogut in einer Selbsthilfegruppe wie in einer Kirche oder einem Tempel finden. Sie ist ein höchst persönliches, individuell formuliertes Prinzip und – wenn man sie anruft – eine unerschöpfliche Quelle der Kraft und des Trostes.

Cecilias Brief zeigt beispielhaft, wie sehr wir diese Quelle der Kraft brauchen, wenn wir durch den unser Leben verändernden Gesundungsprozeß neu geformt werden.

Liebe Robin,
ich möchte Ihnen schreiben, wie es mir ergangen ist, seit ich vor zwei Jahren Ihr Buch gelesen habe. «Wenn

Frauen zu sehr lieben» hat mir die Augen dafür geöffnet, daß ich aus einer Alkoholikerfamilie komme und daß diese Krankheit wirklich die *ganze* Familie betrifft. Ich bin zu ein paar Al-Anon-Treffen gegangen und habe angefangen, mich selbst und mein Entscheidungsverhalten viel besser zu verstehen. Ich hatte das Gefühl, «geheilt» zu sein.

In Wahrheit war es erst der Anfang.

Ich habe früh geheiratet und eine unglückliche Ehe geführt. Danach kam eine (katastrophale!) Affäre mit einem Mann, der ein langes und häßliches Vorstrafenregister hatte. Aber mit dem, was ich inzwischen gelernt habe, bin ich nun vor kurzem in der Lage gewesen, eine für mich gesündere Wahl zu treffen. Ich habe wieder geheiratet, diesmal jedoch einen wunderbaren Mann, der mich auf Händen trägt. Ab und zu werde ich ärgerlich, wenn er mir sagt, daß er mich liebt. Manchmal fange ich auch einen Streit an. Ich fühle mich wohler, wenn ich zornig bin. Ich kann noch nicht einfach zulassen, daß ich geliebt werde.

Ein Erlebnis aus meiner Vergangenheit ist jahrelang wie verschüttet gewesen. Mit Gottes Hilfe habe ich mich jetzt kürzlich daran erinnern können. Als vor fünf Monaten die Erinnerung daran wieder hochkam, dachte ich zuerst, ich müßte sterben, so weh tat es. Ich habe mich daran erinnert, daß mein Vater sich an mir vergangen hat, als ich vier war. Als ich mir das schließlich eingestehen konnte, ergab für mich auf einmal so vieles einen Sinn. Ich habe meine Mutter nie leiden können; sie hat mir dauernd leid getan. Aber jetzt habe ich angefangen, sie zu verstehen. Natürlich hat sie getrunken. Was hätte sie sonst tun sollen? Der Wahrheit ins Auge sehen? Wohl kaum. Sie hätte sich damit an keinen anderen Menschen wenden können.

Ich habe schon so lange in einem Zustand des Verleugnens gelebt. Ich möchte Ihnen schreiben, *wie stark* es sich auswirkt, wenn die Wahrheit geleugnet wird. Als bei mir die Erinnerungen an die wahren Umstände meiner Kindheit hochkamen, hat sich das auf mich körperlich ausgewirkt. Ich bekam «Herzanfälle», bei denen mir die Brust weh tat und ich das Gefühl hatte, bewußtlos zu werden. Ich habe einen EKG-Belastungstest gemacht, und der Arzt sagte mir, es gebe keinerlei organische Anzeichen dafür, daß ich Herzprobleme hätte. Ich hätte im Gegenteil ein sehr kräftiges Herz. Daran lag es also nicht. Aber die panikartigen Anfälle kehrten ständig wieder, selbst wenn ich nicht an meinen Vater oder meine Mutter dachte. Ich versuchte immer noch, alles zu verdrängen. Ich wollte mich nicht daran erinnern. Ich wollte es nicht wissen. Ich hatte das Gefühl, alles, was ich von meiner Familie geglaubt hatte, sei eine einzige Lüge. Ich bin fast verrückt geworden. Bei uns zu Hause hat man gelernt zu lügen, auch wenn die Wahrheit gar nicht zu übersehen war. Nun konnte ich mich an nichts mehr halten, konnte nichts mehr glauben.

In dieser schrecklichen Zeit hat Gott mich so sanft und liebevoll wie möglich gebeten, nicht mehr zu trinken. In meinem Kummer über die Verrücktheit meiner Eltern hatte ich zu einem sehr feinen *Pinot noir* gegriffen, um den Schmerz zu bekämpfen. Ich hatte längst beschlossen, niemals so zu werden wie meine Eltern, und merkte gar nicht, daß ich genauso eine Alkoholikerin war wie die beiden. Jetzt bin ich dankbar, daß ich vom Alkoholismus erlöst worden bin, den es bei uns schon seit drei oder mehr Generationen in der Familie gegeben hat.

Das Trinken ist für mich eine Art Schutz gewesen, der mir jetzt abgeht. Neben Sarkasmus, unfairem Verhalten und ständiger Wut ist der Alkohol für mich ein weiteres Mittel gewesen, um den Schmerz in mir nicht mehr spüren zu müssen. Nun hat Gott mich gebeten, auch diese anderen Taktiken aufzugeben.

Während der ganzen Zeit hatte ich Herzstolpern,

und drei- bis viermal in der Woche bekam ich Migräne. Weil ich den Wunsch hatte, meine Vergangenheit zu verleugnen, machte mein Körper einen inneren Krieg durch, und ich wurde davon matt und traurig.

In letzter Zeit habe ich viel geweint, während ich das früher als Kind nie konnte. Es hat mir angst gemacht, die innere Tür zu meinen Tränen und meinem Kummer aufzustoßen. Manchmal war es, als ob ich nie mehr aufhören könnte zu weinen.

Ich schreibe Ihnen, Robin, weil ich meine, daß es für Sie wichtig ist zu wissen, was manche Leute unter Umständen durchmachen, wenn sie Ihr Buch lesen. Die Schmerzen, die man bei einer wirklichen Veränderung erlebt, sind das Qualvollste, was ich bisher kennengelernt habe und hoffentlich nie wieder durchmachen werde. Sie sind nicht schlagartig über mich gekommen und gehen jetzt auch nicht einfach über Nacht wieder weg. Wahrscheinlich werde ich viele Jahre und Gottes Liebe brauchen, um mit diesem verheerenden Familiengeheimnis fertig zu werden, es akzeptieren zu lernen, diese Wunde heilen zu lassen und allen Beteiligten zu verzeihen. Es ist ein sehr hartes Stück Arbeit, und es kostet mich eine Menge Energie, mir das alles wirklich vor Augen zu führen. Aber wenn ich die Augen davor verschließe, kostet es mich noch viel mehr Energie.

Ich möchte, daß die anderen Menschen das erfahren.

Mir geht es im Moment sehr gut. Das, wovon ich geschrieben habe, tut mir weh, es bringt mich zum Weinen, und es heilt auch. Ich versuche nicht mehr dieses «Aber sie hat ja wieder geheiratet!»-Image zu verbreiten und bin langsam etwas weniger auf die Anerkennung aller möglichen anderen Leute angewiesen. Ich stecke mir realistische Ziele und gebe mir liebevoll gesetzte Grenzen. Ich muß nicht mehr jeden angeknacksten Menschen retten, der mir zufällig über den Weg läuft. Ich finde es immer mehr okay, zuerst an mich zu denken. Ich finde es sogar langsam okay, geliebt zu werden!

Ich habe immer geglaubt, daß ich einfach geliebt werden wollte, und dabei habe ich mir in Wirklichkeit nur Menschen ausgesucht, die nicht fähig waren, mich zu lieben. Diesmal habe ich besser gewählt, und ich lerne jetzt, stillzuhalten und diese Liebe anzunehmen.

Gott hat mich in so kurzer Zeit so viel gelehrt, und er hat mir gesagt, daß er auch auf dem übrigen Weg meine Hand halten wird, egal wie lange das dauert. Die Migräne und die Herzschmerzen lassen jetzt nach. Ich akzeptiere, was mit mir geschehen ist, und wenn ich es brauche, trauere ich über meine verlorene Kindheit.

Mein wundervoller Mann stützt und hält mich und versteht sogar, warum es mir so schwerfällt, seine liebevolle Zuwendung anzunehmen. Ich sehe, daß er mit mir zu kämpfen hat, und ich wünschte, wir hätten es schon hinter uns und ich wäre gesund – auch um seinetwillen. Wie Sie sehen, war Ihr Buch nur der Anfang – ein sehr hilfreicher, sanfter, liebevoller Anfang...

Cecilia

Wenn es leichter und angenehmer wäre, sich selbst gegenüber ehrlich zu sein, dann würden wir dazu vielleicht nicht die Hilfe einer Macht brauchen, die größer ist als wir. Wie Cecilias Brief zeigt, kann es jedoch schrecklich weh tun, wenn wir uns selbst und unser Leben offen und ehrlich ansehen. Das kann so schmerzhaft sein, daß die meisten von uns nicht die Kraft aufbringen, sich dieser Aufgabe zu stellen.

Auch ein Mensch, der keinen Glauben hat und keinen haben will, kann den Versuch unternehmen, gesund zu werden, aber für ihn ist es schwieriger. Er wählt den schwereren Weg zur Genesung – etwa so, als würden Sie einen steilen Pfad hinaufgehen, rückwärts, in hochhackigen Schuhen. Ihr Ziel würden

Sie vielleicht schon erreichen, aber es gibt eben eine schnellere, wirksamere, weniger anstrengende Möglichkeit, dort hinzugelangen. Menschen können erstaunlich schnell einen Glauben entwickeln, wenn sie nur bereit dazu sind – das heißt, wenn sie bereit sind, so zu handeln, als wäre im Universum eine Intelligenz am Werk, die größer ist als die menschliche. Nichts, *gar nichts* ist aber eine persönlichere Angelegenheit, als die Suche nach einem Glauben, und keiner kann einem anderen sagen, wie er danach suchen soll. Jeder Mensch entdeckt seinen Gott allein und in der Stille.

Es hätte keinen Sinn, Briefe von Frauen, die zu sehr lieben, zu sammeln, wenn diese Briefe nicht der Gesundung all derer, die sie lesen, förderlich sein könnten. Die Genesung von der Beziehungssucht ist jedoch eine weit subtilere, weniger leicht definierbare Leistung als die Genesung von den meisten anderen Suchtkrankheiten wie etwa Alkoholismus, Verschwendungssucht, Spielsucht und sogar Eßsucht. Beim Lesen dieses Buches werden Sie sich immer selbst eine Meinung dazu bilden, worin die Genesung von der Beziehungssucht besteht, was ihr förderlich und was ihr hinderlich ist und warum es bei einigen Menschen mit der Genesung klappt, bei anderen aber nicht. All diese Fragen und die dazugehörigen Antworten werden für Sie von großer Bedeutung sein, wenn Sie selbst von Ihrer Abhängigkeit loskommen wollen.

Thea und Britt fangen gerade an, erste Schritte hin zur Genesung zu erkunden. Wendy und Cecilia sind auf ihrem Weg schon ein gutes Stück vorangekommen, denn die Schritte, die sie um ihrer Heilung willen unternommen haben und unternehmen, sind inzwischen zu einem festen Bestandteil ihres täglichen Lebens geworden. Aber jeder Mensch muß für sich allein entscheiden, ob er sich auf diese Reise begeben will, und auch, ob er sie dann fortsetzen will. Nichts und niemand kann uns diese Entscheidung abnehmen. Wir müssen – wie Wendy – Mut und Demut entwickeln, um die ersten notwendigen Schritte zu unternehmen, und dann – wie Cecilia – Ehrlichkeit aufbringen und eine Quelle spiritueller Kraft und Hilfe finden, um uns den Anforderungen stellen zu können, die uns auf unserem Weg erwarten.

In den folgenden Kapiteln schildern Frauen (und Männer) die «Wenn Frauen zu sehr lieben» gelesen haben, ihr Leben, ihre Situation, ihre Beziehungssucht und sehr häufig auch ihre anderen Süchte. Genau wie bei den vier bisher zu Wort gekommenen Frauen werden wir auch von den übrigen ab und zu hören, welche konkreten Schritte sie unternommen haben, um ihre Genesung einzuleiten und weiter voranzutreiben. Diejenigen von Ihnen, die sich gerade auf den gleichen Weg machen, können aus den geschilderten Schritten und Fortschritten von Menschen, die schon auf dem Wege der Besserung sind, hoffentlich Inspiration und Anleitung schöpfen.

Kapitel 2: Briefe von Frauen, die ihre Genesung noch vor sich haben

Die Wurzeln einer Beziehungssucht lassen sich immer bis zu seelischen Traumatisierungen in der Kindheit zurückverfolgen (Verlust, Leiden, mißhandelt, mißbraucht oder verlassen werden). Aus diesen traumatischen Erfahrungen haben sich dann die späteren Beziehungsmuster entwickelt. Diese schrecklichen Erlebnisse sind in ihren konkreten Einzelheiten bei allen Menschen verschieden, und genauso unterschiedlich sind die suchthaften Verhaltensweisen, die vom einzelnen entwickelt werden und später beim Erwachsenen als Beziehungssucht zu Tage treten. Frauen aus Familien, in denen Gewalttätigkeiten an der Tagesordnung sind, neigen zum Beispiel dazu, sich einen gewalttätigen Partner zu suchen. Frauen aus Alkoholikerfamilien suchen sich häufig einen (drogen- oder alkohol-)süchtigen Partner und so weiter. *Eine* Dynamik läuft bei der Beziehungssucht jedoch immer ab: Es besteht der unbewußte Drang, den in der Vergangenheit erlebten Kampf in der Gegenwart zu wiederholen, um nun siegreich daraus hervorzugehen. Einfacher gesagt, geht es dabei um den inneren Zwang, das Spiel noch einmal zu spielen und diesmal zu *gewinnen.* Aus dem Bemühen, das zu bezwingen, was uns in der Vergangenheit eine Niederlage beigebracht hat, wird eine Obsession, ein zwanghaftes Verhalten. Solange dieses Motiv noch wirksam ist, ist auch die Beziehungssucht noch vorhanden, und zwar unabhängig davon, ob man derzeit einen Partner hat oder nicht.

Dieses Kapitel enthält Briefe von Frauen, die zugeben, beziehungssüchtig zu sein, und die auch einige der in Kindheitserlebnissen wurzelnden Faktoren erkennen, die zu dieser Sucht beigetragen haben. Aber auch wenn wir uns der Bedingungen und Ereignisse bewußt sind, die uns für die Entwicklung eines suchthaften Beziehungsmusters anfällig gemacht haben, heißt das noch lange nicht, daß wir damit dieses Verhaltensmuster schon überwunden hätten.

Jede dieser Frauen glaubt, ihre Genesung fester im Griff zu haben, als es meines Erachtens tatsächlich der Fall ist. Um meine Bedenken in bezug auf gerade diese Berichte über angeblich erzielte Fortschritte zu verstehen, denken Sie doch bitte an die Faktoren, die eine Genesung ermöglichen und fördern. Mut und Demut sind genauso vonnöten wie die Fähigkeit zu rückhaltloser Aufrichtigkeit. Man muß bereit sein, vor nichts zurückzuschrecken und wirklich alles zu tun, um gesund zu werden. Für die erfolgreiche Fortsetzung des Heilungsprozesses ist es meist auch erforderlich, sich einer Intelligenz zu unterstellen, die größer als die eigene ist, und sich von dort Hilfestellung und Trost zu holen.

Bewußtsein allein reicht nicht aus, um die gewaltigen Veränderungen einzuleiten und voranzutreiben, die unumgänglich sind, damit es zu einer Genesung kommt. Wenn eine Frau dann auch noch trotzig, ja dickköpfig darauf beharrt, das eigene Suchtverhalten allein aus eigener Kraft zu überwinden, dann rückt die Möglichkeit einer Besserung in noch weitere Ferne, da die Betreffende dann gegen ihre Suchtkrankheit mit der gleichen ungesunden Verhaltensweise und Einstellung angeht, die sie nun schon so lange Zeit anderen Menschen gegenüber bewiesen hat. Nichts hat sich da wirklich geändert. Sie handelt immer noch aus der Überzeugung, daß sie für ihr Problem selbst die richtige Lösung kennt und selber die Kraft hat, sich zu einer Veränderung zu zwingen. Es ist am Anfang ganz natürlich (und tröstlich), wenn man glaubt, allein der feste Wille zur Veränderung werde dem Problem schon ein Ende machen. Doch wenn das alles wäre, was man dazu braucht, dann gäbe es so etwas wie Sucht gar nicht. Wer – bei welcher Art von Sucht auch immer – meint, sich selbst kontrollieren zu können, muß damit scheitern, weil bei allen Suchtkrankheiten gerade die Kontrollfähigkeit beeinträchtigt ist. Wir versuchen in dem Fall immer wieder etwas zu kontrollieren, was wir gar nicht kontrollieren können, und werden dabei immer kränker. Eine Sucht ist dem eigenen Willen nicht zugänglich. Es bleibt uns nichts anderes übrig, als zu kapitulieren und zuzugeben, daß die Sucht stärker ist als wir und daß wir sie nicht allein überwinden können.

Die folgenden Briefe sollen Ihnen helfen, eine eventuelle Beziehungssucht schneller zu erkennen und außerdem festzustellen, ob dabei eigenwillige «Dickköpfigkeit» am Werk ist. Dickkopf gehört zu den festen Merkmalen einer Beziehungssucht und bildet ein enormes Hindernis auf dem Weg zur Genesung.

Liebe Robin Norwood,
es ist mir sehr schwergefallen, Ihr Buch zu Ende zu lesen. Ich habe es wirklich mehrere Male weggelegt und mir eingeredet, ich könne nicht mehr weiterlesen – es war einfach zu schmerzhaft, die Wahrheit über mich zu lesen. Jedesmal wenn ich versucht war, das Buch in der hintersten Schublade zu vergraben, habe ich Seite 14 aufgeschlagen, auf der ich die Worte unterstrichen hatte: «Falls Sie sich jedoch für den Weg der Veränderung entscheiden, werden Sie sich verwandeln: *von einer Frau, die einen anderen Menschen so sehr liebt, daß es schmerzt, in eine Frau, die sich selbst genug liebt, um dem Schmerz ein Ende zu setzen.*» Das half mir dann, durchzuhalten und weiterzulesen. Ich weiß, ich kann meinem Schmerz nicht einfach über Nacht ein Ende setzen. Aber endlich zuzugeben, daß ich wirklich leide, ist schon ein Anfang.

Ich bin achtunddreißig, habe zwei Kinder, bin zweimal verheiratet gewesen und habe gerade heute abend eine längere Beziehung zu einem verheirateten Mann beendet. Das, was ich in «Wenn Frauen zu sehr lieben» gelesen habe, hat mir die Kraft gegeben, die Beziehung zu beenden. All diese Männer brauchten Hilfe, mußten wieder «in Ordnung» gebracht werden. Ich habe dieses «Wieder-in-Ordnung-Bringen», dieses zwanghafte Helfen sogar zu meinem Beruf gemacht. Ich unterrichte stark verhaltensgestörte Schüler. Ich habe viele Auszeichnungen und sehr viel Anerkennung für meine Arbeit mit diesen Kindern bekommen, aber jetzt sehe ich das, was ich da all die Jahre gemacht habe, mit ganz anderen Augen. Wenn man mich früher fragte, warum ich mir eine solche Arbeit mit verrückten Kindern ausgesucht hätte, dann habe ich gesagt, daß ich mir meinen Beruf nicht ausgesucht hätte, sondern daß es fast wie eine Berufung gewesen sei. Wie falsch ich damit doch gelegen habe! Was könnte es für eine zwanghafte «Helferin» besseres geben als einen solchen Beruf! Ich werde vor meiner Arbeit nicht weglaufen. Aber wenn ich im September wieder in die Schule gehe, wird das mit einem neuen Bewußtsein und einer gesünderen Einstellung geschehen.

Sie sprechen in Ihrem Buch dysfunktionale Familien und Alkoholismus an. Ich komme aus einer dysfunktionalen Familie, aber daß sie so war, lag nicht am Alkohol, sondern daran, daß mein vierzehn Monate jüngerer Bruder so früh gestorben ist. Mit neun Jahren erkrankte er an einem unheilbaren Gehirntumor und starb drei Jahre lang jeden Tag ein bißchen mehr, und meine Mutter, mein Vater und ich starben langsam mit ihm. Er starb im Oktober, meine Eltern ließen sich im Dezember scheiden, meine Mutter heiratete im Februar wieder und mein Vater im Mai. Die letzten fünfundzwanzig Jahre lang habe ich ständig versucht, unsere Familien wieder «in Ordnung» zu bringen – doch das ist mir erst klar geworden, als ich Ihr Buch las. In dieser Zeit habe ich zwei lieben Männern und auch meinen Kindern weh getan. Falls Sie noch einmal ein Buch schreiben, schreiben Sie bitte auch darüber, was der Tod eines Kindes in einer Familie auslöst. Außer mir gibt es sicher noch viele andere Menschen, die einen Bruder oder eine Schwester verloren haben und gar nicht erkennen, was das bei ihnen immer noch auslöst. Wenn ein Kind stirbt, erhalten die Eltern Zeichen der Anteilnahme, aber die Geschwister wissen nur eins: Sie können diesen Verlust für den überlebenden Teil der Familie niemals wieder «in Ordnung» bringen; sie können niemals gut genug, intelligent genug, schön genug oder stark genug sein, um diese Lücke zu schließen. Sie können niemals genug lieben oder perfekt genug sein, um ihr Dasein zu rechtfertigen – um zu rechtfertigen, daß sie noch leben, während ihre Schwester oder ihr Bruder tot ist. Bitte versuchen Sie, den ahnungslosen Menschen zu helfen, denen eine Schwester oder ein Bruder gestorben ist und die vielleicht das gleiche empfinden wie ich! Sie können so viele Menschen erreichen; ich kann das nicht.

Ich habe meinen College-Abschluß mit fast nur sehr guten Noten gemacht und weiß noch, daß ich damals dachte, wie stolz meine Eltern doch gewesen wären, wenn ich nur diese eine Zwei nicht bekommen hätte, die mir die Gesamtnote verdarb. Irgendwie war ich überzeugt, ich hätte uns alle enttäuscht.

Ich hoffe, ich habe jetzt für eine Weile genug geweint und werde nun morgens aufwachen, in den Spiegel schauen und sagen: «Moira, du wirst geliebt, vor allem von dir selbst!» Dann werde ich genug Mut haben, diesen Brief auch wirklich abzuschicken.

Moira D.

Moiras erster Brief beschreibt sehr klar eine der vielen Arten, auf die ein Kind so sehr Schaden nehmen kann, daß es als Erwachsene eine Beziehungssucht entwickelt. Wenn eine Familie ein Kind durch Tod verliert, ist das für die Hinterbliebenen ein schwerer und in seiner Wirkung lang anhaltender Schlag, der sich bis zu einem gewissen Grad dauerhaft auf ihr Verhältnis zueinander auswirkt. Die übrigbleibenden Familienmitglieder sind sehr glücklich zu schätzen, wenn sie mit ihren Schuldgefühlen, ihrem Schmerz und ihrer Angst, noch jemand zu verlieren, bewußt umgehen können, und wenn es ihnen in ihrem gemeinsamen Leid gelingt, eine noch tiefere und ehrlichere Bindung zueinander zu knüpfen. Statt dessen geschieht es nur zu oft, daß die Menschen sich verschließen und ihre Gefühle aussperren, weil sie ganz natürlicherweise Angst davor haben, noch einmal jemand zu verlieren, den sie lieben. Wenn das geschieht, kann es sein, daß die überlebenden Kinder eine enorm schwere Bürde auf sich laden und versuchen, ihr Möglichstes zu tun, damit für die Familie wieder alles gut wird.

Daß Moira als Überlebende Schuldgefühle hat und noch dazu ständig perfekt sein möchte, um die Familie für den erlittenen Verlust zu entschädigen, sind Reaktionen, die bei Kindern, denen ein Bruder oder eine Schwester gestorben ist, häufig anzutreffen sind. Nicht selten nehmen diese Reaktionen ein solches Ausmaß an, daß die Familie es nicht mehr schafft, mit dem Schmerz über den Tod des Kindes bewußt umzugehen. Aber im vorliegenden Fall hat Moira einen weit größeren Verlust erlitten, als sich selbst aus dem Tod ihres Bruders erklären ließe. Ihre Familie, ihr ganzes Bezugssystem, ist im wesentlichen gleichzeitig mit ihrem Bruder gestorben. Die Ehe ihrer Eltern war der Belastung durch das qualvoll langsame Sterben ihres Kindes nicht gewachsen. Moiras Eltern waren nicht fähig, über die Krankheit und den Tod ihres Sohnes zu trauern, und so suchte jeder der beiden Trost und Rettung in einer außerehelichen Beziehung. Durch die Scheidung und schnelle Wiederverheiratung wurde Moira emotional alleingelassen. Sie versuchte, ihren eigenen verzweifelten Schmerz und ihre Verlustgefühle zu unterdrücken, indem sie sich darauf konzentrierte, das Leid ihrer Eltern zu lindern. Sie bemühte sich, perfekt zu sein, um die Familie zu retten und einen Ausgleich für alles Verlorene zu schaffen. Doch als sie dabei zwangsläufig scheiterte, verdoppelte sie – aus ihrem eigenen schmerzlichen Bedürfnis heraus – nur ihre Anstrengungen... und hatte immer stärker das Gefühl, zu versagen.

In der Suchttherapie gibt es einen sehr weisen Satz: «Es ist nicht der Alkoholismus, der in einem Menschen, einer Beziehung oder einer Familie Probleme schafft; er vergrößert nur die, die schon da sind.» Dieser Grundsatz gilt nicht nur, wenn

Alkohol im Spiel ist, sondern immer, wenn es in einer Familie zu einer stark belastenden Situation kommt, die nicht offen zu erkennen und zu bereden ist. Dieser Satz trifft zweifellos auf Moiras Familie und auch auf sie selbst zu. Ich denke, wir können mit ziemlicher Sicherheit davon ausgehen, daß es Moira und ihrer Familie schon vor dem Tod ihres Bruders schwergefallen ist, einander nah zu sein und offen und ehrlich miteinander zu reden. Die tragischen Ereignisse haben die Auswirkungen dieser Unfähigkeit, miteinander echt und natürlich umzugehen, nur verstärkt. Und ich würde meinen, daß Moira, schon bevor ihr Bruder krank wurde, das stark entwickelte Bedürfnis hatte, «brav» und «gut» zu sein. Durch seinen Tod verstärkte sich dieses Bedürfnis nur, und aus einer Charaktereigenschaft wurde eine Charakteranomalie. Ihr Perfektionismus stellte den Versuch dar, etwas Unkontrollierbares (in diesem Fall das Auseinanderbrechen ihrer Familie) zu kontrollieren. Sie hatte Angst vor unkontrollierbaren Situationen, fühlte sich aber gleichzeitig von ihnen angezogen (da sie ja das Bedürfnis hatte, derartige Situationen wieder «in Ordnung» zu bringen) – und beides übertrug sie auf jeden Bereich ihres Erwachsenenlebens. Den Kampf mit diesen Problemen war sie von Kindheit an gewöhnt, und so wendete sie das ihr vertraute Handlungsrepertoire jeweils auch in ihren Männerbeziehungen, ihren Freundschaften, ihrer Beziehung zu ihren Kindern und in ihrem Beruf an.

Als Antwort auf meine Bitte, ihren ersten Brief für dieses Buch verwenden zu dürfen, schrieb Moira in ihrem nächsten Brief gleich zu Anfang, sie mache sich Sorgen, daß auch ihre Tochter möglicherweise eine Anfälligkeit für Beziehungssucht mitbekommen habe. So wie Moira geht es vielen Frauen, die zu sehr lieben. Wenn Beziehungssüchtige sich nicht gerade auf ihren Partner konzentrieren, wenden sie sich sehr häufig ihren Kindern zu und versuchen, sie «in Ordnung» zu bringen – um Moiras Worte zu gebrauchen.

In diesem nächsten Brief wird schnell deutlich, daß in Moiras Familiengeschichte Macht und Kontrolle schon lange wichtige Themen sind und daß auch Moira selbst – unter dem Vorwand zu helfen – sich dieser Methoden im Umgang mit den ihr nahestehenden Menschen bedient. In der Tat enthält ihr Brief klare Hinweise darauf, daß in allen ihren zwischenmenschlichen Beziehungen ein eiserner Wille zum Tragen kommt, und der Brief zeigt auch, daß man diesen rigiden Eigensinn – zumindest vor sich selbst – verbergen kann, indem man abwechselnd die Rolle der Helferin und die Rolle des Opfers übernimmt.

Moira ist in einem mittlerweile alteingefahrenen Beziehungsmuster gefangen. Es funktioniert nicht, es führt nicht zu den ersehnten glücklichen Ergebnissen, und dennoch kann sie nicht damit aufhören. Das Verhaltensmuster selbst schafft Druck, und wenn Moira unter Druck steht, weiß sie sich nicht anders zu verhalten.

Liebe Robin,
meine Kinder sind gerade wieder nach Hause gekommen, nachdem sie drei Wochen bei ihrem Vater waren. Seit ich mich vor fünf Jahren von ihm scheiden ließ, hatten sie ihn nicht mehr gesehen. Die dreiwöchige Trennung hat uns allen gutgetan, vor allem mir, denn dadurch hatte ich Zeit, darüber nachzudenken, was mein «Zu-sehr-Lieben» bei ihnen angerichtet hat. Ihre Bitte, meinen Brief verwenden zu dürfen, hat mich auf den Gedanken gebracht, daß es wohl gut wäre, Ihnen das zu schreiben; es scheint nämlich, daß diese Krankheit von einer Generation auf die nächste übertragen werden kann. Meine Tochter war mein erstes Baby und sozusagen meine Gegenleistung dafür, daß ich am Leben geblieben war und schließlich geheiratet und eine Familie gegründet hatte, während es meinem Bruder nicht einmal vergönnt war, ein Teenager zu werden. Bei ihrer Geburt wog sie 4791 Gramm und war 59,7 Zentimeter groß. Alle Schwestern und viele Ärzte, die ich nicht einmal kannte, haben kurz ins Zimmer geschaut, um mir zu diesem wundervollen Baby zu gratulieren. Ich war im siebten Himmel! Ich hatte meinen Eltern bewiesen, daß ich perfekte Leistungen bringen konnte, so-

gar beim Kinderkriegen. Meine Tochter war ein Muster-Baby. Sie war schön. Sie lernte alles früh, mühe- und fehlerlos. Im Supermarkt und auf der Straße wurden wir von wildfremden Leuten angesprochen, die das Baby gar nicht genug bewundern konnten. Mein Vater war ganz vernarrt in die Kleine, doch meine Mutter benahm sich, als wünschte sie, meine Tochter wäre nie geboren worden, sie wollte auf gar keinen Fall «Omi» genannt werden.

Inzwischen ist mir klar, daß ich meinen Mann nie so richtig an das Baby herangelassen habe. Ich glaubte, er sei nicht fähig, unserer Tochter das zu geben, was sie brauchte. Nur ich allein konnte ihr die erforderliche Liebe geben und das Richtige beibringen. Die Ärmste! Als sie in die Schule kam, ging sie natürlich gleich in eine Hochbegabtenklasse und rechtfertigte dadurch erneut mein Dasein. Ich fand das gar nicht aufregend und war auch nicht besonders beeindruckt, denn ich habe das von ihr einfach erwartet. Schließlich war sie ja meine Tochter! Wie hätte es da überhaupt anders sein können? Als sie in der vierten Klasse war, ging ich wieder an die Uni zurück, um meinen Magister zu machen. Meine Tochter wollte unbedingt, daß ich alle ihre Zeugnisnoten in einen Punktedurchschnitt umrechnete, damit sie sie mit meinen Noten vergleichen konnte. Ich habe natürlich nur Einser gehabt. Sie hatte auch ein paar Zweien. Ihre Lehrerin bat mich, zu ihr in die Sprechstunde zu kommen. Sie hatte den Eindruck, daß meine Tochter nicht so glücklich sei, wie sie es hätte sein können. Irgend etwas fing da an, in die falsche Richtung zu laufen.

Jetzt, mit fünfzehn, ist sie längst nicht mehr so perfekt wie früher. Letztes Jahr hat sie in zwei Fächern versagt. Sie will einfach nicht glauben, daß sie gut aussieht, auch wenn sie von den Jungen nur so umschwärmt wird. Ich habe immer wieder versucht, ihr zu sagen, wie toll sie in Wirklichkeit ist, aber da es von mir kommt, will sie es einfach nicht glauben. Robin, geben die meisten der Frauen, die so sind wie ich, diese Krankheit an ihre Töchter weiter? Was für ein furchtbarer Gedanke! Es scheint, als würde meine Tochter *nicht genug* lieben – sich selbst nicht ausgenommen –, doch ich habe den Verdacht, daß sie genau wie ich «zu sehr liebt». Bitte schreiben Sie mir, ob das Ihrer Erfahrung nach zutrifft. Ich habe solche Schuldgefühle. Ich liebe sie so sehr und habe Angst um sie. Sie sperrt sich dagegen, zu einer Beratung zu gehen, und ich will erst abwarten, was dieses Schuljahr bringt und ob das, was ich über mich gelernt habe, ihr nicht vielleicht auch hilft, ehe ich darauf bestehe, daß sie therapeutische Hilfe in Anspruch nimmt.

Außerdem muß ich Ihnen erzählen, wie ich mir meine Ehemänner ausgesucht habe, denn mir ist vor kurzem klar geworden, was ich da getan habe. Meinen ersten Mann habe ich mit achtzehn geheiratet; er war dreißig. Mein Vater ist sehr wohlhabend, und ich heiratete einen Mann, der an einer Tankstelle bediente. Das sagt schon einmal eine Menge! Ich glaubte, ich könnte aus diesem Mann etwas machen, und natürlich hatten wir beide unter meinen Bemühungen in dieser Richtung zu leiden. Auf Wunsch meines Vaters zogen wir in drei verschiedenen Bundesstaaten mehrmals um, damit mein Mann in den Firmen meines Vaters arbeiten konnte. Dahinter steckte die Idee, daß mein Mann später einmal einen Teil der Firmen übernehmen sollte. Doch das war einfach nicht drin. Weder in meines Vaters noch in meinen Augen hätte mein Mann je gut genug sein können. Von seiner Ausbildung her brachte er keinerlei Voraussetzungen für eine solche Aufgabe mit. Und er konnte einfach keine männliche Ausgabe von mir werden oder meinen toten Bruder ersetzen – aber, mein Gott, was haben wir ihn dazu gedrängt! Er hat sich unter unserem Druck gewunden und ist mir gegenüber gewalttätig geworden. Unsere Ehe ist schließlich in die Brüche gegangen, auch wenn sie elfeinhalb Jahre gehalten hat.

Ich war erst zwei Wochen allein, da lernte ich meinen zweiten Mann kennen. Er war, als Achtzehnjähriger, schon einmal verheiratet gewesen und hatte, als ich ihn kennenlernte, die letzten acht Jahre allein gelebt. Er hatte einen dreizehnjährigen Sohn, der seit seinem dritten Lebensjahr bei seinem Vater lebte. Gleich zwei Menschen, die ich «in Ordnung» bringen konnte! Sowohl mein Mann als auch sein Sohn waren schon damals drogenabhängig. Ich habe das, als wir uns kennenlernten, nur nicht mitbekommen, oder ich habe es nicht sehen wollen – ich weiß es nicht. Sie nehmen Kokain. Mein Stiefsohn ist bereits mit dem Gesetz in Konflikt gekommen, weil er gedealt hat, und mein Mann hat wegen seiner Sucht schon fast ein Jahr lang nicht mehr gearbeitet. Obwohl ich unsere Ehe vier Jahre lang aufrechterhalten habe, wurde mir zum Schluß doch klar, daß ich da raus mußte. Auch mein zweiter Mann war gewalttätig, und einmal bin ich im Krankenhaus gelandet und mußte operiert werden, als er mir bei einem Streit so stark auf den Kopf geschlagen hatte, daß mein Trommelfell geplatzt war. Jetzt sehe ich das alles und begreife auch, warum ich mir diese Männer ausgesucht habe. Da war so vieles, was ihnen fehlte, und in meinen Augen brauchten beide jemand wie mich, die sich um sie kümmerte!

Ich schreibe Ihnen das alles, weil ich weiß, daß Sie mich verstehen. Meine Freundinnen würden entsetzt sein, wenn sie je darauf kämen, daß ich so kaputt bin. Mich fragen sie nämlich immer um Rat. Es ist so schön, daß ich mit jemandem darüber reden kann, daß ich alles andere als vollkommen bin.

Moira D.

Als ich in Moiras zweitem Brief las, daß sowohl ihr jetziger Ehemann als auch ihr Stiefsohn kokainabhängig seien, habe ich ihr zurückgeschrieben und ihr eindringlich nahegelegt, in eine Al-Anon-Gruppe * zu gehen, weil sie dort vielleicht nicht nur die Suchtproblematik besser verstehen lernt und erkennt, wie machtlos sie demgegenüber ist, sondern weil sie dort vielleicht auch lernt, von den Problemen ihrer Tochter abzulassen um sich auf sich selbst zu konzentrieren. Aus ihrem Antwortbrief läßt sich der Grad ihrer Krankheit ablesen: Zum einen fällt es Moira schwer, ihr Leben zu meistern, zum anderen ist sie (noch) nicht bereit, zu kapitulieren und geeignete Hilfe in Anspruch zu nehmen. Obwohl sie bei ihrer Tochter die Absicht hat, genau darauf zu dringen, meint sie, bei sich selbst davon ausgehen zu können, daß sie mit ihren Problemen schon alleine und im stillen Kämmerlein zurechtkomme.

Liebe Robin,
was ich Ihnen jetzt schreibe, sind Gedanken, die mich schon viele Jahre umtreiben, so daß ich gedacht habe, ich müßte explodieren. Ich habe immer geglaubt, niemand könne meine Gefühle wirklich verstehen, bis ich «Wenn Frauen zu sehr lieben» gelesen habe. Was wir durchleiden, können wohl nur Leidensgenossinnen wirklich verstehen. Ich habe früher geglaubt, es sei unmöglich, zu sehr zu lieben oder zu stark Anteil zu nehmen. Ich habe einfach gemeint, ich

* Statt *Nar-Anon* (einer Selbsthilfegruppe für Angehörige und Freundinnen beziehungsweise Freunde von Drogenabhängigen) oder *C-Anon* (für Angehörige und Freundinnen/Freunde von Kokainsüchtigen) habe ich Moira *Al-Anon* empfohlen, und das aus zwei Gründen: Erstens ist die Wahrscheinlichkeit größer, daß es in ihrer Nähe eine Al-Anon-Gruppe gibt, denn diese Gruppen sind zur Zeit wesentlich weiter verbreitet als die beiden anderen. Zweitens gibt es Al-Anon schon sehr viel länger und so ist die Wahrscheinlichkeit größer, daß dort der Genesungsprozeß bei einigen Mitgliedern schon eine tragfähigere Basis erreicht hat, als das in den neueren Gruppen der Fall ist. Der Genesungsprozeß folgt in allen diesen Gruppen den gleichen Prinzipien, und ideal wäre es, zu allen von ihnen zu gehen.

müsse nur noch immer mehr Liebe verströmen, und habe dabei nicht erkannt, daß die Quelle meines Herzens, meiner Seele, ja, meines ganzen Wesens irgendwo doch einen Grund hat und versiegen kann. Vermutlich können manche von uns erst dann das Licht sehen, wenn sie mit einem kräftigen Plumps unten auf dem Grund angelangt sind. Einer meiner besten Freunde schüttelt immer den Kopf und nennt mich ironisch eine «schwergeprüfte Weltverbesserin». Er macht auf mich einen recht herzlosen Eindruck, scheint aber mit sich sehr glücklich zu sein – was will man da sagen? Die Mitte von uns beiden, das wäre das, was ich gern finden würde.

Was die Genesung von meiner Sucht betrifft, so hat der Hauptknackpunkt zur Zeit etwas mit der von Ihnen erwähnten Al-Anon-Gruppe zu tun. Mein zweiter Mann bringt mich in arge Bedrängnis. Als wir uns letzten März getrennt hatten, war er sehr verbittert und ich sehr traurig. Ich war völlig fertig – erschöpft davon, mit zwei Süchtigen gleichzeitig zusammenzuleben und dabei noch ständig versuchen zu müssen, mich und meine Kinder vor Wills und Billys Sucht zu schützen. Mit ihren fünfzehn beziehungsweise zwölf Jahren waren meine Kinder noch so jung und verletzlich, und für mich stand (und steht) meine Arbeit als Lehrerin auf dem Spiel, wenn herauskäme, daß ich irgend etwas mit Drogen und Drogenabhängigen zu tun habe. Sowohl Will als auch Billy sind hin und wieder mir und den Kindern gegenüber tätlich geworden. Als mein Sohn und ich einmal vor Will ins Auto geflüchtet sind und von innen zugesperrt haben, hat er meinen neuen Wagen mit dem Baseballschläger bearbeitet und einen Schaden von zweihundert Dollar angerichtet. Ganz kurz bevor wir uns getrennt haben, hat Will für irgendein Drogengeschäft von unserem gemeinsamen Konto zwanzigtausend Dollar abgehoben. Wie dem auch sei, bis letzten Monat habe ich von ihm weder etwas gesehen noch gehört. Billy hat man zu seiner leiblichen Mutter nach Florida geschickt, nachdem er vor kurzem zweimal wegen Drogengeschichten verhaftet worden war und in ziemlichen Schwierigkeiten steckte. Er hatte seine Mutter seit dem dritten Lebensjahr nicht mehr gesehen. Will ist nun allein und hat mir seitdem einiges von dem Geld und den Sachen, die er unberechtigt an sich genommen hatte, zurückgegeben. Er ruft mich fast jeden Tag an und bittet und bettelt – sagt, er habe sich geändert, ich würde ihm fehlen und so weiter und so weiter. Das macht mich ganz fertig! Mein Sohn wird am Montag dreizehn, und Will hat mir ein Geburtstagsgeschenk für ihn gegeben – und das, obwohl er früher immer eifersüchtig darauf war, daß ich meinen Sohn so lieb hatte, und er zu ihm immer besonders gemein war. Einmal hatten wir den Kindern gesagt, daß sie nach dem Abendessen keinen Eistee mehr trinken sollten. Will erwischte meinen Sohn mit einem großen Teeglas und goß es ihm über den Kopf. Das war gemein und demütigend für das Kind! Welche Mutter hätte weiter mitansehen können, wie ihre Kinder unter solchen Umständen aufwuchsen? Wenn ich anfange, Will zu bedauern, führe ich mir jedesmal diese Bilder vor Augen. Ich versuche dann, keinen traurigen, einsamen Mann zu sehen, sondern einen, dessen Sucht schon so vielen Menschen weh getan hat. Ich habe in letzter Zeit häufig einen Alptraum: Ich bin mit Will in einer tiefen Grube und versuche, an den Wänden hochzuklettern, aber Will zieht mich immer wieder am Bein in die Tiefe. Meine Hände sind ganz aufgerissen und bluten. Alle Kinder, sogar Billy, stehen oben und weinen und rufen, daß ich ihnen versprochen hätte, für sie zu sorgen. Manchmal ist sogar unser Hündchen oben bei ihnen. Will ist unten, hält mich fest und sagt mir, wie sehr er mich liebe. Ich bin jedesmal ganz erschöpft, wenn ich aufwache. Er hat immer noch keine Arbeit und nimmt immer noch Drogen, obwohl er behauptet, er habe im Juli damit aufgehört. Ich höre ihm das Kokain an der Stimme an – ich kenne es gut.

Der zweite Knackpunkt ist mein erster Mann. Seitdem ich mich von Will getrennt habe, schickt er mir Unterhalt für die Kinder, was er seit meiner zweiten Heirat nicht mehr getan hatte. Diesen Sommer hat er die Kinder zum erstenmal seit unserer Scheidung wiedergesehen. Er ruft mindestens zweimal die Woche an und redet ewig mit mir, und wenn ich ihn dann zum Schluß frage, ob er auch mit den Kindern sprechen will, antwortet er: «Ja, aber sag ihnen, sie sollen es kurz machen. Das hier ist ein Ferngespräch.» Er bittet mich, meine Ehe mit Will als einen fünfjährigen Urlaub von ihm anzusehen, und meint, wir sollten «es noch einmal miteinander versuchen». Beide Männer machen mich noch verrückt. Ich gehe schon noch mit anderen Männern aus, aber versuche da jetzt etwas kürzerzutreten, weil ich im Moment von den Männern genug habe.

Nun zu Al-Anon: Robin, meine größte Angst ist, eine Situation nicht unter Kontrolle zu haben. Aus diesem Grund trinke ich nicht und habe auch noch nie den Drang verspürt, irgendwelche Drogen auszuprobieren. Ich weiß, daß Al-Anon eine Selbsthilfegruppe ist, aber ich habe gesehen, wie manche Leute von religiösen Gruppen, von den Anonymen Alkoholikern und so weiter furchtbar abhängig geworden sind. Ich mag die Kontrolle über mein Leben nicht aus der Hand geben. Und so geht es mir im Moment mit jeglicher Art von Therapie. Ich meine, ich müßte mich dann geschlagen geben, aber ich fühle mich noch nicht geschlagen. Ich glaube, ich fühle mich stärker, wenn ich es so lange wie möglich allein versuche. Es ist komisch: Ich bin immer mit Männern zusammengewesen, um nicht allein zu sein, und habe nie gemerkt, wie ungeheuer allein ich doch mit ihnen war. Jetzt möchte ich wirklich gerne für eine Weile nur mit Moira allein sein und einfach erfahren, was das für ein Gefühl ist. Manchmal ist es schon toll, dann fühle ich mich so stark und fähig. Zwischendurch komme ich wohl auch mal ins Stolpern, aber nie für sehr lange. Während ich das alles hier schreibe, hätte ich fast vergessen, Ihnen für Ihren Rat in bezug auf meine Tochter zu danken. Ich werde versuchen loszulassen, aber es ist so schwer – «Fleisch von meinem Fleisch» und so weiter, Sie verstehen. Ich werde es weiter versuchen. – Danke.

Moira D.

Seit Moira erwachsen ist, hat sie immer mit einem Mann eine Beziehung gehabt, manchmal auch mit mehreren gleichzeitig, wie das zur Zeit der Fall ist. Ob diese Männer nun mit einer anderen Frau verheiratet, ob sie drogenabhängig, gewalttätig oder einfach unzulänglich waren – immer hat Moira sich auf sie fixiert. Durch die Männer hat sie sich von ihrem eigenen Leben mit seinem Leiden und seinen Schuldgefühlen abgelenkt. Wenn es noch eines Beweises bedurft hätte, daß sie stark beziehungssüchtig ist, dann findet sich dieser Beweis in ihrem dritten Brief, denn darin ist nun einmal von all den «anderen» weit mehr als von ihr selbst die Rede. Solange sie weiterhin ihre Männerbeziehungen als Vermeidungsstrategie benutzt, um nur nicht innehalten und zu sich selbst eine tiefere Beziehung entwickeln zu müssen, solange wird sie niemals gesund werden. Moira wird sich von Männern und ihren Problemen fernhalten müssen, bis sie ihr *eigenes* Leben voll angenommen hat. Erst wenn sie in ihrem Innersten versteht, daß *kein* Mann *jemals* ihre Schwierigkeiten beseitigen kann, wird sie nicht mehr in ihren bisherigen Verhaltensmustern gefangen sein.

Es überrascht nicht, daß eine Frau, die all die Jahre so stark von Männern abhängig und beziehungssüchtig gewesen ist wie Moira, trotz allem sagt, sie habe Angst, von einer bestimmten Heilmethode zu sehr abhängig zu werden. Es steckt eine unglaubliche Ironie darin, daß Moira sich weigert, Hilfe in Anspruch zu nehmen, und meint, wenn sie es täte, würde sie die Kontrolle über ihr Leben aus der Hand geben. Ein Leben, das noch offensichtlicher außer Kontrolle geraten ist als das ihre, läßt sich kaum vorstellen. Doch sie ist sich sicher, daß sie es schon sehr bald und allein schaffen werde, das Problem in den Griff zu bekommen; sie müsse dazu nur genügend Willen aufwenden. Jeder Süchtige kann seine Sucht *eine Zeitlang* kontrollieren. Aber von meiner ganzen beruflichen und persönlichen Erfahrung her weiß ich, daß es eine tödliche Illusion ist zu glauben, man könne durch Willensstärke (oder Dickkopf) eine dauerhafte Kontrolle erreichen. Zur Gesundung kommt es erst, wenn man kapituliert hat. Die meisten Menschen in unserem Kulturkreis setzen Dickköpfigkeit mit Stärke und Entschlossenheit gleich, während eine Kapitulation für sie einer Charakterschwäche gleichkommt. Bis zu einem gewissen Punkt ist das richtig, aber für viele von uns gibt es Zeiten im Leben, in denen wir einsehen müssen, daß all unsere Kräfte nicht ausreichen, um unsere Schwierigkeiten zu meistern. In diesen Momenten müssen wir fähig sein, uns an andere Menschen zu wenden, die verstehen, was bei uns abläuft, und sie ins Vertrauen ziehen. Das ist keine Schwäche. Das ist Demut und Bescheidenheit. Und wir werden feststellen, daß uns mit Hilfe der Demut eine unglaubliche Kraft zur Verfügung steht. Es ist vorauszusehen, daß Moira nicht in der Lage sein wird, sich innerlich so stark zu verändern, wie das für eine Genesung notwendig wäre. Ohne die Unterstützung von Menschen, die die gleichen Kämpfe, die ihr bevorstehen, durchgemacht haben und durchmachen, fehlen ihr die für eine anhaltende Genesung nötigen Kräfte.

Egal, wovon sie abhängig sind, Süchtige bringen immer wieder die Sorge zum Ausdruck, sie könnten von einer bestimmten Hilfsquelle abhängig werden. Alkoholiker behaupten zum Beispiel oft, daß sie Angst davor hätten, von den Anonymen Alkoholikern «abhängig» zu werden, und deshalb mit diesem Programm nichts zu tun haben wollten. Aber der Begriff der Abhängigkeit trifft nur dann zu, wenn man mit dem eigenen Leben immer weniger zurechtkommt. Wenn man nun dadurch, daß man sich auf ein Zwölf-Schritte-Programm einläßt, mit seinem Leben nicht schlechter, sondern besser zurechtkommt, dann handelt es sich dabei nicht um Abhängigkeit, sondern um Genesung. Statt mit echter Angst davor, von einer Hilfsquelle zu sehr abhängig zu werden, hängen die Widerstände gegen ein Sich-Einlassen denn auch häufig eher damit zusammen, daß wir nicht bereit sind zu kapitulieren, beziehungsweise daß wir die Illusion hegen, alles unter Kontrolle zu haben – oder daß wir zu stolz und dickköpfig sind. Es kann auch noch einen anderen Grund dafür geben, daß wir uns auf ein Therapieprogramm nicht einlassen wollen: Wir sind einfach noch nicht bereit, die Sucht selbst aufzugeben.

Der nächste Brief macht deutlich, daß Abhängigkeit und Co-Abhängigkeit als Krankheiten von einer Generation zur anderen weitergegeben werden können und daß Menschen aus suchtgeprägten oder anderweitig dysfunktionalen Familien einander oftmals anziehend finden. Der Brief und meine Antwort darauf lassen erahnen, wie langwierig und anstrengend der Genesungsprozeß sein kann.

> Liebe Robin,
> ich bin gerade dabei, mich von meinem dritten Ehemann zu trennen. (Nummer eins und drei sind Alkoholiker; Nummer zwei war verheiratet, als wir uns kennenlernten, und als wir beide dann heirateten, verlor ich alles Interesse an ihm, während er sich in einen prügelnden Ehemann verwandelte.) Mein jetziger Mann ist Alkoholiker, derzeit allerdings trokken. Seit knapp vier Jahren geht er zu den Anonymen Alkoholikern. Wir sind seit viereinhalb Jahren miteinander verheiratet. Vom aktiven Alkoholiker hat er sich inzwischen zum aktiven Arbeitssüchtigen entwickelt, und ich habe darauf mit Wut, Gewalttätigkeit und ähnlichem Kontrollierverlangen reagiert, wie sie in «Wenn Frauen zu sehr lieben» beschrieben sind. Alles in allem hat mir diese Ehe emotional, sexuell und intellektuell wenig oder nichts gegeben, nur finanzielle Sicherheit. Ich denke, daran wird deutlich, daß auch ich beziehungssüchtig bin, und

von daher möchte ich Ihnen jetzt einen kurzen Überblick über meine Kindheit geben:

Meine Eltern ließen sich scheiden, als ich noch sehr klein war. Meine Mutter hat mich einfach verlassen, mein Vater bekam das Sorgerecht für mich. Meine Großmutter väterlicherseits (in zweiter Ehe mit einem Alkoholiker verheiratet) zog mich groß, bis dann, als ich fünf war, mein Vater wieder heiratete, und zwar eine Frau, die in einer Alkoholikerfamilie großgeworden war. Mein Vater und meine Stiefmutter mißhandelten mich: Zur Strafe wurde ich immer in den Keller gesperrt. Das ging jahrelang so. Gleichzeitig fing mein Großvater väterlicherseits (Großmutters erster Mann) an, sich sexuell an mir zu vergreifen. Auch das setzte sich über mehrere Jahre fort. Mein Vater war sehr gewalttätig und hat mich und meine fünf Halbbrüder und -schwestern oft verprügelt. Mir wurde eine ungeheure Last an Verantwortung aufgeladen, und ich durfte kaum je das tun, was andere Kinder und Jugendliche ganz selbstverständlich durften. Meine leibliche Mutter wurde zur Alkoholikerin, war dann sieben Jahre lang trocken und bei den Anonymen Alkoholikern, trinkt inzwischen aber wieder. Mein Vater ist aktiver Alkoholiker und unternimmt dagegen nichts. Die ganze Familie ist zerrüttet. Manche Kinder haben inzwischen ihrerseits Drogenabhängige und Alkoholiker geheiratet. Es hat Selbstmordversuche gegeben und so weiter. Ein Sohn ist mit zweiundzwanzig schon völlig dem Alkohol verfallen.

Und jetzt die gute Nachricht: Dank Ihrem Buch und meiner Therapeutin, zu der ich drei- bis viermal die Woche gehe, und auch dank meiner Jahre bei Al-Anon bin ich mittlerweile auf dem Weg zur Genesung ein gutes Stück vorangekommen.

Meine zwei Söhne (aus erster Ehe) und ich sind dabei, meinen jetzigen Mann zu verlassen, und wir werden bald ausziehen. Weder ich noch mein Mann haben bislang eine Scheidung beantragt, aber ich lebe jetzt mein eigenes Leben. Meine Beziehung mit ihm ist zu Ende. Ich verschließe mich zwar nicht der Möglichkeit, daß eine neue Beziehung aus der Asche der alten entstehen könnte, aber solange er nicht von sich aus bereit ist, eine Therapie zu machen und mindestens sechs Monate bei der Stange zu bleiben, denke ich nicht daran, wieder zu ihm zu ziehen.

Ich bin heute freier und glücklicher, als ich es je gewesen bin.

Holly L.

Liebe Holly,
ich möchte Ihnen helfen, sich wieder auf sich selbst zu konzentrieren, denn erst müssen Sie gesund werden, ehe *Sie* einem anderen Menschen nah sein und ihm Vertrauen entgegenbringen können. Sie sind auf Ihren jetzigen Mann wütend – manchmal so sehr, daß Sie gewalttätig werden –, weil er sich, seit er trocken ist, in Arbeit vergräbt und es so scheint, als wolle er sich Ihnen bewußt und absichtlich entziehen. Aber Holly, Sie haben ihn geheiratet, als er noch trank! Auch da kann er wohl kaum zugänglich gewesen sein. Also ist seine Unzugänglichkeit nichts Neues, und Ihre Wut auf seine Arbeitssucht ist somit nicht ganz verständlich.

Ihnen ist schon in vieler Hinsicht klar geworden, daß Ihre Familiengeschichte Ihr Leben und Ihre Persönlichkeit entscheidend geprägt hat. Machen Sie sich dann aber auch klar, daß Ihr jetziger Mann nicht Ihr Hauptproblem ist: Er ist einfach der Mann, den Sie geheiratet haben, weil die begrenzte Art von Nähe, die er geben konnte (zusammen mit dem Drama und dem Chaos, die als Begleiterscheinungen zum aktiven Alkoholismus dazugehören), Ihnen angenehm war. Sie verstehen im Moment schon einiges von dem, was bei Ihnen abläuft, und sind sich zum Teil Ihrer Familiengeschichte bewußt, aber doch noch nicht genug, um zu lernen, einem anderen Menschen wirklich nah zu sein. Keiner von uns kann die Art, in der er auf andere zugeht, im Verlaufe eines einzigen Lebens radikal ändern. Wir haben schon unglaubliches Glück, wenn wir es auch nur ein bißchen schaffen, Vertrauen zu haben, auf ehrliche, nichtmanipulative Weise einem anderen Menschen nah zu sein und seine liebevolle Zuwendung einfach und dankbar anzunehmen. Sie verlangen da von Ihrem Mann etwas, mit dem Sie im Moment wahrscheinlich gar nicht umgehen könnten, wenn Sie es bekämen.

Ein sehr kluger Freund von mir, ein Bischof, hat mir einmal gesagt, auf die Frage, was er von der Scheidung halte, antworte er den Leuten immer: «Manchmal haben es Menschen nötig, getrennt zu leben. Man sollte sich aber nicht trennen, bevor man nicht die Lektion gelernt hat, die die Beziehung einem zu vermitteln sucht. Wenn man die Lektion nicht lernt, wird man mit ihr in der nächsten und vielleicht auch übernächsten Beziehung erneut konfrontiert werden.» Holly, wenn wir die Lektion gelernt haben, erkennen wir manchmal, daß es in Wirklichkeit gar nicht darum geht, ob wir beim Partner bleiben oder ihn besser verlassen sollten. Vielmehr sind wir mit einer viel simpleren und dennoch weit schwierigeren Aufgabe konfrontiert: Wir müssen lernen, innezuhalten und bei allen (unterschiedlichen oder gemeinsamen) Schwächen mit uns selbst und mit einem anderen Menschen zusammenzuleben.

Solange Sie von ihrem jetzigen Mann mehr Zuwendung fordern, als er geben kann, wird er sich aus Selbstschutz, Angst und Zorn instinktiv noch mehr zurückziehen. Dieses drängende, unwiderstehliche Bedürfnis, *irgend etwas* zu tun – will sagen, bei jemand anders eine Änderung zu bewirken –, ist eines der zerstörerischsten Elemente der Co-Abhängigkeit. Anstatt diesem Bedürfnis nachzugeben, können Sie lernen, innezuhalten und still auf Ihre eigenen Ängste, Ihren Zorn, Ihre Enttäuschung und Verzweiflung (oder welches Gefühl auch immer gerade von Ihnen Besitz ergriffen hat) zu horchen. Folgen Sie ihm bis zu seinem Ursprung in *Ihrem* Innern. Lassen Sie das Gefühl zu (heißen Sie es sogar willkommen, wenn Sie können!), spüren Sie ihm nach, erleben Sie es, erkunden Sie es und nehmen Sie das an, was Sie von ihm über sich, über Ihre Lebensgeschichte und über Ihren Schmerz lernen können. Denn, Holly, *keine* Beziehung kann Ihnen den Schmerz Ihrer eigenen Lebensgeschichte nehmen. Kein Partner kann Ihnen soviel Ablenkung bieten oder soviel Liebe geben, daß der Schmerz verdeckt bleibt. Sie müssen sich ihm stellen, in ihn hineingehen, ihn akzeptieren und zulassen, daß Ihre Höhere Macht Ihnen hilft, sich von Ihrem Leid zu erholen, zu vergeben und Ihr Leben zu leben. Dann werden Sie die Lektion lernen, von der mein Freund gesprochen hat.

Wenn Sie wirklich gelernt haben innezuhalten und wenn Sie alles, was Sie bei Al-Anon und in der Therapie gelernt haben, nehmen können, um Ihren Mann zu segnen und ihn *genau so* zu akzeptieren, wie er ist – ohne Wut oder Widerwillen, ohne ihn strafen oder ändern zu wollen, ohne das, was er tut oder nicht tut, persönlich zu nehmen –, dann haben Sie wahrhaftig eine tiefere seelische Dimension erreicht und die Gabe empfangen, die diese Beziehung Ihnen die ganze Zeit über zu geben versucht hat. Danach wird sich die Frage des Bleibens oder Gehens von alleine regeln, das garantiere ich Ihnen.

Die Beziehungssucht ergibt sich meist, wenn wir mit einem Ehemann oder Freund zusammenleben. Manchmal glauben wir schon, wir hätten uns von der Sucht befreit, nur weil die Beziehung mit dem Menschen, auf den wir uns suchthaft fixiert hatten, zu Ende ist. Doch wie der nächste Brief zeigt, bedeutet es für sich genommen in der Regel noch keine Befreiung von der Sucht, wenn sich die Umstände ändern.

Liebe Frau Norwood,
ich habe mir gerade «Wenn Frauen zu sehr lieben» gekauft und es mit zur Arbeit genommen. Aber ich mußte dort mit dem Lesen aufhören, weil es meinen Chef gestört hat, daß ich ständig «Oh, mein Gott!» gerufen habe. Ich bin jetzt zwanzig Jahre mit einem Mann verheiratet, der, wenn er mal eine Zeitlang versucht, nicht zu trinken, mürrisch, nörgelig und launisch ist.

Früher habe ich meinen Mann immer mit einem Adler verglichen, der in einem Käfig sitzt und mit den Flügeln gegen die Gitterstäbe schlägt. Ich dagegen sah mich als eine kleine, dicke, lahme Ente, die zufrieden war, im Käfig zu hocken. Hin und wieder gelang es dem Adler, sich aus dem Käfig zu befreien; die Ente flog mit ihm und war glücklich. Sie war es aber immer zufrieden, wieder in den Käfig zurückzukehren. Auch der Adler kehrte immer wieder zurück, schlug aber nach kurzer Zeit schon wieder mit den Flügeln gegen die Gitterstäbe.

Vor zwei Monaten ist mein Mann mit meiner ehemals besten Freundin durchgebrannt. Er lebt mit ihr irgendwo da draußen in einer Traumwelt. Als er mich verließ, war mein erster Gedanke: «Wenn *er* mich schon nicht haben will, wer dann?» – Kommt Ihnen bekannt vor? Damals hatte ich sechzehn Kilo Übergewicht, was ihn angeblich nie gestört hat; Freunden hat er aber gestanden, er finde mich doch zu dick. In all den Jahren unserer Ehe habe ich immer gemeint, er sei intelligenter, attraktiver und so weiter als ich und ich könne von Glück reden, mit einem solchen Mann verheiratet zu sein. Ich konnte mir nicht vorstellen, ohne ihn zu existieren.

Vor zwei Jahren fand ich eine Arbeit, die mir gefiel, und ich galt dort als intelligent, innovativ und einfallsreich. Etwa gleichzeitig fing ich an, bei örtlichen Theaterproduktionen mitzuspielen und mitzusingen und bekam sehr positive Kritiken. Ich begann auch wieder zu schreiben, aber zu Hause hielt man mich immer noch für haarsträubend dumm und langweilig. Unsere zwei Ältesten, damals schon Teenager, machten mich für alle ihre Probleme verantwortlich. Ich sei verrückt, ob ich das noch nicht begriffen hätte? Wie könne ich mich bei meiner Verrücktheit auch noch in die Öffentlichkeit wagen?

Vorigen Herbst lief unsere fünfzehnjährige Tochter von zu Hause weg. Erst nach zwei Tagen tauchte sie wieder auf. Sie trank zu der Zeit reichlich Alkohol und nahm eine Menge Tabletten. Bis dahin hatte mein Mann all meine Aufmerksamkeit beansprucht, aber jetzt konzentrierte ich mich ganz auf meine Tochter, um ihr zu helfen. Er war der Meinung, wir sollten sie hinauswerfen. Er wollte mit dem ganzen Problem nichts zu tun haben. «Sie ist unser Kind», war meine Antwort. «Ich werfe sie nicht hinaus!» Mit der Hilfe einer psychologischen Beratungsstelle fing sie sich dann wieder ein bißchen, während meine Beziehung zu meinem Mann zusehends in die Brüche ging. Ich sah, wie sein Verhältnis zu meiner Ex-Freundin immer enger wurde, aber ich versuchte doch, meine Tochter zu retten und konnte ihm gar nichts geben.

Ich konnte es nicht ändern. In zwanzig Jahren hat er sich sechsmal so geöffnet, daß ich ihm nah sein konnte – alle drei oder vier Jahre einmal. Von viel Liebe und gegenseitigem Verständnis konnte da nicht die Rede sein. Zehn Jahre lang bin ich zur psychologischen Beratung gegangen, um herauszufinden, was ich falsch machte und wie ich mich ändern könnte, damit es zwischen uns besser liefe. Denn war letzten Endes nicht alles mein Fehler?

Als er mich verließ, zeigte eine Freundin mir eine Informationsschrift über Suchtmittelabhängigkeit und deren Auswirkungen auf die betroffenen Familien. Auf einmal hatte ich Teile des Puzzles in der Hand, nach denen ich die ganzen zwanzig Jahre lang gesucht hatte! Seitdem gehe ich zu einer Al-Anon-Gruppe, und das hat mir schon eine Menge geholfen.

Wenn mein Mann mich nicht haben will, dann eben ein anderer. Ich bin nicht dumm, ich bin nicht häßlich, und ich habe wirklich etwas zu bieten. Auf diese Weise habe ich inzwischen über elf Kilo abgenommen, und ich mache auch weiterhin Sport und halte Diät. Das Essen hat nicht mehr diesen hohen Stellenwert für mich – gerade auch, was Süßigkeiten anbelangt. Ich spiele weiterhin Theater und singe.

Ich habe mein Programm und kann ganz gut ohne meinen Mann leben.

Aber meine Tochter ist wieder auf ihrem Drogen- und Alkoholtrip und ist mir gegenüber schon tätlich geworden. Es geht mit ihr immer steiler bergab, und ich sehe bei ihr schon die gleichen Verhaltensmuster wie bei meinem Mann. Am Montag habe ich beschlossen, sie für eine sechswöchige Entziehungskur in ein Rehabilitationszentrum für alkohol- und drogenabhängige Jugendliche zu schicken. Heute abend werde ich ihr diesen Entschluß eröffnen. Sie wohnt zur Zeit bei einem Bekannten von mir, einem Gesprächstherapeuten. Vergangene Woche ist sie zweimal weggelaufen, und so haben wir uns darauf geeinigt, ihr – da sie zu Hause unglücklich war – anderswo für eine Weile eine akzeptable Wohnmöglichkeit zu suchen. Wenn sie heute abend wegläuft, bleibt mir nichts anderes übrig, als die Polizei zu rufen. Ich weiß, wenn sie die Therapie erst einmal anfängt, bleibt sie auch dabei. In Wirklichkeit ist sie nämlich ein einziger Hilfeschrei.

Noch vor einem Monat wäre ich starr vor Angst gewesen und hätte mich immer wieder gefragt, was ich bei meiner Tochter bloß falsch gemacht habe, daß sie sich so verhält. Ich lerne nun aus schmerzlicher Erfahrung, loszulassen und diese Krisen halbwegs normal zu überstehen. Es wird besser mit mir – Gott sei Dank!

Ich weiß nicht, was mit mir in Zukunft sein wird, aber im Moment fühle ich mich so stark wie noch nie. Ich mag mich. Ich bin in Ordnung. Ich kann auch ohne meinen Mann leben. Ich danke Ihnen für Ihr Buch. Es hat mir die Augen geöffnet und mir geholfen, die schwerer faßbaren Teile von mir zu finden.

Willow D.

Liebe Willow,
zu den Fortschritten, die Sie in bezug auf Ihre Selbsterkenntnis und das Erkennen Ihrer Familiensituation gemacht haben, möchte ich Ihnen gratulieren und Ihnen gleichzeitig etwas zu bedenken geben. Wenn man sich bewußt macht, wie stark sich eine Beziehungssucht (die in Ihrem Fall co-alkoholischer Art ist) auswirkt, ist leicht einzusehen, warum Sie Ihre fürsorgliche Aufmerksamkeit erst in dem Augenblick von Ihrem Mann losreißen konnten, als Sie sie auf Ihre Tochter umlenken konnten. Da Ihr Mann aus dem Haus ist, werden Sie nun um so stärker den Drang verspüren, sich auf Ihre Tochter zu konzentrieren. Wenn der Partner von der Bildfläche verschwunden ist, drängt es Beziehungssüchtige sehr häufig, sich dem nächsten engvertrauten Menschen zu widmen. Oft bedeutet das, daß jetzt eins oder mehrere der Kinder den Hauptteil der Aufmerksamkeit von der beziehungssüchtigen Mutter abbekommen. Wenn die Beziehungssüchtige eine Co-Alkoholikerin ist und nun zwar der alkoholabhängige Partner nicht mehr da ist, dafür aber ein alkoholabhängiges Kind, dann *erscheint* das Bedürfnis, dem Kind zu helfen und sein Leben zu regeln und zu kontrollieren, als ein vollkommen gerechtfertiges Bemühen und nicht als die Fortsetzung des Krankheitsprozesses, was es aber in Wirklichkeit ist.

Menschen hören mit dem Mißbrauch von Alkohol und anderen Drogen nicht deshalb auf, weil sie andere Leute glücklich machen oder ihnen einen Gefallen tun wollen – ganz egal, ob es sich bei diesen anderen nun um ihren Mann, ihre Frau, ihre Kinder oder ihre Eltern handelt. Wenn, dann hören sie deshalb damit auf, weil ihnen die Folgen ihrer Sucht unerträglich geworden sind.

Auf die Gefahr hin, mir den Zorn aller Eltern zuzuziehen, die sich in diesem Sinne engagieren, möchte ich Ihnen sagen, daß Ihre wichtigste Aufgabe nicht darin besteht, Lösungen für die Probleme Ihrer Tochter zu finden. Ihre Aufgabe ist es vielmehr, für sich selbst zu sorgen. Je besser Sie es schaffen, für sich selbst zu sorgen und nicht zuzulassen, daß das Verhalten Ihrer Tochter Sie völlig aus den Gleisen wirft, desto größer ist der Gefallen, den Sie sowohl ihr als auch sich selbst erweisen.

Es bedarf einer sehr hohen Form der Liebe, um zuzulassen, daß ein Mensch, an dem wir sehr hängen, die natürlichen Folgen seines Verhaltens zu spüren bekommt; dadurch erhält er die Gelegenheit, die aus seinem Verhalten resultierenden speziellen Lehren zu ziehen. Wenn wir – aus Angst oder aus Schuldgefühlen heraus – die gefürchteten Folgen und damit auch die entsprechenden Lehren vermeiden, dann geschieht das eher uns selbst als dem geliebten Menschen zuliebe. Wenn wir uns verantwortlich fühlen und unsere Schuldgefühle oder anderer Leute Mißbilligung nicht ertragen können, dann brauchen wir Hilfe, *um mit unseren eigenen unangenehmen Gefühlen zurechtzukommen*, nicht aber, um das Leben eines anderen Menschen zu bewältigen. Im Grunde genommen müssen wir lernen zu klären, ob ein Problem unser eigenes oder das eines anderen Menschen ist. Ich rate Ihnen dringend, die Verantwortung für den Alkohol- und Drogenmißbrauch Ihres Kindes dem Menschen zu geben, bei dem sie natürlicherweise liegt: bei Ihrer Tochter. Wenn Sie versuchen, eine Lösung für deren Problem zu erzwingen, dann gehört diese Handlungsweise zu Ihrem Krankheitsbild als Co-Alkoholikerin. Ihr eigener Gesundungsprozeß hat erst vor recht kurzer Zeit angefangen, und Sie müssen erst noch lernen, die Menschen um Sie herum nicht zu dirigieren und zu kontrollieren.

Ich habe immer wieder beobachtet, wie Jugendliche und junge Erwachsene versucht haben, die Verantwortung für ihr Leben selbst zu übernehmen und sich von einer Sucht zu befreien (ersteres ist Voraussetzung für letzteres). Sie haben ihre Eltern regelrecht *angefleht*, sie nicht mehr mit aller Gewalt retten zu wollen, keine Kaution mehr zu stellen, ihnen kein Geld und kein Zimmer mehr zu geben und *keinen Therapieplatz oder sonstige Hilfsmaßnahmen für sie ausfindig zu machen*, sondern sie alles in die eigene Hand nehmen zu lassen. Und immer wieder habe ich gehört, wie die betreffenden Eltern zu ihren Kindern gesagt haben, es sei ihre elterliche Pflicht, ihnen zu helfen, und im übrigen könnten sie es nicht ertragen, sie leiden zu sehen – ja, selbst wenn es letztlich zum Besten ihres Kindes wäre, könnten sie nicht aufhören zu «helfen». Ich habe aber auch sowohl Eß- als auch Drogensüchtige und Alkoholiker/innen, die auf dem Wege der Genesung waren, sagen hören: «Meine Eltern haben mich gesundzukriegen versucht und dabei über eine Million Dollar ausgegeben. Erst als sie schließlich damit aufgehört hatten, habe ich beschlossen, mein Leben zu ändern.» Für den Umgang mit Süchtigen gilt als Faustregel: Am besten ist es, wenn man – ohne Gewissensbisse! – für diese Menschen nichts tut, was sie selbst für sich tun könnten, *wenn sie nur wollten*.

In vielerlei Hinsicht sind wir Beziehungssüchtige eigentlich sehr gefährliche Menschen, denn wir *brauchen* einen anderen, um eine Aufgabe, ein Ziel für unsere Aufmerksamkeit, einen Lebenszweck und eine Ablenkung von uns selbst zu haben. Da wir uns von der Abhängigkeit oder Unzulänglichkeit eines anderen stark angezogen fühlen, neigen wir dazu, eine Sucht zu romantisieren, statt sie als die Krankheit zu sehen, die sie ist. (Der Vergleich Ihres Mannes mit einem Adler ist dafür ein Beispiel.) Tatsächlich können wir bei anderen Menschen die Entwicklung von Selbstachtung und ein inneres Wachstum nachhaltig stören, wenn wir entweder zuviel Verantwortung dafür übernehmen, daß es zu diesem inneren Wachstum kommt, oder ihm eine allzu bedrängende Aufmerksamkeit schenken, während es sich zu entfalten sucht. Willow, erweisen Sie Ihrer Tochter einen ganz großen Liebesdienst, indem Sie Ihre Aufmerksamkeit von ihr und ihrer Genesung ab- und sich selbst zuwenden!

Viele Menschen sehnen sich danach, in irgendeiner Sache der oder die Beste zu sein und sich auf zumindest eine bemerkenswerte Weise von allen anderen Menschen auf der Erde zu unterscheiden. Das ist ein weit verbreiteter Wunsch, wenn auch nicht unbedingt einer, der immer zu größtem Seelenfrieden führt. Wenn zum Beispiel Beziehungssüchtige diese Sehnsucht verspüren, anders zu sein, etwas Besonderes zu sein, dann kann daraus eine Überidentifikation mit den negativsten Aspekten ihrer Lebensgeschichte und ihrer Krankheit entstehen. Es kann sein, daß sie sich fast nur aus der (durch eigene

Erzählung gestützten) Überzeugung heraus, sie hätten die *allertraurigste* Kindheit, den *gefährlichsten* Freund oder die *schokkierendsten* Erlebnisse gehabt, wichtig fühlen und die Aufmerksamkeit anderer auf sich lenken können. Wenn man einmal diesen Zug entwickelt hat, kann es einem unangenehm sein, ihn wieder aufzugeben und für die Ruhe und Gelassenheit der Genesung einzutauschen; man hat dann ein Gefühl, als begnüge man sich mit einer nicht weiter beachtenswerten Mittelmäßigkeit. Aber wenn es zu einer Genesung kommen soll, wird es letzten Endes absolut notwendig, diesen Zug aufzugeben. Mit einer solchen überdramatisierten Identität ist nämlich entweder Selbstmitleid oder Wichtigtuerei oder beides verbunden: Man ist fest entschlossen, den ersten Preis in der Kategorie «Das beste Schlimmste» im Leben zu gewinnen. Das Bemühen, ein solches Ziel zu erreichen, ist wirklich ein hohler Zeitvertreib, verglichen mit dem Lohn, der winkt, wenn man sein Leben nüchtern angeht, die Vergangenheit akzeptiert, ihr verzeiht und von ihr lernt, um dann, weiser geworden, vorwärts zu streben.

Im folgenden Brief läßt sich eindeutig ein Wetteifern um den ersten Preis für «Das beste Schlimmste» erkennen. Daran wird deutlich, daß Hedy Gefallen an ihrer Hauptrolle in den immer wiederkehrenden Dramen und Melodramen findet, die aneinandergereiht ihr Leben ergeben. Im zweiten Teil ihres Briefes fängt sie an, sich mit der Möglichkeit eines ruhigeren, gesünderen Lebens zu befassen. Wenn Hedy wirklich den Schritt zur Veränderung machen will, wird sie wohl auf einen Großteil ihres Stolzes verzichten müssen.

Liebe Robin,
entschuldigen Sie bitte die äußere Form dieses Briefs, aber wenn ich jetzt erst die Schreibmaschine aus der Ecke hervorholen muß, bekommen Sie diesen Brief vielleicht nie zu sehen!

Ich habe Ihr Buch mit einer Leidenschaft gelesen, als gäbe es nichts anderes für mich. Ich habe es zum Lesen überall mit hingenommen und habe sehr vielen Männern und Frauen davon erzählt!

Ich bin eine Frau, die zu sehr geliebt hat (und vielleicht auch jetzt noch zu sehr liebt). Ich habe neun Jahre Therapie hinter mir – das reicht, um davon die Collegeausbildung des Babys meiner Therapeutin zu zahlen. Ich habe mich immer hundertzehnprozentig eingelassen und andere Menschen inständig gebeten, mit mir zu reden, mir Feedback zu geben und mich zu ermutigen, bin aber nur grausam entmutigt worden. Jetzt kann ich die Teile des Puzzles zusammensetzen. Ich war zwar auch bisher schon bereit, einen großen Sprung zu machen, wußte aber nicht genau, wie ich ihn machen sollte oder was eigentlich mein wirkliches Problem war.

Meine Geschichten hätten Ihre Leserinnen sicherlich aufs höchste schockiert. Ich bin schon mit einer Menge unglaublich verschiedener Männer aus- und auch ins Bett gegangen. Unter ihnen waren alle nur vorstellbaren Volks-, Alters- und Berufsgruppen vertreten. Hin und wieder war auch mal ein netter Kerl dabei – das waren die, für die ich keinerlei Achtung hatte. Für mich waren sie Schwächlinge. Jetzt also, mit sechsunddreißig Jahren, habe ich beschlossen, mich zusammenzureißen – es wird Zeit! Während ich Ihr Buch las, habe ich über mein Leben nachgedacht und mich gewundert, wie ich es geschafft habe, eine Zulassung als Heilgymnastin, ein Tanz- und Schauspieldiplom und in zwei Fächern eine Lehrbefähigung zu bekommen, außerdem die Prüfungen als Hypnotiseurin und Masseurin zu bestehen und bei all dem noch meinen Vollzeitjob im Krankenhaus zu halten. Ich achte auch sehr auf meine Gesundheit und mache täglich Sport und Gymnastik. Und ich habe auch wahnsinnig viele Freunde und Bekannte!

Beim Lesen Ihres Buches habe ich mich an so manche Situation erinnert, in der ich mit einem Mann zusammengewesen bin und Sätze abgelassen habe wie: «Nur du kannst mir helfen, meinen Traum zu verwirklichen!» oder «Du hast mich schwer enttäuscht!»

Mir ist jetzt klar, daß ich diese Männer manipuliert habe. (Es fällt mir schwer, das zuzugeben!) Wenn ich an meine Kindheit zurückdenke, sehe ich, daß meine Eltern und ich nach der gleichen Melodie getanzt haben. Ihnen war meine Schwester wichtig, und ich wurde gezeugt, damit sie jemand zum Spielen hatte. Meine Mutter hat mir einmal gesagt, wie enttäuscht sie gewesen ist, als ich auf diesem Gebiet ihre Erwartungen nicht erfüllte.

Familien ändern sich nicht – wie recht Sie damit haben! Meine Eltern erwarten immer noch von mir, daß ich die Ferngespräche zahle, wenn sie sich lang und breit mit mir darüber unterhalten, was alles vorbereitet werden muß, damit sie sich mal wieder sechs Mann hoch für zehn Tage in meiner kleinen Wohnung einquartieren können. Wieso auch nicht? Ich habe es ja vorher schon mal gemacht. Jetzt wird es mit aller Selbstverständlichkeit erwartet! Ich glaube, daß wir, also die in Ihrem Buch beschriebenen Frauen, oft von der Gesellschaft, der Familie oder von Freunden geradewegs dazu angehalten werden, uns weiter im Kreis zu drehen.

Ich habe ein aufregendes Leben – immer wieder ein neuer Freund, ein neues Restaurant, ein neues Ereignis – immer dieses «Hochgefühl». Die Leute staunen nur so, daß ich eine ganze Nacht durchmachen und am nächsten Tag mit unglaublicher Energie arbeiten kann oder daß ich einfach meinen Job an der Ostküste aufgeben und an der Westküste einen neunundzwanzig Jahre älteren Buchmacher heiraten kann, den ich vorher überhaupt nicht gekannt habe. Solche Geschichten habe ich früher voller Humor und Stolz erzählt, und alle haben über mich gestaunt.

Als ich angefangen habe, Ihr Buch zu lesen, bin ich gerade mit einem (vielleicht) «netten Kerl» gegangen und bin auch noch mit einem anderen Mann zusammengewesen, den ich irgendwie «charismatisch» gefunden habe. Der nette Kerl, ein Mediziner, war von

Anfang an sehr freundlich und geduldig, aber bei ihm geht kein Feuerwerk ab. Mr. Charisma hat immer tolle Komplimente gemacht und dabei ganz ehrlich (?) gewirkt. Er war einfach romantisch, und wenn er nachts um drei stürmisch an meine Tür gepocht hat, habe ich immer Zeit für ihn gehabt, um mit ihm zu reden *und* mit ihm zu schlafen. Die Wochen vergingen, und Mr. Charisma war immer zur Stelle, wenn er Hunger hatte, und hat natürlich meine Kochkünste gelobt. (Und er hat das auch so gemeint, das weiß ich!) Dann wieder ist er nur noch mitten in der Nacht aufgetaucht. Wer sonst hätte ihn reingelassen? Und als an seinem Auto einmal zwei Wochen lang das Licht nicht funktionierte, hat er mich angerufen und mir gesagt, ich solle ihn abholen und ihn zu mir fahren. (Natürlich war es noch nicht spät – *erst* ein Uhr.) Fürs Liederschreiben hatte er ein Talent, und er ist nur hin und wieder mal für ein Wochenende nach Hollywood rübergefahren, um Geld für die Miete und fürs Kokain zu verdienen.

Den Mediziner habe ich immer wieder gekränkt, zum Beispiel indem ich von seiner Wohnung aus meinen Anrufbeantworter abhörte. Wenn Mr. Charisma auch nur angerufen hatte, um zu fragen, wo ich sei, bin ich gleich nach Hause gerast und habe mich neben das Telefon gesetzt.

Ich habe mich eine Zeitlang gezwungen, abends zu Hause zu bleiben und zu lesen, und als ich zwei Drittel Ihres Buches gelesen hatte, ist mir klargeworden: Was auch immer getan werden muß – ich bin es, die es tun muß.

Robin, Sie wissen, wie schwer das ist!

Vielleicht können einige Techniken, die ich angewendet habe, auch manchen Ihrer Patientinnen helfen. Ich habe angefangen, Mr. Charisma um kleine Gefälligkeiten zu bitten. Zum Beispiel habe ich auf seine Kosten Ferngespräche geführt und ihn gebeten, mir etwas zu besorgen oder mich irgendwo abzuholen und so weiter. Ich habe es geschafft, meinen Anrufbeantworter anzulassen und keine Anrufe entgegenzunehmen. Dann habe ich zwei Wochen lang mit ihm nur am Telefon geredet. Als ich dann Lust hatte, ihn zu sehen und mit ihm etwas zu unternehmen, habe ich ihn angerufen und zu einer klar begrenzten Sache eingeladen. Ich habe dafür gesorgt, daß ich zwei Stunden später einen anderen Termin hatte. Wir haben uns nicht bei mir, sondern an einem öffentlichen Ort verabredet. Durch diese ganzen Schachzüge habe ich mir etwas Abstand zu ihm verschafft, ohne dabei das Gefühl zu haben, ich hätte die Beziehung ganz und gar abgebrochen. Aber seitdem ich es geschafft habe, etwas Abstand zu bekommen, hat sich meine Wahrnehmung verändert, und ich erinnere mich jetzt an die versprochenen Tennisstunden, die er mir nie gegeben hat, an den Segeltörn, zu dem es nie gekommen ist, und an die Fahrradtouren, die wir nie unternommen haben. Ich habe angefangen, mich zu fragen, was diese Beziehung mir gibt. Na, und was? Sex und Schmeicheleien. Ich habe mir vorgestellt, wie kaputt sein Gehirn vom Rauchen und Kokain-Nehmen sein muß, und wenn er mir etwas erzählt hat, habe ich mir immer klargemacht, wie dumm sich das in Wirklichkeit anhörte. Er hatte eine kleine kahle Stelle auf dem Kopf, und auf die habe ich mich dann im stillen konzentriert. Außerdem hat er sich nicht gerade gesund ernährt, und sein weicher Körper ist ganz teigig-schlaff geworden. Wenn ich von ihm geredet habe, dann habe ich ihn einen «charismatischen Blödmann» genannt.

Vergangene Nacht hat er angerufen – um halb drei, um drei, um halb vier, um vier, um halb fünf und um fünf Uhr, und er hat jedesmal sehr fordernd geklungen. Es war für mich eine Erleichterung zu sehen, daß es gerechtfertigt gewesen war (auch wenn keinerlei Rechtfertigung nötig war), die Beziehung auf Sparflamme zu schalten. Dabei habe ich wirklich gezögert, ob ich nicht doch besser ans Telefon gehen sollte, denn ich habe mir gesagt: «Was denkt er nur von mir, wenn ich nicht rangehe?!» (So schnell kommt man nicht davon los!)

Es wird immer irgendeinen «charismatischen Blödmann» geben. Da fällt es gar nicht leicht, bei dem netten Kerl zu bleiben. Ich höre mich selbst sagen: «Ist das alles?» Und dann antwortet die andere kleine Stimme in mir: «Was erwartest du? Dieser nette Mann ist ein ganz normaler Mensch. Du hast einen großen Schritt getan – jetzt bleib auch dabei!» Mein Mediziner mag für mich vielleicht nicht der «Mann fürs Leben» sein, aber bei ihm habe ich auf jeden Fall schon einmal eine gute Gelegenheit zu üben!

Wenn ich merke, daß ich in Panik gerate, forsche ich nach der Ursache und frage mich, was ich eigentlich will. Ich versuche innezuhalten, um zu sehen, ob die Angst wieder verfliegt. Und das tut sie dann auch.

Ich stecke meine Energie jetzt in meine Arbeit. Ich habe immer gesagt, wenn ich auf meine Arbeit genausoviel Zeit verwenden würde wie auf meine Beziehungen, wäre ich berühmt! Die Leute fühlen sich unglaublich zu mir hingezogen. Ich habe das Glück, durch meine Arbeit und meinen Bekanntenkreis viele Freunde und nützliche Kontakte zu haben, und so kann ich mich in jede Richtung entwickeln, ganz wie ich will.

Ich bin bereit, selbst Entscheidungen zu treffen (durchaus ein großes Risiko), und merke, daß ich weiß, was für mich das beste ist. Es macht Spaß, die Reaktionen und die Körpersprache zu beobachten, wenn ich eine Entscheidung treffe. Dieses Gefühl von Macht! Von sicherer Macht und ruhiger Kraft. Ein wunderbares Gefühl!

Hedy P.

Liebe Hedy,
der Schlüssel zu den in Ihrem Brief geschilderten Verhaltensmustern steckt in dem Abschnitt über Ihr Verhältnis zu Ihren Eltern und Ihrer Schwester. Als ich das las, verstand ich alles andere, denn bei jedem der von Ihnen beschriebenen Bereiche – Arbeit, Freundschaften, Männerbeziehungen und Ehe – klingt an, daß Sie zwanghaft bemüht sind, die Identität zu überwinden, die Ihre Familie Ihnen «verpaßt» hat. Man hat Sie ständig als eine Art Hilfe und Unterstützung für Ihre Schwester definiert und war unfähig, Sie selbst als eine getrennte, eigenständige, einzigartige und geschätzte Person zu sehen. Das muß Ihnen immer noch sehr weh tun, da Sie sich so arg anstrengen zu beweisen, daß Sie liebenswert, fähig, interessant und attraktiv sind, und sich gleichzeitig mit aller Kraft von dem abzulenken versuchen, was meiner Vermutung nach die Angst ist, Ihre Familie könnte doch recht haben. Am Ende Ihres Briefes erwähnen Sie die Panik, die Sie überfällt, wenn Sie nicht gerade fieberhaft mit irgendeiner Arbeit beschäftigt sind. Sie scheinen sich auf einen Anfall von Arbeitswut einzustellen, der Ihnen die Ablenkung verschaffen soll, die Ihnen bisher Ihr dramatisches Liebesleben gegeben hat. So wechseln Sie vielleicht von einer zwanghaften Beschäftigung zur anderen; von Ihrem zwanghaften Tun werden Sie sich jedoch erst *befreien* können, wenn Sie den Mut finden, sich auf sich selbst zu konzentrieren statt auf einen Mann (*egal*, ob aufregend oder langweilig!), eine neue Arbeit, ein weiteres Diplom, irgendeine Urkunde, eine Party, ein gesellschaftliches Ereignis, ein Familientreffen oder welche Ablenkung Sie sonst noch finden können.

Um in diesem Sinne innezuhalten, brauchen Sie möglicherweise Hilfe – Hilfe von Menschen, denen gegenüber Sie offen werden zugeben müssen, daß Sie es alleine nicht schaffen. Ich hoffe, Sie finden den Mut, den diese Art von Kapitulation auf Ihrer Seite erfordert – den Mut, zuzugeben, daß Ihr Leben nicht so aufregend und wunderbar ist, wie Sie es eigentlich gern hätten. Wenn es bei Ihnen zu einer Genesung kommen soll, werden Sie außerdem der Tatsache ins Auge sehen und akzeptieren müssen, daß Sie in den Augen Ihrer Familie vielleicht nie etwas so Besonderes sein werden, wie Sie es gerne wären. Sie müssen aufhören, die Einschätzung Ihrer Eltern und Schwester derart persönlich zu nehmen. Die Art, in der Ihre Familie Sie wahrnimmt, sagt viel mehr über Ihre Eltern und Ihre Schwester aus als über Sie. Wenn Sie das erkennen, gelingt es Ihnen vielleicht, loszulassen und nicht mehr so sehr danach zu streben, von ihnen beachtet, anerkannt und geliebt zu werden. Schließlich kommt Ihre fieberhafte Beschäftigungswut und Ihr Hang zu verrückten Abenteuern mittlerweile nicht mehr daher, daß Ihre Eltern und Ihre Schwester Ihnen nicht genügend Anerkennung oder Wertschätzung entgegenbringen, sondern daher, daß *Sie selbst* sich nicht genügend anerkennen und schätzen. Das können Sie ändern, aber Sie werden dazu viel Demut und Bescheidenheit brauchen, da sich Ihre Selbstablehnung so sorgfältig hinter Aktivität und Leistung versteckt.

Für einen Menschen mit Ihrer Persönlichkeitsstruktur kann ich mir keine größere Herausforderung vorstellen als die Entwicklung einer demütig-bescheidenen Haltung. Bislang haben Sie sich vorzugsweise durch Betriebsamkeit und Macht vor Ihrem Schmerz geschützt, und Demut und Bescheidenheit sind das genaue Gegenteil: das Kapitulieren, das Loslassen, das Akzeptieren der Tatsache, daß niemand von uns alle Antworten oder alle Mittel hat und daß wir uns deshalb gedulden und von etwas leiten lassen müssen, das größer ist als wir.

Hedy, für so viele von uns liegt der Schlüssel zur Genesung darin, zu lernen, genau das Gegenteil dessen zu tun, was wir immer getan haben. Das mag vielleicht Angst machen, aber wenn das, was wir bisher die ganze Zeit getan haben, wirklich funktionieren würde, hätten wir keine Genesung nötig, nicht wahr?

Liebe Frau Norwood,
fast dreißig Jahre lang versuche ich nun herauszufinden, was der Sinn meines Lebens ist und warum es die ganze Zeit so chaotisch ist. Bei mir stehen hauptsächlich Selbsthilfebücher im Regal. Auf dem College

früher habe ich fast nur Soziologie- und Psychologiekurse belegt. Ich habe schon bei den unterschiedlichsten Gruppen mitgemacht und eine Menge Einzeltherapiestunden hinter mir, aber nichts davon hat wirklich hingehauen oder mir eine Erklärung dafür geliefert, warum ich so bin, wie ich bin.

Meine beiden Ex-Gatten hätten kaum verschiedener sein können – so dachte ich zumindest. Der eine war sanft, liebenswürdig, lebenslustig und zu Hause und anderswo ständig mit allen möglichen Projekten und Interessen beschäftigt. Als guter, anständiger Mensch war er beliebt und geachtet. Mein zweiter Mann war ein Einzelgänger, der wenig Freunde und keine Hobbys oder Projekte hatte und mich am liebsten ganz für sich allein haben wollte. Er wollte mich möglichst immer um sich haben und mochte es nicht, wenn ich mit anderen Leuten zusammen war. Er hatte einen fabelhaften Sinn für Humor und konnte manchmal sehr komisch sein.

Warum habe ich mich zu diesen beiden Männern hingezogen gefühlt, die doch so verschieden waren wie Tag und Nacht? Und warum sind beide Ehen in die Brüche gegangen? Ich habe da keinen gemeinsamen Nenner gesehen, bis ich «Wenn Frauen zu sehr lieben» gelesen hatte. Dann war es mir plötzlich klar: mangelnde echte Zugänglichkeit! Beide waren sie ständig mit anderen Dingen beschäftigt – der eine mit äußeren Interessen und der andere mit sich selbst; bei beiden kam ich erst unter «ferner liefen». Als Kind war es für mich ganz genauso gewesen! Daran war ich *gewöhnt*.

Mein Vater war früher ständig mit anderen Dingen beschäftigt und nie für mich da. Er war Arzt und dabei drogen- und alkoholabhängig. Sein Charakter und seine Gesundheit haben sich mit der Zeit immer mehr verschlechtert, bis er schließlich an einem Schlaganfall gestorben ist, nachdem er zwei Jahre lang bettlägerig gewesen war. In der Zeit vor seinem

Tod hat meine Mutter alles für ihn getan und von niemandem Hilfe angenommen. Ihr Märtyrertum hat bei ihr schließlich zu einem Herzleiden geführt.

Als Kind habe ich meine Mutter nur leiden sehen. Sie sagte, sie liebe ihn, aber ich habe nie verstehen können warum, denn sowohl zu ihr als auch zu meinem älteren Bruder und mir war er abscheulich. Uns Kindern sagte sie, es sei für sie ein Schock gewesen, als mein Vater ihr ins Gesicht gesagt habe, daß er sie nicht mehr liebe. Sie hatte die Warnsignale übersehen oder sie nicht wahrnehmen wollen. Uns sagte sie, sie sei wegen uns Kindern bei ihm geblieben. Mein Bruder war ihr dafür dankbar, aber ich fand, es sei Wahnsinn. Ich wußte, daß es mir viel besser gegangen wäre, wenn mein Vater aus meinem Leben verschwunden wäre. Statt dessen hatte ich beide Eltern ständig vor Augen und lernte zu leiden, ja, ich lernte sogar, genau den gleichen Gesichtsausdruck wie meine Mutter aufzusetzen. Ich sah mir dabei noch zu! Als ich in die High School kam, hatte ich die Rolle schon total drauf. Ich war auch von mir aus traurig, aber ich nahm zusätzlich noch *ihre* Traurigkeit an. Ich sagte mir, daß ich sie liebe, und habe dann versucht, sie zu der Mutter zu machen, die ich gern gehabt hätte. Ich brachte mich dazu, so auf sie zuzugehen, als *wäre* sie diese von mir erfundene fiktive Person, und das schien auch zu funktionieren. Ich fühlte mich ein bißchen besser.

Sowohl meine Mutter als auch mein Vater waren sehr streng, ohne zu wissen warum. Sie sagten zu allem und jedem automatisch nein. Sie hatten grundlose Ängste, und die bestimmten ihre Reaktionen. Sie gingen nie wirklich auf mich ein und interessierten sich auch nicht dafür, worum es bei mir eigentlich ging. Ich bin nie gefragt worden, wie das Leben für mich sei. Ich kann mich nicht daran erinnern, daß einer der beiden mich je irgend etwas Persönliches gefragt hätte. Beide gingen bei dem, was sie taten, von Vermutungen aus, und meistens vermuteten sie etwas Negatives. Allein darin stimmten sie überein. Sie kämpften gegeneinander im stillen und meinten, das würde meinen Bruder und mich nicht weiter berühren. Wenn ab und zu ihre Wut doch einmal zum Vorschein kam, wurde sie gleich wieder unterdrückt. Anständige Menschen zanken miteinander nicht wie Katz und Hund. So etwas tun nur *gewöhnliche* Leute.

Mein Bruder und ich hatten als Kinder ein äußerst feindseliges Verhältnis zueinander. Wir haben allen Ernstes versucht, uns gegenseitig weh zu tun, und haben uns gefreut, wenn der andere verletzt oder krank war. Mein drei Jahre älterer Bruder hat sich Vater gegenüber nie behauptet, und dafür habe ich ihn gehaßt. Außerdem hat er sich dumm verhalten. Er hat immer im falschen Moment geredet und bei unserem Vater dann dadurch einen Wutanfall ausgelöst. Ich habe wenigstens gewußt, wann ich meinen Mund halten mußte; für meinen Bruder hatte ich keinerlei Achtung. Aber als ich meinen ersten Mann heiratete, haben sich mein Bruder und er gut verstanden, und so habe ich meinen Bruder nach und nach ein bißchen schätzen gelernt.

Ich habe den einzigen Mann geheiratet, von dem mein Vater wirklich etwas gehalten hat. Mir war damals auch klar, daß ich auf diese Weise meinem Vater näherkommen wollte, der mich immer nur entweder ignoriert oder mir das Leben auf die eine oder andere Weise unerträglich gemacht hatte.

In der Ehe mit meinem ersten Mann fing es gleich an zu kriseln, kaum daß sie begonnen hatte. Als dann die Kinder kamen, sah ich, daß mein Mann für sie genausowenig da war, und ich fing an, nervös zu werden. Ich merkte nicht, daß die Geschichte dabei war, sich zu wiederholen. Ich wußte nur, daß es mir allzu bekannt vorkam. Ich fühlte mich wegen der zwei kleinen Kinder an die Ehe gefesselt und stellte plötzlich fest, daß meine Mutter und ich uns dadurch näherkamen. Auch wenn sie ein ganzes Stück älter war als ich, hatten wir doch miteinander gemein, daß wir beide verheiratet waren und Kinder hatten. Und noch etwas verband uns im stillen: Beide waren wir als Frauen unglücklich.

Als die Kinder älter waren, fing ich an auszugehen. Ich traf einen Mann wieder, für den ich viele Jahre vorher einmal geschwärmt hatte. Er war nicht mehr frei, aber er beklagte sich *ständig* über seine Ehe. Er hatte zwei Kinder, die schon viel älter waren als meine, und eine medikamentenabhängige Frau, die er durch Schlankheitspillen selbst auf den Geschmack gebracht hatte. Aus einer schlechten Angewohnheit wurde bei ihr zusehends eine Sucht. Sie fälschte Rezepte, um an Amphetamine zu kommen, und fing schließlich zu trinken an. Zwischen ihm und mir entwickelte sich eine ernsthafte Beziehung. Er schenkte mir viel Aufmerksamkeit, und da ich so etwas die ganze Zeit nicht bekommen hatte, fühlte ich mich wie im siebten Himmel. Er hatte seinerseits bei mir ein gutes Gefühl, weil ich weder Alkohol noch Drogen mißbrauchte und er sich immer auf mich verlassen konnte. Schließlich heirateten wir. Ich war für ihn all das, was er nie gehabt hatte, und er war für mich all das, was ich nie gehabt hatte. Wir hatten unsere Ehe im Himmel geschlossen, so schien es zuerst. Na ja, vielleicht nicht ganz. Es gab schon Anzeichen für die kommenden Probleme, aber ich war sicher, daß wir mit ihnen fertig werden würden, denn in unserer Beziehung gab es doch soviel Gutes. – Falsch gedacht! Ich fing zu trinken an, um etwas von dem Druck loszuwerden, bis er mir eines Tages unverblümt erklärte, er werde mich verlassen und mich keines Blikkes mehr würdigen, wenn aus mir genauso eine Trinkerin würde wie seine erste Frau. Ich wußte, das meinte er wörtlich. Ich hörte auf zu trinken. Ich hielt mein Versprechen. Ich bat ihn meinerseits, seine Wutanfälle in den Griff zu kriegen und herauszufinden, warum er oft so kalt und unnahbar war; aber seinen Teil des Abkommens hat er nie eingehalten. Die Situation wurde immer schlimmer.

Während sich all das abspielte, ging ich regelmäßig zur Beratung und versuchte, ihn zum Mitkommen zu bewegen. Er kam nur einige wenige Male mit, und jedesmal war es sehr störend. Ich konnte diese Ehe nicht allein retten, aber ich habe mich bemüht, weil ich ihn so sehr liebte. Es tat mir wahnsinnig weh. Fast wäre ich daran zugrunde gegangen. Zweimal bin ich zum Anwalt gegangen und habe die Scheidung eingeleitet. Zweimal habe ich sie wieder zurückgezogen und es noch einmal versucht. Ich war nicht davon überzeugt, daß unsere Ehe nicht mehr zu retten sei, und ich habe versucht, ihm einen heilsamen Schrecken einzujagen, damit er endlich sah, was wirklich bei uns ablief. Ich habe nämlich gedacht, daß für ihn die Ehe genauso wichtig sei wie für mich. – Wieder falsch gedacht!

Bei mir entwickelten sich MS-artige Symptome. Nach allen möglichen Tests meinten zwei Ärzte, daß ich multiple Sklerose hätte, während zwei andere vom Gegenteil überzeugt waren. Aber ich konnte ihnen ansehen, daß keiner von ihnen wirklich wußte, was mit mir los war. Nur eins stand fest: Ich war eine sehr kranke Frau.

Die Symptome habe ich immer noch. Nach jahrelangen Anläufen lasse ich mich nun gerade von meinem zweiten Mann scheiden. Ich bin jetzt glücklicher als je zuvor in meinem Leben – trotz der unwahrscheinlich vielen Unbekannten: Geld? Das Haus, das ich auf ihn überschrieben habe? Das Auto? Und so weiter und so weiter. Ich war in meinem Leben an einem Punkt angelangt, an dem klar war: Ich lasse mich nicht mehr seelisch mißhandeln; das hier war *das allerletzte Mal*! Es war mir egal, ob ich vielleicht auf der Straße landen würde. Ich wollte diese ganze Traurigkeit und den ganzen Schmerz los sein und alles und jeden, der dabei mitgemacht hatte. Das hatte ich alles auch schon früher gesagt. Diesmal war es mir absolut ernst. Und so geht es mir auch jetzt noch damit.

Ich schicke Ihnen diesen Brief so, wie er ist, weil ich glaube, daß es Ihnen einfach wichtig ist, ihn zu lesen – auch wenn ein paar Fehler drin sind.

Leslie S.

Liebe Leslie,
wenn ein Kind in einer Familie aufwächst, in der – wie in Ihrem Fall – die Eltern beide krank sind (der eine Elternteil auf Grund seiner fortschreitenden Alkoholabhängigkeit, der andere auf Grund seiner immer verzweifelteren und unwirksameren Anstrengungen, den Partner zu kontrollieren), so führt das dazu, daß die Bedürfnisse des Kindes nach Zuwendung, Zärtlichkeit und emotionaler Sicherheit fast vollständig vernachlässigt werden. Das betreffende Mädchen entwickelt sich dann beinah zwangsläufig zu einer Erwachsenen, die ein praktisch unstillbares Bedürfnis danach hat, bestätigt zu bekommen, daß sie geliebt wird. Gleichzeitig ist sie jedoch unfähig daran zu glauben, daß jemand willens und in der Lage ist, sie zu lieben. Hinzu kommt, daß sie wahrscheinlich auch unfähig ist, sich einen gesunden Partner zu suchen. Sollte sie heiraten, sind die Folgen abzusehen. Anfangs besteht noch ein Hoffnungsschimmer, daß alles schon gutgehen und jedes Bedürfnis Befriedigung, jede aus der Kindheit stammende Wunde Heilung finden werde. Doch diese Hoffnung schwindet bald. Da ist wieder dieses schwarze Loch, das gefüllt sein will. Bei der betroffenen Frau kommt ein nagendes Gefühl der Enttäuschung auf, da ihre Ehe, ihr Partner, ihr nicht das Gefühl geben kann, sicher zu sein und geliebt zu werden. Ihr Partner fühlt sich durch ihr ständiges Bedürfnis, ihn in ihrer Nähe zu haben, schließlich nicht mehr geschmeichelt. Zuerst hatte er es noch für eine Bestätigung seiner Attraktivität und ein Zeichen inniger Liebe gehalten, aber nun empfindet er es als das, was es wirklich ist: ein alles vereinnahmendes Bedürfnis. Der Frau mangelt es so sehr an Vertrauen, daß bei ihr dadurch die Wahrnehmung jeglichen Kontaktes zwischen den Partnern getrübt wird.

Wir alle neigen dazu, uns Menschen zu Partnern zu wählen, die zu dem gleichen Grad an Intimität fähig sind wie wir. Insofern kommen in einer Ehe häufig beide Partner aus ähnlichen Verhältnissen, die jeden der beiden entsprechend gut oder schlecht darauf vorbereitet haben, sich auf einen anderen Menschen einzulassen und ihm auf Dauer nah zu sein. Tatsächlich ist Partnern, die in ihrer Kindheit Schaden genommen haben, ein volles Sich-Einlassen oder eine Möglichkeit wahrer Nähe alles andere als angenehm: Ihnen erscheinen solche Situationen als beängstigend und äußerst bedrohlich. Wenn erst einmal andauernde Spannungen herrschen und häufig über gegensätzliche Ansichten gestritten wird, verfliegt die von der unvertrauten, unangenehmen Nähe ausgehende Bedrohung bald. Nun haben beide Partner das Gefühl, daß die Ehe, die ursprünglich alte Probleme lösen und altes Leid vergessen machen sollte, selbst zum größten aller Probleme geworden ist.

Die Fronten werden abgesteckt und gegensätzliche Strategien bestimmt. Eine Kontrahentin wählt vielleicht die Rolle der «Verfolgerin» und eilt erst (liebes)hungrig, dann zornig hinter dem anderen her, der seinerseits auf Distanz geht und vor der drohenden völligen Vereinnahmung flieht. Wenn es zu einer Krise kommt und eine Trennung unvermeidlich scheint, kann es sein, daß das Paar die Rollen tauscht und jetzt der auf Abstand bedachte Partner hinter der ehemaligen «Verfolgerin» her ist, die aus Verzweiflung die Verfolgung zumindest zeitweilig aufgegeben hat. Ein solcher Rollentausch erklärt viele Versöhnungen, die bei keinem der beteiligten Partner auf einem tiefgreifenden Wandel in der Bereitschaft und Fähigkeit, Liebe zu geben und zu empfangen, beruhen, sondern einfach auf einer vorübergehend beruhigenden Änderung der Kampftaktiken. Eine solche Wende dient letztlich noch immer dazu, den Status quo aufrechtzuerhalten und keine echte Nähe zuzulassen.

Wenn die entmutigte ehemalige «Verfolgerin» merkt, daß der zuvor unzugängliche Partner sich nun um sie bemüht, ist ihre Entschlossenheit, ihn zu verlassen, bald untergraben. Sie wendet sich von neuem der Beziehung zu, doch das bewirkt nur, daß der Spieß recht schnell wieder umgekehrt wird.

Schon bald nehmen beide Partner erneut ihre alten, ihnen besser vertrauten Rollen und Verhaltensweisen an, die gewährleisten, daß beider Fähigkeit, einander zu vertrauen und einander nah zu sein, nicht unerträglich strapaziert wird.

In Ihrer ersten Ehe scheinen Sie die «Verfolgerin» gewesen zu sein, während sich in Ihrer zweiten zumindest am Anfang Ihr Partner sehr um Sie bemüht hat. Ich vermute, daß Ihr zweiter Mann in seiner Herkunftsfamilie als Co-Alkoholiker aufgewachsen ist – genau wie Sie. Darauf weist vor allem der Umstand hin, daß er zum einen eine Frau geheiratet hat, die zur Süchtigen wurde, und sich als nächstes eine Partnerin ausgesucht hat, deren Trinkgewohnheit für ihn ein Problem darstellte. Wenn jemand aufhört, Drogen zu nehmen, um dadurch jemand anderen versöhnlich zu stimmen – so wie das bei Ihnen der Fall war, als Sie zu trinken aufhörten, um Ihren Partner zu halten –, dann geschieht das, nebenbei bemerkt, nur mit enormem Widerwillen. Der oder die Betreffende erwartet dann von dem auf Nüchternheit drängenden Partner, daß er dafür sorgt, daß «es sich auch gelohnt hat». Aus Ihrem Brief geht hervor, daß Ihr zweiter Mann nie in der Lage gewesen ist, Sie angemessen dafür zu entschädigen, daß Sie mit dem Trinken aufgehört hatten.

Wie Sie schildern, haben Sie immer wieder versucht, von jedem Ihrer Ehemänner die Zärtlichkeit und Zuwendung zu bekommen, nach der Sie sich so sehr gesehnt haben, und dabei sind Sie schließlich ernsthaft krank geworden. Dieser Schilderung liegt die Annahme zugrunde, daß jeder der Männer Ihnen sehr wohl hätte geben *können*, was Sie wollten und brauchten, wenn ihm nur soviel an Ihnen gelegen gewesen wäre, daß er sich auch genug Mühe gegeben hätte. Mir scheint diese Annahme auf einer falschen Voraussetzung zu beruhen. Ich meine, daß jeder der beiden Männer soviel gegeben hat, wie er konnte, und als das nicht genug war, hat jeder sich zurückgezogen, und zwar einerseits aus Angst vor einer Überforderung und andererseits aus Zorn über die empfundene Unzulänglichkeit. Das ist so, als würde eine Frau in Ihrer Lage Wasser brauchen und folgendes tun: Sie nimmt einen Eimer, geht zum Brunnen mit der Aufschrift «Ehemann» und läßt ihren Eimer in den Brunnen hinab. Als sie ihn wieder heraufzieht und feststellt, daß er nicht richtig voll ist, reagiert sie verletzt und verärgert. Jetzt läßt sie den Eimer ein ums andere Mal hinab, und jedesmal verschüttet sie beim Hochziehen etwas mehr und bekommt immer weniger Wasser. In ihrer Verzweiflung wendet sie sich vielleicht einem anderen Brunnen mit der Aufschrift «Familie» zu. Doch das Ergebnis ist das gleiche, und je weniger Wasser sie erhält, desto verletzter, verärgerter und unwilliger wird sie. Zur gleichen Zeit gibt es vielleicht ein Dutzend anderer Brunnen in der Nähe, von denen sie, wenn sie wollte, unterschiedliche Wassermengen bekommen könnte, die insgesamt genug wären, um ihren Bedarf zu decken und ihre Bedürfnisse zu befriedigen. Ihr Fehler ist es, daß sie darauf beharrt, *daß ein bestimmter Brunnen ihren gesamten Bedarf decken soll.*

Ihre Herkunftsfamilie und anschließend Ihre beiden Männer haben Ihnen nur einen Bruchteil dessen geben können, was Sie wollten und brauchten. Da ihnen selbst etwas fehlte, da sie selbst innerlich leer waren, konnten sie Sie nicht voll zufriedenstellen. Als Erwachsene sind wir aber alle selbst dafür verantwortlich, für uns zu sorgen und sicherzustellen, daß unsere Bedürfnisse befriedigt werden. Es gibt viele Quellen, an die wir uns zur Befriedigung unserer Bedürfnisse wenden können, wenn wir nur bereit sind, von unserem Dickkopf und unserem Selbstmitleid Abstand zu nehmen; wenn wir also aufhören, wild entschlossen unseren gesamten Bedarf aus einer ganz bestimmten Quelle decken zu wollen.

Eines der Hauptmerkmale der Beziehungssucht ist eine enorme Abhängigkeit, die sich häufig, aber nicht immer, hinter einer scheinbaren Stärke verbirgt. Die Abhängigkeit ist so groß, weil die betreffenden Menschen so viele ungestillte Bedürfnisse aus ihrer Kindheit mit sich herumschleppen. Diejenigen von uns, die beziehungssüchtig sind, werden niemals fähig sein, eine gesunde Partnerschaft einzugehen, solange sie nicht die Bereitschaft entwickeln, sich aus mehr als nur einer geeigneten Quelle zu versorgen. Wir brauchen andere gesunde Quellen, zum Beispiel Freundinnen und Freunde, Interessen, Spiritualität und so weiter, die uns bestärken, uns unterstützen, unsere Leere ausfüllen und uns von unserer Abhängigkeit heilen. Wenn wir es versäumen, die Verantwortung für die Befriedigung unserer Bedürfnisse in diesem Sinne selbst zu übernehmen, dann werden wir immer wieder mit Beziehungen zu kämpfen haben, in denen wir entweder unsere (Pseudo-) Stärke demonstrieren und uns einen Mann aussuchen, der seine Bedürftigkeit zeigt, oder wir zeigen umgekehrt, daß wir bedürftig sind und suchen uns einen Mann, der scheinbar stark ist. Aber sehr wahrscheinlich ist dieser «starke» Mann ebenso auf jemand anders angewiesen wie wir. Das heißt, er gibt nur vor, so stark zu sein, daß ihm die Belastung durch unsere Bedürftigkeit nichts ausmacht, und verbirgt dahinter, daß er selbst ebenfalls ein ganz tiefes Abhängigkeitsbedürfnis hat.

Ich nehme an, daß Sie sich jetzt, da Sie Ihre zweite Ehe hinter sich lassen, Freundinnen und Freunden zuwenden, damit Ihr Bedürfnis nach Zuwendung wenigstens teilweise gestillt werden kann, und daß Sie Ihren Horizont erweitern und dafür sorgen, daß in Ihrem Leben Raum für kreative Ausdrucksmöglichkeiten und positive Interaktion mit anderen ist. Eine solche Ausweitung Ihres Bezugskreises zur Befriedigung Ihrer Bedürfnisse wird Ihnen für jede künftige Beziehung von Nutzen sein. Das wird Ihnen helfen, einen möglichen Partner so zu sehen, wie er ist, mit allen seinen Stärken *und* seinen Schwächen. Sie werden nicht mehr vor lauter eigenen Bedürfnissen blind sein, wenn es zur Begegnung kommt, denn Ihre eigenen Bedürfnisse sind dann nicht mehr so groß. Wenn Sie gut für sich sorgen, ist es weit weniger wahrscheinlich, daß Sie sich blindlings binden. Je besser wir unsere eigenen inneren Wunden ausheilen und je weniger wir von einem Partner *brauchen*, desto eher sind wir fähig, uns jemanden auszusuchen, der nicht so kaputt oder bedürftig ist. Dann ist es uns möglich, von innen heraus wirklich glücklich und gleichzeitig dankbar für das zu sein, was uns von Herzen gegeben wird.

Die nächsten beiden Briefe lesen Sie am besten direkt hintereinander, damit Sie verstehen, in welchem Maße normalerweise der Dickkopf bei einer beziehungssüchtigen Frau zum Tragen kommt. Es fällt nicht schwer, zwischen den Zeilen den Zorn und die Verachtung gegenüber den Männern herauszulesen, die Wynne jetzt als Erwachsene in ihre «Liebes»beziehungen einfließen läßt. Wie ihr erster Brief andeutet, haben diese Gefühle ihre Wurzeln in der Vergangenheit. Die Bitterkeit, die sie gegenüber ihrem Vater empfindet, muß erst ausheilen, sonst wird sie nie erfahren, wie eine Beziehung mit einem Mann sein kann, die nicht zu einem Wettkampf der Willensstärken entartet.

In ihrem zweiten Brief schreibt Wynne sehr ausführlich (einschließlich Seitenangaben) über bestimmte Bücher, die ich ihres Erachtens weiterempfehlen sollte. Diese Stellen sind im folgenden nicht mitabgedruckt. Außerdem schickte sie mir Kopien von Texten, die ich ihrer Ansicht nach im Vorwort meines nächsten Buches verarbeiten sollte (dazu noch Name und Anschrift von jemandem, der mir behilflich sein könnte, «das Zitat zu überprüfen», das sie angeführt hatte). Sie gab mir den Rat, in einer bestimmten Fernsehsendung aufzutreten, und bot mir zu guter Letzt noch an, bei meinem Buch Korrektur zu lesen! Unter dem Vorwand, helfen zu wollen, wirkt Wynne lenkend und kontrollierend auf andere Menschen ein. Dieses Bedürfnis ist für Beziehungssüchtige sehr typisch.

Sehr geehrte Frau Norwood,
mein Vater war *kein* Alkoholiker, aber er war ein selbstsüchtiges Kind in Mannsgestalt, und wir konkurrierten miteinander um die Zuwendung meiner Mutter. Da er mir vorwarf, ich hätte die Krankheit meiner Mutter verschuldet, bemühte ich mich nur noch um so stärker, von ihm anerkannt und geliebt zu werden. Seither habe ich mich nur mit unzugänglichen Männern eingelassen. Aus eigenem Antrieb habe ich gerade per Brief einen Schlußstrich unter eine eineinhalbjährige Beziehung gezogen, die vor lauter Gegeneinander nirgendwo hinführte. Ich habe

eine Idee geliebt, aber er hat meine Liebe und das, was ich ihm gegeben habe, nicht erwidert oder wenigstens bestätigt. Und nun bin ich innerlich völlig gespalten. Ich weiß, daß ich richtig gehandelt habe; aber ich frage mich wirklich, ob ich auf einen Mann, der mich liebt und für mich sorgt, überhaupt richtig eingehen könnte. So einen Typ empfinde ich nicht als Herausforderung, sondern nur als langweiligen Schwächling.

Wynne F.

Liebe Robin,
fast ein Jahr ist vergangen, seit ich Ihnen das erste Mal geschrieben habe. Ihr Buch empfehle ich andauernd weiter und lese auch immer wieder in meinem eigenen Exemplar.

Ich möchte Sie heute, was meine Fortschritte angeht, aufs laufende bringen. Nachdem ich mich drei Wochen lang auf einen total passenden Freund programmiert hatte, rief die «Klapperschlange» an, mit der ich seit einiger Zeit zusammen bin, und wir trafen uns dann auch, aber ich sah ihn mit anderen Augen. Es fällt mir immer noch schwer, so einfach über ihn hinwegzukommen. Er taucht auf, bringt die Hormone in Wallungen und verschwindet wieder. Inzwischen hat meine Selbstprogrammierung aber dazu geführt, daß ein sehr netter Mann wieder in mein Leben getreten ist. Wir waren vor drei Jahren mal zusammen – eine rein freundschaftliche Beziehung. Er besitzt wirklich all die Eigenschaften, nach denen ich die ganze Zeit suche (und auf die ich mich programmiert habe), aber damals hatte ich ihn einfach abgetan: Schon wieder so ein stinknormaler Mann, nett, aber langweilig, nicht die prickelnde Herausforderung, die ich immer so gemocht habe, und ganz gewiß kein Mann, der mich sexuell angemacht hätte. Er ist ein guter Kerl – gut zu mir und gut für mich –, und obwohl ich das vom Verstand her weiß, ist mein emotionales, sexuelles / hormonelles Ich noch immer hinter der «Klapperschlange» her.

Ich weiß, daß ich bestimmte Vorstellungen in meinem Kopf umprogrammieren muß, damit ich von der «Klapperschlange» ablassen kann. Es ist nicht so, daß ich ihn will. Ich möchte nur, daß er mich will. (Das gleiche galt vor Jahren für die Beziehung mit meinem Ex-Mann.) Es kratzt an meinem Ego, daß er nach meinem Brief, in dem ich unser Verhältnis für beendet erklärt habe, nicht gekommen ist und gesagt hat: «Du bist eine tolle Frau, und ich will dich, brauche dich, liebe dich!» Dann hätte ich «Tut mir leid» sagen können. Sie sehen, das Ganze liegt an meinem Ego; es fühlt sich herausgefordert.

Unglücklicherweise kommt die «Klapperschlange» mir in den Sinn und – im übertragenen Sinne – ins Bett, wenn ich mit dem netten Mann zusammen bin.

Wenn wir das Selbstprogrammieren lernen, gibt man uns den Rat, darauf zu achten, auf was wir uns programmieren oder auf was wir aus sind, denn das bekommen wir dann auch. Da mich die «Klapperschlange» nicht haben wollte, habe ich Gott um einen Mann gebeten, der mich mehr will als ich ihn. Auf den netten Mann paßt diese Beschreibung, deshalb mache ich jetzt noch einmal ein Drei-Wochen-Programm und bitte darum, daß wir eine gleichberechtigte, fürsorglich-liebevolle Beziehung zueinander bekommen. Ich muß von der «Klapperschlange» loskommen und lernen, den netten Mann zu lieben und zu begehren.

Bisher habe ich mich bei mindestens drei Männern in meinem Leben angestrengt darum bemüht, akzeptiert und anerkannt zu werden... daher weiß ich, wovon Sie schreiben! Ich habe davon profitiert und mich weiterentwickelt!

Wynne F.

Liebe Wynne,
ich möchte zwei Punkte ansprechen, die in Ihrem Brief erwähnt sind. Den einen möchte ich als «eigener Wille gegen Gottes Wille» bezeichnen. Der zweite hat mit den widerstreitenden Komponenten des Begehrens und Verführens zu tun.

Fangen wir mit dem zweiten Punkt an. Ganz offensichtlich mögen Sie den Mann nicht, den Sie als «Klapperschlange» bezeichnen, obwohl Sie behaupten, daß Sie ihn früher geliebt hätten und sexuell immer noch sehr anziehend fänden, während Sie für den netten Mann sexuell kaum etwas oder gar nichts empfänden. Dieses Phänomen ist bei beziehungssüchtigen Frauen sehr häufig, und es ist gar nicht schwer zu verstehen, wenn Sie nur die falsche Vorstellung fallenlassen, daß bei Ihnen das hohe Maß an sexueller Anziehungskraft oder Begierde irgend etwas mit Liebe zu tun habe oder je damit zu tun gehabt hätte. Ihre sexuellen Gefühle kommen im Prinzip wahrscheinlich weit eher der erregenden Spannung nahe, die ein Jäger empfindet, wenn er seine Beute umkreist, als irgend etwas, das wirklich mit Liebe in Zusammenhang gebracht werden könnte. Lieben heißt, einen anderen Menschen tief und zärtlich annehmen und sich liebevoll um ihn kümmern. Wenn man sexuell hinter jemand her ist, hat das eher etwas Raubtierhaftes an sich und bedeutet den Wunsch, den anderen mit Hilfe der eigenen Attraktivität zu unterwerfen. Es ist ein äußerst spannungsgeladener Kampf, bei dem es um Vorherrschaft, um Kontrolle und letzten Endes natürlich um Sieg geht.

Für die beziehungssüchtige Frau ist es ein enormes Stück Arbeit zu lernen, sich mit einem anderen Menschen auf eine intim-vertrauensvolle und nicht auf eine konkurrenzhafte und im wesentlichen feindselige Art und Weise sexuell auszutauschen. Das wird erst möglich, *nachdem* sie auf dem Weg zur Genesung schon ein gutes Stück vorangekommen ist und dramatische, schwierige Beziehungen für sie somit ihren Reiz verloren haben. Wenn wir erst einmal in erster Linie daran interessiert sind, unsere Gelassenheit und unser eigenes Wohlergehen zu schützen – und nicht daran, den richtigen Mann zu finden –, dann und erst dann sind wir fähig, uns einen Gefährten zu suchen, mit dem wir wirklich befreundet sein können und der sich auch auf gesunde Art und Weise um uns kümmern kann. Bei einer Frau, die auf dem Wege der Genesung ist, beruht eine sexuelle Beziehung nicht auf dem krampfhaften Bemühen, einen unerreichbaren Liebhaber zu erobern, sondern auf Zärtlichkeit (die daher kommt, daß ihr an dem anderen Menschen wirklich etwas liegt) und auf freudiger Erregung (die von der gemeinsam empfundenen Nähe herrührt).

Nun zum ersten Punkt: eigener Wille gegen Gottes Wille. Ihrem Brief entnehme ich, daß Sie offensichtlich mit einer religiös-philosophischen Richtung zu tun haben, die häufig als «New Thought» oder «Neues Denken» bezeichnet wird. Unter anderem wird dort betont, wie hilfreich Affirmationen oder Bestärkungen sein können, wenn man in seinem Leben bestimmte Ergebnisse zu erzielen sucht. Was ich im folgenden schreibe, ist natürlich nur meine persönliche Meinung, aber ich möchte sie Ihnen doch gerne mitteilen.

Ich bin voll und ganz dafür, Affirmationen zu benutzen, damit sich positivere Umstände einstellen (etwa: «Mit jedem Tag werde ich gelassener») beziehungsweise widrige Umstände verschwinden (zum Beispiel: «Ich leide nicht mehr»). Ich glaube allerdings, daß wir einen großen Fehler machen, wenn wir unserer Höheren Macht mit einem Wunschzettel kommen, der auf bestimmte Ergebnisse abzielt – sei es nun, daß wir um einen passenden Mann bitten, sei es, daß wir uns ein spezielles Ereignis oder ein bestimmtes materielles Gut wünschen. Da wir niemals so gut wie diese Höhere Macht wissen können, was letztlich tatsächlich zu unserem Besten ist, schränken wir durch unsere speziellen Affirmationen (oder unsere «Programmierung», um Ihr Wort zu gebrauchen) unser eigenes Wachstum und das, was zu unserem Besten ist, vielleicht in Wirklichkeit ein. Unsere Affirmationen sollten immer eine Einladung an spirituelle Prinzipien sein, uns in unserem Leben zu leiten; sie sollten keine dem eigenen Willen entspringenden Wünsche oder Forderungen nach diesem oder jenem speziellen Gegenstand, Ereignis oder Menschen sein. Wenn Sie sich zum Beispiel darauf programmieren, daß ein anderer Mann in Ihr Leben treten soll, dann brocken

Sie sich in Wirklichkeit vielleicht noch viele weitere Monate oder Jahre der Auseinandersetzung in einer Beziehung ein – Zeit, die Sie besser darauf verwenden könnten, gesund zu werden.

Die meisten der Frauen, mit denen ich gearbeitet habe und die ein ähnliches Leben wie Sie geführt haben, konnten nicht darauf hoffen, jemals mit irgendeinem Mann eine gesunde Beziehung zu haben, solange sie sich nicht die Zeit nahmen, darauf hinzuarbeiten, sich selbst und alle anderen Menschen in ihrem bisherigen Leben besser zu verstehen und zu akzeptieren. Sie mußten lernen, so zu leben, daß sie ihre Aufmerksamkeit nicht mehr auf einen Mann konzentrierten und ihn für ihr Problem oder die Lösung ihres Problems hielten. Sie mußten lernen, alle Männer (und auch Frauen), mit denen sie in der Vergangenheit jemals einen heftigen Streit oder eine dauerhafte Auseinandersetzung gehabt hatten, zu segnen und ihnen zu vergeben und sie – zumindest im Herzen – *um Vergebung zu bitten.*

Das ist eine sehr anstrengende spirituelle Arbeit. Sie verlangt von uns Demut, eine beständige Konzentration auf unseren spirituellen Weg und eine uneingeschränkte Bereitschaft, alte Wut und Selbstgerechtigkeit aufzugeben, an denen wir oftmals doch sehr hängen. Dazu bedarf es oft monate-, ja sogar jahrelanger geduldiger Arbeit. Doch wenn diese Bereitschaft dann schließlich wirklich echt ist, kommt es häufig zu einem großen Durchbruch: Auf einmal verstehen und begreifen wir, und der aus der Vergangenheit stammende Schmerz fällt plötzlich von uns ab. Nicht immer geschieht ein solcher Durchbruch auf einen Schlag; manchmal geht das schritt- oder phasenweise vor sich. Manchmal dehnt sich dabei unser Innerstes, unsere Seele, schmerzhaft, manchmal empfinden wir reine Freude. Immer haben wir dabei jedoch das Gefühl, irgend etwas loszulassen, das hart, eisig und bis dahin unüberwindlich gewesen ist – etwas, das unwahrscheinlich alt ist und unermeßlich tief sitzt. Ich glaube, durch dieses Werk der Vergebung lernen wir das, was unsere Seele sich für unser derzeitiges Leben als Lektion vorgenommen hat.

Ihr Zorn auf Ihren Vater ist alt und unerbittlich und sitzt tief, und solange Sie sich nicht zur Ausheilung dieser Beziehung –

zur Aussöhnung – entschließen, werden Ihre Männerbeziehungen in einem gewissen Maße immer durch Ihr ungesundes Verhältnis zu ihm belastet sein. Doch ein Entschluß zur Ausheilung bedeutet in diesem Fall nicht, daß Sie zu Ihrem Vater hingehen und ihm sagen, wie schrecklich er zu Ihnen gewesen ist – in der Hoffnung, daß es ihm dann leid tut und er sich bei Ihnen entschuldigt. Wenn Sie so handeln, ist nämlich wieder Ihr eigener Wille am Werk, und Sie bringen dann *sich* und Ihr Wohlbefinden in Gefahr, weil Sie von Ihrem Vater eine ganz bestimmte Reaktion *brauchen.* Je stärker wir eine bestimmte Reaktion von jemand anderem brauchen, desto abhängiger machen wir uns von diesem Menschen und desto wahrscheinlicher ist es allerdings auch, daß wir bei ihm nur auf Abwehrreaktionen stoßen. Falls Ihr Vater dann nämlich, um sich zu schützen, wütend wird und zu Ihnen sagt, Sie seien verrückt, oder aber alles, was Sie sagen, abstreitet beziehungsweise sagt, so habe er es ganz und gar nicht in Erinnerung, dann reagieren Sie wahrscheinlich so, wie Sie es gewohnt sind. Wenn Sie dazu neigen, angesichts einer Enttäuschung zornig zu werden, dann werden Sie unter diesen Umständen äußerst wütend werden. Wenn Sie einen Hang zur Depression haben, werden Sie vielleicht an Selbstmord denken, wenn Ihr Vater nicht so reagiert, wie Sie das gerne hätten. Wenn Sie mit Frustrationserlebnissen so umgehen, daß Sie sich immer zutiefst verletzt fühlen, dann werden Sie wahrscheinlich in Selbstmitleid zerfließen. Wenn es Ihre Art ist, es in solchen Fällen dem anderen heimzuzahlen, dann werfen Sie Ihrem Vater vielleicht alle möglichen Schimpfnamen an den Kopf, die Ihnen gerade einfallen. Ich glaube, es wird deutlich, daß Sie es sich nicht leisten können, Ihre Gelassenheit von seiner Reaktion abhängig zu machen. Sie müssen lernen, von ihm nichts zu brauchen.

Statt dessen ist es erforderlich, daß Sie Ihre spirituellen «Hausaufgaben» machen und täglich darum beten, daß Sie es schaffen, Ihrem Vater *alles* zu vergeben, wodurch er Sie jemals verletzt oder erzürnt hat. Während Sie daran arbeiten, kommen Ihnen vielleicht durch nächtliche Träume oder auch am Tag weitere traurige Erinnerungen in den Sinn. Es ist als ob die Psyche auf unsere Gebete hin bereit wird, unsere «Hausputz»-

Bemühungen zu unterstützen, und den tiefsitzenden Schmerz der Vergangenheit an die Oberfläche bringt, damit wir ihn bewußt freisetzen können. Ich wiederhole: Dies ist harte Arbeit. Sie werden sich vor lauter Anstrengung oft müde fühlen. Sie dürfen die Größe der Aufgabe, die Sie da angehen, und den dazu erforderlichen Energie- und Zeitaufwand (oftmals mehrere Jahre) nicht unterschätzen. Sie werden immer und immer wieder darum beten müssen, daß Sie die Bereitschaft, die Kraft und den Mut aufbringen, sich Ihre Vergangenheit offen und ehrlich anzuschauen – die Kraft und den Mut, alle Gefühle zu empfinden, sich über Ihre eigene Rolle in Ihrem bisherigen Leben klarzuwerden, sich selbst und anderen zu vergeben sowie den aus der Vergangenheit stammenden Schmerz freizusetzen und loszulassen. In Ihrem Herzen müssen Sie die Bereitschaft entwickeln, Ihren Vater für allen Zorn und Groll und alle feindseligen Gefühle um Vergebung zu bitten, die Sie während all dieser Jahre ihm gegenüber gehegt haben. Wenn es Ihnen möglich ist, ihn persönlich um Vergebung zu bitten, dann werden Sie die Bereitschaft dazu aufbringen müssen. Wenn das unangebracht ist, weil Sie, er oder jemand anders zu Schaden kommen könnte/n (oder wenn es aus anderen Gründen unmöglich ist), dann wird doch der Umstand, daß Sie es in Ihrem Herzen ihm gegenüber wiedergutmachen, in Ihrer beider Leben Berge versetzen. Selbst wenn Ihr Vater inzwischen gestorben sein sollte, ist es für eine Wiedergutmachung nicht zu spät. Sie müssen nur, sobald Sie dazu bereit sind, anfangen, darauf hinzuarbeiten – um seiner und um Ihrer eigenen Seele willen.

Wynne, ich glaube daran, daß wir durch Wiedergeburt viele Male hierher auf diese Erde zurückkehren und daß unsere Seele jeweils die Lebensumstände wählt, die es ihr ermöglichen, das zu lernen, was sie braucht, um der Vollendung näherzukommen. Doch – wie in Ihrem Fall – um bestimmte Lektionen zu lernen, müssen wir schonungslos gerade den Lebensumständen ausgesetzt werden, die in uns normalerweise genau das Gegenteil von dem hervorrufen würden, was wir zu lernen versuchen. Unsere Lektion lernen wir erst dadurch, daß wir unsere natürliche Reaktion auf unsere Lebensumstände überwinden. Wenn ich zum Beispiel lernen soll, wahrhaft Geduld zu haben, dann muß meine Geduld in ganz extremer Weise auf die Probe gestellt werden. *Vielleicht* lerne ich dann letzten Endes, Geduld zu haben, indem ich meine Ungeduld aufgebe – vielleicht aber auch nicht. Doch die Gelegenheit, Geduld zu üben, erhalte ich allein dadurch, daß meine Geduld auf die Probe gestellt wird. Wenn ich lernen soll, zu vergeben oder zu verzeihen, muß ich zuerst erfahren, was es heißt, ständig nachtragend zu sein, bevor ich mich auf Grund der selbstzerstörerischen Wirkung meiner eigenen Verbitterung dann vielleicht dazu bereitfinde, zu verzeihen. Wenn ich das Unverzeihliche jedoch nicht verzeihe, was habe ich dann gelernt? Wo ist dann das die Seele erweiternde und erlösende Wachstum?

Eine Frau, die zu einem meiner Seminare gekommen war, erzählte, ihre Therapeutin habe ihr gesagt, daß Inzestopfer die einzigen Menschen seien, die niemals vergeben müßten. Meiner Meinung nach ist niemand *gezwungen*, alles zu vergeben, aber letzten Endes kommen wir nicht darum herum, wenn wir selbst wirklich gesund werden wollen. Vergeben bedeutet nicht, daß wir hingehen und uns von denselben Menschen aufs neue verletzen lassen. Es bedeutet vielmehr, daß wir uns von ihnen genügend lösen, um das, was sie uns angetan haben, nicht länger so persönlich zu nehmen. Unsere Daseinsberechtigung und Wertschätzung machen wir nicht von ihnen, sondern von einer Höheren Macht abhängig. Wir führen uns vor Augen, daß diese Menschen wahrscheinlich selbst ziemlich kaputt gewesen sind und ihr Bestmögliches getan haben – auch wenn dieses Bestmögliche eben sehr beklagenswert gewesen ist. Wir rufen uns in Erinnerung, daß ihr Lebensweg genauso in Gottes Hand liegt wie der unsere. Wir segnen sie, geben sie frei und lassen sie ziehen, *damit wir leben können*.

Wenn Sie schreiben, Sie müßten «von der ‹Klapperschlange› ablassen», dann binden Sie sich durch Ihre abschätzige Namensgebung in Wirklichkeit noch viel stärker an diesen Mann als je zuvor. Wut und Haß auf jemanden ketten uns an eben diesen Menschen. Das ist einer der Gründe, warum es so wichtig ist, zu vergeben und um Vergebung zu bitten. Durch Vergebung geben wir (andere) frei und werden (unsererseits) freigegeben. Ohne Vergebung wenden wir uns dem betreffenden

Menschen oder anderen, die ihm ähnlich sind, erneut zu und agieren unser Drama immer wieder von neuem aus. Durch Vergebung werden wir keineswegs zu Schwächlingen, auf denen andere herumtrampeln können, sondern zu freien Menschen, die sich nie mehr schlecht behandeln zu lassen brauchen. Wir haben Gutes *für* Schlechtes ge*geben* (*vergeben*), und damit ist die Angelegenheit für uns erledigt.

Doch hinter dem Akt des Vergebens steckt noch mehr. Daß es ein so enormes Stück Arbeit ist, liegt meiner Erfahrung nach daran, daß wir das, was wir bei jemand anderem akzeptieren, vergeben und freigeben, auch bei uns akzeptieren, vergeben und freigeben. Dabei kann es um Dinge aus diesem oder auch aus einem anderen Leben gehen. Das folgende ist ein Beispiel dafür, wie eng das Sich-selbst-Vergeben und das Anderen-Vergeben miteinander verflochten sein können. Daß Sue Träume hatte, die ihr Erlebnisse aus vergangenen Leben offenbarten, spielt für ihre Genesung keine wesentliche Rolle, obwohl die Träume ihr eine Menge klargemacht haben und letzten Endes Teil eines tiefen spirituellen Erlebnisses gewesen sind. Viele meiner Leserinnen und Leser werden jetzt vielleicht sagen, vergangene Leben hätten nichts mit Realität zu tun. Genau wie bei allem anderen, was in diesem Buch steht, gilt auch hier: Nehmen Sie bitte nur das, was Sie annehmen können und hilfreich finden, und sehen Sie über den Rest hinweg!

Sue, die jetzt Anfang Dreißig ist, hatte eine äußerst traumatische Kindheit. Sie wurde sexuell mißbraucht und körperlich mißhandelt, am schlimmsten von ihrem Vater, aber auch von ihrer Mutter, von ihrer Großmutter und von einer ihrer Stiefmütter. Als sie älter wurde, entwickelte sie ein zwanghaftes Sexualverhalten und kümmerte sich beängstigend wenig um ihre eigene Sicherheit. Mehr als einmal wurde sie vergewaltigt, und oft fand sie sich in äußerst gefährlichen Situationen wieder. Nachdem sie über einen Zeitraum von ungefähr zehn Jahren mit einer großen Anzahl von Männern Beziehungen, und zwar in erster Linie sexuelle Beziehungen, gehabt hatte – die meisten der Männer hatte sie ganz gezielt verführt –, lernte sie einen mehrere Jahre jüngeren Mann kennen, der selbst ein zwanghaftes Sexualverhalten hatte. Als sie zum erstenmal seine Wohnung betrat, lagen überall auf dem Boden verstreut pornographische Utensilien. Diesen Mann heiratete Sue. Sowohl vor als auch während ihrer Ehe war er ständig hinter anderen Frauen her und hatte heimliche Affären. Darüber hinaus beschäftigte er sich weiterhin stark mit Pornographie, wobei er sich im Laufe der Zeit immer mehr auf Dinge wie Fesselung, Unterwerfung und Gewalt konzentrierte. In den folgenden Jahren steigerte sich sein Zwangsverhalten – noch mehr Affären, noch mehr versteckte Utensilien, noch mehr Zeit, in der er Sue aus dem Wege ging und sein krankhaftes Verhalten auslebte –, während Sue immer stärker versuchte, ihn zu beeinflussen und zu kontrollieren. Der sexuelle Kontakt untereinander nahm unterdessen immer mehr ab, und Sue zog schließlich einen Schlußstrich unter die Ehe.

Der spirituelle Bereich war für Sue schon immer sehr wichtig gewesen: Sie betete, meditierte und las. In ihrem Schmerz über das Ende ihrer Ehe wendete Sue sich diesen Trost und Heilung spendenden Quellen noch in weit stärkerem Maße zu, als sie das in den zurückliegenden Jahren schon getan hatte. Mit Hilfe von Al-Anon begann sie, sich auch auf ihren Co-Alkoholismus zu konzentrieren, da ihre Mutter drogenabhängig gewesen war und ihr Vater, ihre Großmutter und ihr Ehemann Alkoholmißbrauch getrieben hatten. Sie machte die Zwölf Schritte von Al-Anon zu einem zentralen Bestandteil ihrer täglichen spirituellen Praxis.

Sue war jedoch auch weiterhin mit Männern zusammen, die drogen- oder alkoholabhängig und sexsüchtig waren. Und bei jedem neuen Mann war der Hang zur Gewalt stärker ausgeprägt. Außerdem traf sie in der Öffentlichkeit immer wieder auf Exhibitionisten oder Männer, die sich auf eine andere Weise ganz offenkundig sexuell unangemessen verhielten.

Während dieser Zeit starb Sues Vater. Als Folge hatte sie mit folgenden einander widerstreitenden Gefühlen zu kämpfen: Zum einen war da die Wut auf ihren Vater, zum anderen die Trauer über den mit seinem Tod verbundenen Verlust. In dieser Zeit hatte sie den ersten einer ganzen Reihe von lebhaften Träumen. Darin sah sie deutlich, daß sie in einem anderen Leben genauso gelebt hatte wie ihr Vater jetzt in diesem. Auch sie *kannte aus Erfahrung* das Gefühl, alkoholabhängig und gewalttätig zu sein und jemand anderen sexuell zu mißbrauchen. Dieses Wissen half ihr, ihren Vater nicht mehr so hart zu verurteilen und ihm nach und nach zu vergeben.

Durch nachfolgende Träume erhielt Sue den Anstoß, sich mit ihren derzeitigen Verhaltensweisen und Gefühlen zu befassen, und es gelang ihr – wenngleich unter enormen Angst- und Schamgefühlen –, sich mit ihrem gegenwärtigen zwanghaften Sexualverhalten kritisch auseinanderzusetzen. Sie war nun bereit, sich vor Augen zu führen, daß *sie* sexuell völlig außer Rand und Band gewesen war und dann einen Mann geheiratet hatte, bei dem sie versuchen konnte, eine Kontrollfunktion auszuüben, statt sich ihrem eigenen immer größer werdenden Problem zu stellen. Als sie sich das klarmachte, begann sie, die Alltagswirklichkeit anders wahrzunehmen. Nach einer Weile begegneten ihr keine Exhibitionisten mehr. Die äußerst krankhaft veranlagten Männer, zu denen sie sich sowohl vor als auch nach ihrer Ehe hingezogen gefühlt hatte, verloren für sie ihren Reiz – und umgekehrt. Auch diese Männer verschwanden nach und nach aus ihrem Leben.

Zusammengenommen halfen diese Träume Sue dabei, ihr eigenes zwanghaftes Sexualverhalten zu erkennen, zu akzeptieren und sich selbst zu vergeben. Und dadurch gelang es ihr dann auch, den Menschen zu vergeben, die sie mißbraucht und mißhandelt hatten. Früher hatten krankhaft veranlagte Menschen und ungesunde Situationen einen unerklärlichen Reiz auf sie ausgeübt; jetzt lernte sie immer mehr, dazu *nein* zu sagen. Schließlich verschwanden diese Menschen und Situationen ganz aus ihrem Leben, denn das, was Sue dabei hatte lernen sollen, hatte sie nun voll und ganz gelernt.

Sues machtvolle und deutliche Traumserie war ein Geschenk ihrer Psyche, das den Heilungsprozeß fördern sollte. Die Träume waren eine Reaktion darauf, daß Sue sich für ihre Genesung einsetzte und spirituellen Prinzipien folgte. Sie nahm diese Träume klugerweise an, benutzte sie aber nicht dazu, nun angestrengt nach weiteren Erkenntnissen über ihre vergangenen Leben zu forschen und sich dadurch nur abzulenken. Sie erkannte, daß wir uns unserer vergangenen Leben normalerweise deshalb nicht bewußt sind, weil sie nicht das sind, was uns im Hier und Jetzt kümmern sollte. Wir sollen uns vielmehr auf das konzentrieren, was jetzt, in *diesem* Leben geschieht. Es ist wirklich eine Ironie, daß wir in die Vergangenheit und in die Zukunft und von einem Ende des Globus zum anderen reisen möchten, um Erleuchtung zu finden, wo doch unsere seelische Arbeit immer direkt vor uns liegt. Auch ohne die Träume wäre Sues Arbeit, sich und anderen zu vergeben, die gleiche gewesen. Die Träume kamen nur als eine Art belohnende Erklärung hinzu, nachdem Sue durch ihre spirituelle Praxis schon dabei war, auf diese Vergebung hinzuarbeiten.

Dieser ganze Prozeß der Selbsterforschung und des Heilens ist eine schwierige, bedrohliche und schmerzhafte Arbeit, die uns ganz in Anspruch nimmt, das kann nicht genug betont werden. Aber die Alternative wäre für Sue ein unlösbar mit ihrer Krankheit verbundenes Leben gewesen – und, wie sich leicht voraussehen läßt, schließlich auch ein ebensolcher Tod.

Nichts soll so bleiben, wie es ist, und wenn wir keine Fortschritte machen, machen wir Rückschritte. Wir sind hier, um zu wachsen, zu lernen und aufzuwachen. Deshalb gibt es bei unseren alltäglichen Beziehungen auch keine Zufälle. Unaufhaltsam fühlen wir uns zu genau den Partnern hingezogen, mit denen wir entweder unsere persönlichen und Beziehungslektionen lernen können oder uns noch mehr in unsere ungesunden Lebens- und Beziehungsmuster verstricken, die uns dann schließlich einem immer größeren Druck aussetzen, damit wir unsere Verhaltensweisen doch noch ändern. Ebenso glaube ich, daß es kein Zufall ist, auf welche Seelen wir besonders ansprechen – seien es nun unsere Väter, unsere Mütter oder die anderen, zu denen wir eine zwanghafte Bindung haben. Bei allen Schwierigkeiten, die sie uns vielleicht bereiten, sind sie doch ein Geschenk für unsere Seele. Sie geben uns Gelegenheit, die nächste spirituelle Lektion zu lernen. Und entweder lernen wir sie, oder wir werden noch stärker seelenkrank und verlieren noch mehr den Kontakt zu unserer eigentlichen Spiritualität, auch wenn wir im übrigen unsere religiöse Praxis einhalten.

Sie sehen, Wynne, unsere Arbeit ist immer eine Arbeit an uns selbst. In unserem Herzen muß sich etwas ändern, damit wir uns nicht mehr mit der Rolle identifizieren, die uns lange und in mancher Hinsicht gut gedient hat – mit der Rolle des Opfers, der Märtyrerin, der Retterin oder der selbstgerechten Rächerin (oder vielleicht auch mit all diesen Rollen nacheinander). Es ist klar, daß das eine viel größere Herausforderung ist, als einfach hinzugehen und sich einen neuen Mann zu suchen und zu hoffen, daß es diesmal der «richtige» ist. Kein Mann wird jemals für uns der richtige sein, solange wir nicht das in uns ausheilen lassen, was sich bisher immer von Willenskämpfen angezogen gefühlt und es bisher immer nötig gehabt hat, entweder zu gewinnen oder zu verlieren und dann jemand anders für unsere Schwierigkeiten verantwortlich zu machen.

Menschen, die sowohl mit der Sucht- als auch mit der Genesungsproblematik gründlich vertraut sind, werden beinahe ständig mit zwei sehr schwierigen Situationen konfrontiert: Zum einen treffen sie mit Menschen zusammen, die süchtig sind, dabei aber zu beweisen suchen, daß sie es nicht sind, zum anderen begegnen sie solchen, die fest darauf beharren, daß sie inzwischen vollständig genesen sind, obwohl das längst nicht zutrifft. Ersteres ist sehr häufig bei Menschen der Fall, deren fortschreitende Sucht gesellschaftlich stark stigmatisiert ist, während letzteres häufiger dann auftritt, wenn die betreffende Sucht wenig oder gar nicht stigmatisiert ist. Wenn eine Frau zugibt, beziehungssüchtig zu sein (egal, ob dieser spezielle Ausdruck benutzt wird oder nicht), erntet sie in der heutigen Gesellschaft eher Mitgefühl oder Sympathie, als daß sie verdammt wird, denn diese Sucht ist von allen diejenige, die am stärksten romantisiert wird, und die meisten Menschen glauben, sie habe kaum etwas mit so erbärmlichen Dingen wie Drogenabhängigkeit oder Alkoholismus gemein. Weil darüber hinaus die Genesung von einer Beziehungssucht rigorose Anstrengungen erfordert, dabei aber nur schwer wirksam zu messen ist, kommt es sehr häufig vor, daß Beziehungssüchtige zwar behaupten, sie seien von ihrer Sucht genesen, diesen Punkt aber noch längst nicht erreicht haben. Aussagen wie «Diesmal habe ich eine Lehre daraus gezogen!», «Ich könnte nie wieder zu ihm zurück; das wäre für mich zu demütigend» oder «Jetzt wird alles gut. Ich habe soviel andere Dinge zu tun, da bleibt mir gar keine Zeit, um ihm hinterherzulaufen» sind meist eher ein Zeichen von Krankheit als von Genesung. In diesen Aussagen deutet nichts darauf hin, daß anerkannt wird, welch eine unglaubliche Macht die Beziehungssucht über diejenigen von uns hat, die an ihr leiden, und welch eine Disziplin und Arbeit erforderlich ist, um sie zu überwinden.

Es ist so verlockend, uns schon für gesund zu halten, wenn wir mit dem lebenslangen Prozeß der Veränderung, des Wachsens, des Kämpfens und der Selbsterfahrung in Wirklichkeit noch kaum angefangen haben. Der Schlüssel liegt in der Erkenntnis, daß die Genesung immer ein Prozeß sein wird und niemals ein fertiges Produkt. Jeder Tag der Genesung ist ein unschätzbares Geschenk und gleichzeitig eine hervorragende Leistung.

Kapitel 3: Briefe von Frauen, die mißhandelt werden

Für meine Arbeit definiere ich Sucht folgendermaßen: Wir haben genügend Beweise dafür, daß etwas für uns nicht gut ist, können damit aber trotzdem nicht aufhören. Wir hören damit nicht auf, obwohl wir bereits negative Folgen gespürt haben – und zwar sowohl seelischer (durch Demütigung und Erniedrigung) als auch körperlicher Art (durch eine allgemeine Verschlechterung unseres Gesundheitszustandes sowie durch die Möglichkeit, das Auftreten oder das Wiederauftreten einer ernsthaften Erkrankung oder Verletzung) – und obwohl Menschen, die unseren Zustand am besten verstehen (weil sie berufsmäßig mit Abhängigkeit und Sucht befaßt sind oder weil sie ähnliches durchgemacht haben und jetzt davon genesen), uns sagen, daß wir noch unglücklicher und kränker werden, als wir es schon sind, wenn wir unser Verhalten nicht ändern. Der innere Zwang, an unserem Verhalten festzuhalten, läßt sich nicht durch mehr Information oder auch noch so großes Leid beseitigen. Das ist Sucht.

Diese Definition steht in einem so schroffen Widerspruch zu den rationalen Methoden, mit denen die meisten Menschen den meisten Problemen beizukommen versuchen, daß es vielen Süchtigen – und vielen, die mit ihnen zu tun haben, aber nichts von Sucht verstehen – unverständlich ist, daß irgendein Aspekt menschlichen Verhaltens derart unkontrollierbar sein sollte. Menschen, die süchtig sind, gelten als halsstarrig oder dumm, und solche Vorwürfe kommen sowohl von Leuten, die versuchen, sie zu ändern, als auch von den Betroffenen selbst.

Erst wenn man das Wesen und die Macht der Sucht richtig einzuschätzen weiß, kann man diesen beträchtlichen Teil des sonst unerklärlichen menschlichen Verhaltens verstehen und – wenn die (oder der) Süchtige die entsprechende Bereitschaft mitbringt – auch therapieren. Zu diesen Bereichen scheinbar unerklärlichen Verhaltens gehört der Problembereich der mißhandelten Frauen. Der folgende Brief von Meg zeigt deutlich die irrationale Seite der Beziehungssucht geschlagener Frauen auf. Erst wenn man den Begriff der Beziehungs*sucht* auf ihren Zustand anwendet, wird es möglich, Meg zu verstehen und wirksam zu therapieren.

Auf Meg treffen ganz genau die Angaben zu, die ich in meiner Praxis immer wieder von geschlagenen Frauen zu hören bekomme. Sie kommt aus einer Familie, in der Gewalttätigkeiten an der Tagesordnung waren; sie fühlt sich stark zu dramatischen, chaotischen und erregenden Situationen hingezogen; und sie ist von ihrem Partner bereits geschlagen worden, *bevor* sie sich ernsthaft an ihn gebunden hat. Wenn diese Faktoren vorhanden sind (und das waren sie noch bei *jeder* der geschlagenen Frauen, die ich beraten habe), dann ist es äußerst wichtig, sie auch zu erkennen, damit man davon abkommt, die geschlagene Frau als naives Opfer eines brutalen Mannes zu sehen. Sieht man in ihr nämlich nur das Opfer, schlägt die Therapie unter Garantie fehl.

Auch wenn ich mich wiederhole, möchte ich doch noch einmal betonen, daß wir uns *das* an Beziehungen aussuchen, was uns bereits vertraut ist. Am besten ist uns das vertraut, was wir von klein auf aus unserer Familie kennen; das wird uns immer das Angenehmste sein, egal wie krankmachend unsere Familie gewesen ist. Wenn wir von dort her Gewalt gewohnt sind, dann werden wir uns als Erwachsene automatisch einen entsprechenden Partner und eine Situation suchen, in der Gewalt wiederum ein Faktor ist. Das tun wir deshalb, weil Gewalt uns «paßt» und weil sich uns, solange sie um uns ist, immer wieder die Gelegenheit bietet, vielleicht doch einmal zu... *gewinnen* – denn das ist unser größter Wunsch. Wenn wir auf irgendeine

Weise ein Trauma erlitten haben, drängt es uns (meist unbewußt) ständig dazu, die traumatische Situation wiederherzustellen und uns diesmal durchzusetzen und die Oberhand über das zu gewinnen, was uns zuvor besiegt hat. Je größer das Trauma, desto mächtiger ist dieser Drang, es zu überwinden.

Geschlagene Frauen können ganz verschiedener Art sein; das Spektrum reicht von hilf- und hoffnungslosen Fällen über Frauen, die sich allen anderen Bereichen ihres Lebens durchaus gewachsen zeigen, bis zu solchen, die sich selbstgerecht in ihr Schneckenhaus zurückziehen, und anderen, die aggressiv sind. *Immer* jedoch kocht in ihnen eine Wut, die schon lange vorher da war, ehe sie mit ihrem jetzigen Partner zusammenkamen. Diese Wut stammt daher, daß sie als Kinder ausgenutzt und mißhandelt worden sind – zu einer Zeit also, als sie sich nicht wehren oder schützen konnten. Damit die Wut ausheilen kann und die Beziehungsmuster sich ändern können, ist es erforderlich, diese Wut anzuerkennen, sie bewußt zu erleben und zu untersuchen, mit Hilfe welcher Methoden sie geleugnet, unterdrückt oder auch abgelassen wird.

Wenn ich darauf dränge, diese Faktoren anzuerkennen, so will ich damit keineswegs den geschlagenen Frauen die Schuld daran geben, daß sie geschlagen worden sind – das möchte ich hier klarstellen. Jeder Gewalttäter ist für seine Handlungen immer selbst verantwortlich. Doch die Frau, die geschlagen worden ist, und die Menschen, die wirksam mit ihr arbeiten wollen, müssen fähig sein einzusehen, daß der starke Reiz, den gewalttätige Männer auf sie ausüben, zu ihrem Zustand beigetragen hat. Wer, wie zum Beispiel Anwältinnen, Therapeutinnen oder Sozialarbeiterinnen, mit Opfern häuslicher Gewalttätigkeiten zu tun hat, erlebt immer wieder, daß Frauen unter den Einfluß eines derartigen Reizes geraten und dadurch die besten Beratungs- und Schutzbemühungen durchkreuzt werden. Dieser Reiz muß erkannt und angegangen werden.

Im wesentlichen sind es drei Bereiche, die in jedem Frauenhaus und in jedem Programm für geschlagene Frauen mit den Klientinnen angegangen werden sollten: ihre eindeutig vorhandene Beziehungssucht, der bei ihnen wahrscheinlich vorhandene Co-Alkoholismus und ihre durchaus mögliche

Abhängigkeit von Tabletten und anderen chemischen Substanzen. Ungefähr achtzig Prozent der Männer, die ihre Frauen schlagen, sind Alkoholiker; ihre Partnerinnen werden damit automatisch zu Co-Alkoholikerinnen. (Außerdem sind die meisten Frauen, die geschlagen werden, Töchter von gewalttätigen Alkoholikern.) Des weiteren ist etwa die Hälfte der Frauen, die Schutz vor ihren schlagenden Ehemännern oder Freunden suchen, ihrerseits tablettensüchtig oder von anderen Suchtmitteln abhängig. Mitarbeiterinnen von Frauenhäusern und andere, die bei ihrer Arbeit mit geschlagenen Frauen zu tun haben, zögern oftmals, bei ihren Klientinnen Alkoholismus oder Drogenabhängigkeit anzusprechen, weil sie befürchten, daß die Frauen dann die gerade begonnene Therapie abbrechen. Aber bei keiner Therapie besteht irgendeine Hoffnung auf Wirksamkeit, wenn dabei Alkoholismus oder andere bei der Klientin vorhandene Suchtkrankheiten ausgeklammert werden. Keine Frau, die suchtmittelabhängig ist und zu Hause geschlagen wird, kann überhaupt die Voraussetzungen entwickeln, die sie für eine Genesung von ihrer Beziehungssucht braucht. Wenn eine Suchtmittelabhängigkeit vorliegt, muß die betreffende Frau sich zuerst dieser Abhängigkeit stellen. Um diesen ersten Schritt kommt sie in ihrer Therapie nicht herum.

Wenn geschlagene Frauen an Meetings der Anonymen Alkoholiker oder an anderen Gruppen teilnehmen, die sich mit Suchtmittelabhängigkeit befassen, dann kommen sie mit der heilenden Kraft einer spirituell ausgerichteten Selbsthilfegruppe in Berührung. Eine solche Erfahrung wird ihnen auch für die Befreiung von jeder anderen Form von Sucht, einschließlich der Beziehungssucht, hilfreich sein. Ebenso wird die Teilnahme an Al-Anon-Meetings für all jene geschlagenen Frauen von Nutzen sein, auf die die Kriterien des Co-Alkoholismus zutreffen, weil sie entweder mit einem alkoholabhängigen Partner zusammenleben oder aus einer Alkoholikerfamilie stammen oder auch weil beides gleichzeitig auf sie zutrifft. Wenn weder die betreffende Frau noch ihr Partner alkoholabhängig ist, kann sie eine entsprechende Hilfe in der Zwölf-Schritte-Methode der Anonymen Beziehungssüchtigen (siehe Kapitel 9) oder in anderen Zwölf-Schritte-Programmen finden, in denen Beziehungssucht angegangen wird. Egal, wie der Fall im einzelnen auch gelagert ist, für *jede* geschlagene Frau kommt mindestens eines der Zwölf-Schritte-Programme in Frage. Die Teilnahme an dem (oder den) entsprechenden Programm(en) muß zu einer Hauptquelle ihrer Genesungsarbeit werden.

Die Genesung von einer Beziehungssucht – zumal von der Art, an der geschlagene Frauen leiden – ist ein sehr schwieriger, jeden Tag aufs neue zu erarbeitender Prozeß und erfordert ein sehr starkes Verlangen danach, gesund zu werden. Diese Krankheit ist genauso hinterhältig, verwirrend und stark wie der Alkoholismus, und dabei ist die Genesungsquote sogar noch niedriger, was vielleicht daher rührt, daß häufig mehrere Arten der Abhängigkeit gleichzeitig vorliegen. (Neben Alkoholismus und Drogenabhängigkeit leiden geschlagene Frauen oftmals auch an Eßzwang und sexueller Sucht.)

Die Arbeit mit geschlagenen Frauen ist eine entmutigende Angelegenheit, denn zum einen ist die Genesungsquote niedrig, und zum anderen nimmt die Genesung oft eine ziemlich lange Zeit in Anspruch, manchmal viele Jahre. Die geschlagene, gefährdete, psychisch geschädigte Frau, die verängstigt und verzweifelt zur Therapeutin (oder zum Therapeuten) kommt, spricht in ihrem (beziehungsweise seinem) Innern fast unweigerlich ganz stark den Teil an, der sie retten, ihr helfen und sie lenken und kontrollieren will. Aber um wirklich zu helfen, muß man sich immer der für eine Genesung geltenden Prinzipien bewußt bleiben und diese der Klientin vermitteln.

Wenn man zum Beispiel Megs Brief liest, fällt es einem sehr schwer, nicht das zu tun, worum sie bittet, nämlich ihr zu raten, ob sie bei ihrem Mann bleiben soll oder nicht. Ein solcher Ratschlag ist jedoch immer zweck- und wirkungslos – gleichgültig, ob er nun von einer Therapeutin oder von Freundinnen und Freunden kommt –, denn *bei Sucht funktionieren Ratschläge nicht*. Eine angemessene Antwort kann nur darin bestehen, Meg aufzufordern, ihre Beziehungssucht anzugehen, und zwar jeden Tag aufs neue.

Liebe Robin Norwood,
ich lese gerade Ihr Buch und identifiziere mich mit diesen Frauen.

Ich bin vierundzwanzig Jahre alt und seit drei Monaten verheiratet. Meine Eltern haben sich getrennt, als ich elf war, und sich scheiden lassen, als ich sechzehn war. Wenn mein Vater zu Hause war, war er eher ein autoritärer Zuchtmeister als ein Vater und hat eher mit Schlägen als mit vertrauensvoll offenen Gesprächen dafür gesorgt, daß wir nicht aus der Reihe getanzt sind.

Bei meiner ersten Romanze war ich achtzehn, ging in die High School-Oberstufe und wohnte bei meinem Vater in Massachusetts (meine Mutter und der Rest der Familie in Ohio). Mein Freund war vierundzwanzig, fuhr ein tolles Auto und wohnte bei seinen Eltern. Als ich ihm sagte, daß ich ihn verlassen wolle, rastete er völlig aus und ging auf mich los. Wenn ich bei einem Streit mit ihm mal sarkastisch geworden bin, hat er mich meistens so fest geschlagen, daß ich umgefallen bin. Eines Abends hat er versucht, mich umzubringen, damit mich kein andrer haben kann, wenn er mich schon nicht haben soll – das hat er gesagt. Ich habe mich losreißen können und auf der Straße eine Polizeistreife angehalten, die mich nach Hause gebracht hat. Mein Vater war ganz außer sich über meinen Zustand, hat sich eine Pistole geschnappt und ist aus dem Haus gestürmt. Als er später zurückkam, hat er mir ein Ultimatum gestellt: Entweder ich zeige den Kerl an, oder er knallt ihn ab. Ich habe ihn angezeigt, meinem Vater aber gesagt, daß ich nicht zur Verhandlung gehen würde. Und so habe ich es dann auch gemacht. Ich bin wieder in die Schule gegangen und habe den Kerl nie mehr gesehen.

Während meiner College-Zeit hatte ich keine ernsthaftere Beziehung. Nach dem Examen fand ich vorübergehend einen Job und brauchte dann eine

Wohnung. Ich hatte vor, wieder zurück nach Worcester zu gehen, damit mein Vater mir bei der Suche helfen könnte. Als Ausgleich für mein Studentendarlehen, auf das er während meines ersten Studienjahres zurückgegriffen hatte, wollte er mir ein Apartment besorgen. Aber dann habe ich Tim kennengelernt und versucht, dort etwas zu finden, wo ich war: in New Rochelle. Ich habe ihn gebeten, bei ihm einziehen zu dürfen, und die nächsten drei Monate war ich dann arbeitslos. Anschließend hat mich mein ehemaliger Chef wieder für einen befristeten Job in die Firma geholt. Und als ich dort zu arbeiten anfing, habe ich mir große Hoffnungen auf eine Dauerstellung gemacht.

Tim und ich hatten eine recht hitzige Beziehung. Manchmal haben wir uns eine ganze Nacht lang gestritten; dabei hat er mich auch geschlagen. Ich habe dann geweint und mich von ihm trösten lassen. Schließlich haben wir uns wieder vertragen und anschließend miteinander geschlafen.

Ich habe allerdings immer wieder damit gedroht, auszuziehen und war dadurch ständig am Ein- und Auspacken. Meine Freundinnen haben mir dringend geraten, ihn fallenzulassen. Statt dessen habe ich mehr oder weniger sie fallengelassen.

Schließlich hat Tim mich zu meinem Vater nach Worcester gebracht, und die ganze Fahrt über haben wir uns gestritten. Er hat mir sogar mit einer Zeitung ins Gesicht geschlagen, weil ich den weißen Mittelstreifen überfahren habe.

Bei meinem Vater bin ich einen Monat lang geblieben, und er hat die ganze Zeit an mir herumkritisiert, ich sei zu dick und würde viel zu lange brauchen, um einen Job zu finden. Tim hat mich dann (ob Sie es glauben oder nicht) am Telefon immer getröstet und mich gebeten, «wieder heimzukommen».

Schließlich hat Tim von New Rochelle genug gehabt und ist zu Besuch nach Worcester gekommen.

Wir haben uns gestritten, und ich habe ihn hinausgeworfen. Er ist schnurstracks ins Auto gestiegen, auf die Autobahn rauf und nach Hause gefahren. Ich habe mir deswegen Vorwürfe gemacht und acht Stunden lang geheult, bis ich ihn dann endlich am Telefon hatte.

Er war damit einverstanden, ganz nach Worcester zu ziehen, kam dann aber erst zwei Wochen später als abgemacht. Er war in dieser Zeit regelrecht verschwunden; niemand, nicht einmal seine Mutter, wußte, wo er war. Er hat mir später gesagt, er sei nach Mexiko und Kalifornien gefahren, weil er versuchen wollte, mich zu vergessen.

Ich hatte in der Zwischenzeit auf die schnelle eine einwöchige Affäre mit einem Wachmann bei uns im Büro. Als Tim schließlich doch auftauchte, habe ich sie schließlich nach ein paar letzten heimlichen Besuchen beendet.

Auch in Worcester haben wir uns das Leben schwergemacht und hatten sowohl verbale als auch körperliche Auseinandersetzungen. Ich habe ihn gebeten auszuziehen. Als er es wirklich getan hat, habe ich gebettelt, daß er wieder zurückkommt. Wir haben uns darauf geeinigt, uns regelmäßig zu sehen.

Dann haben wir beschlossen zu heiraten – meine Idee. Er hat meinen Verlobungsring aus der Pfandleihe zurückgeholt (den Pfandschein hatte er noch), und zwei Monate später haben wir geheiratet.

Nach einem Monat Ehe bin ich depressiv geworden und habe versucht, mir mit Tabletten das Leben zu nehmen. Der Psychiater hat den Vorschlag gemacht, zu einer Eheberatung zu gehen. Tim war einverstanden, hat sich später dann aber geweigert mitzukommen.

Vor kurzem hat er sich eine Pistole gekauft, um sich bei dem Teilzeitjob, den er nachts hat, verteidigen zu können. Er ist schon zweimal überfallen worden. Ich habe Angst, daß die Pistole bald auch bei unsern häuslichen Auseinandersetzungen eine Rolle spielt. Vergangene Nacht hat er mich geweckt (ich habe im zweiten Schlafzimmer geschlafen) und mir nachts um zwölf gesagt, ich solle das Haus verlassen; er habe so eine Wut im Bauch, daß er mir leicht etwas antun würde.

Ich bin zu meinem Vater gefahren, wo ich auch jetzt noch bin und mir darüber klarzuwerden versuche, ob sich das noch irgendwie regeln läßt??!!??

Zu dem Streit ist es gekommen, weil ich ein Paket in Empfang genommen und den Erhalt mit meiner Unterschrift bestätigt hatte. Das Paket kam von einer Frau, bei der der Sohn meines Mannes ist; sie will finanzielle Unterstützung für das Kind haben. Er hat mir auch gesagt, ich solle abhauen, weil ich mit den Türen knalle, auch wenn er mir eben erst gesagt hatte, daß ich das nicht tun soll.

Jetzt möchte er, daß ich nach Hause zurückkomme. Ich habe ihm gesagt, daß mein Vater mir gerade hilft, eine neue Wohnung zu finden, und daß ich die Ehe bald annullieren lassen werde.

Tim meint, er werde jetzt einfühlsamer und nicht mehr gewalttätig sein, werde zur Eheberatung gehen und so weiter und so weiter.

Robin, irgendwo ganz hinten sagt mir mein Verstand, daß es für diese Beziehung keine Hoffnung mehr gibt. Glauben Sie, daß eine Eheberatung doch noch helfen könnte? Wäre es für Tim und mich besser, getrennt zu leben?

Wenn wir uns andererseits mal nicht streiten, können wir uns stundenlang über Gesellschaft, Religion, Familie und Kinder unterhalten. Normalerweise gehen wir jede Woche ins Kino oder machen irgend etwas andres, was uns Spaß macht. Doch von ihm kommt nicht viel, und in unsrem ersten Jahr, als wir noch in New Rochelle wohnten, hat er meinen Geburtstag vergessen. Auch bei andren Gelegenheiten hat er mir nur halbherzig ein Geschenk in die Hand gedrückt.

Gibt es trotz alledem noch Hoffnung? Mit einer Eheberatung? Oder sollte ich die Ehe besser vergessen?

Ich versuche, das Beste daraus zu machen.

Meg C.

Liebe Meg,
Sie leiden an einer der tödlichsten Arten von Beziehungssucht. Nicht nur Ihre körperliche Gesundheit ist in Gefahr, sondern Ihr *Leben*, wie Sie schon selbst vermutet haben, als Tim seine Pistole gekauft hat. Aber wenn ich Ihnen (wie andere das bereits getan haben) sagen würde, Sie sollten sich von Tim trennen, dann würde dieser Rat es Ihnen nicht plötzlich möglich machen, das auch zu tun. Statt dessen bitte ich Sie dringend, sich wegen *Ihrer* Abhängigkeit von Tim Hilfe zu holen – nicht Hilfe für ihn oder Hilfe für die Ehe, sondern Hilfe für Sie selbst und Ihr Leben, mit dem Sie nicht zurechtkommen. Um sich diese Hilfe zu holen, müssen Sie sich nicht unbedingt von Tim trennen. Sie brauchen die Hilfe unabhängig davon, ob Sie zu ihm zurückkehren oder sich von ihm fernhalten. Solange Sie nichts gegen Ihre Sucht unternehmen, wird es in Ihrem Leben ständig lebensbedrohliche Gewalt geben. Sie werden sie nicht einfach eines Tages «hinter sich haben». Statt dessen wird es – ob mit Tim oder mit jemand anders – zu immer gefährlicheren Situationen und lebensbedrohlicheren Begegnungen kommen, und Sie werden immer ernstere körperliche Verletzungen davontragen. Sowohl Ihre eigene Beziehungssucht als auch der suchtartige Hang Ihres Partners zur Gewalttätigkeit sind fortschreitender Natur und werden von sich aus im Laufe der Zeit immer mehr eskalieren.

Sehr viele gewalttätige Männer sind gleichzeitig Alkoholiker, und sehr viele geschlagene Frauen stammen aus Familien, in denen Gewalt und Alkoholismus eine große Rolle gespielt haben, daher kommt für die meisten mißhandelten Frauen Al-Anon in Frage. Sollte das auch bei Ihnen der Fall sein, haben Sie großes Glück, weil man nirgendwo besser lernen kann, sich der Tatsache zu stellen, daß man in bezug auf die Handlungen und Stimmungsschwankungen eines anderen Menschen machtlos ist. Wenn Sie voll und ganz begreifen, daß Sie keine Macht über ihn haben, dann können Sie mit Unterstützung der Al-Anon-Mitglieder und mit Hilfe der Mittel, die dieses Programm Ihnen an die Hand gibt, anfangen, besser für sich selbst zu sorgen, und schließlich den Teil in Ihrem Innern ausheilen lassen, der es bisher *nötig gehabt hat, sich gefährliche Männer und gefährliche Situationen auszusuchen.*

Genau wie viele andere Frauen, die von ihren Vätern mißhandelt worden sind, haben auch Sie immer noch eine enge Bindung zu Ihrem Vater (und er zu Ihnen). Sie treffen mit ihm verschiedene «Abmachungen», die Sie beide weiter aneinanderketten. Ihr Vater war der erste Mann, der Sie geschlagen hat, und jedesmal, wenn Sie einen anderen Mann verlassen und zu Ihrem Vater, seinem Haus, seinen Regeln, seinen Ratschlägen, seiner Kritik, seinem «Schutz» zurückkehren, kommen Sie im wesentlichen vom Regen geradewegs in die Traufe. Ständig reagieren Sie entweder auf ihn oder auf einen anderen gewalttätigen Mann und sehen abwechselnd den einen oder den anderen als Ihren «Ausweg» oder Ihr «Problem» an. Es wird für Sie eine weit größere Herausforderung sein, anders handeln zu lernen – still bei sich zu sein, damit Sie sich Ihrer *eigenen* Wut stellen und sie heilen können und letzten Endes lernen, ein ruhigeres Leben zu führen –, als ständig mit den tätlichen Angriffen und wiederholten Umzügen fertig zu werden, die Ihnen schon so vertraut sind. Aber auf lange Sicht wird es Ihnen das Leben retten, wenn Sie lernen, innezuhalten und innerlich gesund zu werden.

Diese Veränderungen werden Sie nicht allein und auch nicht nur mit Hilfe einer Therapeutin oder eines Therapeuten erreichen. Sie brauchen eine ständig verfügbare Quelle der Unterstützung. Sie brauchen Menschen, die Sie aus ihrer Erfahrung heraus in die Mittel einweihen, welche ihnen auf dem Weg zur Genesung helfen; Menschen, die Sie teilhaben lassen, Ihnen aber keine der zwanghaften Verhaltensweisen nachsehen, die Teil der Krankheit sind (zum Beispiel, daß Sie ihn anrufen, ihn suchen gehen, ihn zu kontrollieren oder zu bestrafen versuchen, über ihn reden, sich in Affären mit anderen Männern stürzen und so weiter). Sie brauchen Menschen, die Ihnen durch ihr eigenes Beispiel helfen, Ihr Denken auf Vorstellungen hinzulenken, die eine Genesung fördern. Dazu gehört auch, daß Sie die Lösung Ihrer Probleme und die Befreiung von Ihrem Schmerz statt Tim oder Ihrem Vater einer Höheren Macht überantworten.

Denken Sie bitte daran, Meg, daß es zwar hilfreich ist, wenn Sie wissen, warum Sie so handeln, wie Sie es tun, aber daß es doch nicht genug ist, um Sie dazu zu bewegen, sich zu ändern. Dazu müssen Sie vielmehr kapitulieren und eingestehen, daß Sie es allein einfach nicht schaffen, Ihren inneren Zwang (sich Männer zu suchen, die gewalttätig sind) zu überwinden. Sodann müssen Sie sich mit anderen Menschen zusammenschließen, die gleichfalls daran arbeiten, sich von einem derartigen Zwangsverhalten zu befreien. Dieser Weg ist notwendig, wenn Sie zu einem gesunden und gelassenen Leben finden wollen. Ich hoffe, daß Sie die Hilfe eines Frauenhauses in Ihrer Nähe in Anspruch nehmen und daß die Mitarbeiterinnen dort dann für Sie den Kontakt zu einer Gruppe herstellen, die die Zwölf-Schritte-Methode zur Genesung anwendet.

Liebe Robin,
ich bin in einer sehr konservativ-spießigen Umgebung aufgewachsen. Drogen, Alkohol, Fluchen hat es da nicht gegeben und auch sonst kaum etwas, außer Kritik, strenger, gewaltsam durchgesetzter Disziplin und harter Bestrafung. Ich *weiß*, daß meine jetzige Ehe nicht gesund und entwicklungsfördernd ist. Sie ist für mich eine Sucht, da bin ich mir sicher, und ich frage mich jeden Tag: Warum, *warum* bin ich noch hier?! Schon jahrelang (mindestens fünf oder sechs Jahre) beschimpft und quält mein Mann mich emotional und psychisch, und jetzt hat er auch noch (obwohl ich nie gedacht hätte, daß er das je tun würde) die Schwelle zur Gewalttätigkeit überschritten. Das allein ist schon schlimm, aber ich bin nun in knapp einem Jahr auch schon zweimal von seinem fünfzehn-

jährigen Sohn (aus seiner ersten Ehe) tätlich angegriffen worden und bin sicher, daß es wieder geschehen wird. Zwei Eheberaterinnen (eine weltliche und eine christliche) und zwei Psychologinnen haben mir gesagt, ich solle mich von meinem Mann trennen. Mein Mann ist schon bei drei Psychologen gewesen, und wir haben *haufenweise* Geld ausgegeben, um «ihn wieder hinzukriegen», aber all das hat zu nichts geführt. *Alle* Leute (meine Freundinnen und Bekannten, meine Familie, die Polizei, die Frauen vom hiesigen Frauenberatungszentrum) scheinen der Meinung zu sein, daß ich wegziehen soll. Denn ich habe es ja nicht mit einem, sondern mit *zwei* Tätern zu tun! Dabei ist der Sohn bisher schlimmer als sein Vater. Bei uns ist es wie auf einem Schlachtfeld. Da fehlt nur noch ein Funke zur Explosion. Und doch bin ich *immer noch hier!*

Es kommen noch viele andere Faktoren zu dieser Situation hinzu, die das Ganze verschlimmern und sehr kompliziert machen. Eines der Dinge, die mir in Ihrem Buch am meisten bedeutet haben, war, daß Sie speziell die Spiritualität ansprechen. Als Christin fällt es mir *sehr schwer*, eine Art Mittelding oder Kompromiß zwischen zwei – wie ich meine – Extremen zu finden. Durch die Kirchengemeinde hier bin ich an ein ausgezeichnetes Programm für geschlagene Frauen geraten, und doch höre ich so oft «Laß den Mistkerl sitzen!», «Pfeif auf ihn!», «Geh da um Himmels willen weg!», «Laß dich scheiden!» und so weiter, als wäre das die einzig denkbare Möglichkeit; und das stört mich, offen gesagt. Das *andere* Extrem, dem ich durch die Kirche, einen Frauen-Bibelkreis und die meisten meiner christlichen Freundinnen und Freunde ausgesetzt bin, besagt, daß man eine Ehe aufrechterhält, *egal, was auch geschieht.* Man gibt *niemals* auf. Scheidung ist ein absolutes Unding. Die Ehe kommt an erster Stelle – vor meiner persönlichen Sicherheit (?!?!). Ich sehe jetzt, daß diese Leute ganz klar von mir wollen, daß ich eine Märtyrerin werde und tatsächlich mein ganzes Leben opfere beziehungsweise jede Möglichkeit oder Hoffnung begrabe, irgendwie glücklich zu werden. Mir fällt es sehr schwer, mich auf eine der beiden Richtungen festzulegen, und bis jetzt ist es noch zu keiner Lösung für unsere Probleme gekommen. Für mich war es *sehr* aufbauend zu lesen, daß Sie die spirituelle Entwicklung als Teil der Genesung ansprechen. Ich weiß nur zu gut, wie wichtig es ist, ein Du zu haben, dem ich das alles anvertrauen kann, wenn ich am Ende, wenn ich verzweifelt bin. So viele Menschen scheinen sich dieser Tage von Gott abzuwenden, da war ich beinah erschüttert, Ihn in einem Buch erwähnt zu finden, das ich nicht in einer christlichen Buchhandlung gekauft hatte.

Fay K.

Liebe Fay,
ich kenne Beziehungen, die so ähnlich sind wie Ihre: zwei Menschen, die äußerst aggressiv miteinander streiten und sich bei Angehörigen, Freunden, Priestern und Rechtsanwältinnen Verstärkung holen. Denn genau das läuft ja ab: eine äußerst aggressive Auseinandersetzung zwischen *zwei* sehr zornigen und eigenwilligen Menschen, von denen beide fest entschlossen sind, den anderen zu ändern (zu beeinflussen und zu kontrollieren). Warum fällt es ihnen so schwer, den aggressiven Umgang miteinander zu beenden und nicht mehr Runde um Runde durchzukämpfen? Weil jede/r der beiden entschlossen ist, zu gewinnen und sich gegenüber dem (oder der) anderen durchzusetzen. Dies gilt sowohl für den mißhandelten als auch für den mißhandelnden Partner.

Eine der stärksten Waffen, die Sie in diesem andauernden Konflikt mit Ihrem Mann und seinem Sohn haben, ist die Art und Weise, in der Sie an Ihrem Glauben festhalten. Da es zum Christsein gehört, sanft- und demütig zu sein und sich Gottes Willen zu überlassen, glauben Sie vielleicht, daß Sie sich aus christlicher Nächstenliebe um die Einstellung und das Verhalten Ihres Mannes sorgen. Ich vermute, daß in Ihnen etwas ganz anderes abläuft. Ich hege den Verdacht, daß sich bei Ihnen – wie auch bei vielen anderen – hinter dem «Christentum» Ihre unnachgiebige Entschlossenheit verbirgt, *Ihren Mann* zu ändern – in der Meinung, Gott sei bei allen Ihren Bemühungen auf Ihrer Seite. Können Sie ehrlich sagen, daß alle Ihre Versuche, Ihren Mann dazu zu bringen, sich zu ändern, liebevoll und nicht etwa nötigend oder manipulativ gewesen sind? Denken Sie daran: Wenn wir meinen, für andere Leute die richtige Antwort zu haben, und glauben, wir seien im Recht und sie im Unrecht, dann sind wir *selbstgerecht*, und das verträgt sich nicht mit den spirituellen Grundsätzen der Demut und des Kapitulierens, des Sichüberlassens.

Selbstgerechtigkeit – das heißt: die Überzeugung, genau zu wissen, was richtig und was falsch ist – kann unglücklicherweise als unüberwindliche Abwehrreaktion dienen, die erfolgreich verhindert, daß wir uns der Wahrheit über uns selbst bewußt werden. Ich hoffe, Sie können sich nach und nach eingestehen, daß Sie in diese Ehe schon viel Zorn über die Behandlung, die Ihnen in Ihrer Herkunftsfamilie widerfahren war, mitgebracht haben und daß die Auseinandersetzungen mit Ihrem Mann zwar zum Teil ein Ventil für diese Wut gebildet, sie gleichzeitig aber auch vergrößert haben.

Da es durchaus möglich ist, daß zwei Menschen sich scheiden lassen und ihren Streit trotzdem noch jahrelang weiterführen, gibt es auf Ihre Frage offensichtlich keine Antwort, die so simpel wäre wie «Sie müssen bei Ihrem Mann bleiben» oder «Sie müssen sich von ihm trennen». Wenn Sie wirklich von Ihrer Beziehungssucht freikommen wollen, müssen Sie die Verantwortung dafür übernehmen, daß Sie sich diesen Partner *ausgesucht haben*, und erkennen, daß es für Sie in Ihrer Beziehung etwas zu lernen gibt. Als erstes werden Sie lernen müssen, sich davon freizumachen, einen anderen Menschen ändern zu wollen. Als nächstes müssen Sie lernen, die Verantwortung dafür zu übernehmen, daß die Ihnen in der Vergangenheit zugefügten Wunden heilen. Von dieser Arbeit haben Ihr Mann und Ihr Stiefsohn Sie die ganze Zeit stark abgelenkt; jetzt müssen Sie Ihre Aufmerksamkeit um so stärker darauf richten. Wenn Sie die Bereitschaft entwickeln, diese Arbeit anzugehen, dann lassen Sie sich durch Ihren Mann und Ihren Stiefsohn nicht mehr von Ihrem eingeschlagenen Kurs abbringen. Sie werden dann besser für sich sorgen und die beiden Gott überlassen.

Wenn bei uns die Genesung einsetzt, berechnen wir bei dem, was wir sagen und tun, nicht mehr, wie der andere wohl darauf reagieren wird – ob er uns wohl «hört» und sich ändert, ob es ihm leid tut, ob er vielleicht zornig wird, weggeht oder was auch immer. Vielmehr tun wir, was wir tun, und sagen, was wir sagen (und meistens sagen wir *sehr viel* weniger) allein unter dem Gesichtspunkt, unseren eigenen Seelenfrieden zu bewahren. Wir hören mit *unserem* Anteil am Streit auf, und wenn wir das tun, ist die Streiterei vorbei. Sie sehen, Fay, bei der Gesundung geht es nicht ums Gewinnen – Sie spielen gar nicht erst mit! Wenn wir anfangen, uns umzustellen, und nicht mehr versuchen, jemand anderen krampfhaft dazu zu bringen, sich zu ändern, und wenn wir uns statt dessen auf unsere eigene Gesundung konzentrieren, folgt für gewöhnlich eine Phase unheimlicher Spannung, während der wir daran arbeiten, diese neuen Denk- und Verhaltensweisen zu erlernen. Unser Partner versucht vielleicht, uns wieder in den gewohnten Streit zu verwikkeln, und etwas in uns möchte vielleicht tatsächlich gerne dahin zurück und dem altbekannten Handlungsmuster folgen. Wenn sich dann die Dinge etwas beruhigt haben, stellen wir manchmal fest, daß in der Zeit, in der wir für uns gesorgt haben, sich auch bei unserem Partner und in unserer Beziehung etwas positiv verändert hat. Das ist aber keineswegs immer der Fall. Ironischerweise fällt die Trennung (falls sie denn letzten Endes notwendig wird) *leichter*, wenn wir schon ein Stück auf unserem Weg zur Genesung vorangekommen sind. Wenn wir lernen, unsere Aufmerksamkeit nicht mehr darauf zu konzentrieren, jemand anderen zu ändern, sondern darauf, für uns selbst zu sorgen, dann rückt uns der Streit mit dem Betreffenden instinktiv ferner und wir akzeptieren diesen Menschen eher so, wie er ist, und sind weniger zornig. Denken Sie daran: Was die meisten Menschen in kranken Beziehungen festhält, ist Zorn und nicht Liebe. Wenn wir nicht mehr darauf beharren, daß *der andere* emotional für uns sorgt, und statt dessen *selbst* für uns sorgen, werden wir selbständiger und können leichter loslassen. Dann sind wir, wenn wir mit dem Partner zusammen sind, nicht mehr leer, ohne Hoffnung, zornig, frustriert und verzweifelt. Wir können ihn sein lassen, wer und was er ist, und uns das aussuchen, was für uns richtig ist.

Damit Sie die Hilfestellung erhalten, die Sie brauchen, um sich so zu ändern, daß Sie gesund werden, wäre es für Sie empfehlenswert, an den Treffen der Anonymen Beziehungssüchtigen in Ihrer Nähe teilzunehmen. Obwohl dieses Programm in den meisten Teilen des Landes noch sehr neu ist, ist es doch schon weit verbreitet. Aber bedenken Sie dabei: Da es noch neu ist, ist auch den meisten Mitgliedern diese Methode noch neu, wenn sie nicht schon über einen längeren Zeitraum an anderen Zwölf-Schritte-Programmen teilgenommen haben. Bei jedem dieser Programme dauert es lange, bis sich ein Kern von Mitgliedern herausbildet, der Neuankömmlingen auf Grund einer reichen Genesungserfahrung und gefestigten raxis wirklich etwas zu geben hat.

Die sehr einfache (wenn auch nicht immer leichte) Zwölf-Schritte-Methode der Anonymen Programme steht in keinerlei Widerspruch zu Ihren religiösen Werten. Sie wird auf diese vielleicht sogar noch ein erhellendes Licht werfen.

Mit «Wenn Frauen zu sehr lieben» wollte ich so überzeugend wie möglich darlegen, daß Beziehungssucht, genau wie Alkoholismus, als ein fortschreitender und letztlich tödlich verlaufender Krankheitsprozeß angesehen werden muß. Der im folgenden abgedruckte kurze Brief stützt diese Theorie mit erschütternder Klarheit. Ihm läßt sich deutlich entnehmen, daß Nan in einem Beziehungsmuster gefangen war, das sie allein nicht kontrollieren konnte und das im Laufe der Zeit immer mehr zu einer schädigenden und hemmenden Kraft in ihrem Leben wurde. Einfach gesagt, wenn sie nicht Hilfe in Anspruch genommen und *durchgehalten* hätte, wäre sie sehr wahrscheinlich an ihrer Krankheit gestorben.

Obschon man vielleicht versucht ist, ihren gewalttätigen Mann als den eigentlichen Faktor anzusehen, der ihre Gesundheit bedroht, wird aus der offenen Schilderung ihrer Geschichte deutlich, daß er nur einer von vielen gefährlichen Partnern gewesen ist, die sie sich auf Grund ihrer Krankheit *selbst ausgesucht hat*.

Sehr geehrte Frau Norwood,
am 1. Mai habe ich Mr. Wunderbar kennengelernt, und am 31. Mai ist er bei mir eingezogen. Nach zwei Wochen hat er mir mein Loch im rechten Ohrläppchen ausgerissen. Er hat mich wiederholt geschlagen, mir gewaltsam einen Besenstiel reingeschoben und mir ins Gesicht gespuckt, bis ich ihn schließlich verhaften ließ. Ja, und meine Haare hat er auch noch angezündet und mir brennende Zigaretten ins Gesicht und auf die Arme gedrückt.

Robin, nach drei gescheiterten Ehen wollte ich diese nicht auch scheitern lassen, und als er nach sechs Monaten aus dem Gefängnis gekommen ist und bei mir geschellt hat, habe ich ihn ins Haus gelassen. Er hat mich wieder geschlagen, aber diesmal hat der Bezirksstaatsanwalt meine Anzeige niedergeschlagen, obwohl mein Mann seine Bewährungsauflagen nicht erfüllt und mich tätlich angegriffen hatte.

Ihr Buch hat mir geholfen, innerhalb der letzten paar Monate vier Beziehungen zu beenden, die ich angefangen hatte, weil ich einsam war. Ich habe es geschafft, mich von meinem Mann fernzuhalten, und mich auch nicht mehr mit dem einen Typ getroffen, der Beruhigungsmittel nimmt, mit dem anderen, der verheiratet ist, und mit dem, der Drogen und Alkohol konsumiert.

Ich fange an zu begreifen, warum ich so geworden bin. Ich bin ein Adoptivkind. Während meine Adoptivmutter bei der Arbeit gewesen ist, hat ihr Sohn uns übrige Kinder fast immer verprügelt.

Dank dem «Opfer und Zeugen»-Programm des

Bezirksstaatsanwalts gehe ich zu einer psychologischen Beratung. Es ist phantastisch und hilft mir eine Menge.

Mein Mann steht bald vor Gericht, und er will, daß ich auf seiner Seite bin. Aber ich kann und will keine Mißhandlungen mehr einstecken. Ich ziehe die Scheidung durch. Ich bin einsam, aber ich will nicht mehr so weiterleben wie bisher.

Wünschen Sie mir Glück! Ich fange an zu erkennen, daß Gott mich liebt.

Nan G.

Als Nan mir die Bestätigung zurückschickte, daß ich ihren Brief verwenden dürfe, schrieb sie mir auch, daß ihre Scheidung jetzt rechtsgültig sei, daß sie ihren Mann erneut habe festnehmen lassen müssen, weil er sie wieder tätlich angegriffen habe, daß sie ihre Therapie fortsetze und daß sie jetzt jeden Tag aufs neue wisse, daß es einen Grund zum Leben gebe.

Nan lernt gerade, für sich zu sorgen und sich zu schützen. Wenn sie weiter an ihrer Gesundung arbeitet, wird sie sich schließlich auch den in ihrer eigenen Persönlichkeit begründeten Gewaltaspekten stellen (und diese ausheilen) müssen, die bewirkt haben, daß sie gewalttätige Männer angezogen und sich ihrerseits zu ihnen hingezogen gefühlt hat. Wenn sie ihren Schmerz und ihre Wut anerkennt, sich beiden stellt und sie ausheilen läßt, wird sie ihrem Mann und anderen, die gewalttätig sind, bald nicht mehr begegnen.

Es ist ein spirituelles Prinzip, daß wir immer wieder anderen Menschen begegnen, die für uns die Gelegenheit verkörpern, das in unserem Leben Dringlichste zu lernen. Wenn wir lernen, das Problem *in uns* zu überwinden, werden unsere «Lehrer» von alleine gehen.

Sehr oft fühlen sich diejenigen, die geschlagene Frauen beraten, zu dieser Arbeit hingezogen, weil sie selbst eine unverarbeitete und oftmals sogar unerkannte Wut auf andere Menschen, vor allem auf Männer, haben. Wenn das der Fall ist, wird es ihnen nicht gelingen, ihre Klientinnen zu dem Ziel zu führen, das am Ende ihrer gemeinsamen Arbeit stehen sollte:

Die Wut sollte geheilt und (statt eines «Sieges») eine wirkliche Loslösung von der Gewaltsituation erreicht sein. Für alle von uns, ob Klient/in oder Therapeut/in, liegt die wichtigste Arbeit immer bei uns selbst.

Liebe Robin Norwood,
als ich von «Wenn Frauen zu sehr lieben» hörte, habe ich das Buch bestellt und mir ins Büro schicken lassen. Meiner Sekretärin habe ich erklärt, ich nähme an einem Kurs teil (stimmt ja auch!), müsse deshalb in der Mittagspause lernen und dürfe nicht gestört werden. Meine roten Augen hätten mich verraten können, aber anscheinend fielen sie nicht auf. Nach drei Monaten habe ich «den Kurs» über Mittag je einmal pro Woche mit einem Al-Anon-Meeting und mit einer Sitzung bei einem Alkoholismustherapeuten in einem örtlichen Rehabilitationszentrum fortgesetzt. Nachdem weitere drei Monate ins Land gegangen waren, haben mein Therapeut und ich beschlossen, daß es das beste sei, wenn ich in eine andere Gegend zöge – möglichst heimlich, um einer möglichen Konfrontation mit meinem gewalttätigen und alkoholabhängigen Mann aus dem Weg zu gehen. In Anwesenheit eines Polizisten habe ich mit Hilfe von ein paar Möbelpackern einen gemieteten Möbelwagen vollgepackt, meine achtjährige Tochter und unsere Katze genommen und bin nach Washington umgezogen, wo zwei meiner Schwestern wohnen.

Inzwischen habe ich in meinem hochspezialisierten Arbeitsgebiet einen guten Job gefunden, gehe regelmäßig zu einem Alkoholismus- und Co-Alkoholismusspezialisten und möchte demnächst eine Gruppentherapie anfangen. Meiner Tochter geht es gut – abgesehen von ein paar Ängsten, die wohl zu erwarten waren. Ich gehe mit ihr deswegen ab und zu zu einer Kinderpsychiaterin. Wir haben ein Haus direkt gegenüber vom Haus meiner Lieblingsschwester gemietet, die mich emotional ganz stark unterstützt.

Mein Ex-Mann hat uns bisher in Ruhe gelassen. Ab und zu (wenn auch nicht so oft, wie ich es gern hätte) schreibt er meiner Tochter. Er ist ziemlich herunter, raucht extrem viel Marihuana, trinkt eine Menge Bier und nimmt auch viel Kokain. In seinem Dickdarm sind präkanzerogene Zellen gefunden worden. Ich hoffe, daß es mir möglich sein wird, mit Amelia zu ihm in den Süden zu fahren, damit sie ihn noch einmal sieht, solange er noch da ist. Ich muß dazu aber erst stark genug sein, damit ich es gut über die Bühne bringe.

Ich bin glücklich, allein zu sein, und arbeite gleichzeitig an mir, damit ich eines Tages mit einem Mann eine gute Beziehung haben kann, falls mir einer über den Weg läuft. Es ist ein wahres Wunder, wenn man sieht, wie sehr ich mich in diesem einen Jahr verändert habe! Und der Kreis wird größer: Meine Schwestern haben sich vorsichtig nach den Meetings für erwachsene Kinder von Alkoholikern erkundigt, an denen ich nun teilnehme! Ich freue mich für sie, wenn sie damit anfangen, aber ich sage nur etwas, wenn sie die Sprache darauf bringen.

«Wenn Frauen zu sehr lieben» hat mein Leben wahrscheinlich genauso stark beeinflußt wie meine Eltern – und hat mich jetzt endlich erwachsen werden lassen. Ich danke Ihnen!

Kathryn F.

Es ist ermutigend, wenn man ein Kapitel mit Briefen von geschlagenen Frauen so positiv ausklingen lassen kann. Kathryn unternimmt geeignete Schritte, um gesund zu werden, und ihre Bemühungen tragen Früchte. Wenn sie meine Klientin wäre, würde ich ihr allerdings ernsthaft raten, sich darüber klar zu werden, aus welchen Motiven sie mit ihrer Tochter ihren Ex-Mann besuchen will.

Auf die Gefahr hin, daß mich Leser/innen, die meinen, diese Tochter «brauche» ihren Vater, für herzlos halten, möchte ich zwei Punkte klarstellen. Erstens ist dieser Mann ein Alkoholiker/Süchtiger, der sich bereits in einem Spätstadium seiner Krankheit befindet. Solange er trinkt und Drogen nimmt, wird jeder Besuch für seine Tochter bestenfalls verwirrend und bestürzend und schlimmstenfalls gefährlich sein. Zweitens ist es ein schwerer Fehler zu glauben, nur er habe das Problem und Kathryn könne ihn unbesorgt besuchen, ohne selbst ein Risiko einzugehen. Ich denke hierbei nicht allein an ihre körperliche Sicherheit, obwohl das in diesem Zusammenhang sicherlich eine wichtige Überlegung ist. Da Kathryn – wie noch jedes Opfer häuslicher Gewalttätigkeiten, das ich kennengelernt habe – beziehungssüchtig ist, ist ein Besuch bei ihrem Ex-Mann für sie und ihre Genesung genauso gefährlich wie ein Schluck Alkohol für eine trockene Alkoholikerin.

In uns ist ein unglaublich starkes Bedürfnis, den Verlauf der Dinge nach unseren Wünschen zu wenden und selbst den unglückseligsten Situationen irgendwie noch ein glückliches Ende abzuringen. Aber für die Beziehungssüchtigen unter uns kommen solche Manöver verdächtig nahe an eine zwangsweise Manipulation heran.

Wir Beziehungssüchtige müssen immer sehr genau hinterfragen, aus welchen Motiven wir uns von neuem mit den Menschen einlassen, die bislang unsere «Droge» gewesen sind. Manchmal klingen unsere Gründe so plausibel, ja menschenfreundlich und sind doch Rationalisierungen, damit wir unser krankhaftes Verhalten ausleben können. Die Initiative zu einem Treffen zwischen Amelia und ihrem Vater sollte von ihm ausgehen und nicht von Kathryn. Solange er nicht nüchtern ist, wird er zu einer solchen Initiative allerdings kaum in der Lage sein. Seine Tochter weiß schon, wie er ist, wenn er trinkt und Drogen nimmt. Ein Besuch wird keine wundersame Veränderung herbeiführen – wenn, dann muß Amelias Vater sich ändern.

Genau wie beim Tod müssen wir auch beim Alkoholismus Abschied von unseren Wunschvorstellungen nehmen. Was der Tod oder der Alkoholismus einmal genommen hat, können wir von unserer Seite her nicht mehr rückgängig machen. Wir müssen es akzeptieren. Kathryn wird einsehen müssen, daß es zum Lebensweg ihrer Tochter gehört, sich damit abzufinden, wenn bestimmte Menschen oder Dinge nicht Teil ihrer Kindheit sind. Auch als Mutter ist es nicht Kathryns Aufgabe, dafür zu sorgen, daß ihre Tochter und ihr Ex-Mann wieder zusammenkommen. Das überläßt sie besser Gott.

Wenn man es im eigenen Leben mit Abhängigkeit und Mit- oder Co-Abhängigkeit zu tun hat, kann man nicht umhin, die üblichen «guten» Umgangsformen aufzuheben und statt dessen den für eine Genesung erforderlichen Richtlinien zu folgen. Bei der Genesung von Co-Abhängigkeit ist das einer der schwierigsten Aspekte. Das, was wir tun müssen, um unsere eigene Genesung zu schützen, erscheint anderen nicht immer als «nett». In den Augen anderer sind wir vielleicht egoistisch, gedankenlos oder kleinlich. Aber uns selbst und den Menschen, die wir lieben, schulden wir es, daß wir alles unternehmen, um gesund zu werden. Ihre eigene anhaltende Genesung ist das beste Geschenk, das diese Mutter ihrer Tochter machen kann. Durch Kathryns Gesundungsprozeß wird Amelia immer wieder sehen, was es heißt, sich für einen Weg zu entscheiden, der der Gesundheit förderlich ist – und nicht für den «leichten», gut und liebenswürdig scheinenden, der zwar von anderen oft gutgeheißen wird, aber in Wirklichkeit Teil der Suchtkrankheit ist.

Weniger das, was ihre Mutter ihr sagt, als das, was ihre Mutter ihr vorlebt – wie sie handelt und empfindet –, wird Amelia am meisten prägen und ihr am stärksten vermitteln, was es heißt, eine Frau zu sein. Kathryns Genesung ist keine Garantie dafür, daß Amelia nicht ihrerseits auch beziehungssüchtig wird, aber angesichts ihrer gemeinsamen Lebensgeschichte bietet Kathryns Genesung den besten Schutz davor, daß die Krankheit auch bei ihrer Tochter zum Ausbruch kommt. Es ist ein tröstliches Prinzip dieser Art der Genesung, daß wir anderen Menschen um so stärker die Möglichkeit schaffen, wirklich gesund zu werden, je besser wir für uns selbst sorgen.

Kapitel 4: Briefe von Frauen, die sexuell belästigt wurden und / oder sexuell süchtig sind

Sexuelle Süchtigkeit ist nicht das gleiche wie Beziehungssucht. Es kann sein, daß eine Frau ihre sexuelle Sucht auslebt und dabei kaum oder gar nicht an eine Beziehung denkt. Es kann aber auch sein, daß eine Frau wie besessen Beziehungen eingeht, um auf diese Weise den erforderlichen Rahmen für das Ausleben ihrer sexuellen Sucht zu haben. Ob mit oder ohne Beziehung, in beiden Fällen handelt es sich um sexuelle Süchtigkeit. Bei der Beziehungssucht besteht ein dringendes Bedürfnis nach einem anderen Menschen, auf den man die eigene Aufmerksamkeit konzentrieren kann. Bei der sexuellen Sucht ist man von sexuellen Gedanken und / oder Handlungen besessen. Beide Suchtarten können zusammen auftreten, wie das ja auch bei anderen Suchtkrankheiten der Fall ist, etwa bei der Kauf- und Eßsucht oder bei der Trunk- und Spielsucht. Aber jede Suchtkrankheit ist ein Fall für sich, der einer eigenständigen Heilung bedarf, auch wenn die dafür angewandten Mittel vielleicht im wesentlichen die gleichen sind.

Man kann seine sexuelle Sucht mit einem einzigen Partner und im staatlich oder kirchlich sanktionierten Rahmen der Ehe ausleben, aber auch mit unzähligen namenlosen Partnern oder ganz ohne Partner. Wichtig ist, daß man in der Lage ist, sie als Suchtkrankheit zu identifizieren, und daß man über die für sie wirksamste Therapiemethode Bescheid weiß.

Bisher gibt es nur sehr wenig Literatur, die sich mit zwanghaftem Sexualverhalten und entsprechender Mit- oder Co-

Abhängigkeit befaßt. Ich selbst habe erst durch Briefe von Frauen, die «Wenn Frauen zu sehr lieben» gelesen hatten, erste Hinweise auf diesen speziellen Aspekt der Abhängigkeit und Co-Abhängigkeit erhalten. Inzwischen freue ich mich, sagen zu können, daß ich Menschen kenne, die dabei sind, von dieser Abhängigkeit oder Sucht zu genesen. Durch sie habe ich erfahren, in welchem Maße sexuelle Abhängigkeit und Co-Abhängigkeit geleugnet werden, auf welche Weise sich diese Krankheiten bei «normalen»* Menschen zeigen und wieviel Ehrlichkeit man sich selbst gegenüber braucht, wenn man gesund werden will.

Welches sind die spezifischen Elemente der sexuellen Abhängigkeit oder Sucht? Genau wie das Trinkverhalten bei Alkoholikern kann sich auch das zwanghafte Sexualverhalten einzelner Süchtiger unterscheiden, aber es gibt immer Elemente, die sich bei allen Süchtigen unabhängig von der Art ihrer Sucht finden.

Dazu gehört,

- daß Süchtige wegen ihrer Sucht mit dem Leben immer weniger zurechtkommen;
- daß das Ausleben der Sucht zwar vorübergehend Erleichterung verschafft, letzten Endes aber zu mehr Unbehagen als Erleichterung führt;
- daß das Verhalten das eigene emotionale Wohlbefinden und – im Laufe der Zeit – auch die eigene körperliche Gesundheit untergräbt;
- daß es dadurch abgesichert wird, daß Süchtige sich selbst und anderen gegenüber unaufrichtig sind;
- daß sie dauernd versuchen, das Zwangsverhalten zu kontrollieren – es nicht wieder zu tun –, und daß diese Versuche meistens fehlschlagen;

* Die Unterscheidung in «normale» und «abnormale» Menschen geschieht in unserem Kulturkreis zumeist recht willkürlich, vor allem wenn man bedenkt, daß Inzest in sehr vielen Fällen ungeahndet bleibt. Als «abnormal» gelten diejenigen, die auf Grund von Sexualdelikten eingesperrt worden sind, während diejenigen, denen das (noch) nicht widerfahren ist, als «normal» gelten.

- daß Süchtige sich schämen sowohl wegen ihres Verhaltens als auch wegen ihrer Unfähigkeit, es abzustellen;
- daß unbewußte Abwehrmechanismen am Werk sind: Süchtige *verdrängen* (das heißt, sie sind sich ihres eigenen Verhaltens und dessen Häufigkeit nicht richtig bewußt) und *rationalisieren* (das heißt, sie erfinden Ausreden und machen vor allem andere für ihr eigenes Verhalten verantwortlich), und durch diese Abwehrmechanismen verhindern die Süchtigen, daß sie ihren eigenen Zustand korrekt erkennen.

Wenn diese Kriterien auf das Sexualverhalten eines Menschen zutreffen, dann liegt sexuelle Abhängigkeit oder Süchtigkeit vor. Beim Alkoholismus, sagt man, kommt es nicht darauf an, was oder wieviel oder wie oft jemand trinkt; ob Alkoholismus vorliegt, hängt allein davon ab, wie sich das Trinken auf das Leben der (oder des) Betreffenden auswirkt. Das gleiche gilt für sexuelle Süchtigkeit. Sexuelle Süchtigkeit definiert sich nicht notwendigerweise daraus, wie oft man mit jemandem Sex hat – oder mit wem (außer bei Vergewaltigung und der Verführung von Kindern), auf welche Weise oder unter welchen Umständen. Ob sexuelle Süchtigkeit vorliegt, hängt vielmehr davon ab, wie das eigene Sexualverhalten andere Lebensbereiche beeinflußt und ob man angesichts von Problemen, die vom eigenen Sexualverhalten herrühren, nicht in der Lage ist, aufzuhören und sich zu ändern. Zu solchen Problemen kann zum Beispiel gehören, daß die eigene sexuelle Betätigung keine gesunden Beziehungen zu anderen Menschen fördert, sondern sie entweder verhindert oder zerstört. Auch die Bedrohung der eigenen Gesundheit und des eigenen Lebens (Aids!) kann durchaus zu diesen Problemen zählen. Ein weiterer Hinweis auf das Vorliegen sexueller Süchtigkeit besteht dann, wenn jemand bei bestimmten Sexualpraktiken Verhaftung, strafrechtliche Verfolgung und eine Gefängnisstrafe riskiert – und trotzdem weitermacht. Es müssen nicht alle Kriterien gleichzeitig zutreffen. Um sexuelle Süchtigkeit diagnostizieren zu können, reicht es, wenn irgendeines von ihnen erfüllt ist.

Viele Menschen benutzen hin und wieder Sex als Droge, um

sich aus irgendeinem Grund zu betäuben, und genausoviele benutzen zu dem gleichen Zweck Alkohol, Essen, einen Großeinkauf oder einen Ausflug in ein Spielkasino. Wenn aber das Bedürfnis nach und das Benutzen von Sex (oder irgendeines anderen Verhaltens oder Mittels) größere Probleme schafft, als das dadurch bewirkte momentane «Hoch» rechtfertigen oder kompensieren kann, dann sollte das suchthafte Wesen dieser Betätigung untersucht werden. Eine Sucht entsteht, wenn aus der freien Entscheidung für eine Droge, ein Mittel oder eine Tätigkeit eine zwanghafte Abhängigkeit wird. Ist die Sucht sexueller Natur, dann hat man nicht mehr die Freiheit, sich (ob bewußt oder unbewußt) als Ablenkung von einem unbehaglichen Gefühl für eine bestimmte sexuelle Betätigung zu entscheiden, sondern man *muß* sich nun dieser Betätigung hingeben, wenn man nicht von einem beklemmenden Gefühl der Unruhe überwältigt werden will. Genau wie bei allen anderen Arten der Süchtigkeit wird auch bei der sexuellen Süchtigkeit diese innere Beklemmung und Unruhe zu einer immer größeren Belastung. Das liegt zum einen daran, daß sich die (oder der) Süchtige mit Hilfe von Sex ablenkt von unbearbeiteten und immer stärker drückenden Schwierigkeiten, zum anderen daran, daß verdrängte traumatische Erlebnisse an die Oberfläche drängen; und teilweise ergibt sich die Belastung aus vergangenen Episoden suchthafter Betätigung.

Frauen, bei denen Sex die «Droge ihrer Wahl» ist und / oder die sich einen sexsüchtigen Partner wählen, treffen meiner Beobachtung nach weder die eine noch die andere Wahl zufällig. Auf Grund von traumatischen Kindheitserlebnissen (vor allem sexueller Belästigung) bringen sie die Veranlagung mit, diese spezielle Form der Sucht und / oder Co-Abhängigkeit zu entwickeln. Tatsächlich sind zwanghaftes Sexualverhalten und sexuelle Co-Abhängigkeit (die vorliegt, wenn man eine Verbindung mit einem sexuell süchtigen Partner eingeht) oft zwei untereinander austauschbare Aspekte derselben Krankheit: der Sexbesessenheit. Ob es nun um die eigene sexuelle Betätigung oder die eines anderen geht, man ist jedenfalls von Sex besessen, und die Wurzeln dieser Besessenheit sind die gleichen: Sie gehen auf ein sexuelles Trauma in der Kindheit zurück. Eine sexuelle Verführung ist ein feindseliger, aggressiver Akt, unabhängig davon, ob er nun von einer sexuell süchtigen oder von einer co-abhängigen Frau ausgeführt wird, die den Süchtigen zu steuern sucht. Das ständige Bedürfnis, über jemand anderen sexuell die Oberhand zu gewinnen, wurzelt in der Scham und Wut darüber, selbst mißbraucht worden zu sein.

Wenn ein Kind sexuell mißbraucht * worden ist und daraufhin später eine sexuelle Sucht entwickelt, so kann man vielleicht sagen, daß die Psyche auf diesem Wege versucht, das aus der Vergangenheit stammende Trauma zu heilen. Derartige Kindheitserlebnisse sind fast immer so tief verschüttet oder werden emotional so stark verleugnet, daß es wohl einer so qualvollen und gefährlichen Kraft wie der sexuellen Sucht bedarf, um die Anerkennung dieser Erlebnisse zu erzwingen. Da man von sexueller Sucht nur genesen kann, wenn man sich dem in der Vergangenheit erlittenen sexuellen Trauma stellt, es emotional noch einmal durchlebt und schließlich vergibt, dient die Sucht selbst als Schlüssel zur Vergangenheit der betroffenen Frau. Setzt die Kranke sich nicht wirklich voll für ihre Genesung ein, dann wird sie zu all den beliebten Rationalisierungen greifen, die «erklären», warum sie sich so sehr mit Sex beschäftigt; und sie wird weiterhin die Wirklichkeit ihrer unangenehmen Familiengeschichte unterdrücken oder in Schach halten.

Verschiedene Faktoren machen es schwer, objektiv über Sexualität zu reden – von zwanghaftem Sexualverhalten ganz zu schweigen. Eine Schwierigkeit besteht darin, daß das Thema in einem gewissen Maße unvermeidlich erregend ist, da es entweder Unbehagen erzeugt oder zu einer Art Voyeurismus ermuntert. Ein anderer Faktor ist die enorme Ambivalenz, die unsere Kultur jeder Äußerung von Sexualität entgegenbringt. Bei uns besteht keine wirkliche kulturelle Übereinstimmung darüber, welche Verhaltensweise angemessen oder unange-

* Es ist heute allgemein üblich, von sexuellem «Mißbrauch» zu reden, deshalb ist dieser Begriff hier auch beibehalten worden. Eigentlich ist er aber ein verräterischer Begriff, impliziert er doch, daß es auf der anderen Seite einen *richtigen* Gebrauch von Kindern gäbe. (Anm. d. Übers.)

messen, gesund oder pervers, befreit oder unmoralisch ist. Zwar haben wir in bezug auf das Äußern von Sexualität kulturelle Regeln und Werte, aber kaum jemand hält sich an sie. Wir müssen erst noch entscheiden, ob eine Verletzung dieser Regeln falsch, bedeutungslos oder aber ehrlicher ist, als die Regeln erlauben. Diesen Fragen soll hier nicht weiter nachgegangen werden. Alle Arten von Sucht sind meines Erachtens niemals unmoralisch, sondern einfach amoralisch, genau wie jede andere Krankheit auch. Eine Sucht ist genausowenig richtig oder falsch, wie Krebs richtig oder falsch ist. Zu einer Suchtkrankheit gehört sowohl eine Verletzung des eigenen Wertsystems als auch die Unfähigkeit, das eigene Verhalten durch eigene Anstrengungen zu beenden oder zu ändern.

Den folgenden Brief erhielt ich von einer Ärztin, die in ihrem Beruf anerkannt ist, aber wegen sexueller Abhängigkeit und Co-Abhängigkeit mit ihrem eigenen Leben nicht zurechtkam. Sie schildert darin ihre Genesung von ihrer sexuellen Co-Abhängigkeit und verdeutlicht ihre Ansicht (die ich teile), daß sich Abhängigen und Co-Abhängigen in den Anonymen-Programmen die *Haupt*quelle zu einer Genesung bietet. Eine psychologische Beratung kann als zusätzliche Hilfe dienen – nicht umgekehrt.

Ihr Brief ist eine gute Einführung in den Bereich des zwanghaften Sexualverhaltens.

Liebe Frau Norwood,
ich habe Ihr Buch, «Wenn Frauen zu sehr lieben», mit großem Interesse gelesen. Ich meine, es ergänzt das, was wir über Frauen als Co-Abhängige wissen, in ganz wichtigen Teilen. Als Ärztin und Mitglied einer Anonymen-Gruppe haben mich mehrere Punkte in Ihrem Buch beeindruckt:

1. *In Verbindung mit einer wie auch immer gearteten professionellen psychologischen Beratung müssen diese Frauen unbedingt an Zwölf-Schritte-Programmen teilnehmen.*

Es hat mich *sehr* gefreut zu lesen, daß Sie darauf bestehen, daß Ihre Klientinnen entsprechend ihrer

Veranlagung an den Meetings der Anonymen Alkoholiker-, Al-Anon-, Anonymen Eßsüchtigen- oder anderer Anonymen-Gruppen teilnehmen müssen, wenn sie bei Ihnen weiter in der Therapie bleiben wollen. Ich bin darüber bestürzt, wie viele der psychologischen Berater/innen an meinem Wohnort die Zwölf-Schritte-Programme als *Alternative* zur Beratung ansehen, statt als Teil des Selbstheilungsprozesses. Tatsächlich scheinen sich viele Berater/innen, Psycholog/inn/en und Psychiater/innen durch diese Gruppen bedroht zu fühlen, als ob sie Angst hätten, es könnte ihnen das Geschäft verderben, wenn Leute in Selbsthilfegruppen gehen. Darüber hinaus scheint unter Psychiater/innen die Ansicht zu bestehen, daß Selbsthilfegruppen für Leute mit kleineren Problemen unter Umständen in Ordnung seien, daß man bei *wirklichen* Problemen aber Fachleute *statt* Selbsthilfegruppen bräuchte. Ich habe mir eine Liste derjenigen psychologischen Berater/innen hier am Ort angelegt, die mit Anonymen-Gruppen zusammenarbeiten, und wenn es sich anbietet, weise ich meine Patientinnen und Patienten auf diese Fachkräfte hin. Ich hoffe, daß Ihr Buch eine weite Verbreitung findet und daß es eine maßgebliche Wirkung auf diejenigen ausübt, die Frauen, die zu sehr lieben, beraten.

2. *Es ist kein Zufall, daß es bestimmte Frauen zu Beziehungen mit Alkoholikern oder anderen Süchtigen hinzieht.*

Seit etwa zwei Jahren gehe ich zu einer Zwölf-Schritte-Gruppe für Ehepartner von Sexsüchtigen. Andere Frauen haben dort von sich erzählt, und es war deutlich, daß sie sich ihr Leben lang immer wieder mit ungeeigneten, süchtigen Männern verbunden hatten. Als ich sie so reden hörte, wurde mir klar, daß auch ich schon lange mit diesem Problem zu tun habe – angefangen damit, daß ich einen Homosexuellen zu meiner ersten Liebe erkoren habe, bis zu meiner jetzigen Ehe mit einem Mann, der süchtig nach Affären mit anderen Frauen ist. Eine Frau in meiner Gruppe hat einmal treffend bemerkt: «Wir sind Freiwillige und keine Opfer!» Dieses Wissen hat mir sehr dabei geholfen, meinem Mann für den Schmerz zu verzeihen, den mir seine ewigen Affären angetan haben.

3. *Die jeweilige Sucht, die jemand entwickelt, mag verschieden sein; die Dynamik ist jedoch die gleiche.*

Sie erwähnen Alkohol, Essen, Drogen, Glücksspiel und Arbeit. Ich stimme darin hundertprozentig mit Ihnen überein, und ich möchte Ihnen gerne noch etwas über eine andere Sucht mitteilen, die Sie in Ihrem Buch kurz ansprechen. Auf Seite 156/157 heißt es: «Somit wird Sex gelegentlich auch als Ersatz für den Drogengebrauch eingesetzt, mit dem Ziel, die Angst zu lindern, die in diesem Frühstadium des drogenfreien Lebens häufig auftritt.» Stimmt. Aber Sex, für sich genommen, kann auch eine Primärsucht sein, mit den ganzen dysfunktionalen Merkmalen der anderen Suchtarten. Das zu diesem Thema maßgebliche Buch heißt *Zerstörerische Lust: Sex als Sucht* von Patrick Carnes.

Es gibt verschiedene Zwölf-Schritte-Gruppen, die sich mit diesem Thema befassen. Die Gruppe, der mein Mann angehört, nennt sich *Anonyme Sexsüchtige (Sexaholics Anonymous).* So wie es parallel zu den Anonymen Alkoholikern Al-Anon gibt, gibt es parallel zu den Anonymen Sexsüchtigen (AS) S-Anon, und dieser Gruppe gehöre ich an. Mein Mann hat keine andere Sucht; Affären mit anderen Frauen sind schon immer seine «Droge» gewesen. Ich fand ihn aufregend, dynamisch, sexy, einfühlsam und so weiter – und unser gemeinsames Leben war chaotisch, bis er dann zu AS und ich zu S-Anon ging. Ich kann mich mit allem, was bei Al-Anon gesagt wird, identifizieren, und ich habe schon vor langer Zeit erkannt, daß die Probleme unabhängig von der speziellen Sucht immer die gleichen sind. Mein Mann ist jetzt seit fast zwei Jahren «trocken» und arbeitet mit Hilfe der Gruppe an sich und ich mit Hilfe meiner an mir, und unser Leben ist viel, viel besser geworden.

Übrigens kommt es in AS-Kreisen häufig vor, daß jemand mehrere Süchte gleichzeitig hat. Viele Gruppenmitglieder haben sich zuerst von ihrer Alkoholabhängigkeit befreit und dann gemerkt, daß ihr Sexualverhalten außer Kontrolle war und ihre gerade erreichte Nüchternheit bedrohte.

Schade, daß Ihnen das Problem der sexuellen Abhängigkeit und die entsprechenden Zwölf-Schritte-Gruppen nicht bekannt waren, als Sie Ihr Buch geschrieben haben, denn ich bin sicher, daß viele Ihrer Leser/innen mit diesem Thema zu kämpfen haben und froh wären, wenn sie wüßten, daß es Gruppen gibt, bei denen sie Hilfe finden können.

Dr. med. Sharon J.

Dieser Brief beschreibt deutlich, welche Parallelen zwischen sexueller Sucht und Co-Abhängigkeit und anderen Arten der Sucht und Co-Abhängigkeit bestehen, und schildert auch, wie wirksam in diesem Zusammenhang die Zwölf-Schritte-Methode ist. Ein Kommentar meinerseits erübrigt sich hier. Mir bleibt nur, der Frau zu danken, die den Brief geschrieben hat. Nachdem ich ihn erhalten hatte, konnte ich diejenigen meiner Klientinnen und Klienten, die sexuell süchtig oder co-abhängig waren und gesund werden wollten, zu AS und S-Anon schicken. Die Zahl dieser Gruppen nimmt schnell zu, denn der Bedarf ist groß.

Allerdings ist bei den meisten Angehörigen der helfenden Berufe – also bei Ärzt/inn/en, Therapeut/inn/en und so weiter – hinsichtlich der Diagnose und Therapie der sexuellen Abhängigkeit noch kaum eine angemessene Einstellung zu finden. Während Schwierigkeiten wie mangelnde sexuelle Lust oder die Unfähigkeit, den Sexualakt zu vollziehen, von Therapeutinnen und Therapeuten durchaus als berechtigte Problembereiche angesehen werden, haben sie erst in jüngster Zeit erkannt, daß eine zwanghafte Sexualität ein suchtartiger

Krankheitsprozeß ist, der – genau wie andere Suchtkrankheiten – am besten auf die Zwölf-Schritte-Methode anspricht. Auch unsere Ausbildung ist in dieser Hinsicht nicht sehr hilfreich. Ich habe beobachten können, daß viele Fachleute, die sich auf die Erforschung und Therapie von sexuellen Problemen spezialisiert haben, selbst sexuell besessen sind (weshalb sie sich dieses spezielle Arbeitsfeld ausgesucht haben). Auf Grund ihres eigenen Verdrängens, Rationalisierens und anderer Abwehrmechanismen, die verhindern, daß sie ihren eigenen Zustand erkennen, fällt es ihnen natürlich auch schwer, ein zwanghaftes Sexualverhalten bei ihren Klientinnen und Klienten zu diagnostizieren. Was eine zwanghafte Sexualität ausmacht, ist sogar noch unklarer definiert, als worin zwanghaftes Trinken besteht, und das hat größtenteils die gleichen Gründe. In unserer Kultur haben wir Wege gefunden, wie wir Süchte schön «verschleiern» können, so daß sie als freie Wahl erscheinen und nicht als das zwanghafte Verhalten, das sie in Wirklichkeit sind.

Die Angehörigen der Therapieberufe haben (wenn sie denn lernwillig waren) in erster Linie von Alkoholikerinnen und Alkoholikern gelernt, was Alkoholabhängigkeit ist und wie sie sich therapieren läßt. Meines Erachtens läßt sich vorhersagen, daß es bei der sexuellen Abhängigkeit und ihrer Therapie genauso sein wird. Diejenigen, die eingestandenermaßen sexuell süchtig sind, davon aber gerade genesen und sexuell enthaltsam bleiben, werden die Informationsquelle bilden, die zu einem wirklichen Verständnis dieses Krankheitsprozesses beiträgt. In ähnlicher Weise könnten genesende Co-Abhängige ihre Komponente dieser Krankheit erhellen. Von ihnen werden die Therapeutinnen und Therapeuten lernen, daß es bei sexueller Abhängigkeit und Co-Abhängigkeit – genau wie bei Alkoholismus und Co-Alkoholismus – erforderlich ist, daß sowohl die körperlichen als auch die seelischen und spirituellen Aspekte angegangen werden müssen, wenn die Therapie erfolgreich sein soll.

Zwar gibt es offenbar keinen speziellen Beruf oder Arbeitsbereich, der besonders gern von Alkoholikerinnen und Alkoholikern gewählt wird, aber bei anderen Suchtarten habe ich beobachten können, daß die betreffenden Süchtigen häufig zu ganz bestimmten Berufen neigen, in denen sich ihre Krankheit tatsächlich widerspiegelt. Zum Beispiel fühlen sich beziehungssüchtige Frauen typischerweise zu den sogenannten helfenden Berufen hingezogen, am stärksten zum Beruf der Krankenschwester und dem der psychologischen Beraterin. Der nächste von ihnen gern gewählte Beruf ist der der Lehrerin, vor allem wenn dabei der Aspekt des «Helfens» betont wird, wie etwa bei der Sonderschullehrerin für behinderte oder für verhaltensgestörte Kinder. Schulden- oder Kaufsüchtige fühlen sich häufig zu einer Arbeit hingezogen, bei der sie mit der Verwaltung von Geld zu tun haben, zum Beispiel als Bankangestellte, Wirtschaftsprüfer/innen, Steuerberater/innen und Buchhalter/innen oder im Kreditgewerbe. Die Arbeit von Eßsüchtigen hängt typischerweise irgendwie mit Essen zusammen. Sie befassen sich mit Ernährungslehre, arbeiten in Diätkliniken, schreiben Kochbücher, unterrichten im Kochen oder arbeiten als Kellnerinnen beziehungsweise Kellner. Diejenigen, die körperlich mißhandelt worden sind und selbst zur Gewalttätigkeit neigen, fühlen sich häufig zu Berufen hingezogen, bei denen Gewalt eine große, wenn auch kontrollierte Rolle spielt, wie etwa bei der Polizei oder beim Militär. Und diejenigen, die sexuell zwanghaft veranlagt sind, wählen oftmals Berufe, die sich auf zwischenmenschliche Beziehungen konzentrieren, besonders auf dem Gebiet der Moral. Typischerweise haben sie mit irgendeinem geistlichen Amt oder sonstwie mit dem religiösen Leben zu tun und beraten dabei häufig andere Menschen. Oft wählen sie auch Berufe, bei denen sie mit anderer Menschen Körper befaßt sind, etwa im medizinischen Bereich. (Damit will ich aber nicht behaupten, daß alle, die in den genannten Bereichen arbeiten, auf die eine oder andere Weise süchtig sind, sondern nur sagen, daß diese verschiedenen Berufe häufig auf solche Menschen anziehend wirken, die eine entsprechende Sucht haben.)

Es läßt sich unschwer erkennen, daß alle diese Typen von Süchtigen danach trachten, ständig mit dem befaßt zu sein, was ihr Leben immer unbeherrschbarer werden läßt; dabei versuchen sie aber die ganze Zeit, die betreffende Droge oder Verhaltensweise mit Hilfe von Anstrengung, Bildung und

Fachwissen zu *kontrollieren*. Diese Süchtigen versuchen außerdem immer verzweifelter, ihren Beruf als Schutzwall gegen ihre Sucht zu benutzen. Wie kann man in einem bestimmten Bereich ein Problem haben, wenn man schließlich auf diesem Gebiet Expertin ist?

Da die Sucht aber nun einmal so ist, wie sie ist, führen all diese Bemühungen um die Bewahrung der Kontrolle zum genauen Gegenteil des Erhofften. Die Kontrollbemühungen schlagen wiederholt fehl, und das Bild, das man in der Öffentlichkeit abgibt, und das geheimgehaltene private Verhalten klaffen immer beunruhigender auseinander. Aus Angst und Stolz wird der Beruf, der als größter Schutzwall gegen ein Ausleben der Krankheit gedacht war, zum größten Hindernis, das einer Kapitulation und Genesung im Wege steht.

Lesen Sie bitte die folgenden zwei Briefe von Catherine N., einer Pastorin, vor dem Hintergrund der eben geäußerten Gedanken. Sie beschreibt gut, wie die Beziehungssucht (in ihrem Fall ist es sexuelle Co-Abhängigkeit) immer weiter fortschreitet und welch einer Demut, Kapitulationsbereitschaft und Ausdauer es bedarf, wenn man von dieser Krankheit genesen will.

Liebe Frau Norwood,
ich habe Ihr Buch gelesen und entdecke an mir die chronischen Symptome einer Frau, die zu sehr liebt: panikartige Anfälle, Platzangst, Gebrauch von Beruhigungsmitteln, starke Angstzustände, Depression, Gedanken an Selbstmord, ein *andauernder* quälender Schmerz, der mir in Brust und Hals sitzt, und mehrmals täglich Weinkrämpfe. Ich kann gegen den Schmerz nichts machen, und ich weiß nicht, warum ich weine. Bevor ich Ihr Buch gelesen hatte, dachte ich, ich würde verrückt. Niemand wußte, was ich hatte, ich selbst am allerwenigsten. Ich bin siebenunddreißig Jahre alt, habe drei Kinder im Alter von neun, elf und dreizehn Jahren und bin seit fünfzehn Jahren mit einem Mann verheiratet, der gut aussieht, vom Typ her ein Macho ist und seit seinem zwölften Lebensjahr illegalen Sex praktiziert. Er ist seiner Sucht

auch während unserer Ehe nachgegangen, und ich habe ihm ständig geholfen, sie zu vertuschen, und es für meine «Pflicht» gehalten, ihm immer wieder zu vergeben. Ich wußte sehr gut, wie man das macht, nachdem ich damit aufgewachsen war, daß meine alkoholabhängige Mutter mich körperlich und seelisch mißhandelt hatte. (Typisch, nicht wahr?)

Mein Mann ist Pastor, ich bin Pastorin. Was für einem Bild man da entsprechen muß! Vor sechs Wochen hatte ich gerade die ersten drei Kapitel in Ihrem Buch gelesen, da kam mein Mann und beichtete mir einen erneuten «Ausrutscher». Daraufhin habe ich ihn verlassen. Jetzt bin ich mit den Kindern wieder zu Hause und habe ihm gesagt, er solle sich eine andere Bleibe suchen. Ich will nicht, daß er zurückkommt, solange er nicht die Hilfe eines Therapeuten und einer Selbsthilfegruppe in Anspruch nimmt und den Gemeindeältesten bei uns in der Kirche reinen Wein einschenkt. Er hat sich damit einverstanden erklärt, hat auch schon einen ersten Schritt unternommen und zugegeben, daß er süchtig und hilflos ist und es alleine nicht schafft. Er hat emotionale Mauern durchbrochen und weint jetzt zum erstenmal seit zwanzig Jahren. Währenddessen quäle ich mich mit diesem seelischen Schmerz und brauche dringend Hilfe. Manchmal ist der Schmerz so schlimm, daß ich nicht weiß, was ich tun soll. Ich kann nicht arbeiten, nicht richtig für meine Kinder sorgen (mich ihnen halbwegs angemessen widmen) und mich auch nicht anständig ums Haus kümmern. Ich weine ständig und kann nirgendwo hingehen, denn kaum bin ich da, muß ich schon wieder weinen.

Den Schmerz und das Weinen habe ich in dieser starken Form seit anderthalb Jahren. Es hört nicht auf, hat nicht einmal nachgelassen, als wir uns vor sechs Wochen getrennt haben. Ich glaube, Sie wissen, wovon ich schreibe.

Catherine N.

Liebe Robin,
ich möchte Ihnen mitteilen, wie dankbar ich bin, daß Sie im Dezember meinen Brief beantwortet haben. Inzwischen geht es mir langsam besser. Nachdem ich meinen Mann letzten November verlassen hatte, haben wir im Dezember zusammen an einem dreitägigen Fortbildungsseminar teilgenommen, das von Patrick Carnes, dem Autor des Buches *Zerstörerische Lust: Sex als Sucht*, geleitet wurde. Bei diesem Seminar hat mein Mann sein Problem erkannt, er geht seither zu einem Ehe- und Familienberater, den wir dort kennengelernt haben. Auch ich habe dort mein Problem der sexuellen Co-Abhängigkeit besser erkannt und eine Therapie angefangen. In seinem Genesungsprogramm empfiehlt Dr. Carnes den Sexsüchtigen, eine Zeitlang enthaltsam zu leben. Wir waren beide damit einverstanden, und es hat mir genauso gutgetan wie meinem Mann. Dadurch wurde ihm seine «Droge» (Sex) und mir meine «Droge» (er) entzogen. In Ihrem Brief haben Sie mir geraten, zu S-Anon zu gehen. Über meinen Mann, der damals schon bei den Anonymen Sexsüchtigen war, habe ich eine S-Anon-Gruppe gefunden und gehe seither jede Woche hin. Gleichzeitig hat unser Eheberater uns mit Nachdruck geraten, vorerst auseinanderzubleiben, und diesem Rat sind wir sieben Monate lang gefolgt.

Die ganze Zeit über habe ich weiter getrauert und geweint, und angesichts der Realität, mit der ich konfrontiert war, sind meine Depressionen immer schlimmer geworden. Ich fing an, mich durch einige Themen hindurchzuarbeiten, die mit meiner Kindheit zusammenhängen, denn ich bin in einer Alkoholikerfamilie aufgewachsen. Ich nahm an einem achtwöchigen Seminar teil, das zu diesem Thema hier in der Nähe stattfand. Ich hatte Selbstmordgedanken und große Angst vor meinem Mann. Alle Tränen, die ich vorher nie geweint hatte, strömten nur so aus mir heraus, als ob ein Damm gebrochen wäre. Ich sagte mir immer wieder: «Die Geschichte mit meinem Mann habe ich viel zu lange (vierzehn Jahre) laufen und viel zu weit kommen lassen! Das wird nie wieder werden, und ich weiß nicht, ob ich es schaffe, darüber hinwegzukommen.» Ich hatte den starken Drang, wegzulaufen, und konnte mich dabei nur an die Worte in Ihrem Buch klammern: «... wenn Sie von Ihrer Sucht genesen, werden Sie merken, daß Bleiben nicht das Problem ist und Gehen nicht die Lösung.» Ich habe mich tagelang im Bett versteckt, mich unter meine Bettdecke verkrochen, die ganze Zeit geweint und Selbsthilfebücher um mich aufgetürmt. Wenn ich mal aufgestanden bin, um Geschirr zu spülen, dann kam mir das so vor, als ob ich auf einen Berg hinaufklettern müßte. Ich dachte, ich würde mich nie wieder normal (seelisch gesund) fühlen. Das einzige, was mich noch am Leben gehalten hat, war mein Aerobic-Kurs.

Aber ich begann zu begreifen, daß auch ich eine Krankheit hatte, und gerade jetzt, acht Monate später, fange ich an zu verstehen, was es heißt, mich zu beherrschen und mich nicht wie besessen auf meinen Mann zu konzentrieren, ihn nicht zu kontrollieren, ihm nicht die Schuld zu geben und ihn nicht zu manipulieren. Er lebt jetzt seit neun Monaten enthaltsam und ist inzwischen zusammen mit anderen zum Rollenvorbild und Mentor seines AS-Programms geworden. (Da das Programm für Sexsüchtige noch so neu ist, gibt es nur sehr wenige «alte Hasen» dabei.) Meine Krankheit scheint sogar noch subtiler als seine zu sein, da sie sich recht erfolgreich in meinem Innern verstecken kann. Anstatt mich auf mich selbst und mein Programm zu konzentrieren, habe ich anfangs im alten Stil weitergetrickst und versucht, sein Programm für ihn zu machen. Jetzt sind wir mittlerweile schon seit drei Monaten wieder zusammen, und ich fange gerade erst an, ruhiger und lockerer zu werden.

Die Depression läßt langsam nach, und ich habe jetzt schon mal drei, vier gute Tage hintereinander. Seit ich Ihr Buch gelesen und meinen Mann verlassen habe, um gesund zu werden, habe ich keine panikartigen Anfälle und auch keine chronischen Angstzustände mehr gehabt. Vorher hatte ich die panikartigen Anfälle sechzehn Jahre lang und zwölf Jahre lang diese chronischen Angstzustände. Ich habe meine Angst und meine Depressionen genauso zu vertuschen versucht, wie jede gute Co-Abhängige das Trinken oder das sexuelle Abreagieren vertuschen würde, aber ich hatte enorme Schuldgefühle, weil ich so labil war. Als ich erst einmal gelernt hatte, es laut auszusprechen, es zuzugeben, es zu akzeptieren und in jedem Bereich bescheiden Hilfe in Anspruch zu nehmen, ging es mir langsam besser. Vorher hatte ich immer obenauf sein müssen – immer die Ärztin, nie die Patientin. Meine Besessenheit ging so weit, daß ich sogar meinte, ich müßte in einem Haufen von Psychologiebüchern meine Antworten selbst finden. Ich habe vor Jahren schon in der Kirche gelernt, daß eigensinnige Selbständigkeit (wenn ich also meine, alles selbst schaffen zu können) bedeutet, daß ich nicht auf Gott vertraue. Im Kopf war es mir vom Theologischen her klar, daß ich mich Gott überlassen müsse, aber nicht im Herzen, und ich habe dieses Wissen auch nicht durch irgendeine Handlungsweise unterstützt. Die Zwölf-Schritte-Programme können uns Pfarrern wirklich eine Menge über die spirituelle Praxis vermitteln! Ich lerne erst gerade, auf meinen Gott zu zählen; gekannt habe ich ihn zwar schon immer, ihm aber nie vertraut.

Ich habe außerdem festgestellt, daß meine Depression unter anderem dem Wunsch entsprungen ist, meinen Mann weiterhin für das zu bestrafen, was er mir angetan hat. Schließlich ist mir klar geworden, daß ich mich durch dieses Rachebedürfnis nur weiter selbst verletze, und als ich dann die Verantwortung für das übernommen habe, was ich mir bis dahin selbst angetan hatte, ist die Depression langsam gewichen.

Jetzt, wo ich hier nun sitze und Ihnen diesen Brief schreibe, fühle ich mich innerlich ganz ruhig und voller Hoffnung. Das *beste* daran ist, daß mein Mann und ich gemeinsam genesen. Was für ein Glück, daß ich einen Mann habe, der dazu bereit ist! Wenn er sich nicht um Hilfe bemüht und statt dessen über einen längeren Zeitraum alles beim alten belassen hätte, wäre ich wohl nie wieder zurückgekommen. Ich drücke meine Gefühle aus, spreche meine Bedürfnisse an und behaupte mich ihm gegenüber. Er hat mir schon mehrfach dafür gedankt, daß ich ihn damals verlassen und ihm gesagt habe: «Dieses Verhalten kann ich nicht mehr akzeptieren!»

Catherine N.

Catherines beiden Briefen ist wenig hinzuzufügen. Sowohl Therapeutinnen und Therapeuten als auch Frauen, die zu sehr lieben, finden hier deutlich die Verhaltensweisen, Gefühle und Antriebskräfte der Co-Abhängigkeit beschrieben, und erfahren, mit welchem enormen Schmerz und Kampf nicht nur der Krankheits-, sondern auch der Genesungsprozeß verbunden ist. Nachdem Co-Abhängige ihr Leben lang einem ungesunden Beziehungsmuster gefolgt sind, fühlen sie sich zu Beginn ihrer Genesung oft schlechter, obwohl es ihnen langsam besser geht. Das kommt daher, daß sie den Entzug ihrer alten Denk- und Verhaltensmuster verspüren, denn die müssen sich *insgesamt* ändern, wenn die Betreffenden gesund werden wollen. Wenn Co-Abhängige lernen, ihre Aufmerksamkeit nicht mehr wie besessen dem Verhalten und Wohlbefinden eines andern Menschen zu widmen, haben sie auf einmal keine Ablenkung von ihren eigenen Problemen mehr, die sehr massiv sein können. Dazu können (einzeln oder in Verbindung) folgende Dinge gehören: panikartige Anfälle und chronische Angstzustände (wie Catherine sie erlebt hat); Phobien; ein lebenslanges Ankämpfen gegen eine endogene (körperlich bedingte) Depression; ein tiefer Selbsthaß sowie starke Schuld- und Schamgefühle (häufig vor dem Hintergrund körperlicher Mißhandlung und/oder sexuellen Mißbrauchs); ein stark zwanghaftes Verhalten (Verschwendungssucht, Putzzwang und so weiter) und eine eigene Alkohol-, Drogen-, Eß- oder sexuelle Sucht.

Kein Wunder, daß viele von uns sich als Partner Männer mit derart krassen Suchtproblemen aussuchen! Wir tun das absichtlich, auch wenn wir vielleicht zuerst behaupten, wir seien uns ihres Hangs zu Verhaltensweisen, die wir unakzeptabel finden, nicht bewußt. Nur durch die dramatische Zuspitzung *ihrer* Probleme können wir genug Ablenkung von unseren eigenen finden. Wenn unsere Partner jedoch anfangen, sich um ihre Genesung zu bemühen, stehen wir auf einmal ohne äußeres Ziel für unsere Aufmerksamkeit da. Uns bleibt dann nur übrig, uns entweder um unsere eigene Krankheit und unsere eigene Genesung zu kümmern oder uns einen anderen Menschen beziehungsweise ein genauso großes Problem zu suchen, um uns weiterhin abzulenken. Da ist es so wiederum kein Wunder, daß so viele Co-Abhängige unterschwellig oder auch nicht so unterschwellig die Genesung ihres Partners sabotieren! Es ist traurig, aber wahr, daß es für viele von uns leichter ist, mit einem sehr kranken Partner zusammenzuleben, als sich der eigenen Krankheit zu stellen und die eigene Genesung in Angriff zu nehmen.

Catherines Fall ist insofern sehr typisch, als sie sich durch ihre Berufswahl eine Ablenkung von und einen Schutzwall gegen ihre eigene spezielle Krankheit verschafft hat. Sie hat noch nicht entdeckt, woher es kommt, daß sie sich derart mit Sex befaßt, und meint bislang, es liege daran, daß sie sich wegen des Verhaltens ihres Mannes Sorgen mache. Die Entdeckung dieses Ursprungs wird einen wichtigen Teil ihres weiteren Heilungsprozesses ausmachen. Genau wie die Wahl eines bestimmten Berufes kann auch die Wahl eines mit einer bestimmten Sucht behafteten Partners, zu dem wir dann unsererseits eine Beziehungssucht oder Co-Abhängigkeit entwickeln, eine enorme Abwehrreaktion dagegen sein, unsere eigenen unakzeptablen Impulse und unsere eigene schmerzhafte Lebensgeschichte zu untersuchen. So schwierig diese Untersuchung auch ist, sie ist unbedingt erforderlich, damit wir eine möglichst vollständige Genesung von unserer speziellen Art der Co-Abhängigkeit erreichen.

Wir alle, Fachleute wie Nichtfachleute, dürfen nicht vergessen, daß die meisten Menschen, die sich zwanghaft verhalten oder von Suchtmitteln abhängig sind, von ihrer Sucht *nicht loskommen* und daß das *auch* für die meisten co-abhängigen Menschen gilt. Ich möchte damit nicht entmutigend wirken, sondern nur daran erinnern, realistisch zu sein. Die meisten Menschen sterben letzten Endes an ihrer Krankheit. Catherines Brief zeigt deutlich, warum das so ist. Wenn wir von einer Co-Abhängigkeit genesen wollen, müssen wir genauso umfassend kapitulieren, wie wenn wir uns von irgendeiner Suchtmittelabhängigkeit oder einem Zwangsverhalten befreien wollen. Catherines Geschichte verdeutlicht, daß jedes Loskommen, jede Genesung nichts weniger als ein Wunder ist – ein Wunder, das aus Gnade, aber nicht aus Zufall geschieht. Wir müssen bereit sein, *alles* zu unternehmen, um gesund zu werden. Genau wie Catherine müssen wir den Mut finden, überall dort hinzugehen, wo an der Genesung gearbeitet wird, und uns dem stellen, was wir dort über uns erfahren. Wenn wir das tun und wenn wir weiter bereit sind, unseren Dickkopf aufzugeben, wird eine Macht, die größer ist als wir, für das übrige sorgen.

Der folgende Brief veranschaulicht unsere Prämisse, daß ein zwanghaftes Sexualverhalten bei beiden Geschlechtern ein *erlerntes* Verhalten ist, dessen stark suchthafte Komponente aus dem Drang entsteht, sich mit dem erdrückenden, doch oftmals verdrängten und vergessenen sexuellen Kindheitstrauma erneut zu konfrontieren und es von neuem zu inszenieren. Sandras Brief skizziert auch den geeigneten Therapieansatz, der auch für sie wiederum in einer Selbsthilfegruppe von Menschen besteht, die als Kinder ähnliches durchgemacht haben und als Erwachsene einen ähnlichen Krankheitsprozeß durchlaufen. Wenn zu dieser Gruppenarbeit noch die Fachkenntnisse einer Therapeutin oder eines Therapeuten hinzukommen, die oder der sich mit dem Thema sexueller Mißbrauch/sexuelle Sucht gründlich auskennt (am besten aufgrund eigener Erfahrung und anhaltender Genesung sowie einer entsprechenden Berufsausbildung), dann wird ein für die Heilung förderliches Klima geschaffen. Meiner Ansicht nach geht absolut nichts – weder Fortbildung noch Forschung noch Lesen von Fachliteratur – über die eigene Suchterfahrung *und Genesung* einer Therapeutin oder eines Therapeuten; nur so ist sie (er) darauf vorbereitet, realistisch, mitfühlend und angemessen mit Klientinnen und Klienten zu arbeiten, die mit dem gleichen Problem zu kämpfen haben.

> Liebe Frau Norwood,
> ich gehe seit zwei Jahren zu *Parents United*. Das ist eine Selbsthilfegruppe für diejenigen von uns, deren Kinder unter einem Inzesterlebnis leiden, das ihnen entweder von uns selbst, von unserem Partner oder von einem nahen Verwandten zugefügt worden ist. Der Therapeut, bei dem ich Einzeltherapie habe, hat mir Ihr Buch empfohlen, weil darin alle wichtigen Themen angesprochen werden, an denen ich gerade arbeite. Ich bin im Alter von fünf Jahren sexuell mißbraucht worden, habe mich daran aber erst wieder erinnert, als ich vor zweieinhalb Jahren außerhalb des *Parents United*-Programms eine Zeitlang eine Regressionstherapie* gemacht habe. Der damalige Therapeut war von seiner Ausbildung her auf so einen Fall

* Bei der Regressionstherapie versetzt sich die Patientin beziehungsweise der Patient in traumatische Szenen – in der Regel aus der Kindheit – zurück und durchlebt diese noch einmal. Zur Regressionstechnik siehe zum Beispiel S. Damm: «Eine an Janovs Primärtherapie orientierte neuartige Methode der Gruppentherapie auf psychoanalytischer Grundlage» in: P. Kutter (Hg.): *Methoden und Theorien der Gruppenpsychotherapie*, Stuttgart Bad-Cannstatt 1985, S. 217–236, besonders S. 220ff (Anm. d. Übers.)

wohl nicht vorbereitet und meinte, jetzt, wo ich Bescheid wüßte, solle ich das Ganze hinter mir lassen und mein Leben leben. Das paßte ganz genau zu dem, was ich wollte. Ich wollte nämlich vergessen, was passiert war, und ignorieren, wie ich mich bei dem Gedanken daran fühlte – ignorieren, wie dieses Kindheitserlebnis sich immer noch in vielem auf mein jetziges Leben auswirkte! Nun, sechs Monate nachdem ich mich an das schreckliche Erlebnis wieder erinnert hatte, habe ich schließlich meinen zweiten Mann verlassen und dann herausgefunden, daß er sich an meiner fünfzehneinhalbjährigen Tochter vergangen hatte. Das war für mich der Anlaß, sofort zu *Parents United* zu gehen.

Auf die eine oder andere Weise habe ich mich in jedem Kapitel Ihres Buches wiedergefunden, aber wo es bei mir wirklich «klick» gemacht hat, das war bei dem Abschnitt über Kindheitsrollen. Ich habe mich in dem «unsichtbaren» Kind wiedererkannt. Kurz bevor ich Ihr Buch las, habe ich in der Gruppe (ich bin zur Zeit in «Recontact» – das sind Erwachsene, die als Kinder sexuell mißbraucht worden sind, Mütter von solchen Kindern und außerdem sowohl männliche als auch weibliche Täter) daran gearbeitet, endlich etwas von meiner Wut zum Ausdruck zu bringen, indem ich mit einem Holzschläger auf ein Kissen eingeschlagen habe. Dabei habe ich mich auf einmal an eine weitere Einzelheit erinnert: Ich liege unter dem Täter; er drückt mir die Knie auf die Brust und preßt mich auf den Boden. (Mein erster Mann – ein Alkoholiker, der mich beschimpft, geschlagen und vergewaltigt hat – hat das auch mit mir gemacht, und ich bin jedesmal völlig *bewegungsunfähig* gewesen.) Ich war zu Tode erschrocken, habe mich aber dazu gebracht, durch diese Erinnerung hindurchzugehen, und habe mich dann von der Therapeutin, die die Gruppe leitet, trösten lassen. Am unheimlichsten, wenn auch am schönsten, war der Moment, als sie mir etwas klarzumachen versuchte und ich ihr dabei in die Augen schaute und erkannte, daß sie mich sah, mit mir fühlte und für mich da war. Ich sah mich wie in einem Spiegel als wirklichen Menschen, fühlte endlich den Schmerz und wurde mit ihm fertig. Vorher hatte ich mit meiner Unsichtbarkeit, meinem Als-Mensch-nicht-vorhanden-Sein nur so fertig werden können, daß ich mich betrank und mir irgendeinen Fremden in einer Bar aufgegabelt habe (außer der sexuellen kannte ich keine Art von Berührung). Als das nicht funktionierte, habe ich einen Mann geheiratet, der so krank war wie ich, und habe mich – statt mich zu betrinken – mit Essen vollgestopft und mich auf diese Weise betäubt.

Mein Therapeut arbeitet mit mir an dem Problem, daß ich unfähig bin, mir selbst zu vergeben oder Mitleid mit mir zu haben, und daß ich mir immer angeknackste, gefährliche, sich mir verweigernde, verbotene (verheiratete!) oder sonstwie für mich ungesunde Männer aussuche. Ich habe immer gemeint, daß der Teil von mir, der sich diese Männer aussucht, wirklich krank und verdorben sei. Als ich Ihr Buch las, hat irgend etwas «klick» gemacht, und jetzt verstehe ich endlich, daß ich die ganze Zeit und jedesmal von neuem nach dem «gleichen» Gefühl gesucht habe – nach dem Gefühl, das bei mir durch das Zusammensein mit diesen Männern hervorgerufen wurde, und das ich von meiner Kindheit her kannte. In meiner Familie hatte es keine Berührung (außer Inzest), keine Unterstützung und kein gemeinsames Gespräch gegeben. Was ich auch getan hatte – ob es um Schulnoten, Hausarbeit oder was auch immer ging –, es war meinen Eltern nie gut genug gewesen. Von daher habe ich mir natürlich Männer ausgesucht, die weiter bestätigten, daß ich schlecht war, indem sie mich geschlagen, vergewaltigt, beschimpft und seelisch mißhandelt haben. Sie haben genau die offene und die heimliche Botschaft bestätigt, die mir schon meine Familie gegeben hatte. Wie dem auch sei – ich fange endlich an, mir zu verzeihen, daß ich eine derart krankhafte Wahl getroffen habe. Ich bin noch nicht wieder bereit, eine Beziehung einzugehen; mein Heilungsprozeß ist noch zu frisch, und ich fürchte, ein «guter» Mann würde mir nicht echt oder aufregend genug erscheinen. Aber zum erstenmal fühlt es sich okay an, ohne Mann zu sein, nicht Teil eines Paares zu sein, und ich habe keine Eile...

Es gibt mir Halt, wenn ich Ihr Buch lese und mich in jedem Kapitel wiederfinde und weiß, daß ich nicht die einzige bin, die derart selbstverletzend reagiert hat. Und was mir vor allem Rückhalt gibt, ist, wenn ich dort vom Genesungsprozeß lese und merke, daß ich das alles schon tue, was da aufgeführt wird. In meiner Gruppe bin ich mit anderen Frauen (und Männern) zusammen, denen man auf die gleiche Art wehgetan hat wie mir und die dadurch wirklich dysfunktional geworden sind. Und zum erstenmal überhaupt lerne ich, Männer als Menschen wie mich zu sehen: Auch ihnen tun Dinge weh, auch sie sind einsam, auch sie benutzen ihre Sexualität als ihr einziges zwischenmenschliches Kontaktmittel, und auch sie wollen gesund werden – genau wie ich. Ich bin auf dem Weg der Genesung schon ein gutes Stück vorangekommen, und ich weiß, daß ich bald vielleicht sogar zu einer gesunden Beziehung bereit bin. Ich fange an, gesunde Freundschaften zu schließen, lerne zu lieben und mit Menschen zusammenzusein, ohne daß gleich Sex im Spiel ist. Ich bin noch nie einem Menschen richtig nah gewesen, und es ist, als wäre ich ein Baby und würde von vorn anfangen. Ich hoffe, daß ich eines Tages für die Intimität (igitt!) einer wirklichen Beziehung offen bin.

Auch meine Tochter wird langsam gesund, zum einen dank *Daughters and Sons United* und zum anderen dadurch, daß aus mir eine gesunde Mutter wird, die keine Geheimnisse hat, mit ihrer Zuneigung nicht hinter dem Berg hält und die ihre Liebe nicht von Bedingungen abhängig macht. Noch macht es angst, aber es ist echt, und das ist die Sache wert!

Sandra S.

Was Sandra als Kind und als Erwachsene erlebt hat, ist viel stärker verbreitet, als sich die meisten von uns klarmachen. Wir sehen Menschen, die sich so wie Sandra verhalten, und fragen uns, warum sie das tun. In Sandras Briefen stehen einige der am häufigsten vorkommenden Gründe. Sandras Sucht danach, fremde Männer in Bars aufzugabeln und mit ihnen anonymen Sex zu haben, ist ein Merkmal, das bei sexuell süchtigen Frauen häufig zu finden ist und oft genau auf die Ursprünge zurückgeht, die Sandra beschreibt. Als Kind war sie sexuell mißbraucht worden, und als Erwachsene fuhr sie damit fort, sich selbst und den Sex zu entpersönlichen. Genau wie bei Sandra liegt bei sehr vielen Frauen dem Alkohol- und sonstigen Drogenmißbrauch ein Kindheitstrauma zugrunde, das auf sexuellen Mißbrauch und körperliche Mißhandlung zurückgeht. Durch das Trinken betäuben diese Frauen ihren Schmerz. Gleichzeitig schaffen sie sich dadurch die Gelegenheit, die für sie mit dem gefährlichen, unpersönlichen Sex verbundene dramatische Erregung auszukosten. Bei dieser Art von Sex sind die Menschen füreinander eigentlich nur Objekte. Und anstatt sich dadurch Erleichterung zu verschaffen, bekommen sie nur noch stärker ein Gefühl innerer Orientierungslosigkeit, Scham und eigener Wertlosigkeit – und genau dadurch war es ursprünglich ja überhaupt erst zu ihrem Verhalten gekommen. Oft sagen sich diese Frauen dann, sie hätten sicher anders gehandelt, wenn sie nicht betrunken gewesen wären; doch dadurch vermeiden sie nur erfolgreich, die Verantwortung für ihre eigene Entscheidung zu übernehmen und deren Bedeutung für ihr Leben zu untersuchen. Und so drehen sie sich weiter im Kreis.

Sandras Brief zeigt meines Erachtens wieder einmal beispielhaft, warum es so selten zu einer Genesung kommt. Um gesund zu werden, mußte sie Mut aufbringen und sich nicht nur den schmerzhaften, verschütteten Erinnerungen aus ihrer

Kindheit stellen, sondern sich auch mit dem Ausmaß ihrer krankhaften Entscheidungen und Verhaltensweisen jetzt als Erwachsene konfrontieren. Sandra hätte ihr Verhalten niemals so bemerkenswert ändern können, wenn sie an ihre eigene Krankheit nicht genauso offen und ehrlich herangegangen wäre wie an die Krankheit ihrer Eltern und die ihres Mannes.

Den nächsten Brief habe ich aufgenommen, um zu zeigen, wie vage manchmal das Vorhandensein von gewalttätigem und sexuell unangemessenem Verhalten von Menschen angedeutet wird, die von einem der beiden Themen betroffen sind. «Inzest», «sexueller Mißbrauch» und «Gewalt» oder «Gewalttätigkeit» sind Begriffe, die vielen Menschen nicht leicht über die Lippen gehen – schon gar nicht, wenn sie beschreiben sollen, unter welchen Bedingungen sich ihr Familienleben abspielt. In Alkoholikerfamilien kommt sexueller Mißbrauch und/oder körperliche Mißhandlung derart oft vor, daß alle Therapeutinnen und Therapeuten, die von Menschen aufgesucht werden, in deren Familien Alkohol eine Rolle spielt oder gespielt hat, fähig sein müssen, gründlich zu prüfen, ob solche sexuell-aggressiven Verhaltensweisen im Einzelfall vorkommen oder nicht. Dazu ist ein liebevolles, sanftes und langsames Vorgehen erforderlich.

> Liebe Robin Norwood,
> seit neun Jahren lebe ich in einer krankhaften Beziehung. Ihr Buch hat mir geholfen, die Dinge mit anderen Augen zu sehen. Ich gehe mittlerweile zu einer psychologischen Beratung und versuche zu entscheiden, was ich mit der Beziehung machen soll. Der Mann, mit dem ich zusammen bin, ist Alkoholiker. Ein sehr erfolgreicher Alkoholiker. Er wurde krank, wir wurden krank, und beinah wären wir alle zusammen kaputtgegangen. Wir haben nie geheiratet, haben miteinander aber zwei Töchter. Meinen Mädchen und mir geht es langsam besser, aber er ist immer noch

krank. Ich wünsche und hoffe immer noch, daß er sich ändert, aber ich fange an, einzusehen, daß er sich nur ändern wird, wenn und wann er es selbst will. Es ist ein Traum, eine Phantasievorstellung von mir, daß ich ihn jemals gesund sehen werde. Finanziell ist er unabhängig und wird jede Minute nur immer reicher, von daher ist seine Macht wichtiger als seine geistige Gesundheit. Was mich am meisten davon abhält, mich von ihm zu trennen, ist Angst. Angst wovor? Ich weiß es nicht. Ich habe einfach Angst. Zum Teil wegen meiner Töchter. Ich möchte nicht, daß er mit ihnen zusammen ist, wenn ich nicht dabeisein kann. Aber ich weiß, wenn ich mich von ihm trenne, wird er sie sehen wollen, und ich werde ihn nicht daran hindern können.

Ich habe auch wahnsinnige Angst vor einer neuen Beziehung. Ich habe versucht, mit gesunden Männern eine Beziehung anzufangen, aber ich bekomme dann immer Angst und laufe weg. Ich lese Ihr Buch immer wieder, und langsam, aber sicher hilft es mir. Vielen Dank dafür, daß Sie mir zugehört haben.

Jane S.

Liebe Jane,
ich möchte speziell auf Ihre Sorge eingehen, was Ihren Töchtern geschehen könnte, wenn Sie nicht da sind, um sie zu schützen. Ich vermute, Sie befürchten entweder, daß ihr Vater sie beschimpft, daß er sie schlägt oder daß er sich ihnen gegenüber sexuell unangemessen verhält (oder alle drei Punkte auf einmal). Ich vermute auch, Sie haben bis jetzt ständig dafür gesorgt, daß der Mann mit Ihren Töchtern nicht allein war und sie somit vor ihm sicher waren.

Zuerst einmal, Jane, müssen Sie den Tatsachen ins Auge sehen, *die Sie schon kennen*, und dürfen *vor sich selbst* nicht länger ein Geheimnis aus den Neigungen dieses Mannes machen. Wenn es um die Verhaltensweisen und Neigungen ihres Partners oder ehemaligen Partners geht, drücken Co-Abhängige sich gerne absichtlich unklar aus. Dieses Im-unklaren-Lassen ist jedoch gefährlich.

Es stimmt: Wenn Sie sich von Ihrem Partner trennen, steht ihm möglicherweise das Recht zu, die Mädchen zu sehen, ohne daß Sie dabei sind. Aber viele nichttrockene Alkoholiker sind viel stärker daran interessiert, um das Sorgerecht, das Besuchsrecht und so weiter zu *streiten*, als es dann auch tatsächlich auszuüben. Sie brauchen die Dramatik und Aufregung einer Auseinandersetzung mit ihrer «Exfrau», damit sie ein Problem haben, auf das sie sich konzentrieren können, denn ein solches Problem liefert ihnen eine willkommene Ablenkung von ihrem Alkoholismus und dessen Folgen. Paradoxerweise bieten Sie dem Vater Ihrer Töchter eine um so größere Ablenkung von seinem Alkoholismus, je mehr Sie mit ihm über das Besuchsrecht oder andere Themen streiten.

Zwischen Alkoholikern und ihren Co-Abhängigen kommt es sehr häufig zu Gewalttätigkeiten und Inzest. Sie müssen mit Ihren Töchtern über Ihre Sorgen sprechen. Und das bedeutet: Sie müssen lernen, *sachlich* (ohne Schuldzuweisung) über die Krankheit des Alkoholismus und über die unangemessene Art und Weise zu reden, in der sich manche Alkoholiker gegenüber anderen Menschen – und eben auch gegenüber ihren Kindern – verhalten. Sie müssen mit den Mädchen über die Sorgen, die Sie sich um ihre Sicherheit machen, genauso klar und sachlich reden, wie Sie das tun würden, wenn ihr Vater beispielsweise epileptische Anfälle hätte. Die Mädchen müssen erfahren, welche Verhaltensweisen zu erwarten sind und wie sie unter schwierigen Umständen auf sich selbst achtgeben können.

Wenn Sie das auf *sachliche* Art und Weise tun können, werden Sie anschließend vielleicht auch dem Vater der Mädchen von Ihrem Gespräch mit den beiden erzählen wollen. Tun Sie das aber erst, wenn Sie das, was Sie zu sagen haben, sagen können, ohne dabei zornig, streitlustig oder defensiv zu werden. Ich brauche wohl nicht zu betonen, daß Sie in Ihrem Genesungsprozeß schon ein großes Stück vorangekommen sein müssen, ehe Sie in der Lage sind, mit ihrem Ex-Mann in dieser Weise zu reden. Meines Erachtens eignet sich Al-Anon am besten für Sie, um zu seinem Verhalten und seinen Problemen eine gesunde Distanz zu bekommen.

Die Geheimnisse, die wir hüten, lassen uns noch kränker

werden. Es wird deshalb Ihrer eigenen Gesundheit und der Ihrer Töchter zugute kommen, wenn Sie nicht länger die Geheimnisse für diesen Mann bewahren – allerdings nur, solange Sie Ihre Töchter aus den richtigen Motiven heraus einweihen. Es darf Ihnen dabei nicht darum gehen, Ihre Mädchen stärker an sich zu binden oder ihren Vater verächtlich zu machen. Und falls Sie ihm schließlich erzählen, worüber Sie und Ihre Töchter gesprochen haben, darf bei Ihnen nicht die Absicht dahinterstecken, ihm auf diesem Wege einen Anstoß zur Änderung zu geben. Damit würden Sie nur ein weiteres Mal versuchen, ihn in Ihrem Sinne zu beeinflussen. Ist ihr Trinken erst einmal kein Geheimnis mehr, dann neigen die meisten Alkoholiker dazu, den Menschen, die «Bescheid wissen», aus dem Wege zu gehen.

Wenn dieser Mann jedoch neben seinem Alkoholismus auch noch ein unangemessenes Sexualverhalten zeigt (beides kommt häufig nebeneinander vor), wird er vielleicht sein Besuchsrecht nicht so leicht aufgeben. Sollte das der Fall sein, dann tun Sie bitte alles, um Menschen zu finden, die sich von Berufs wegen mit Kindesmißbrauch gründlich auskennen und Ihnen dabei helfen können, Ihre Töchter zu schützen. In vielen Städten gibt es mittlerweile *Sexual Abuse Response Teams*, die Ihnen in so einem Fall helfen werden.

In jedem Fall werden Sie sich zur Vorbereitung Ihrer Trennung nach Möglichkeit einen Anwalt (oder eine Anwältin) suchen, der (die) sich mit der Krankheit Alkoholismus auskennt. Sollte der Vater Ihrer Töchter potentiell oder tatsächlich gewalttätig sein oder ein unangemessenes Sexualverhalten zeigen, dann muß Ihr Anwalt bereit sein, sich auch mit diesen Themen zu befassen. (Nicht alle Anwälte sind dazu bereit.) Ein gemeinsames elterliches Sorgerecht erfreut sich heutzutage zwar großer Beliebtheit, ist aber in Ihrem Fall wegen der Alkoholabhängigkeit des Vaters nicht angebracht. Sie brauchen einen Anwalt, der diese Tatsache anerkennt.

Ich hoffe, Sie werden bei Al-Anon und – falls es bei Ihnen auch um sexuellen Mißbrauch geht – außerdem bei S-Anon mitmachen. In diesen beiden Selbsthilfegruppen können Sie die Weisheit und Anleitung finden, die Sie brauchen, um mit Ihrer Situation fertigzuwerden.

Denken Sie daran, daß Sie nicht zufällig eine Beziehung mit einem Mann eingegangen sind, den Sie nicht vertrauenswürdig finden. Ich vermute stark, daß das Thema des sexuellen Mißbrauchs einen Teil Ihrer Kindheitsgeschichte ausmacht. Wir neigen dazu, uns als Erwachsene ähnliche Menschen und Situationen zu suchen wie die, mit denen wir schon in unserer Kindheit zu kämpfen hatten. Frauen, die in ihrer Kindheit mißbraucht oder mißhandelt worden sind, neigen als Erwachsene dazu, entweder ihren Kindern gegenüber aggressiv zu sein oder sich einen Partner zu suchen, der ihnen gegenüber aggressiv ist. Bitte arbeiten Sie daran, daß dieser äußerst wichtige Bereich Ihres Lebens heilen kann. Nur so wird es Ihnen gelingen, dieses Muster nicht mit einem weiteren ungeeigneten Mann zu wiederholen. Wenn Sie in dieser Hinsicht gesunden, helfen Sie dadurch auch Ihren Töchtern, die dann dieses bei der Partnerwahl und Kindererziehung ablaufende Muster vermutlich gar nicht erst entwickeln werden.

Viele Leute fragen sich, wie Frauen heute noch, nach der Frauenbewegung der sechziger und siebziger Jahre, derart besessen hinter Männern und Beziehungen her sein können. Der nächste Brief schildert sehr offen und ausführlich, wie eine Frau trotz ihrer stark feministischen Einstellung und ihres politisch radikalen Standpunkts ein Leben geführt hat, mit dem sie wegen ihrer Beziehungs- und ihrer sexuellen Sucht schließlich nicht mehr zurechtgekommen ist. Terris Brief deutet stark darauf hin, daß bei Frauen, die mit Leib und Seele Feministin und gleichzeitig «männersüchtig» sind, sowohl ihre politische Überzeugung als auch ihre Sucht ironischerweise wohl in denselben Kinderheitserlebnissen wurzelt: Sie waren als Kind in ihrer Familie einerseits männlicher Wut, Aggression und Dominanz unterworfen und andererseits weiblichem Unmut, Märtyrertum und weiblicher Fügsamkeit ausgesetzt. Diese klischeehafte Mann-Frau-Dynamik wurde in Terris Kindheit durch die Alkoholabhängigkeit beider Eltern noch weiter verstärkt. Später, als Terri erwachsen war, kam zu ihrer eigenen

Suchtmittelabhängigkeit noch die ihres Partners hinzu, und so ging es mit der ungesunden Beziehungsdynamik wieder von vorne los.

Liebe Robin,
beim Lesen habe ich mich auf jeder Seite Ihres Buches wiedergefunden. Ich bin eine dreiundvierzigjährige Karrierefrau im mittleren Management und leite zur Zeit ein Büro mit fünfunddreißig Personen. Ich war zweimal verheiratet und habe zwei Töchter großgezogen. Ich setze mich für feministische Belange ein und gelte als starke, durchsetzungsfähige Frau, zu der man aufschaut. Meine beiden Ehen waren gewiß nicht von der traditionellen, chauvinistischen Sorte. Aber ich weiß jetzt, wenn man einen Mann zum Mittelpunkt des eigenen Lebens macht, kommt es nicht darauf an, ob man ihm seinen Kaffee und seine Pantoffeln bringt. Ich habe mich geweigert, die traditionelle Frauenrolle in der Ehe zu spielen, aber das hat mich nicht davor bewahrt, zu sehr zu lieben; es hat mir nur geholfen, das Problem vor mir selbst zu verbergen.

In meiner Familie bin ich das älteste von elf Kindern. Meine Eltern waren beide alkoholabhängig. Meine Mutter ist eine Frau, die zu sehr liebt. Sie sieht ihre Kinder überhaupt nicht so, wie sie sind. Dafür ist sie viel zu sehr mit ihrer hitzigen Beziehung zu meinem Vater beschäftigt. Ich wollte auf keinen Fall so werden wie sie, deshalb habe ich mir mein Geld immer selbst verdient und um die Männer einen Bogen gemacht, die wie mein Vater materiell erfolgreich waren. Ich hatte nie die Absicht, Kinder zu bekommen, denn ich war fest entschlossen, nicht in die gleiche Falle zu tappen wie meine Mutter. Trotzdem habe ich von ihr gelernt, eine Frau zu sein, die zu sehr liebt und Alkohol als Tröster nimmt. Zwar habe ich einen anderen Lebensstil entwickelt, aber am Ende stehe ich nun mit den gleichen Süchten da wie sie.

Der Alkoholismus meines Vaters hat sich nie auf seine Karriere ausgewirkt, sondern nur auf seine Familie. Finanziell ist er sagenhaft erfolgreich und sehr bekannt. Er behauptet steif und fest, sein Trinken unter Kontrolle zu haben, und vielleicht hat er auf eine Art recht. In den letzten paar Jahren hat er endlich gelernt, sich etwas besser zu beherrschen, aber als ich noch jünger war, hatten wir oft heftige Auseinandersetzungen. Damals habe ich mir geschworen, niemals eine Beziehung mit einem Mann einzugehen, der so ist wie mein Vater, und ich habe die ganze Zeit geglaubt, ich hätte meinen Schwur gehalten. Doch jetzt sehe ich, daß ich gegen ihn und seither gegen jeden Mann, mit dem ich zusammen war, angekämpft habe. Wieviel Geld oder welche politische Ansichten sie hatten oder welcher Rasse sie angehörten, hat letzten Endes doch keinen wirklichen Unterschied gemacht.

Als Kind habe ich meine Eltern beschimpft und meine Brüder und Schwestern gegen ihren Zorn und ihre Kritik in Schutz genommen. Ich habe Bücher über Freiheitskämpfer/innen und Märtyrer/innen gelesen und wollte auch so sein. Bei den Jungen war ich unbeliebt, obwohl ich so furchtbar gerne gehabt hätte, daß sie sich für mich interessieren. Mit siebzehn habe ich den Sex entdeckt und mich über meine religiöse Erziehung hinweggesetzt, um an dieser wunderbaren neuen Erfahrung festhalten zu können, denn dadurch hatte ich endlich das Gefühl, mit anderen Menschen verbunden zu sein.

Auf dem College lernte ich dann Schwarze kennen und war auf einmal beliebt. Ich bekam ein uneheliches Kind und gab es zur Adoption frei. Aber dieses Trauma hat mich keineswegs dazu bewogen, mich etwas zurückzuhalten. Mit neunzehn zog ich von zu Hause fort und ging in den Osten. Ich wollte finanziell auf eigenen Füßen stehen und mit einem Schwarzen zusammenziehen, den ich auf dem College kennengelernt hatte. Ich hatte mich während meiner Schwangerschaft in ihn verliebt. Mein Vater war außer sich vor Zorn und drohte damit, mich in eine psychiatrische Anstalt einweisen zu lassen, um mich von meinem Schritt abzuhalten. Also haben Dex und ich geheiratet.

Bald schon war ich erneut schwanger und wurde dann zwei Wochen vor meinem einundzwanzigsten Geburtstag Mutter.

Mein emotionaler Bedarf war groß, und als meine Ehe ihren ersten Reiz verloren hatte, fing ich ein Verhältnis mit einem anderen Mann an. Dann ging ich wieder aufs College zurück und wurde zu einer politischen Revolutionärin. Ich hatte auch da weitere Affären mit Männern, habe das aber diskret gehandhabt, weil ich Dex nicht verletzen wollte. Er war sehr zurückhaltend und nicht in der Lage, mich zur Rede zu stellen, und mit unserer Ehe ging es bergab.

Eugene war genau wie ich ein Revolutionär. Wegen seiner politischen Ansichten war er von der Armee desertiert. Er und ich hatten ein heißes Wochenende zusammen, ehe er dann nach Kanada ging. Als er in die Staaten zurückkam, habe ich sofort einen Schlußstrich unter meine Ehe gezogen und mir zusammen mit ihm eine Wohnung genommen.

Nachdem wir anderthalb Jahre lang eine ganz enge Beziehung gehabt hatten, zog Eugene aus, weil er meinte, sich selbst finden zu müssen. Bis dahin waren wir in der Liebe und bei unserer revolutionären Arbeit ein unzertrennliches Paar gewesen, und ich hatte ihn finanziell unterstützt, weil er sich als Deserteur versteckt halten mußte.

Mir tat Eugenes Auszug schrecklich weh. Da habe ich dann Whisky als schmerzstillendes Mittel entdeckt und angefangen zu trinken – fünfzehn Jahre lang, täglich. Auch Eugene begann, täglich zu trinken. Ich trank allein, er zusammen mit anderen, aber das war auch der einzige Unterschied. Von seinen anderen Frauen wußte ich da noch nichts. Er hat mich angelogen und ich habe es ihm geglaubt, weil ich es glauben wollte.

Nachdem wir etwa acht Monate getrennt gelebt, uns aber jede Woche zwei- oder dreimal gesehen hatten, hielt ich es für das beste, wegzuziehen. Ich fand in einer anderen Stadt eine neue Wohnung. Eugene konnte aber nicht von mir lassen, kam einfach nach und zog in meine Wohnung mit ein.

In den Monaten vorher, als er allein gewohnt hatte, hatte er eine andere Frau kennengelernt, und jetzt fing er an, nachts fortzubleiben – mit der Begründung, er ginge zu revolutionären Organisationstreffen, die die ganze Nacht dauerten. Es klang unglaubwürdig, und ich bat ihn des öfteren mich mitzunehmen, aber irgendwie hat er mich dann doch überzeugt, weil es angeblich nicht ginge, daß ich als Weiße an den Treffen dieser Gruppe von Schwarzen teilnehme. Schließlich wurden die Spannungen zu groß, und er zog erneut aus. Diesmal zog er angeblich zu einem Freund. Zwei Tage nach seinem Umzug ging ich zu seiner neuen Wohnung rüber. Als ich an die Tür klopfte, wollte eine Frauenstimme von innen wissen, wer draußen sei. Da wußte ich Bescheid.

Die folgenden Monate waren für mich die Hölle. Er klammerte sich an mich, beteuerte, daß er mich liebe, und gleichzeitig wohnte er bei ihr. Er hatte immer ein Kind von mir gewollt, aber ich war nie einverstanden gewesen. Schließlich überredete er mich, zu versuchen, ob ich nicht doch ein Kind bekommen könnte, und versprach mir, wenn es klappte, zu mir zurückzukommen. Ich setzte die Pille ab. Dann überlegte ich es mir anders und nahm sie doch wieder, aber da ich ähnlich fruchtbar bin wie meine Mutter, war ich bereits schwanger. Eugene zog jedoch nicht gleich wieder zu mir. Damit hatte ich schon gerechnet, als ich eingewilligt hatte, das Kind zu bekommen, hatte mir aber überlegt, daß ich als alleinstehende Mutter ja schon ein Kind großzog und daß da ein zweites keinen Unterschied machen würde, selbst wenn Eugene nicht zu mir zurückkäme. Ich meinte, daß mir mit einem Kind von ihm immer ein Stück unserer Beziehung bleiben würde. Ich wußte auch, daß ich ihm weh tun konnte, wenn er nicht zu mir zurückkäme: In dem Fall könnte ich sein Kind auf die Welt bringen und ihn ganz davon ausschließen.

Wenn ich nicht arbeitete, verbrachte ich während der Schwangerschaft meine Zeit mit Schlafen und – Trinken. Wieso ich kein Kind mit einem fötalen Alkoholsyndrom (damals kannte man so etwas gar nicht) bekam, weiß ich nicht. Ich schlief mit einer Pistole unter meinem Kopfkissen und hatte den Wunsch, mich umzubringen.

Mein Schmerz und meine Wut führten noch zu einem weiteren beinah tödlichen Vorfall. Während Eugene in Kanada war, hätte ich an Silvester beinah die «andere Frau» umgebracht. Ich hatte mir vorgenommen, zu ihrem Haus zu fahren und sie um Mitternacht zu erschießen, denn dann würde das vielleicht als außer Kontrolle geratene Silvesterknallerei und «Unfall» durchgehen. Es war mir egal, ob ich dabei erwischt würde. Mir war alles egal. Ich mußte einfach irgend etwas tun, um das Problem zu beenden; die Folgen waren mir gleichgültig. Ich werde nie erfahren, ob ich es geschafft hätte, meinen Plan durchzuziehen. Die Frau war nicht zu Hause. Sie war nach Kanada gefahren, um Eugene über Weihnachen zu besuchen. Aber meine Sucht zu lieben hatte mich so weit gebracht, daß ich fast einen Mord begangen hätte.

Als Eugene im Frühjahr aus Kanada zurückkam, fuhr ich zu dem Haus hin, in dem die andere Frau wohnte. Als sie hörte, daß ich schwanger sei, stellte sie Eugene vor die Wahl. Er wählte mich. Ich hatte gewonnen.

Nachdem er wieder bei mir eingezogen war, quälte

mich täglich der Gedanke an sie. Meine Tochter kam im Juni zur Welt. Im Oktober heirateten Eugene und ich. Ich weiß nicht, warum er mich heiratete. Ich heiratete ihn, um allen zu beweisen, daß er mich liebte; um mein Selbstwertgefühl wiederherzustellen, nachdem ich diese Hölle durchgestanden hatte. Ich sagte mir, daß ich mich ja immer noch scheiden lassen könnte, und bei einer Scheidung wüßte ich dann wirklich, daß es vorbei sei. (Mir war damals gerade die Bedeutung von Ritualen wie Beerdigung und Scheidung klargeworden: Auf diese Weise sollen die Lebenden erfahren, daß es vorbei ist.) Vielleicht habe ich zum Teil auch aus Liebe geheiratet – aber nur zu einem sehr kleinen Teil.

Vier Jahre nachdem er desertiert war, wurde Eugene schließlich verhaftet. Natürlich stand ich ihm in dieser Situation bei, denn egal, was wir für Probleme hatten, wir waren doch politische Verbündete, und ich hätte ihn in einem solchen Augenblick nie im Stich gelassen.

Sechs Wochen später wurde er aus der Haft entlassen und kam gewandelt zurück: Er liebte mich wieder.

So lange es anhielt, war es schön, aber es hielt nicht lange an. Wir zogen immer wieder um. Ich arbeitete. Er nicht. Nach fünf Jahren Ehe meinte er, wir sollten beide auch andere sexuelle Partner haben. Partnertausch gefiel mir nicht, aber ich erklärte mich ihm zuliebe damit einverstanden. Ich erlaubte ihm, mich sexuell völlig zu bestimmen und sagte mir dabei noch, daß das zeige, wie frei und emanzipiert ich sei.

Schließlich fing er mit einer Freundin ein Verhältnis an. Das verletzte unsere Abmachung, daß flüchtiger Sex in Ordnung sei, eine feste Bindung aber nicht. (Ist es nicht verrückt, wie wir denken und handeln?) Damit steckte er wieder in der alten Klemme: Er wußte nicht, was er wollte. Zusammen mit unseren anderen Problemen führte das schließlich zur Scheidung.

Nach der Trennung hatte ich Angst, ich würde keinen anderen Mann mehr finden. Trotz meines starken feministischen Bewußtseins hatte meine Aufmerksamkeit die ganze Zeit Männern gegolten. Aber nach all den Auseinandersetzungen mit Eugene herrschte endlich Frieden, und ich war darüber so froh, daß ich noch ein paar Monate gewartet habe, ehe ich mich nach Ersatz umsah.

Als ich dann schließlich doch eine neue Beziehung anfing, drehte Eugene durch und drohte wiederholt, sich und mich umzubringen. Später gab er zu, daß er uns beinah alle umgebracht hätte – sich, mich und den neuen Mann in meinem Leben. Was den neuen Mann betraf – er war verheiratet. Zuerst war ich von ihm ganz begeistert, aber als ich nach und nach die Wahrheit herausbekam, zog ich mich von ihm zurück. Er verprügelte mich ganz schlimm, trotzdem: ich schaffte es nur dadurch, mich von ihm zu lösen, daß ich wieder eine neue Beziehung einging. Der nächste Mann war emotional völlig verschlossen, zweimal geschieden und nicht bereit, sich irgendwie stärker an mich zu binden. Als ich mich in ihn verliebte, zog er sich von mir zurück. Dieses Hin und Her in unserer Beziehung machte mich verrückt. Dann log er mich an, als es um Treue ging, und ich trennte mich von ihm.

Mit Volldampf ging es in die nächste Beziehung, diesmal mit einem Mann, der zehn Jahre jünger war als ich – ein lieber Kerl, der mich irgendwie an meinen ersten Mann erinnerte. Wir zogen sofort zusammen, und dann entdeckte ich, daß er kokainsüchtig war. Ich hatte Drogen immer nur ganz vorsichtig genommen, weil ich nicht abhängig werden wollte. In den sechziger Jahren hatte ich fast alles durchprobiert und auch eine ganze Menge Gras geraucht, hatte damit dann aber Mitte der siebziger Jahre aufgehört, weil mir das Trinken besser gefiel. Aber jetzt, mit diesem ganzen Kokain im Haus, gab es für mich kein Halten mehr.

Vergangenes Jahr las ich Ihr Buch. Das war der rettende Strohhalm. Es half mir, mein Leben mit nüchternen Augen zu betrachten. Ich sah, daß mein Problem einen Namen hatte, daß auch andere Menschen daran litten und daß es heilbar war. Ich ging zu einem Therapeuten, der sich darauf spezialisiert hatte, erwachsene Kinder von Alkoholikern zu therapieren, und mir wurde gesagt, wenn ich gesund werden wolle, müsse ich zuerst etwas gegen meinen Alkoholismus unternehmen. Nun, ich schaffte es, das Trinken aufzugeben, aber vom Kokain konnte ich einfach nicht lassen. Der Freund, der bei mir wohnte, nahm es noch immer, dadurch fiel mir das Aufhören doppelt schwer. Schließlich schaffte ich es doch, aber da ich noch immer eine Frau war, die zu sehr liebte, brauchte ich noch vier weitere Monate, bis ich ihn aus dem Haus hatte. Damit ich es schaffte, bin ich auch von neuem eine Beziehung mit dem «verschlossenen» Mann eingegangen, mit dem ich vor der Geschichte mit dem Kokainsüchtigen zusammengewesen war. Inzwischen ist mir klar, daß dieser Mann auch Alkoholiker ist. Bei den Anonymen Alkoholikern sagt man uns: «Ein Jahr lang keine ernsthaften Beziehungen!» Ich verstehe, warum sie das sagen, aber ich weiß nicht, ob ich es schaffe. Ich finde immer wieder neue Gründe, warum ich mit diesem Mann weiter zusammenbleiben will. Was Drogen und Alkohol betrifft, bin ich jetzt «sauber» und «trocken», aber ich bin immer noch eine Frau, die zu sehr liebt – genau das, was ich mir geschworen hatte, nie zu werden. Soviel zu meinem politisch aufgeklärten feministischen Bewußtsein!

Vielen Dank fürs Zuhören, Robin.

Terri D.

Liebe Terri,
auf Grund Ihres Briefes vermute ich stark, daß Sie nicht nur alkohol-, kokain- und beziehungssüchtig, sondern auch sexuell süchtig sind. Ihr Sexualverhalten als Jugendliche und als Erwachsene, das zwanghafte Sexualverhalten von vielen der Partner, die Sie sich ausgesucht haben, Ihre Wut und Ihr Wunsch nach Rache deuten alle stark darauf hin, daß bei Ihnen diese Sucht vorliegt. Ein weiterer Hinweis darauf ist die Dominanz, Gewalttätigkeit und Alkoholabhängigkeit Ihres Vaters und die Alkoholabhängigkeit und extreme Passivität Ihrer Mutter. Auch diese Faktoren sind häufig vorhanden, wenn Mädchen sexuell mißbraucht werden.

Was die meisten Erwachsenen dazu treibt, zwanghafte Sexualbeziehungen einzugehen, ist in der Regel, daß sie als Kinder sexuell ausgenutzt worden sind. Allerdings kann auch allein Gewalt, wenn sie stark sexuell gefärbt ist, später zur Ausbildung eines zwanghaften Sexualverhaltens führen. Bei manchen Kindern reicht es auch schon, wenn ein Elternteil sich zwanghaft in heimliche Affären stürzt. Obwohl Sie in Ihrem Brief nicht schreiben, daß Sie als Kind sexuell ausgenutzt worden seien, deuten Ihre Beziehungsmuster als Erwachsene darauf hin, daß Sie entweder sexuell mißbraucht worden sind oder daß die Gewalttätigkeiten bei Ihnen zu Hause eine stark sexuelle Komponente gehabt haben. Mit anderen Worten, Ihre Geschichte weist sowohl auf eine gegenwärtig vorhandene sexuelle Sucht hin als auch auf ein in der Vergangenheit liegendes sexuelles Trauma, unabhängig davon, ob Sie sich heute dieses Traumas bewußt sind oder nicht.

Hierzu einige Fakten:

- In unserem Kulturkreis wird jede vierte Frau vor ihrem achtzehnten Geburtstag sexuell belästigt oder mißbraucht.
- In der großen Mehrzahl der Fälle kennt das Opfer den Täter und vertraut ihm. Tatsächlich handelt es sich zumeist um Familienangehörige.
- Achtzig Prozent aller Fälle von sexuellem Mißbrauch und achtzig Prozent aller Fälle von häuslichen Gewalttätigkeiten (diese zwei Kategorien überschneiden sich häufig), geschehen in Alkoholikerfamilien. In bezug auf Inzest und

körperliche Mißhandlung stehen, von der statistischen Häufigkeit her gesehen, stark religiöse Familien an zweiter Stelle.

- Die meisten Opfer «vergessen» ihr(e) Erlebnis(se) auf Grund eines unbewußt und automatisch einsetzenden Verdrängungsmechanismus.
- Mißbrauchsopfer neigen dazu, entweder selbst ihre Kinder sexuell zu mißbrauchen oder sich einen Partner auszusuchen, der das tut.

Inzest ist für ein Kind ein ungeheuer schlimmes, verheerendes traumatisches Erlebnis, durch das es so stark geschädigt wird, daß ein massiver Schutzmechanismus einsetzt, der zu einem «Vergessen» führt und meist bis ins Erwachsenenalter hinein aktiv bleibt. Normalerweise werden durch den Schutzmechanismus die schmerzhaften Erinnerungen äußerst wirksam und tief verdrängt, um das Ich davor zu schützen, von ihnen erdrückt zu werden. Da diese Erinnerungen aber nicht ausgelöscht, sondern nur überdeckt werden, können sie weiterhin – wenn auch unbewußt – mit ihrer ganzen Macht alltägliche Verhaltensweisen, Gefühle und Entscheidungen beeinflussen. Sie erzeugen in hohem Maße innere Unruhe und Beklemmung, Mißtrauen, Angst und eine Art latent vorhandene Scham, durch die die erwachsene Frau, die als Kind einen Inzest erlitten hat, effektiv daran gehindert wird, ein angenehmes, einigermaßen glückliches und sicheres Leben zu führen. Solange diese Erinnerungen verdrängt sind, kann man der Unruhe und Beklemmung, dem Mißtrauen, der Angst, der Unsicherheit und Scham auch durch noch so große Bemühungen nicht beikommen – ganz zu schweigen von der sich häufig entwickelnden sexuellen Sucht, die ihren Ursprung in diesem Trauma hat.

Es ist nicht nur deshalb so schwer, die sexuelle Traumaproblematik anzusprechen, weil das Opfer eine natürliche Abneigung dagegen hat, ein solches Erlebnis einzugestehen, und weil automatisch der Schutzmechanismus einsetzt, der das Ereignis oder die Ereignisse aus der bewußten Erinnerung verdrängt, sondern auch, weil so schwer zu definieren ist, worin sexuelle Ausnutzung oder Ausbeutung besteht. Genau wie bei vielen anderen Arten von verletzenden Kindheitserlebnissen möchte auch hier jede(r) von uns notwendigerweise glauben, daß das, was ihr (oder ihm) widerfahren ist, in Wirklichkeit nicht so schlimm war. Aus der Abhängigkeit der Kinder von den Eltern entwickelt sich ganz natürlich eine Loyalität, die es noch schwieriger macht, das Ausmaß des von uns erlebten Traumas richtig zu beurteilen. Wenn einzelne Erinnerungen hochkommen, versuchen wir uns einzureden, daß wir uns das alles nur einbilden würden, daß wir das geträumt hätten oder daß wir in der Erinnerung übertreiben würden. Wir lassen das Ganze absichtlich im unklaren und halten unsere Gefühle für grundlos und unsere Reaktionen insgesamt für übertrieben. Fast immer trifft jedoch genau das Gegenteil zu. Wir unterschätzen das Geschehene und seine Auswirkungen auf uns so sehr, daß wir schließlich außer uns vor Zorn, Scham und Verzweiflung dastehen, aber nichts haben, an dem wir unseren Schmerz vernünftigerweise festmachen können. Wenn wir aber unsere Vergangenheit unbewußt massiv verdrängen oder sie bewußt und absichtlich verheimlichen, bleiben wir an deren Auswirkung auf unsere Gegenwart gekettet.

Terri, ich möchte Ihnen helfen, neben den Formen sexueller Ausnutzung, deren schädigender Charakter leicht zu erkennen ist, auch einige weniger leicht erkennbare Formen zu identifizieren. Denken Sie aber bitte daran, daß ich diese Begriffe hier nicht im juristischen, sondern im psychologischen Sinne verwende, und daß ich dabei von den Auswirkungen auf das Opfer ausgehe und mich nicht danach richte, ob der jeweilige Vorfall ein von Rechts wegen strafbares Delikt ist oder nicht.

Einerseits kann sexuelle Ausnutzung offen körperlicher Art sein, wenn der kindliche Körper etwa unangemessen betrachtet, untersucht, berührt, gestreichelt, stimuliert und / oder penetriert wird. Dies kann einmalig oder gelegentlich oder aber auch über viele Jahre hinweg geschehen. Andererseits kann sexuelle Ausnutzung auch verdeckter und in erster Linie psychischer Art sein. Wenn in Gegenwart von Kindern unangebrachte sexuelle Ausdrücke, Schilderungen, Spitz- und Schimpfnamen verwendet, sexuell anzügliche Andeutungen gemacht oder anzügliche Fragen und Gesprächsthemen erörtert werden oder wenn in ihrer Gegenwart unanständige Geschichten und Witze erzählt oder offenkundig sexuelle und/oder pornographische Hefte oder Utensilien zur Schau gestellt werden beziehungsweise herumliegen, so stellt all das eine sexuelle Ausbeutung der Kinder dar. Auch sollte nicht vergessen werden, daß Gewalttätigkeit eine in höchstem Maße sexuell gefärbte Form der Aggression sein kann. Viele Mädchen werden von ihren sexuell eifersüchtigen Müttern oder sexuell besitzergreifenden Vätern nicht nur geschlagen, sondern ihnen werden auch die Kleider zerrissen, die Haare abgeschnitten und Dinge zerstört, die ihnen gehören.

Zu verstecktem Inzest zählt auch die ernstliche und wiederholte Verletzung der emotionalen Grenzen des Kindes. Wenn ein Vater oder eine Mutter ein Kind zur Gefährtin beziehungsweise zum Gefährten macht und es in bezug auf Eheprobleme (einschließlich sexueller Probleme), eng ins Vertrauen zieht, wenn er oder sie das Kind also hinsichtlich der Verantwortung mit dem Erwachsenen auf eine Stufe stellt, es mit dem eigenen Kummer belastet und vom Kind Erlösung von diesem Kummer und auch sonst Bestätigung und Trost erwartet, dann wird dadurch die lebensnotwendige Eigenständigkeit und Unabhängigkeit des Kindes verletzt. Wenn der Vater oder die Mutter das Kind außerdem noch zu seinem beziehungsweise ihrem hauptsächlichen emotionalen Partner macht, so kann allein das schon stark zur späteren Ausbildung eines zwanghaften Sexualverhaltens beitragen, da eine solche Art des Umgangs auf eine Verführung des Kindes hinausläuft. In der (beziehungsweise dem) späteren Erwachsenen werden dadurch sehr ähnliche Gefühle ausgelöst wie durch offenen Inzest: Sie (er) fühlt sich überfahren, schämt sich irgendwie, empfindet eine ohnmächtige Wut, und es drängt sie (ihn) nach Rache und Wiedergutmachung. Außerdem schließen sich offener und verdeckter Inzest auch nicht gegenseitig aus. Zum Beispiel kann es sein, daß ein Vater seine Tochter körperlich ausnutzt, während ihre Mutter sie gleichzeitig seelisch ausbeutet.

Als Erwachsene streiten viele Frauen ab, je das Opfer eines Inzests gewesen zu sein, weil sie als Kind keine körperlichsexuellen Beziehungen hatten. Doch ein Kind, das körperlich ausgenutzt worden ist, behält nicht unbedingt ein größeres Trauma zurück als eines, das psychisch mißbraucht worden ist. Eine Frau, der als Kind wiederholt abverlangt wurde, im Zimmer mit dabeizusein und für die Getränke zu sorgen, während ihr Vater und dessen Freunde derbe Witze und Geschichten erzählten, kann dadurch genauso Schaden genommen haben und nicht mehr richtig fähig sein, zu vertrauen und eine gesunde Intimität zu erleben, wie eine andere Frau, deren Vater zu ihr als Kind nachts heimlich ins Bett gestiegen ist, um mit ihr sexuellen Kontakt zu haben. Zum Inzesttrauma gehört, daß Vertrauen verletzt, Geheimhaltung durchgesetzt und Schutz verweigert wird und daß körperliche und / oder psychische Grenzen überschritten werden. Und durch dieses Trauma wird das Opfer später als erwachsener Mensch dazu getrieben, zwanghaft sexuelle Begegnungen herbeizuführen, die wiederum die erwähnten Elemente des Mißtrauens, der Geheimhaltung, der Gefahr und des psychischen und / oder körperlichen Mißbrauchs in sich bergen.

Als Gesellschaft neigen wir dazu, ein zwanghaftes Sexualverhalten (solange es sich zwischen Mann und Frau im richtigen Alter abspielt) als Ausdruck eines «starken Sexualtriebs» wegzuerklären. Das ist genauso unzutreffend, wie wenn man die Unfähigkeit einer Alkoholikerin, ihr Trinken unter Kontrolle zu halten, als Ausdruck eines «starken Dursts» erklären würde. Ein zwanghaftes Sexualverhalten will – genau wie alle anderen Arten der Sucht – Erleichterung schaffen, und zwar Erleichterung von den Auswirkungen eben dessen, was auch als Quelle der Erleichterung gesehen wird. Durchs Trinken entsteht bei der Alkoholikerin das Bedürfnis, wieder zu trinken. Durchs Schuldenmachen entsteht bei der Verschwendungssüchtigen das Bedürfnis, noch mehr Geld auszugeben. Und bei der sexuell süchtigen Frau wird durch das Erlebnis der Verführung das Bedürfnis nach der nächsten sexuellen Begegnung geschürt.

Wenn wir daran denken, daß ein zwanghaftes Sexualverhalten ein unbewußtes Bemühen darstellt, die von der Ausbeutung in der Kindheit herrührende Ohnmacht, Scham und Wut zu leugnen und sie gleichzeitig zu überwinden, dann läßt sich leichter einsehen, daß die meisten Frauen, die dem Sex wie besessen nachjagen, das nicht tun, weil sie die Männer so sehr lieben, sondern weil sie ihnen gegenüber eine enorme Angst und Wut empfinden. Die Gefühle machen sich wiederum unbewußt bemerkbar; sie erzeugen eine unerträgliche innere Unruhe und Beklemmung und treiben die an dem Trauma leidende Frau dazu, immer wieder für eine Erneuerung der sexuellen Begegnung zu sorgen. Die Frau hat dann den Drang, ein inneres Gleichgewicht wiederherzustellen, und sie versucht das dadurch zu erreichen, daß sie andere unterwirft, statt selbst unterworfen zu werden, und dominiert, statt dominiert zu werden. Dabei spielt sie aber auch mit dem Feuer. Jede zwanghaft vollzogene sexuelle Begegnung birgt in sich den Keim für das Bedürfnis, die Handlung zu wiederholen und dabei, wenn möglich, von neuem zu «gewinnen». Die Frauen, die einen äußerst starken Hang dazu haben, Männer gezielt zu verführen, haben meist auch ein äußerst tiefes Trauma und sehr viel verdrängte Wut und schmerzliche Angst. Eine zwanghafte Verführung ist eine verzweifelte und feindselige Handlung, die mit dem Ziel ausgeführt wird, über einen anderen Menschen zu siegen.

Terri, Sie haben sehr großes Glück gehabt, daß Sie an einen Therapeuten geraten sind, der erkannt hat, daß Sie sich als erstes von Ihrer Suchtmittelabhängigkeit befreien mußten. Als nächstes, meine ich, sollten Sie – während Sie diesem ersten Punkt weiter treu bleiben – sich für eine Weile sexuelle Enthaltsamkeit auferlegen und sich in dieser Zeit auf den eigentlichen Ursprung und die jetzige Funktion dieser Sucht in Ihrem Leben konzentrieren. Sie werden von der Beziehungssucht nicht loskommen, solange Sie diese elementare Sucht nicht angehen.

Liebe Frau Norwood,

Ihr Buch war für mich Teil einer ernsthaften Suche. Ich wollte herausfinden, aus welchen grundlegenden

Problemen heraus es bei mir dazu gekommen ist, daß ich zweimal geschieden bin, mehrere gescheiterte Beziehungen hinter mir habe, unfähig bin, von unmöglichen Männern die Finger zu lassen, und mich wertlos, unzulänglich und so weiter fühle.

Im Grunde genommen habe ich bisher immer Männer angezogen, die jünger waren als ich (der jüngste war neun Jahre jünger), oder Männer, die in meinem Alter waren, aber niemals ältere Männer. Da ich klein und zierlich bin, sehe ich relativ jung aus. Aber jetzt, bei meiner letzten Beziehung, habe ich zum erstenmal erlebt, wie es mit einem älteren Mann ist. Ich bin sechsunddreißig, und er ist vierundvierzig. Nachdem wir uns neun Monate lang kannten, gestanden wir uns gegenseitig ein, daß wir uns sehr ineinander verliebt hatten. Ein Jahr später behauptete er, es sei für ihn «zu schnell gegangen und zuviel auf einmal gewesen» und er brauche mehr Raum. Ich weiß jetzt, daß ich mit seinem Alter bestimmte Erwartungen verbunden habe. Auf Grund dieser Erwartungen hatte ich mich schon in ihn verliebt, noch bevor ich Gelegenheit hatte, ihn näher kennenzulernen und zu verstehen, warum er schon einmal geschieden ist, warum er bei seiner zweiten Ehe nicht in die Scheidung einwilligen will und wieso er ein solcher Schürzenjäger ist (befreundet ist er *ausschließlich* mit Frauen).

Beim Lesen habe ich in Ihrem Buch verzweifelt nach Geschichten gesucht, die speziell mit Inzest zu tun haben, aber davon gibt es nur zwei, und nur eine davon spricht entfernt das an, was ich durchgemacht habe. Sehen Sie, ich bin *kein* Inzestopfer, aber ich bin das fünfte von neun Kinder, darunter sechs Mädchen. Als Kind war ich sehr kränklich, und deshalb hat mein Vater mich in Ruhe gelassen, aber ich habe ihn immer zusammen mit meiner sechzehn Monate jüngeren Schwester nebenan hören können. Außer mir hat er sich an allen seinen Töchtern vergangen. Mich konnte er anscheinend nicht ausstehen, und wir hatten die meiste Zeit Krach miteinander. Als ich sechzehn war, habe ich gedroht, ihn umzubringen, wenn er seine Drohung wahrmachen und mich schlagen würde. Zu meiner Mutter sagte er, ich sei wegen meiner Krankheit eine finanzielle Belastung und er wünschte, ich wäre nie geboren worden. Aber der Umstand, daß ich von uns Mädchen als *einziges* von unserem Vater unbehelligt geblieben war, hat bei mir irgendwie das Gefühl hinterlassen, von einem Mann gar nicht geliebt oder akzeptiert werden zu können.

Diese innere Qual hat sich auf viele meiner Beziehungen ausgewirkt: Wenn ein Mann gesagt hat, daß er mich liebe, habe ich ihm nie geglaubt und immer versucht, seine Worte zu widerlegen, während ich gleichzeitig von ihm verlangt habe, mir seine Liebe noch stärker zu zeigen, aber nie bereit war, so lange zu warten, bis er sie mir auch zeigen konnte und wollte. Dann wiederum war ich wie ausgewechselt und habe ihn mit meiner Zuneigung und Liebe überschüttet und fast erdrückt. An dem Punkt angelangt, bekam ich unweigerlich zu hören, ich solle ihn nicht so bedrängen – und schon stand ich wieder alleine da. Wenn wir Krach hatten, dann meistens deshalb, weil ich ihm den Vorwurf gemacht hatte, daß er mir seine Liebe nicht zeige. Klingt verwirrend und durcheinander, ich weiß. Nun, soweit es um diesen Teil meines Lebens geht, bin ich es auch!

Was haben Sie bei Ihrer Untersuchung festgestellt: Hängt das Phänomen des Zu-sehr-Liebens eher mit Eltern zusammen, die Alkoholprobleme haben und Drogen mißbrauchen, oder mit lieblosen Vätern und Inzest? Ich habe gehört, daß Inzest und Alkoholismus normalerweise in derselben Familie vorkommen. Stimmt das? In meiner Familie hat es keinen Alkoholismus gegeben. Mein Vater hatte allerdings ein Magengeschwür.

Ich habe schon weiter vorn im Brief erwähnt, daß

ich als Kind sehr kränklich war. Ich habe eine Hauterkrankung, die sich atopische Dermatitis nennt und eine Kombination von ganz unterschiedlichen Allergien ist. Ich bin gegen viele verschiedene Nahrungsmittel, Pollenarten, Schadstoffe in der Luft und so weiter allergisch. Das Ganze ist mit einem schlimmen Ekzem verbunden. Infolge falsch verschriebener Medikamente bin ich außerdem von Narben gezeichnet. Das hat mir nur noch stärker das Gefühl gegeben, unzulänglich zu sein.

Ich komme langsam darüber hinweg, weil Gott mich mit zwei prachtvollen Jungen gesegnet hat. Sie sind sechs und dreizehn Jahre alt und haben keine Allergien oder Hauterkrankungen. Sie sind völlig gesund, sehr aufgeweckt und voller Liebe. Ich bin zu ihnen sehr streng, kontrolliere sie ständig und habe es bisher noch nicht geschafft, ihnen viel Liebe zu geben. Ich möchte so gerne ruhiger und lockerer sein und einfach an ihnen Freude haben können, weiß aber nicht recht, wie ich das anstellen soll. Also habe ich mich seit kurzem auf eine innere Suche begeben und arbeite daran, meine beiden Jungen wirklich zu lieben, sie weniger zu kritisieren und zu kontrollieren und mich ihnen statt dessen aufmerksamer zu widmen. Ich möchte ihnen verantwortliches Handeln beibringen und alles, was sie sonst noch so brauchen. Ich möchte meinen beiden Kindern, vor allem meinem Dreizehnjährigen, so furchtbar gerne eine Freundin sein. Das wird seine Zeit brauchen, aber ich will es versuchen.

Lana Z.

Liebe Lana,
in Ihrem Brief schreiben Sie, Sie seien nicht Opfer eines Inzests geworden. Das sehe ich anders. Wenn Ihr Vater mit Ihren Schwestern, nicht aber mit Ihnen körperliche Beziehungen hatte, so bedeutet das nicht, daß Sie keinen Schaden genommen haben. Keine von Ihnen hat in Ihrem Vater einen vertrau-

enswürdigen Erwachsenen erlebt, der für ihr Wohlergeben sorgte und sie nach Kräften vor Schaden bewahrte. Von ihm ging vielmehr eine ständige Bedrohung und Gefahr aus; infolge seiner Krankheit belästigte und mißbrauchte er seine Kinder.

Daß Sie sich eher zu Männern hingezogen fühlen, die jünger sind als Sie, wird verständlich, wenn Sie sehen, daß Frauen, die sich mit jüngeren Männern zusammentun, oft einen inneren Drang danach haben, andere zu kontrollieren. Sie haben dann das Gefühl, erfahrener und anspruchsvoller, stärker, weiser und weniger verletzlich zu sein. (Das ist zwar in Wirklichkeit längst nicht immer der Fall, vor allem was die Verletzlichkeit anbelangt, aber anfangs *scheint* es doch wenigstens so.)

Auch der Umstand, daß der ältere Mann, mit dem Sie jetzt zusammen sind, ganz offensichtlich Schwierigkeiten hat, mit Frauen – vor allem auf sexuellem Gebiet – offen und ehrlich umzugehen, kann nicht überraschen; schließlich haben wir eine natürliche Vorliebe dafür, uns Menschen zu suchen, mit denen wir die Beziehungsmuster unserer Kindheit wiederholen können. Im Bereich der Sexualität sind für Sie Fehlverhalten, Mißtrauen und Bedrohung altbekannte Themen.

Ja, am häufigsten kommt es in Alkoholikerfamilien zu Inzest, recht häufig aber auch in extrem religiösen und in disziplinarisch sehr strengen Familien. Inzest ist eine Krankheit, die oft von einer Generation zur nächsten weitergegeben wird. Meistens ist der Täter oder Aggressor als Kind sexuell ausgenutzt worden und mißbraucht dann als Erwachsener wiederum seine eigenen – oder auch andere – Kinder. Frauen, die einem Inzest zum Opfer gefallen sind, heiraten oft Männer, die Aggressoren oder potentielle Aggressoren sind und sich schließlich an ihren Kindern vergehen. Im übrigen fangen wir gerade erst an, uns ein Bild davon zu machen, wie häufig es auf der anderen Seite vorkommt, daß Frauen die Rolle der Aggressorin übernehmen und Kinder mißbrauchen. Auf diese Weise nimmt eine Generation nach der anderen Schaden, denn wenn das Geheimnis gewahrt bleibt, geht der Kreislauf weiter.

Alle von uns, die als Kind ein Trauma erlitten haben, drängt es stark dazu, die Oberhand über das zu gewinnen, wovon wir einst überwältigt worden sind. Je überwältigender das (die) Erlebnis(se) gewesen ist (sind), desto größer ist das Bedürfnis, die betreffenden Umstände von neuem entstehen zu lassen und diesmal dabei die Oberhand zu behalten. Das ist es, was die Menschen, die mißbraucht worden sind, dazu treibt, sich einerseits erneut sexuell mißbrauchen zu lassen oder sich andererseits selbst an Kindern zu vergehen beziehungsweise sich mit einem Aggressor zusammentun, den sie dann zu kontrollieren suchen. Alle diese Beziehungs- und zwanghaften Verhaltensmuster sind nicht länger rätselhaft, wenn wir erkennen, daß sich in ihnen das drängende Bedürfnis zeigt, jetzt, in der Gegenwart, dasjenige unter Kontrolle zu bekommen, was wir in der Vergangenheit nicht kontrollieren oder steuern konnten.

Strenge und Kontrolle spielen auch bei Ihrer Beziehung zu Ihren Söhnen eine Rolle. Wie könnte es auch anders sein? Alles, was wir über das Elternsein wissen, haben wir als Kinder von unseren eigenen Eltern erfahren, und obwohl wir uns geschworen haben, es einmal anders zu machen, müssen wir deshalb feststellen, daß wir nicht in der Lage sind, etwas anderes als das zu tun, was uns selbst angetan worden ist. Aus diesem Grunde empfehle ich allen Menschen immer eindringlich, an sich zu arbeiten, um in den Bereichen gesund zu werden, in denen sie als Kinder Schaden genommen haben. Wir können als Erwachsene lernen, sowohl das Kind, das wir einst waren, als auch den Erwachsenen, der wir geworden sind, zu lieben und zu schätzen. Wir können anfangen, uns selbst vorbehaltlos zu lieben – wir müssen nur wollen. Oft erfordert das viele Gebete und viel Arbeit, aber wir können es schaffen. Natürlich ist unsere eigene Genesung das größte Geschenk, das wir unseren Kindern machen können. Und es ist *nie* zu spät – weder für sie, noch für uns. Wir *können* dafür sorgen, daß wir unseren Kindern nicht Krankheit, sondern Genesung vererben, und zwar dadurch, daß wir an unserer *eigenen* Heilung arbeiten.

Sämtliche körperlichen Krankheiten sind stressbezogen, und zwar insofern, als sie durch Stress entweder hervorgerufen oder verschlimmert werden. Das scheint besonders für Hautkrankheiten zu gelten. Der Satz: «Das geht mir unter die Haut» ist da sehr treffend. Meiner Ansicht nach sollten Sie sich einer Selbsthilfegruppe anschließen, in der Menschen zusammenkommen, die ähnliches erlebt haben wie Sie. In erster Linie wird sich Ihr Heilungsprozeß dort abspielen. Möglicherweise brauchen Sie auch eine Einzeltherapie, aber achten Sie bei der Auswahl Ihrer Therapeutin (oder Ihres Therapeuten) unbedingt darauf, daß sie (er) sich in bezug auf Inzest und dessen Auswirkungen auch tatsächlich auskennt und wirklich weiß, was eine Genesung alles erfordert. Suchen Sie sich eine Therapeutin, die es unterstützt, daß Sie in einer Selbsthilfegruppe sind. Für eine Arbeit mit Inzestopfern sind am besten diejenigen qualifiziert, die selbst dabei sind, dieses Thema zu verarbeiten.*

Bei alledem ist Geduld erforderlich, denn der Genesungsprozeß braucht Zeit. Diese Verletzungen sind Ihnen über viele Jahre hinweg zugefügt worden, und diese Verhaltensmuster haben über noch mehr Jahre hinweg ein Eigenleben entwikkelt. Versuchen Sie, mutig und nicht ungeduldig zu sein, denn wenn Sie genesen, wird sich bei Ihnen letzten Endes in jedem Lebensbereich eine Besserung einstellen, ob das nun Ihre Gesundheit, die Beziehung zu Ihren Kindern, Ihre anderen Beziehungen oder Ihr spirituelles Leben ist.

Liebe Frau Norwood,

ich bin einundzwanzig, studiere Psychologie und mache bald mein Examen. Seit einem Jahr werde ich immer wieder von schmerzhaften Erinnerungen überfallen, die damit zu tun haben, daß mein Vater mich als Kind sexuell mißbraucht hat. Bis vor einem Jahr hatte ich diese Zeit völlig aus meinem Bewußtsein verdrängt. Aber dann fing ich an, meine Männerbeziehungen unter die Lupe zu nehmen. Leider

* Da die überwiegende Mehrheit der Opfer von sexuellem Mißbrauch Mädchen sind, heißt das folglich, daß für die Arbeit mit Inzestopfern in erster Linie Therapeut*innen* in Frage kommen. Im Originaltext ist neutral von *therapists* die Rede. (Anm. d. Übers.)

brauchte ich mehrere dieser schlimmen Beziehungen und schmerzhaften Fehler, bis ich merkte, daß ich mich dabei tatsächlich nach einem bestimmten Muster verhielt. Das gab mir den Anstoß, Ihr Buch zu lesen. Dort fand ich meine Probleme, Gefühle und Ansichten in Worte gefaßt. Da war das Muster und auch der Grund dafür beschrieben – das Erlebnis, das ich als Kind mit meinem Vater gehabt hatte. Ich glaube, ich habe ihn nie mit meinen ungesunden Beziehungen in Verbindung bringen wollen. Ich wollte ihm nicht die Schuld geben – also gab ich sie mir.

Durch Ihr Buch wurde mir klar, daß dieses mich schwächende Beziehungsmuster in einem viel ernsteren Problem seine Wurzeln hatte – ein Problem, das ich bearbeiten mußte. Ich gestand mir endlich ehrlich ein, was mit mir geschehen war und auch daß dadurch in meinem Leben immer noch Probleme erzeugt wurden. Zum Glück habe ich einen guten Freund, der als Assistent im psychologischen Beratungszentrum der Universität arbeitet. Er empfahl mir eine Therapeutin, und ihr offenbarte ich dann dieses Geheimnis, das ich fast dreizehn Jahre allein mit mir herumgetragen hatte.

Im Laufe eines Monats sondierten wir meine Gefühle. In dieser Zeit hat sich meine Einstellung zu meinem Vater geändert. Anfangs entlastete ich ihn total, dann aber kam in mir eine noch nie dagewesene Wut hoch. Ich sah, daß er mit dafür verantwortlich ist, daß aus mir eine Frau geworden ist, die zu sehr liebt. Auf einmal war mir klar, warum ich andere Leute immer kontrollieren, ändern und in Ordnung bringen wollte und warum ich in einen Traum vernarrt war und meinen Gefühlen ständig auswich. Zum erstenmal in meinem Leben hatte ich das Gefühl, echt zu sein, weil ich den Schmerz und die Wut erlebte, die schon immer dagewesen waren. Ich wußte, daß ich mich jetzt nicht mehr verstellen konnte, vor allem zu Hause nicht.

Ich hatte ungefähr einen Monat Therapie hinter mir, als die Weihnachtsferien kamen und ich mit diesen ungeheuer starken Gefühlen, die da in mir brodelten, nach Hause fahren mußte. Es war mir unmöglich, normal auf meinen Vater zuzugehen. Wir hatten immer eine scheinbar gute Beziehung gehabt. Ich erinnere mich allerdings, daß ich mich als Jugendliche in seiner Nähe manchmal unwohl gefühlt hatte. Er merkte zweifellos, daß in mir eine Veränderung vorgegangen war.

Als meine älteste Schwester eintraf, redete ich – auf Anregung meiner Therapeutin – mit ihr über unseren Vater, um dann von ihr zu erfahren, das er sich auch an ihr vergangen hatte. Ich hatte gemeint, das sei nur mir passiert, und sie hatte umgekehrt dasselbe angenommen. Als ich das von ihr erfuhr, wurde meine Wut noch größer und drängte mich, etwas zu unternehmen. Da wußte ich, daß ich ihn damit konfrontieren mußte. Dabei mußte ich aber auch an die übrigen Familienmitglieder denken: an meine Mutter, meinen Bruder und meine zweite Schwester.

Meine Mutter und mein Vater haben schon immer eine wackelige Beziehung gehabt, aber die letzten Jahre sind für sie eine besonders schwere Zeit gewesen. Mein Vater hat Angst, gegenüber meiner Mutter seine Gefühle zu zeigen, und sie ist zweifellos eine Frau, die zu sehr liebt. (Ich habe ihr gleich das Buch zu lesen gegeben.) Ihr gegenüber bleibt mein Vater auf Abstand, macht dabei aber keinen Hehl daraus, daß er sich zu anderen Frauen hingezogen fühlt; er spricht ständig von ihnen, und hin und wieder fängt er auch mit einer ein Techtelmechtel an. Mutter ist trotz alledem bei ihm geblieben. Sie ist eine sehr intelligente, mitfühlende und tatkräftige Frau und unternimmt alles mögliche, damit ihre Ehe funktioniert. Dabei läßt sie aber meinem Vater viel zuviel durchgehen.

Meine Mutter drückt nun wieder die Schulbank,

weil sie ihr Krankenpflegeexamen machen möchte, und wir sind uns seither sehr nahe gekommen. Wir unterhalten uns oft lange über meinen Vater und seine Eigenheiten und über ihre Beziehung zu ihm. Durch diese Gespräche habe ich erst erfahren, wie unglücklich sie ist.

Meine Mutter merkte bei unseren Gesprächen, wie wütend ich auf meinen Vater war, und sie begriff, daß diese Wut aus mir herausmußte. Sie glaubte jedoch, ich sei wütend, weil ich mich nach all den Jahren endlich über Vaters emotionale Unzugänglichkeit und sein besessen-zwanghaftes Verhalten aufregte. Wir Kinder (und meine Mutter) hatten viele Male seinen irrationalen Zorn und seine krassen Stimmungsschwankungen erlebt, ganz zu schweigen von seinen seltsamen Angewohnheiten. Für uns waren die Besuche zu Hause nicht immer so angenehm, wie sie hätten sein sollen. Es ist kein Wunder, daß wir alle eine Wut in uns haben: Wir durften nie widersprechen oder unserem Vater gegenüber zornig sein, weil wir nie wußten, wie er reagieren würde. Meine Mutter hat mir erzählt, daß er in manchen Situationen mit dem Kopf oder den Fäusten gegen die Wand schlägt. Auch sie hat seit den ersten Tagen ihrer Ehe Angst vor ihm. Wenn er mal ruhig und entspannt ist, ist das immer nur wie eine Art Ruhe vor dem Sturm.

Der Clou dabei – wie sicher auch in ähnlichen Fällen – ist, daß viele Leute meinen Vater für vorbildlich halten; sie meinen, wir seien eine vorbildliche Familie. Wir Kinder haben an diesem Scheinbild sogar festgehalten, als wir größer wurden. Mein Vater ist Pfarrer – mittlerweile im Ruhestand. Sein Vater war schon Pfarrer, und auch zwei seiner Brüder sind es. Meine Freundinnen haben oft geschwärmt, was für einen tollen Vater ich hätte. Die Freundinnen meiner Mutter sagen ihr immer, sie habe großes Glück, mit einem so wunderbaren Mann verheiratet zu sein. Seine Kirchengemeinden haben ihn praktisch mehr verehrt als ihren Gott. Und viele Frauen haben schon versucht, ihn zu verführen. Doch keiner von diesen Menschen hat mit ihm leben müssen so wie wir.

Wenn ich mir rückblickend unser aller Leben anschaue, dann erkenne ich jetzt, daß nichts daran so großartig war, wie ich es früher gern anderen vorgemacht habe. Damals sah es so aus: Ich hatte mehrere Geschwister, wir alle schienen recht gut an die Erfordernisse des Lebens angepaßt zu sein, und wir hatten Eltern, die zusammenblieben, statt dem Trend der Zeit mit seiner steigenden Scheidungsrate zu folgen. Ich war ein mustergültiges Kind: ausgezeichnet in der Schule, wohlerzogen, hübsch, nett und reif für mein Alter – von außen gesehen fast ideal. Meine Mutter gab sogar vor kurzem noch mir gegenüber zu, daß sie dachte, von den vier Kindern sei ich das einzige, das keine großen Probleme hätte. Aber als wir uns jetzt näherkamen, lernte sie mich besser kennen.

Schon bevor es um den Inzest ging, hatte sich in den letzten Jahren das Bild, das die Familie nach innen und außen abgab, immer weniger halten lassen, und außer meinem Vater hatten das auch alle gemerkt. Mit unserem neuen Bewußtsein standen meine älteste Schwester und ich nun vor einem Dilemma. Sollten wir unserer Mutter sagen, was uns unser Vater vor so vielen Jahren angetan hatte? War es das wert? Was würde dann mit der Familie geschehen, die ja eigentlich im gesunden Sinne des Wortes bisher gar keine Familie gewesen war? Würden wir die Schuldgefühle unserer Mutter vielleicht nicht ertragen können? Wie würden die übrigen Familienmitglieder uns gegenüber reagieren? Und was würde aus diesem oberflächlich gesehen großartigen Mann werden, den eigentlich niemand richtig kennt, am wenigsten er selbst?

Wir kamen zu der Überzeugung, daß etwas gesagt werden mußte. Meine älteste Schwester hatte genauso Angst vor der Konfrontation, wie ich zu Beginn meiner Therapie, aber meine Wut war so groß, daß ich die Angst irgendwie überwand. Als der Zeitpunkt der Konfrontation näher rückte, reimte sich meine Mutter alles zusammen. Durch Andeutungen, die meine Schwester und ich machten, und durch Dinge, die meine Mutter im Zusammenhang mit dem seltsamen Verhalten meines Vaters (seinen Stimmungsschwankungen, Depressionen, besessenzwanghaften Handlungen und seiner ständigen Beschäftigung mit sexuellen Themen) gelesen hatte, kam sie darauf. Sie fragte mich, ob er mich jemals sexuell mißbraucht habe. Ich sagte «ja» und sah, wie sich in ihrem Gesicht all das abspielte, was ich befürchtet und erwartet hatte. Ich sah aber auch ihre Stärke und Entschlossenheit langsam die Oberhand gewinnen. Sie war mit mir der Meinung, daß ich mit Vater zuerst einmal darüber reden solle, ehe irgend etwas anderes unternommen würde. Auch sie wollte dann ihren Teil dazu sagen.

Am nächsten Tag nahm ich ihn beiseite, und wir hatten ein langes Gespräch. Ich kann ehrlich sagen, daß mir nichts in meinem Leben jemals so schwergefallen ist, wie dort mit ihm zu reden – mich zu öffnen und ihm gegenüber emotional aufrichtig zu sein. Er hatte gewußt, daß mir etwas im Kopf herumging, und er hatte sich große Sorgen um unsere Beziehung gemacht. Er hatte auch schon vermutet, daß mein Zorn und mein distanziertes Verhalten ihm gegenüber mit dem Mißbrauch zu tun hatten. Offensichtlich hatte er das, was geschehen war, nicht verdrängt oder verleugnet.

Bei unserem Gespräch kamen viele Tränen und viel Traurigkeit hoch. Obwohl ich über das, was passiert ist, entsetzt bin und meinem Vater die Schuld gebe, macht es mich doch auch traurig, daß es überhaupt geschehen mußte und in dieser Welt immer noch so oft geschieht. Es bricht einem wirklich das Herz, zu sehen, wie das Bild, das man sich von seinem Leben und seiner Familie gemacht hat, in tausend Stücke zerspringt. Zu sehen, wie der eigene Vater sich in ein hilfloses Häufchen Elend verwandelt, ist qualvoll. Das Merkwürdigste ist: Ich zeigte ihm meine Wut, und das ermöglichte es mir, in dem Moment auch noch Liebe für ihn zu empfinden. Aber das war das letzte Mal, daß es mir so gegangen ist. Momentan pendeln meine Gefühle zwischen Wut, Abscheu und Mitleid hin und her. Manchmal empfinde ich überhaupt nichts für ihn, dann würde es mir nichts ausmachen, wenn er einfach aus dieser Welt verschwände. Ich frage mich, ob wir jemals wieder irgendeine Art von sinnvoller Beziehung zueinander haben können.

Zur Zeit machen meine Eltern beide eine Therapie und sind dabei, sich zu trennen. Die Scheidung läuft schon. Meine älteste Schwester und ich setzen beide unsere Therapie fort, und ich würde gern eines Tages mit Kindern oder erwachsenen Frauen arbeiten, die sexuell mißbraucht worden sind. Meine andere Schwester und mein Bruder verstehen die Situation, und wir reden oft darüber. Dadurch habe ich doch tatsächlich von meinem Bruder erfahren, daß es auch zwischen unserem Vater und ihm eine sexuelle Episode gegeben hat. Eigentlich habe ich das Gefühl, daß wir zum erstenmal eine Familie sind; jeder hört dem anderen zu und versteht ihn. Ich fühle mich endlich *echt* und kann besser auf meine Bedürfnisse und Wünsche achten. Das hilft mir, mich in meiner Familie und in anderen Situationen zu behaupten. Mehr als je zuvor freue ich mich darüber, mit meiner Mutter, meinen Schwestern und meinem Bruder zusammenzusein. Wir haben jetzt eine sehr enge Bindung. Wir alle gehen miteinander achtsam, einfühlsam und liebevoll um. Wir entwickeln uns weiter.

Über die Scheidung sind wir alle erschüttert, aber sie kommt nicht überraschend. Es ist so am besten, aber es fällt schwer, sich daran zu gewöhnen, weil unsere Eltern fünfunddreißig Jahre miteinander verheiratet waren. Es schmerzt mich, daß meine Mutter meint, die meisten Jahre davon habe sie vergeudet, weil sie immer wieder versucht habe, diesen Mann ihren Wünschen und Bedürfnissen entsprechend zu ändern. Dennoch ist sie jetzt zu diesem Schritt bereit, und sie merkt, daß sie mit vierundfünfzig noch jung genug ist, um es noch einmal zu versuchen. Vater ist nicht so stark, und ich kann seine Schwäche nur bemitleiden. Vielleicht gelingt es ihm, durch seine Therapie etwas stärker zu werden und einen Teil unserer Achtung zurückzugewinnen.

Was mich betrifft, so will ich mich mit der ganzen Angelegenheit manchmal überhaupt nicht mehr befassen, und ein andermal wiederum kann ich gar nicht anders, weil ich von meinen intensiven Gefühlen überwältigt werde. In der Hauptsache bin ich damit beschäftigt, mich selbst kennenzulernen. Irgendwo macht es Spaß und ist für mich eine große Herausforderung, aber es macht mir auch ein bißchen angst. Ich habe mich bisher nicht unterkriegen lassen und viele Dinge getan, die ich niemals getan hätte, wenn ich diesen Teil meiner Erfahrung nicht anerkannt hätte. Mehrmals war ich sogar selbst von mir überrascht. Langsam, aber sicher harmoniere ich mit meinen Bedürfnissen und Wünschen und lerne zu erkennen, was für mich gut ist und was schlecht. Ich habe genug davon, immer wieder dieselben Fehler zu machen. Aber schwerer ist es, dann auch wirklich das Gute zu tun. Ich bin es nicht gewöhnt, und manchmal schreckt mich sogar die Vorstellung, in einer stabilen, gesunden Umgebung zu leben.

Das schwerste sind die Beziehungen. Wenn man sich aktiv darum bemühen will, jemand zu finden, dem man vertrauen kann, ist das eine ganz schöne Arbeit! Ich traue nicht einmal meinen eigenen Gefühlen darüber, wem ich vertrauen kann. Und wenn ich daran denke, was ich bei meinen Eltern gesehen habe und wie oft ich von Männern enttäuscht worden bin, neige ich dazu, Beziehungen in einem negativen Licht zu sehen. Aber ich versuche, das nicht zu verallgemeinern, und möchte schon auch eine vertrauensvolle Einstellung haben. Es geht nur langsam voran, doch ich glaube wirklich, daß ich irgendwann auf dem richtigen Punkt anlangen und den richtigen Mann treffen werde. Ich bin ja so froh, daß ich nicht einen dieser kaputten Typen geheiratet habe, mit denen ich früher zusammengewesen bin. Ich weiß, daß ich es schaffen werde, und das ist das beste daran.

Amy M.

Liebe Amy,
Ihr Brief schildert in ergreifender Weise das Dilemma, vor dem viele Familien stehen, wenn es zu sexuellem Mißbrauch gekommen ist. Solange der Mißbrauch uneingestanden bleibt, kann die Familie – obwohl sie eine Lüge lebt – doch intakt bleiben und die Anerkennung genießen, die die Gesellschaft denen zollt, die als normal erscheinen. Wird aber der sexuelle Mißbrauch aufgedeckt, dann ist die Familie meist derart erschüttert, daß sie nicht als Einheit überleben kann. Mit anderen Worten: die Familie wird zumindest in manchen Bereichen dafür belohnt, wenn sie das Geheimnis wahrt, und dafür bestraft, wenn sie es preisgibt. Statt die Harmonie in der Familie wiederherzustellen, kann das Eingeständnis, daß es zu einem Inzest gekommen ist, allen Familienmitgliedern noch mehr Leid zufügen. Damit möchte ich aber nicht andeuten, man solle einen solchen Vorfall besser für sich behalten, sondern ich will damit sagen, daß dieses Problem allein durch ein Eingeständnis noch nicht behoben ist. Ein solches Eingeständnis *ist* allerdings der erste notwendige Schritt, damit überhaupt je die Hoffnung bestehen kann, diese Wunde zu heilen. Es liegt auf der Hand, daß Sie als Individuum gesund werden können, unabhängig davon, ob beispielsweise Ihr Vater ebenfalls gesund wird. Aber wie Sie ja gerade selbst erfahren, bedarf es, um den durch den Inzest angerichteten Schaden zu beheben, viel mehr als nur einer Konfrontation mit dem Täter.

Meiner Meinung nach gehören die Mitglieder Ihrer Familie

nicht in verschiedene Einzeltherapien, sondern in eine Familientherapie und zwar bei Therapeut/inn/en, die sich mit sexueller Sucht auskennen. Bei dieser Methode wird auf jede/n von Ihnen als Einzelperson eingegangen, dabei aber auch berücksichtigt, daß das Familiensystem, in dem es zu dem Inzest gekommen ist, gleichfalls therapiert werden muß. Ich glaube, man kann Ihren Vater mit Fug und Recht als sexuell süchtig diagnostizieren. Das bedeutet, daß er – genau wie ein Alkoholiker auch – krank ist. Diese Krankheit entlastet ihn nicht von seiner Verantwortung für das, was er tut, aber sie enthebt ihn *meines Erachtens* der Schuld. Man könnte Ihren Vater mit jemand vergleichen, der Tuberkulose hat. Für seine Krankheit kann man ihm keine Schuld geben, aber er ist wohl dafür verantwortlich, sich seinen Zustand einzugestehen und alles zu tun, damit er niemanden infiziert. Außerdem muß er sich um seiner selbst und um derer willen, mit denen er Kontakt hat, einer angemessenen Behandlung unterziehen. Diese Krankheit bedeutet für ihn eine Verantwortung, sie ist aber nicht sein Fehler. Ich wage die Vermutung, die Sucht Ihres Vaters habe ihre Ursache darin, daß er selbst früher sexuell ausgenutzt worden ist, und daß er, um seine Krankheit zu heilen, sich einem Trauma stellen müßte, das in manchem dem ähnelt, was Sie durchgemacht haben. Erst bei der Arbeit mit der ganzen Familie, in der sich der Inzest abgespielt hat, wird ein Höchstmaß an Aufrichtigkeit, persönlicher Verantwortung, Verständnis und Vergebung erreicht. Das ist der ideale Therapieansatz.

Außerdem möchte ich darauf hinweisen, daß es zwar bequem und sogar tröstlich sein mag, Ihren Eltern konträre Rollen zuzusprechen – Ihr Vater als der schlimme, hinterhältige Untäter und Ihre Mutter als die gute, aufrichtige, leidgeprüfte Frau –, doch den tatsächlichen Sachverhalt trifft das nie ganz genau. Damit der in Ihrer Familie vorgefallene sexuelle Mißbrauch geheimgehalten werden konnte, war es erforderlich, daß Sie alle – auch Ihre Mutter – nicht ganz aufrichtig waren. Sie alle haben gewisse Fragen nicht gestellt, Wahrgenommenes verzerrt, Beobachtetes verleugnet und Gefühle unterdrückt. Bei der Therapie von Familien, in denen es zu einem Inzest gekommen ist, wird oft deutlich, daß der nicht agierende Elternteil (in Ihrem Fall Ihre Mutter) meist genauso sehr der Hilfe bedarf – ja, innerlich genauso geschädigt ist – wie der Täter. Ihres Vaters Krankheit wird nicht einfach automatisch verschwinden, nur weil sie aufgedeckt worden ist; ebensowenig wird die Co-Abhängigkeit Ihrer Mutter beseitigt sein, wenn sie sich von Ihrem Vater scheiden läßt.

Einige Krankenhäuser bieten die Möglichkeit, sexuelle Sucht als Familienkrankheit stationär zu therapieren. Die Zwölf-Schritte-Methode ist fester Bestandteil der meisten dieser Programme, die entwickelt worden sind, weil bei der stationären Behandlung von Süchtigen festgestellt wurde, daß in Alkoholikerfamilien häufig auch sexuelle Süchtigkeit anzutreffen ist. Es wäre einfach unsinnig gewesen, den Alkoholismus zu therapieren und die sexuelle Süchtigkeit zu ignorieren. Im übrigen sprechen sexuelle Abhängigkeit und Co-Abhängigkeit auf die gleiche Familiensystemmethode an, die sich schon als derart wirksamer Ansatz bei der stationären Therapie von Suchtmittelabhängigkeit erwiesen hat. Durch diese Methode werden die Familienmitglieder dazu gebracht, *mit*einander statt *über*einander zu reden, und die Familiengeheimnisse werden aufgedeckt, damit sie offen anerkannt und geheilt werden können.

Amy, es werden vielleicht nicht alle Mitglieder Ihrer Familie bereit sein, bei einer solchen, sich auf das Familiensystem konzentrierenden Methode der Inzesttherapie mitzumachen (ob nun in einem Krankenhaus oder nicht), aber ich bin überzeugt, daß ein solcher Ansatz die größten Heilchancen bietet; je mehr von Ihnen mitmachen, desto tiefer wird die Heilung gehen.

Liebe Robin Norwood,
ich bin auf dem Weg der Genesung und mache bei den Anonymen Alkoholikern, den Anonymen Drogensüchtigen, den Anonymen Eßsüchtigen und bei Al-Anon mit. Vor kurzem bin ich auch mit meiner sexuellen Sucht ins reine gekommen und mache in-

zwischen bei den Anonymen Sexsüchtigen mit, um auch in diesem Bereich gesund zu werden. Darüber hinaus bin ich bei einer Therapeutin und gehe zu einer Drogenberatungsstelle. Ich mache außerdem bei den Erwachsenen Kindern von Alkoholikern mit und fange gerade an, einige der damit zusammenhängenden Themen anzugehen. Mein Hauptproblem ist, daß ich soviel verdrängt habe (ich glaube, sogar etwas, das mit Inzest zu tun hat), und ich weiß nicht recht, wie ich da am besten drankommen kann. Ich habe eine Beziehung mit dem Mann, mit dem ich seit acht Jahren verheiratet bin. Wir haben fünf Kinder. Seit zwei Jahren wohnen wir nicht mehr zusammen, und er trinkt immer noch. Ich hoffe weiterhin inständig, daß er sich ändert. Meinen Schmerz reagiere ich dadurch ab, daß ich mir irgendwelche kaputten Typen suche und mit ihnen immer wieder sexuelle Beziehungen habe. All diese Männer sind alkohol- oder drogenabhängig. Bei jedem glaube ich, verliebt zu sein, und kann mit dem «Tanz» nicht aufhören. Seit der letzten dieser sexuellen Beziehungen sind zwei Monate vergangen, in denen ich – abgesehen von meinem Mann – enthaltsam gelebt habe.

Ich mache eine Ausbildung und möchte später einmal Therapeutin werden. Das ist mein langfristiges Ziel, aber zunächst möchte ich wissen, in welche Richtung ich gehen soll. Ich habe dem Autor Patrick Carnes einmal geschrieben, und er hat mir zurückgeschrieben, und dadurch habe ich angefangen, diesen Bereich zu bearbeiten. Auch an einer Antwort von Ihnen wäre ich sehr interessiert.

Felice D.

Liebe Felice,
ich möchte Ihnen gerne mitteilen, was ich über zwanghafte Sexualität weiß. Erstens einmal rührt sie meistens daher, daß die oder der Betreffende in der Kindheit sexuell mißbraucht worden ist. Während ein solcher Mißbrauch einerseits zu einer

Abneigung gegen jedwede sexuelle Betätigung führen kann, kann er andererseits auch ein zwanghaftes Sexualverhalten erzeugen. Letzteres ist meiner Erfahrung nach sogar häufiger. Ein sexuelles Zwangsverhalten ist – genau wie Gewalttätigkeit – ein angelerntes Verhalten. Menschen, die selbst gewalttätig sind oder mit einem Partner zusammenleben, der gewalttätig ist (oder beides), kommen aus Verhältnissen, in denen Gewalttätigkeit eine Rolle gespielt hat. Menschen, die sexuell süchtig sind oder sich zu anderen hingezogen fühlen, die es ihrerseits sind (oder beides), stammen aus Verhältnissen, in denen ein zwanghaftes Sexualverhalten eine Rolle gespielt hat, und sind in den meisten Fällen als Kinder sexuell mißbraucht worden.

Wenn Sie die Vermutung hegen, einem Inzest zum Opfer gefallen zu sein, dann trifft diese Vermutung höchstwahrscheinlich auch zu, und zwar aus drei Gründen. Der erste Grund ist, daß Sie es vermuten. Viele Inzestopfer können sich an keine Einzelheiten mehr erinnern, haben aber das vage und sehr unangenehme Gefühl, daß «in dem Bereich etwas nicht in Ordnung gewesen ist». Die Erinnerung daran ist verdrängt, weil die Betreffenden sonst durch die Kenntnis, durch das Erinnern, durch das Konfrontiertsein mit den widersprüchlichen Gefühlen erdrückt würden. Der zweite Grund ist Ihr sexuelles Zwangsverhalten. Ihr Verhalten ist ja nicht im luftleeren Raum entstanden. Sie haben gelernt, sich als sexuelles Objekt zu verstehen und in erster Linie sexuelle Beziehungen zu haben, weil Sie aller Wahrscheinlichkeit nach als Kind so behandelt und traumatisiert worden sind. Jede Art von Trauma kann dazu führen, daß die (oder der) Betreffende den jeweiligen Vorfall zwanghaft wiederholt in dem Bemühen, den aus dem Vorfall resultierenden Schock und Schmerz zu vertreiben. Bei traumatischen sexuellen Vorgängen führt die Wiederholung zu einem weiteren Trauma. Wenn erwachsene Frauen zwanghafte Sexualbeziehungen haben, läßt sich praktisch die Diagnose stellen, daß sie als Kind sexuell mißbraucht worden sind. Es handelt sich dabei sowohl um ein angelerntes Verhalten als auch um eine zwanghafte Wiederholung des Vorfalls, dem sie in der Vergangenheit ausgeliefert waren.

Wenn Sie gesund werden wollen, müssen Sie erkennen, daß

Sie nicht «Ihren Schmerz dadurch abreagieren, daß Sie sich irgendwelche kaputten Typen suchen und mit ihnen sexuelle Beziehungen haben». Sie müssen sich vielmehr bewußt machen, daß Sie inzwischen Ihre Suchtkrankheit ausagieren und daß Ihr jetziger Schmerz von Ihrer sexuellen Abhängigkeit herrührt und gleichzeitig dazu dient, wieder das nächste – als «Abreagieren» empfundene – Ereignis zu rationalisieren. Daß Sie aus einer Alkoholikerfamilie stammen, ist der dritte Grund, warum Inzest wahrscheinlich Teil Ihrer sozialen Erfahrung ist. Zwar kommt es keineswegs in allen Alkoholikerfamilien zu Inzest, aber in den Familien, in denen es zum Inzest kommt, findet sich sehr häufig auch Alkoholismus.

Sie werden sich wahrscheinlich fragen, woher es kommt, daß Sie von so vielen verschiedenen Dingen abhängig sind. Das folgende Erklärungsmodell kann Ihnen vielleicht helfen, das zu verstehen. Viele Suchtkrankheiten sind «überdeterminiert», wie wir im Therapiebereich sagen. Das heißt einfach, daß mehr als ein – für sich genommen schon ausreichender – Grund für das Auftreten der Krankheit vorhanden ist. In Ihrem Fall ließe sich Ihre Abhängigkeit von Alkohol und anderen Drogen zum einen allein darauf zurückführen, daß Sie von Ihren alkoholabhängigen Eltern wahrscheinlich eine körperliche Veranlagung für die Abhängigkeit von bestimmten chemischen Substanzen geerbt haben. Zum anderen könnte man in Ihrem Alkoholismus einzig ein angelerntes Verhalten oder einen Verarbeitungsmechanismus sehen, den Sie sich zu eigen gemacht haben, weil Sie mit Alkoholismus aufgewachsen sind. Schließlich könnte man Ihre Suchtmittelabhängigkeit noch so interpretieren, daß Sie versucht haben, Ihr Inzesttrauma durch Selbstmedikation zu beseitigen, und daß sich dann aus der übermäßigen Einnahme von süchtigmachenden Drogen eine Abhängigkeit ergeben hat. Wahrscheinlich trifft bei Ihnen jeder einzelne dieser Gründe zu, und wahrscheinlich läßt sich jede dieser Erklärungen in gewissem Maße auch auf Ihre Eßsucht übertragen.

Denken Sie daran, daß Sie – trotz aller Probleme, die durch Ihre Alkohol-, Drogen- und Eßsucht heraufbeschworen worden sind – diese Dinge vielleicht mißbrauchen mußten, um das

Trauma aus der Vergangenheit zu überstehen. Mit Hilfe der Mittel, die Ihnen die Anonymen-Programme an die Hand geben, und mit Hilfe anderer geeigneter Unterstützung können Sie nun anfangen, Ihre vermutliche Primärsucht anzugehen, also die Sucht mit der längsten Geschichte und den am tiefsten reichenden Wurzeln: Ihr zwanghaftes Sexualverhalten.

Sie wollten wissen, wie Sie «da am besten drankommen können». Statt Ihnen die eine oder andere spezielle therapeutische Technik zu empfehlen, möchte ich Ihnen sagen, daß meines Erachtens der für Sie wichtigste Schritt darin besteht, daß Sie daran arbeiten, *bereit* zu werden – bereit, sich dem zu stellen, was auch immer in Ihrer Vergangenheit vorgefallen ist. Wenn Sie um diese Bereitschaft beten und um den Mut, mit den Inhalten aufrichtig umzugehen, wird das übrige von alleine kommen. Sie werden dann das Therapieprogramm und die Menschen finden, die Sie zu Ihrer Unterstützung brauchen, und die Erinnerungen werden dann so schnell oder langsam in Ihr Bewußtsein aufsteigen, daß Sie davon nicht überfordert werden. Ich bewundere, daß Sie sich so mutig für Ihre Genesung einsetzen und den Wunsch haben, Therapeutin zu werden. Meiner Meinung nach kann niemand eine bessere Therapeutin werden als eine Frau, die selbst mit einer Sucht zu ringen hatte und es inzwischen so weit gebracht hat, daß sie auf eine mehrjährige gründliche Genesung zurückblicken kann. Je mehr Suchtarten wir an uns selbst kennengelernt und bearbeitet haben, desto besser verstehen wir, wie Menschen krank werden und wie sie wieder gesund werden können. Sehr viele der Menschen, die sich zu den helfenden Berufen hingezogen fühlen, kommen aus ähnlichen Verhältnissen wie Sie – Verhältnisse, durch die auch sie in vielem ähnlich süchtig und zwanghaft besessen geworden sind. Daraus ergibt sich für uns Angehörige der helfenden Berufe die Frage: Verdrängen wir unsere eigene(n) Krankheit(en) oder genesen wir von ihr (ihnen)? Ein Verdrängen oder Leugnen läßt uns meiner Meinung nach in allen Bereichen unseres Lebens gefährlich werden. Andererseits müssen wir für eine Genesung so viel Stolz (das Bedürfnis, gut auszusehen) und Eigensinn («Damit werde ich allein fertig») aufgeben, daß die meisten Therapeut/inn/en und psychologischen Berater / innen sich lieber dafür entscheiden, ihre eigenen Geheimnisse sorgfältig zu hüten. Wenn aber das Schicksal uns gnädig ist, wird es uns unmöglich, so weiterzuleben wie bisher. Wir stehen dann vor der Wahl, entweder an unserer Genesung zu arbeiten oder zu sterben. Wenn wir uns dann dafür entscheiden, uns unseren eigenen Geheimnissen zu stellen, werden wir eine Demut entwickeln, die uns gute Dienste dabei leistet, die Kämpfe unserer Klientinnen und Klienten zu verstehen. Bei allen Ausbildungsjahren, die Sie noch vor sich haben, wird die eigene anhaltende Genesung von Ihren verschiedenen Suchtkrankheiten die für Sie lehrreichste Erfahrung sein.

Aber wenn Sie dann schließlich Ihr Examen und Ihre Zulassung haben, möchte ich Ihnen dringend empfehlen, immer daran zu denken, daß Sie in erster Linie ein von Suchtkrankheiten genesender Mensch sind und erst in zweiter Linie eine Therapeutin. Wenn Sie die Reihenfolge dieser beiden Rollen umkehren, geht es Ihnen möglicherweise so, daß Sie in Bereichen, in denen Sie noch nicht gesund sind, eine Genesung vortäuschen müssen, um Ihren Status als Therapeutin zu rechtfertigen. Häufig wird unser Beruf auch als Ablenkung von der eigenen Krankheit benutzt. Da das Leben die Angewohnheit hat, uns immer neue Prüfungen aufzuerlegen (ob wir nun ein Examen und eine Zulassung haben oder nicht), werden die persönlichen Probleme, auf die Sie später als Therapeutin stoßen, entweder dazu beitragen, daß Sie weiter bescheiden an sich arbeiten, oder sie werden bei Ihnen eine Abwehrhaltung und Verschlossenheit hervorrufen und die menschlich natürliche Neigung zur Verdrängung begünstigen. Wenn das geschieht, werden Sie als Therapeutin unweigerlich weniger effektiv arbeiten und außerdem Ihren eigenen Genesungsprozeß gefährden. Glücklicherweise werden die gleichen Eigenschaften, die für eine gute Genesung erforderlich sind, auch Ihre therapeutischen Fähigkeiten verbessern. Das ist ein großes Plus der Genesung – und es ist nicht das einzige.

Kapitel 5: Briefe von Frauen, die an anderen Abhängigkeiten leiden

Eine Sucht läßt sich am besten nach dem Krankheitsmodell beschreiben, darin stimmen heutzutage die meisten Suchtfachleute überein. Nach allgemeiner Überzeugung lassen sich bei jeder Sucht bestimmte seelische, körperliche und Verhaltenssymptome ausmachen, die sich mit fortschreitender Krankheit verschlimmern. Ziel des zu diesem suchtbezogenen Krankheitsmodell gehörenden Therapieansatzes ist es, Enthaltsamkeit zu erreichen. Die Therapiemethode baut dabei auf die Teilnahme an Selbsthilfegruppen. Wenn dieser Ansatz befolgt wird, ist die Methode äußerst effektiv; sie fördert die Genesung von einer fortschreitenden und letztlich tödlich verlaufenden Krankheit.

Wenn wir erst einmal verstehen, was eine Sucht ist, wie sie fortschreitet und wie sie am besten therapiert werden kann, dann haben wir damit (je nach unserem speziellen Bezugsrahmen) eine Diagnose, eine Hypothese oder eine Metapher, die unsere Gefühle und unser Verhalten erklären kann. Mit Hilfe dieses Verständnisses können wir uns manchmal in mehr als einem Problembereich Erleichterung verschaffen, weil wir Süchtigen oft an mehr als einer Sucht leiden. Unsere verschiedenen Süchte können sich in verschieden großem Maße negativ auf unser Leben auswirken. Vielleicht wird bei uns zum Beispiel eine Sucht von einer anderen verdeckt, wie etwa wenn eine Fitneßsucht die Auswirkungen einer Eßsucht vertuschen hilft. Vielleicht wird bei uns aber auch durch die eine Sucht die Therapie einer anderen, noch tiefer verankerten verhindert, wie etwa wenn wegen einer akuten Alkoholabhängigkeit die Behandlung einer eigentlich noch schwereren und grundlegenderen sexuellen Abhängigkeit nicht möglich ist, solange der Alkoholismus nicht angegangen wird.

Es gibt Leute, die die Beziehungssucht niemals als *Krankheitsprozeß* akzeptieren werden, genauso wie es Leute gibt, die nicht einsehen können, daß sich Alkoholismus als Krankheit begreifen läßt. Doch viele von uns, die im Therapiebereich tätig sind, betrachten schon seit langem die Menschen, die gerade von irgendeiner Sucht genesen, als die wahren «Fachleute» auf dem Gebiet der Sucht. Von diesen genesenden Süchtigen können alle Therapeutinnen und Therapeuten, die die jeweilige Sucht behandeln, sehr viel lernen. Wenn Süchtige ihren Zustand als Krankheit erkennen, ihn als solchen behandeln und schließlich gesund werden, dann ist meines Erachtens das allein schon ein überzeugender Grund dafür, Sucht als Krankheit zu begreifen.

Der folgende Brief legt überzeugend dar, daß zwischen Alkoholismus und Beziehungssucht Parallelen bestehen, und zwar sowohl, was die aktive Phase, als auch, was den Weg zur Genesung angeht. Die Frau, die den Brief geschrieben hat, kennt beide Suchtarten aus eigener Erfahrung. Sie hat auch erlebt, wie frustrierend es sein kann, wenn man mit jemand über seine Sucht zu reden versucht, der sich zwar große Sorgen macht und es sehr gut mit einem meint, einen aber einfach nicht versteht.

> Liebe Frau Norwood,
> ich will hier nicht auf Einzelheiten eingehen, da ich weiß, daß sich meine Geschichte nicht wesentlich von der anderer Leute unterscheidet, denen Sie bei Ihrer Forschungsarbeit begegnet sind. Aber ich möchte Ihnen mitteilen, wie sehr «Wenn Frauen zu sehr lieben» zur Verständigung zwischen meiner ehemaligen Schwägerin und mir beigetragen hat. Sie ist seit dreißig Jahren meine Freundin. Fünfundzwanzig Jahre lang war sie mit meinem Bruder verheiratet und hat da ganz traditionell die Hausfrauenrolle ausge-

füllt, während ich in der Zeit zweimal kurz verheiratet, sonst aber größtenteils alleinstehend gewesen bin. Die Beziehungen, die sie nun seit ihrer Scheidung vor mehreren Jahren hat, sind ganz anders als die, die ich immer habe. Ihre Beziehungen scheinen beständiger und lohnender zu sein, während ich von den Wogen der Liebe mal hier und mal dort an Land gespült werde. In diesen vielen Jahren hat sie mir unzählige Stunden lang zugehört, wenn ich ihr mein Leid geklagt habe, und hat versucht, mir zu helfen und mich zu trösten. Und ich habe in all diesen zahllosen Stunden versucht, ihr verständlich zu machen, wieso ich derart anstrengende Beziehungen aufrechterhalten wollte. Sosehr wir beide uns auch bemühten, ich habe mich nie angemessen verständlich machen können, und sie hat mich nie richtig verstehen können.

Ich bin Alkoholikerin – inzwischen auf dem Weg der Genesung. Weil ich glaube, daß Alkoholismus eine Krankheit ist, gehe ich regelmäßig zu den Anonymen Alkoholikern, bei Bedarf auch zu einem Therapeuten und bin jetzt (durch die Gnade Gottes) seit siebeneinhalb Jahren trocken. Ich bin fest überzeugt, daß meine Krankheit fortschreitender Art ist, egal, ob ich ihr nachgebe oder nicht.

Als ich meinen Alkoholismus als Krankheit begriffen hatte, hat mir das auch geholfen, meine Probleme mit Männern zu verstehen. Anscheinend werden nämlich auch meine Romanzen immer ungesünder. Im Juni dieses Jahren fühlte ich mich nach zwei Jahren völliger Enthaltsamkeit endlich gefestigt genug, um es zum erstenmal nach der Katastrophe von damals wieder mit einem Mann zu versuchen. Aber selbst ich konnte endlich sehen, daß mit *mir* etwas nicht in Ordnung ist, denn die Qual ging sogleich von vorne los!

Bei dem neuen Mann, mit dem ich ab Juni zusammen war, folgte ich wieder denselben negativen Verhaltensmustern und war bald tausendmal unglücklicher als zuvor.

Im August war dann der Stress für mich so groß, daß ich beinah unfähig war, etwas zu tun. Innerhalb von vier Tagen sagten mir drei Leute unabhängig voneinander, ich solle Ihr Buch lesen. Ich kaufe mir nur selten Bücher, meistens leihe ich sie mir in der Bücherei aus, aber in dem Fall hatte ich (dank meiner Erfahrung als Anonyme Alkoholikerin) das Gefühl, daß Gott mir etwas sagen wollte, und so habe ich mir Ihr Buch gekauft und es gelesen.

Genauso wie mir durch ein spirituelles Erwachen damals klar wurde, daß ich nüchtern werden mußte, ist mir jetzt durch Ihr Buch klar geworden, daß ich zu einer realistischen Einschätzung meines Verhaltens in Beziehungen kommen muß. All die Jahre habe ich mich als absonderlich empfunden, weil die Menschen, denen ich mein Leid klagte, zufällig nicht unter suchthaften Beziehungen litten oder sonstwie süchtig waren. So habe ich natürlich Ratschläge erhalten, die mir unverständlich und überhaupt nicht durchführbar erschienen. Ich wußte nicht, was nicht in Ordnung war; aber da war irgend etwas Unbekanntes, das alles durchzog. Ich glaubte, ich sei eine Außenseiterin.

Mir ging es etwa so wie einer Farbenblinden, bei der weder sie selbst noch die anderen etwas von ihrer Farbenblindheit wissen. Wenn die Leute versucht haben, mir «Farben zu erklären», haben weder sie noch ich unsere Kommunikationsprobleme verstehen können. Jetzt weiß ich endlich, daß ich die meiste Zeit meines Lebens zu meinen Freundinnen und Ratgebern in einer fremden Sprache gesprochen habe, und außerdem habe ich nun entdeckt, daß ich nicht allein bin. Ich habe ein ernstes Problem, sicher – aber damit stehe ich keineswegs alleine da! Genauso wie ich mich selbst besser akzeptieren konnte, als ich mich mit meinem Alkoholismus konfrontierte und feststellte, daß Millionen an derselben Krankheit leiden, habe ich mich nun «normaler» gefühlt, als ich mich mit meiner Liebessucht konfrontierte. Erst die neue Beziehung, dann Ihr Buch und schließlich mein dadurch ausgelöstes Erwachen – August und September waren wirklich interessante Monate, das können Sie mir glauben! Hinsichtlich meiner Beziehungen stand ich vor drei Wahlmöglichkeiten:

1. Ich ändere mich nicht und habe keine Aussicht auf irgendeine positive Art von Beziehung – in diesem Fall konnte ich nicht viel Sinn im Leben sehen.

2. Ich gebe die Hoffnung auf eine natürliche, gesunde Nähe zu einem besonderen Mann auf und bleibe für den Rest meines Lebens allein – auch in diesem Fall konnte ich nicht viel Sinn im Leben sehen.

3. Ich sehe der Tatsache ins Auge, daß ich beziehungssüchtig bin und unternehme alles Erforderliche, um mich zu ändern, damit ich ein einigermaßen glückliches Leben führen kann.

Ich freue mich, Ihnen mitteilen zu können, daß ich die «Romanze» beendet und mich für die dritte Möglichkeit entschieden habe! Ich habe eingesehen, daß Lieben sich für mich eigentlich genauso auswirkt wie Trinken, und da ich in den Jahren bei den Anonymen Alkoholikern einige Techniken gelernt habe, die mir helfen, meine Abhängigkeit zu überwinden, war ich von Anfang an recht zuversichtlich, auch in diesem Fall den rechten Weg einzuschlagen. Der September war der Entzugsmonat: ich entzog mich körperlich der Beziehung (oder habe ich mich vielleicht *allen* vergangenen Romanzen entzogen?). Es war zweifellos schlimmer als mit dem Trinken aufzuhören. Aber ich war fest dazu entschlossen, um körperlich und geistig überleben zu können. Ich ging zu einer Beratungsstelle, machte bei einer Suchtbeziehungsgruppe speziell für Co-Alkoholiker/innen mit, beobachtete mich, untersuchte, warum ich in der Vergangenheit unglückliche Liebesaffären gehabt hatte, und las so viel wie möglich zu diesem und zu verwandten Themen.

Fast wie durch Zauberei war ich Ende September dann von der jüngsten schmerzhaften Beziehung «geheilt». Und während dieser Zeit hatte ich wie immer die hilfreiche Unterstützung meiner Schwägerin. Aber nun konnte sie auf eine wirklich konstruktive Weise für mich da sein, weil ich darauf bestanden hatte, daß sie «Wenn Frauen zu sehr lieben» las. Jetzt versteht sie uns Liebessüchtige!

Oh, ich weiß, daß ich noch nicht über den Berg bin und daß dieses augenblickliche «Geheiltsein» nur vorübergehend Bestand haben wird. Aber ich bin dabei, von meinem Alkoholismus loszukommen, und weiß in groben Zügen, was vor mir liegt und wie ich es ungefähr anpacken kann. Bei meinen neuen Zukunftsaussichten tappe ich zwar noch etwas im dunkeln, aber ich glaube, daß dieselben Grundsätze, die ich die ganze Zeit bei den Anonymen Alkoholikern anwende, mir auch helfen werden, diese Sucht zu überwinden und zu einer besseren Lebensweise zu finden. Ich erwarte, daß es klappt, und ich bin bereit, daran zu arbeiten.

Sie haben erwähnt, Sie seien der Ansicht, daß bei Beziehungssucht Gruppen ähnlich den Anonymen Alkoholikern die beste Hilfe böten. Ich hatte daran gedacht, eine solche Gruppe ins Leben zu rufen, habe es bisher aber noch nicht getan. Ich glaube allerdings, daß ein solcher gegenseitiger Austausch notwendig ist, um anderen bei ihrem Liebessucht-Problem zu helfen. Wenn ich ein bißchen ruhiger geworden bin und noch ein paar meiner praktischen Lebensprobleme gelöst habe, werde ich mich bemühen, andere von «uns» für diese Idee zu gewinnen.

Rhonda D.

Liebe Rhonda,
ich bin ganz Ihrer Meinung, daß Beziehungssucht, genau wie Alkoholismus, eine fortschreitende Krankheit ist. Es gehört zu den ungelösten Rätseln von Sucht, daß der Krankheitsprozeß

zwar zum Stillstand kommt, solange Alkoholiker/innen oder Drogensüchtige ihre Droge nicht nehmen, daß diese Menschen aber schon bald genauso krank wie vor ihrer Abstinenz sind, wenn sie wieder Gebrauch von den bewußtseinsverändernden Stoffen machen. Körperlich und seelisch gesehen ist es dann, als habe es nie eine Phase der Nüchternheit oder Drogenfreiheit gegeben, ja, als hätten die Betreffenden die Droge(n) die ganze Zeit über weitergenommen. Und das gilt selbst dann, wenn sie viele Jahre lang «trocken» oder «sauber» gewesen sind. Wir wissen nicht, warum das so ist; wir wissen nur, daß es so ist.

Bei Vorträgen bin ich gefragt worden, ob ich glaube, daß Beziehungssucht eine in gleicher Weise fortschreitende Krankheit sei wie eine Suchtmittelabhängigkeit – ob also ein Mensch nach einer Phase der Abstinenz rasch noch kränker werden könne als je zuvor, wenn er wieder suchthafte Beziehungen eingehe. Aus eigener Erfahrung und Beobachtung heraus antworte ich darauf mit «ja». In dieser Hinsicht ist Ihre «August-Romanze» typisch: Die Zeitspanne zwischen dem Beginn einer suchthaften Beziehung und der Feststellung, daß man mit dem Leben wieder einmal überhaupt nicht zurechtkommt, verkürzt sich im Laufe der Jahre drastisch. Darüber hinaus sind die negativen Folgen für die körperliche und seelische Gesundheit meist nicht nur schneller zu sehen, sondern sie werden auch mit jedem neuen «Ausrutscher» schlimmer, genau wie das beim Alkoholismus der Fall ist.

Ich möchte Ihnen das kurz anhand einer Geschichte veranschaulichen. Eine junge Frau, die ich hier Agnes nennen möchte, hatte eine Zeitlang mit einem (abgesehen von seinen Drogengeschäften) arbeitslosen, gewalttätigen Drogenabhängigen zusammengewohnt und dann dank ihrer beharrlichen Teilnahme an Al-Anon-Meetings endlich genug Selbstwertgefühl entwickelt, um sich aus dieser Wohnsituation zu befreien. Da sie auch weiterhin an den Gruppentreffen teilnahm und engen Kontakt zu hilfsbereiten Freunden aus ihrer Gruppe hielt, schaffte sie es, in den ersten Monaten ihrer Trennung von ihm Abstand zu halten, obwohl er immer wieder versuchte, sie von neuem an sich zu binden. Schließlich hörte er damit auf und meldete sich nicht mehr.

Nach vier Jahren hatte sie ihr Leben ganz gut in Ordnung gebracht. Eines Tages traf sie ihren ehemaligen Freund zufällig auf der Straße wieder. Die beiden unterhielten sich eine Weile, und er sagte ihr, er würde sie gern einmal mittags zum Essen einladen. Sie war damit einverstanden, denn sie war sich sicher, daß sie nun gesund genug sei, um mit einem solchen Treffen, zumal unter so harmlosen Umständen, umgehen zu können. Die beiden verabredeten sich für den übernächsten Tag. In der Zwischenzeit merkte sie, wie sie immer stärker an ihn dachte und immer mehr darauf brannte, ihm zu zeigen, wie sehr sie sich verändert habe und wie «gut» es ihr nun gehe. Sie glaubte sogar, daß sie jetzt, wo sie so gesund war, ihm vielleicht sogar helfen könne.

Als er nicht zu der Verabredung erschien, hielt sie zwei Stunden lang der immer größer werdenden inneren Spannung stand; dann rief sie seine Mutter an (die einzige Telefonnummer, die sie noch hatte und mit deren Hilfe sie ihn vielleicht irgendwie erreichen könnte), um herauszufinden, wo er war. So wie an diesem Nachmittag hatten sie und seine Mutter sich schon oft am Telefon unterhalten und darüber gesprochen, wie sie den unzuverlässigen, sich ihnen immer wieder entziehenden Süchtigen dazu bringen könnten, zuverlässig zu werden. Schon bald wählte Agnes eine neue Nummer, die seine Mutter ihr durchgegeben hatte, und als das vergebens war, fuhr sie zu dem Haus hin, in dem er jetzt wohnte. Die folgenden vier Tage hindurch versuchte sie wie besessen, ihn zu finden, damit sie ihm klarmachen könne, wie krank *er* sei und wie sehr *er* Hilfe brauche. Sie rief noch mehrmals seine Mutter an, bat sie flehentlich, ihm kein Geld mehr zu geben, damit er «die Talsohle» erreichen könne, und versuchte die Frau davon zu überzeugen, daß sie unbedingt zu Al-Anon gehen müsse. Seine Mutter war zu diesem Schritt aber nicht bereit. Obwohl es Agnes in den vier Tagen nicht gelang, ihren ehemaligen Freund zu finden, agierte sie doch auf jede ihr mögliche Weise ihre Krankheit aus.

Als ich Agnes am vierten Tag dieses Marathons traf, sah sie zehn Jahre älter aus, war grau im Gesicht und hatte vor Erschöpfung tiefliegende Augen (sie hatte die ganze Zeit nicht geschlafen), und sie war zutiefst erschüttert, was sie da alles angerichtet hatte – selbst nach einem jahrelangen guten und beständigen Genesungsprozeß. Agnes' Einwilligung, sich mit diesem Mann zu treffen, hatte für sie genau die gleiche Wirkung, die ein Glas Whisky für eine «trockene» Alkoholikerin gehabt hätte. Eine jahrelange Genesung war wie mit einem Schlag ausgelöscht, und Agnes' Besessenheit ging stärker mit ihr durch als je zuvor.

Zum Glück nahm Agnes regelmäßig an Al-Anon-Meetings teil. So kam sie dann am vierten Tag ihrer Orgie zu einem ihrer regelmäßigen Gruppentreffen, erzählte von ihrem «Ausrutscher», bekam die Unterstützung, die sie brauchte, und wurde wieder stark genug, ihren ehemaligen Freund nicht mehr anzurufen, nicht mehr bei ihm vorbeizufahren und sich nicht mehr wie besessen mit ihm zu beschäftigen. Heute weiß sie die Macht ihrer Krankheit besser einzuschätzen.

In mancher Hinsicht sind Beziehungssucht und Eßsucht eher miteinander zu vergleichen als Beziehungssucht und Alkoholismus. Wenn Alkoholiker/innen auch «den Korken auf der Flasche» lassen können und nie wieder einen Schluck Alkohol zu trinken brauchen, so müssen doch Beziehungssüchtige genau wie Eßsüchtige mit der Quelle ihrer Abhängigkeit irgendwie zurechtkommen. Wir können nicht ohne Nahrung leben, und nur wenige von uns könnten oder wollten ohne echte Beziehungen leben. Wenn wir eßsüchtig sind, besteht für uns die Lösung darin, zu lernen, mit Bedacht zu essen und dabei alles zu meiden, was in unserem Körper wie eine Droge wirkt. Dementsprechend müssen wir als Beziehungssüchtige lernen, unsere Beziehungen mit Bedacht zu wählen und dabei jene Menschen zu meiden, die uns wie eine Droge dazu bringen, uns Hals über Kopf in unsere Krankheit zu stürzen. Der folgende Brief ist ein schönes Beispiel dafür.

Liebe Robin,
ich muß Ihnen erzählen, wie sich Ihr Buch kürzlich auf mein Leben ausgewirkt hat. Ich hatte «Wenn Frauen zu sehr lieben» gelesen und daraufhin beschlossen zu versuchen, mein Leben nach der zweiten

Scheidung wieder in Ordnung zu bringen und wieder Kontakt zu einer Gruppe guter alter Bekannter (alles Ehepaare) aufzunehmen, mit denen ich zur Zeit meiner ersten Ehe befreundet gewesen war. Mein zweiter Mann hatte diese Leute nicht leiden mögen, und ihnen war es umgekehrt genauso gegangen. Ich meinte natürlich, daß mein Platz «an der Seite meines Mannes» sei, und opferte dafür meine zehnjährige Freundschaft mit ihnen. Ich hatte gerade erst diese alten freundschaftlichen Kontakte wiederaufgefrischt, da wurde ich auch schon von den Damen der Gruppe eingeladen, mit ihnen an einem Golfturnier teilzunehmen. Die Männer hatten zur gleichen Zeit im Club ebenfalls ein Spiel. Bei dem Spiel machten auch zwei alleinstehende Männer mit, und meine Freunde brannten darauf, sie mir vorzustellen. Alle Wetten standen auf Hal, dreimal geschieden, wohlhabend, gutaussehend und «ein echt heißer Typ», wie die Männer meinten. (Meine Freunde kennen mich ja so gut!) Der andere Mann, Greg, ist ein Anwalt aus Phoenix. Er wurde mir als ein «angenehmer» und «netter Kerl» geschilderte. Vor zwei Monaten wäre ich wie eine Motte aufs Licht auf Hal losgesteuert, aber auf Grund meines neuen Bewußtseins mied ich ihn wie die Pest und verbrachte den größten Teil des Samstagabends beim Dinner und Tanzen damit, Greg näher kennenzulernen. Ja, er ist wirklich nett. Vor zwei Monaten hätte ich ihn vielleicht für langweilig gehalten, aber so fand ich ihn nun interessant und – an mir interessiert. Ich glaube, bei den Eßsüchtigen gelten bestimmte Nahrungsmittel als «ungefährlich». Nach Ihrem Buch habe ich jetzt beschlossen, bestimmte Männer als «ungefährlich» einzustufen. Greg ist es ganz bestimmt. Kein Knistern, kein Feuerwerk, einfach ein ruhiges, freundschaftliches Zusammensein. Wir lernen uns langsam kennen.

Millie D.

Liebe Millie,
als ich einmal einen Vortrag über Eßsucht hielt, wollte eine Zuhörerin wissen, wie sie feststellen könne, welche Nahrungsmittel für sie «gefährlich» und welche «ungefährlich» seien. Da rief eine andere Frau: «Also, reden wir doch nicht drumherum! Wir stehen schließlich nicht mitten in der Nacht auf und fahren einmal quer durch die Stadt, weil wir Brokkoli suchen!»

Seither benutze ich ihre Worte, um diesen Punkt zu erläutern. Ich empfehle keineswegs, die Lösung darin zu sehen, uns auf Männer zu beschränken, die so fade sind wie eine strenge Diät. Ich sage damit einfach, daß manche Männer wie Brokkoli sind – nicht besonders aufregend, aber gesund und gut für uns. Und manche Männer sind wie eine Schokoladentorte: unwahrscheinlich anziehend, doch für die Süchtigen unter uns zweifelsohne sehr gefährlich.

Liebe Frau Norwood,
ich bin von Ihrem Buch so begeistert, daß ich Ihnen schreiben muß. Ich habe mich in jeder Geschichte wiedergefunden und erkannt, daß ich mich ständig zu dem Typ Mann hingezogen fühle, der mich «zuerst liebt und dann verläßt». Ich hatte geglaubt, nur ich hätte dieses Beziehungsmuster. Ich war erleichtert, als ich erfuhr, daß ich nicht die einzige bin, die es blind danach drängt, mit einem Mann zusammenzusein, gleichgültig, ob er für einen gesund ist oder nicht.

Obwohl mir dieser Trend bei meinen Beziehungen schon aufgefallen war, fühlte ich mich außerstande, mein Bedürfnis unter Kontrolle zu bekommen. Es war immer das gleiche: Ich kämpfte gegen die Gefühle an, aber sie wurden immer stärker, je mehr ich gegen sie ankämpfte, und dann gab ich schließlich einfach nach.

Meist fing es damit an, daß ich einen Mann traf, der ein Problem hatte. Dann widmete ich mich ihm, gab ihm Ratschläge, und da ich ihm dadurch einen Teil seiner Sorgen abnahm und deren Lösung zu meiner eigenen Aufgabe machte, blieb er meist eine Weile bei mir, und ich durfte versuchen, sein Leben zu verbessern. Wenn ich diese Beziehungen einging, war ich mir jedesmal voll bewußt, daß ein Mann dieses Typs nicht auf Dauer bei mir bleiben würde. Doch es war alles so berauschend, so aufregend und so schmeichelhaft, solange er von mir abhängig war. Ich sagte mir sogar, daß ich diese Gelegenheit jetzt wahrnehmen müsse, weil ich vielleicht nie wieder die Möglichkeit hätte, diese Gefühle zu erleben.

Sobald ich aber anfing, dem Betreffenden zu zeigen, daß nun ich seine Zeit und Zuwendung bräuchte, verschwand er unweigerlich, ohne auch nur einen Abschiedsgruß zu hinterlassen. Diese Männer strengten sich jedesmal an, meine Abwehrhaltung zu brechen, die ins Spiel kam, wenn ihre Probleme besonders erschreckend oder abstoßend für mich waren. Dann bekam ich Blumen, wurde zum Essen ausgeführt, und wir sprachen über Gefühle und verbrachten viel Zeit zusammen. Aber sobald sie glaubten, mich sicher zu haben, schien es jedesmal Zeit für sie zu sein, die Flucht zu ergreifen.

Ich habe ein oder zwei halbwegs gesunde Beziehungen gehabt. Während meiner College-Zeit ging ich ein Jahr lang mit Phil; keine andere Beziehung hat je so lange gehalten. Er war all das, was diese anderen Männer nicht waren: vertrauenswürdig, liebevoll, verläßlich und immer für mich da. Langsam, aber sicher verschwand meine «Liebe» für ihn. Ich versuchte, ihm zu vermitteln, daß sich meine Gefühle geändert hatten und daß die Beziehung für mich langweilig geworden war. Schließlich nahm ich zu dem einzigen Ausweg Zuflucht, den ich kannte: Ich fing ein Verhältnis an, und zwar mit einem verheirateten und völlig unerreichbaren Mann. Diese Affäre war nur von kurzer Dauer, aber Phil begriff endlich, was ich hatte sagen wollen. So hatte ich denn die unerträgliche Langeweile gegen die mir so vertraute Situation einer schmerzhaften Krise eingetauscht.

Nach dem Studium war ich zwei Jahre lang depressiv und mehrmals drauf und dran, mich umzubringen. Eine meiner Freundinnen war bei den Anonymen Alkoholikern, und ich ging mit ihr zu einigen Meetings hin. Ich hörte mit dem Trinken auf, weil ich einfach nicht mehr leiden wollte. Jetzt bin ich seit sechzehn Monaten trocken. Bei den Anonymen Alkoholikern habe ich die Unterstützung und das Therapieprogramm gefunden, das ich brauche, um meine alten Muster zu ändern, und zwar nicht nur die Verhaltensmuster beim Trinken, sondern auch die Denkmuster.

Aber die Beziehungsabhängigkeit läßt sich nur schwer knacken. Nachdem wir fünf Monate lang eine rein platonische Beziehung gehabt hatten, fing ich an, mit Al (der auch bei den Anonymen Alkoholikern ist) auszugehen. Ich wußte, daß ihm viel an mir lag, aber ich fühlte mich einfach nicht zu ihm hingezogen. Genau wie Phil war auch er liebevoll und vertrauenswürdig. In dem Bemühen, mein bisheriges Verhalten zu ändern, betete ich zu meiner Höheren Macht darum, daß ich Al genausosehr lieben könne wie er mich. Es heißt, man soll aufpassen, worum man betet, denn es könnte sein, daß es eintritt. Bei mir war es so. Ich wurde emotional immer abhängiger von ihm. Als Freunde hatten wir fast jeden Tag zusammen verbracht und waren gemeinsam zu den Gruppentreffen gegangen oder hatten sonst irgend etwas zusammen gemacht. Als wir dann ein Paar wurden, sah ich nicht, daß er Raum für sich brauchte. Ich ging davon aus, daß wir genausoviel Zeit wie vorher miteinander verbringen würden, nur jetzt noch intensiver. Ich gab ihm emotional alles, was ich hatte, weil ich dachte, nun könne ich es gefahrlos tun.

Ich brauche wohl nicht zu sagen, daß ich ihn mit

meinen intensiven Gefühlen fast erdrückte. Wir trennten uns, und ich war wieder einmal am Boden zerstört. Aber an diesem Punkt machte sich die Wirkung der Anonymen Alkoholiker und die Ihres Buches bemerkbar. Ich bin noch nicht darüber hinweg; ich denke immer noch an Al. Aber es tröstet mich etwas, zu wissen, daß mir jemand am Herzen liegen *kann*, dem ich am Herzen liege. Dafür bin ich dankbar. Ich glaube, ich muß einfach meine Gefühle etwas zügeln.

Phil hat immer gesagt, ich hätte nicht wie die meisten Leute verschiedene Schutzschichten übereinander, sondern nur eine einzige dicke Schutzmauer. Wenn man da erst einmal durch sei, läge ich ganz offen da und sei verletzlich wie eine Muschel mit zerbrochener Schale.

Das Komische daran ist, daß ich Drogenberaterin bin. Sie haben ja selbst geschrieben, wieviele von unserem Typ in helfenden Berufen zu finden sind! Zumindest verstehe ich mich jetzt besser und weiß, welche Art von Hilfe ich brauche.

Suzi C.

Liebe Suzi,
ein Schlüsselsatz in Ihrem Brief ist für mich: «Ich glaube, ich muß einfach meine Gefühle etwas zügeln.» Wenn es nur so einfach wäre! Da es hier um Beziehungs*sucht* geht, ist dieser Satz etwa so optimistisch naiv, wie wenn eine Alkoholikerin sagen würde: «Ich glaube, ich muß einfach mein Trinken etwas zügeln.» Um von einer Sucht loszukommen, ist mehr erforderlich, als sich zu sagen, man müsse sich ändern. Wenn es auf diese Weise klappen würde, gäbe es nämlich so etwas wie Sucht gar nicht. Die Menschen würden dann einfach ihr Verhalten «etwas zügeln», sobald es außer Kontrolle zu geraten droht, und das wäre es dann schon. Da solche eigensinnigen Bemühungen, eine Sucht unter Kontrolle zu halten, nicht funktionieren, wollen wir uns einmal anschauen, was denn funktioniert.

Um von einer Sucht loszukommen, müssen Sie erst einmal

bereit sein, den Gefühlen, von denen Sie in Ihre Krankheit hineingetrieben werden, auf andere Weise Erleichterung zu verschaffen. Es wird Ihnen nicht gelingen, ein bestimmtes Verhalten (etwa wenn Sie sich suchthaft an jemanden klammern) auszumerzen, ohne es durch ein anderes zu ersetzen. Ebensowenig werden Sie es schaffen, eine bestimmte «Lösung» zur Bekämpfung Ihrer Einsamkeit und inneren Unruhe (etwa das Zusammensein mit einem Mann) zu beseitigen, solange Sie nicht eine andere an ihre Stelle setzen. Häufig können andere Menschen, die diese Art der Besessenheit aus eigener Erfahrung kennen und auf dem Weg der Genesung sind, uns zu dieser Erleichterung verhelfen, aber wir müssen sie ansprechen und ihnen erzählen, mit welchen Gefühlen wir zu kämpfen haben. An den Gruppentreffen teilzunehmen und Bücher zum Thema Genesung zu lesen, ist sehr hilfreich und außerdem in hohem Maße notwendig, um das Vakuum auszufüllen, das entsteht, wenn wir ein altes Verhaltensmuster abzubauen beginnen. Und nichts hilft dabei besser als ein Gebet, solange wir darum bitten, daß Gottes Wille geschehe und nicht unser eigener. Wenn wir dies alles nicht tun, werden wir innerlich immer unruhiger werden und immer stärker den zwanghaften Drang verspüren, unsere Krankheit auszuagieren, je stärker wir dagegen ankämpfen – genau wie Sie es erlebt haben. Die Verzweiflung, die eine Beziehungssüchtige auf der Suche nach ihrem (oder einem potentiellen) Partner empfindet, kann durchaus genauso stark sein wie die Verzweiflung, mit der eine Heroinsüchtige nach neuem Stoff sucht. Die Eindringlichkeit, mit der wir unseren Partner anrufen, unsere oft mitternächtlichen Fahrten an seinem Haus vorbei – all das ähnelt nur zu sehr der Drogensüchtigen, die Erlösung von einem unerträglichen Unbehagen sucht. Eine weitere Parallele ist unser Bedürfnis, die «Kontrolle über unseren Nachschub» zu haben – zu wissen, wo unser Partner ist und was er macht, wenn er gerade nicht bei uns ist. Während man eine Droge aber in der Regel kaufen kann, läßt sich das bei einem Menschen nicht machen. Deshalb plagt uns die quälende Angst, daß wir es nicht schaffen werden, diesen Mann zu halten, der für uns die Erlösung von unserer inneren Anspannung bedeutet. Durch unsere angestrengten Versuche, ihm etwas zu bedeuten, für ihn attraktiv, ja unwiderstehlich zu sein und für sein Wohlbefinden genauso unverzichtbar zu werden, wie er es für unseres ist, können wir zu klammernden, verführerischen, manipulativen, erdrückenden, kontrollierenden und manchmal uns selbst erniedrigenden Frauen werden, die schließlich wegen all ihrer Bemühungen doch nur verachtet werden – und das sowohl vom Partner als auch von uns selbst.

Bei Ihrer Beziehungssucht gehen Sie so vor, daß Sie dem Mann, den Sie als hilfebedürftig empfinden, einen unausgesprochenen Handel anbieten: ‹Ich werde zuerst für dich sorgen und dann du für mich.›

Sie fangen mit Ihrem Teil an und übernehmen gegenüber diesem hilfebedürftigen, ungezogenen Kind die Rolle der alles gebenden, alles akzeptierenden, ganz und gar fürsorglichen Mutter. Solange Sie es schaffen, ihm gegenüber grenzenlos fürsorglich zu sein, scheint es mit der Beziehung zu klappen. Da Sie durch diese Haltung aber in zunehmendem Maße Ihre eigenen, begrenzten seelischen Quellen erschöpfen, bleibt Ihnen schließlich nichts anderes übrig, als sich nun Ihrerseits an den Mann zu wenden, um all die Fürsorge und Zuwendung, die sie ausgeteilt haben, nun wieder «aufzutanken». Diesen Schritt nimmt Ihnen der Mann übel, da das für ihn eine Anforderung ist, die er trotz all Ihrer Fürsorge weder erfüllen kann, noch erfüllen will. Er ist mit dem ersten Teil der Abmachung (daß Sie für ihn sorgen wollen) einverstanden gewesen, nicht jedoch mit dem zweiten (daß er dann seinerseits für Sie sorgen soll). Und wenn Sie also – und sei es noch so sehr durch die Blume – Ihre Ansprüche geltend machen, fällt der ganze Handel ins Wasser, und die Beziehung ist zu Ende.

Wenn wir mit Hilfe einer Droge, einer Verhaltensweise oder eines anderen Menschen mit unseren unangenehmen Gefühlen, vor allem unserer Angst, fertigwerden wollen, laufen wir Gefahr, eine ungesunde Abhängigkeit zu entwickeln, aus der dann eine regelrechte Sucht werden kann. Es gibt ein chinesisches Sprichwort, das die Entwicklung des Alkoholismus – und im wesentlichen auch die Entwicklung jeder anderen Art von Sucht – beschreibt:

Erst nimmt der Mann den Drink.
Ein Drink ergibt den nächsten.
Dann nimmt der Drink den Mann.

Die Möglichkeit einer Sucht beginnt, wenn wir beschließen, etwas zu tun, von dem wir erwarten, daß es uns von einem leicht oder auch stark unangenehmen seelischen Zustand erlösen wird. («Erst nimmt der Mann den Drink.») Wir fühlen uns schlecht. Wir wollen uns besser fühlen. Wir trinken etwas, nehmen eine Droge, essen ein Eis, kaufen uns etwas, treffen einen neuen Mann – und fühlen uns besser... jedenfalls für eine Weile. Da wir aber unserem Unbehagen im Schnellverfahren ausgewichen sind, sind wir nicht seiner Ursache nachgegangen und haben an ihr auch nichts geändert. Das Unbehagen ist nur vorübergehend aufgeschoben worden. Wir haben nicht versucht, es zu bewältigen, und sind in dieser Hinsicht auch nicht gestärkt aus einer eigenen Bemühung hervorgegangen. Wenn sich dann unser Unbehagen wieder bemerkbar macht, sind wir noch weniger in der Lage oder willens, uns ihm zu stellen. Wir sind ein bißchen faul geworden. Wir haben eine scheinbar leichte Möglichkeit gefunden, um unangenehmen Gefühlen auszuweichen, und fangen nun an, uns auf diese «Gewohnheit» des Ausweichens zu stützen.

Unser «Schuß» kostet uns allerdings immer etwas im Gegenzug für die Erleichterung, die er uns bringt. Zum einen führen diese verschiedenen Gewohnheiten dazu, daß wir keinen gesunden Bewältigungs- oder Verarbeitungsprozeß entwickeln können, zum anderen bleibt immer ein körperlicher und/oder seelischer «Kater» zurück. Bald schon nehmen wir Zuflucht zu unserer Droge, um mit dem Unbehagen fertig zu werden, das der Gebrauch eben dieser Droge hervorruft. Zum Beispiel empfinden die meisten beziehungssüchtigen Frauen eine quälende Unruhe, wenn der Mann das Bett, das Zimmer oder das Haus verläßt. Sie haben sofort die Angst, verlassen zu werden, und die kann nur dadurch beschwichtigt werden, daß der Mann verspricht, wiederzukommen. Somit hat unser Zusammensein mit ihm unsere innere Unruhe letzten Endes nicht verringert, sondern sie eher noch verstärkt. Sind wir mit ihm zusammengewesen, dann haben wir sogleich das Bedürfnis nach einem weiteren Zusammensein mit ihm. («Ein Drink ergibt den nächsten.»)

Wenn wir unsere Droge immer wieder nehmen und immer stärker von ihr abhängig werden, quält uns der anschließende Katzenjammer schließlich so unerträglich, daß wir uns fast ausschließlich darum bemühen, diese Qual auch nur halbwegs unter Kontrolle zu halten. («Dann nimmt der Drink den Mann.») Unsere Lösung im Schnellverfahren – der Drink, die Droge, das Essen, das Kaufen, der Mann – ist für uns zu einer Sucht geworden, und von dieser Sucht sind wir beherrscht. Nicht nur, daß sie uns keine Erleichterung bringt – wir fühlen uns jetzt schlimmer als je zuvor.

Wenn ein Mann oder eine Beziehung zu unserer Droge geworden ist, sind wir ganz besonders gefährdet, denn wenn wir ihn am nötigsten brauchen, ist er vielleicht gerade mit seinen Gedanken woanders oder mit irgend etwas beschäftigt, ist uninteressiert oder auch nicht in der Stimmung und wird vielleicht sogar ausfallend. Er soll uns von der Qual erlösen, macht das aber nicht, sondern vergrößert sie noch. Wir sind einsamer, unglücklicher und unzufriedener als zuvor. Da aber der Mann uns in unseren Augen von diesen Gefühlen erlösen könnte, wenden wir uns mit immer stärkerem Bedürfnis, vermehrten Anforderungen und größerer Verzweiflung an ihn. Wir kommen so nicht weiter, können aber nicht damit aufhören. Was früher einmal eine einfache Lösung zu sein schien, ist nun zu unserem größten Problem geworden. Das liegt in der Natur der Sucht.

Suzi, Ihre Abhängigkeit von Beziehungen ist als Krankheit vielleicht ernster als Ihr Alkoholismus. Natürlich müssen Sie erst einmal trocken sein, um ihre Beziehungssucht angehen zu können, und um von ihr genesen zu können, müssen Sie trokken bleiben. Aber die Genesung von Ihrer Beziehungssucht wird Ihnen möglicherweise noch schwerer fallen.

Nehmen Sie darauf Rücksicht. Wenden Sie alle Techniken der Anonymen Alkoholiker an, um auch gegen Ihre Beziehungssucht anzugehen – vielleicht in einem speziell darauf ausgelegten Zwölf-Schritte-Programm. Sie sollten wissen, daß bei dieser Krankheit «Ausrutscher» unvermeidlich sind und anfangs entmutigend häufig vorkommen. Als genesende Beziehungssüchtige können wir nicht zählen, wieviele Tage wir schon «trocken» sind. Bei der Genesung handelt es sich um einen zwar durchaus realen, aber doch auch sehr subtilen Vorgang, der sich, wenn überhaupt, dann daran messen läßt, welchen Grad an Gelassenheit wir letztlich in unserem Leben erreichen.

Liebe Frau Norwood:
meine Geschichte mit Männern bestand daraus, daß ich mich immer mit welchen getroffen habe, denen ich, wie ich wohl wußte, gar nicht näherkommen konnte, weil ich sie eigentlich nicht mochte. Ich nehme an, ich habe sie mir ausgesucht, weil ich Angst vor Nähe hatte. In meiner College-Zeit ging ich mit einem sehr netten, sehr angenehmen, sehr liebevollen Mann. Aber ich war immer so ängstlich. Ich konnte ihm einfach keine gleichberechtigte Partnerin sein, weil er so viel reifer und auf eine natürliche Art liebevoller zu sein schien als ich. Ich fühlte mich unterlegen, und obwohl mir viel an ihm lag, hatte ich das Gefühl, seine Liebe nicht zu verdienen. Ich war erst dreiundzwanzig, als er mich heiraten wollte, aber ich wußte, daß ich noch zu jung war. Also trennten wir uns. Für mich kam dann eine Phase, in der ich völlig isoliert auf dem Trockenen saß. Monatelang habe ich mich mit keinem Mann getroffen, ich verbrachte die Zeit mit Nachdenken, stärkte mein Selbstwertgefühl und versuchte zu lernen, mich gut zu fühlen.

Aber trotz all der Arbeit an mir und obwohl ich beruflich glänzend vorankomme, ist die Beziehung zu meinem jetzigen Freund nicht besonders gut. Er ist sehr damit beschäftigt, sich selbst zu finden und herauszubekommen, was er mit seinem Leben anfangen will. Vor kurzem haben wir uns fast getrennt, weil er ein paar Sachen gemacht hat, um ein paar Fragen zu klären. Ich war über sein Verhalten *schockiert* und fühlte mich verletzt und dachte daran, mit unserer Beziehung Schluß zu machen. Meine Schwester wies mich darauf hin, wenn ich mich von ihm trennte, würde ich ihn auch verlieren und auch leiden. Nicht nur er würde mich verlieren und leiden. Also habe ich sehr offen mit ihm gesprochen und ihm gesagt, wo bei mir die Toleranzschwelle überschritten wird, und ich habe geweint und geweint – und jetzt habe ich das Gefühl, daß ich durch den Ärger, durch Verstehen, Ehrlichkeit und Vergeben ein Stück gewachsen bin und etwas über Beziehungen gelernt habe. Mir ist klar, daß ich immer noch Verhaltensmuster aus der Kindheit habe, die mich im Umgang mit meinem Freund stören, besonders aus der Beziehung zu meinem älteren Bruder, gegen den ich mich immer behaupten und verteidigen mußte.

Mein Freund und ich sind eßsüchtig. Wir versuchen damit klarzukommen, so gut es geht. Mit Übergewicht habe ich keine Probleme, weil ich jeden Tag Sport treibe. Mein Freund ist übergewichtig. Diese Gemeinsamkeit ist eher ein Segen als ein Fluch. Zumindest können wir darüber sprechen – Kartoffelchips verboten!! Ich sehe, daß die Gier nach Essen immer da ist – ganz gleich, ob ich mir gerade etwas zu essen besorge oder nicht. Ich rauche nicht, habe niemals Drogen genommen, und Alkohol trinke ich eigentlich nur bei besonderen Gelegenheiten. Alkohol reizt mich nicht, selbst dann nicht, wenn ich nervös bin oder mich mies fühle. Ich kann mich erinnern, daß ich einmal gedacht habe: «Jetzt brauche ich erstmal einen Schluck», aber getrunken habe ich damals nichts, weil der Gedanke, das zu brauchen, mir angst machte.

Na ja, man kann nicht alles analysieren. Das Leben ist da, um gelebt zu werden, mit allen Schmerzen und auch den traurigen Zeiten – und um meinen Regenbogen täglich neu zu finden.

Mikki K.

Liebe Mikki,
gut, wir werden nicht *alles* analysieren, aber einiges von dem, was Sie geschrieben haben, verdient schon nähere Betrachtung.

Lassen Sie uns zuerst einen Blick darauf werfen, was zwischen Ihnen und Ihrem Freund abläuft. Ihr Brief beschreibt einen Umgang mit unakzeptablen Verhaltensweisen eines Partners, der sehr verbreitet ist, meiner Meinung nach aber nicht weit führt. Sie stellen fest, daß Ihr Freund, als er versuchte, «ein paar Fragen zu klären», sich so verhalten hat, daß Sie entsetzt und verletzt waren. Sie sagen, daß Sie damit schließlich fertiggeworden sind, indem Sie Grenzen gezogen und ihm klargemacht haben, welche seiner Verhaltensweisen Sie akzeptieren können und welche nicht. Mit anderen Worten, Sie haben ihm erklärt, wogegen Sie sich wehren werden und wogegen nicht, und erwarten jetzt, daß er sein Verhalten entsprechend ändert.

Wenn sein Verhalten Sie schockiert hat, dann darum, weil es gegen Ihr Wertsystem verstoßen hat. Sie sind sechsundzwanzig. Ich nehme an, er ist ungefähr gleich alt. Das heißt, Sie sind beide erwachsene Menschen, jeder mit einem eigenen, gut entwickelten Wertsystem, mit dem Sie Ihr Leben leben. Was Ihr Freund getan hat, verstößt gegen *Ihr* Wertsystem, aber nicht gegen *seines*. Sonst würden *Sie* ihm keine Grenzen setzen, um ihm klarzumachen, was für *ihn* erlaubt ist. Denn dann würde er gemäß seinen eigenen Werten sich selbst Grenzen ziehen.

Ich betreibe hier keine Wortklauberei, Mikki. Sie müssen erkennen, daß dieser Mann Ihnen über sich und seine Einstellung zum Leben etwas Wichtiges mitteilt. Es ist naiv und anmaßend zugleich, wenn Sie meinen, ihm mit erhobenem Zeigefinger vorschreiben zu können, was er zu tun und zu lassen habe, um die Beziehung mit Ihnen aufrechzuerhalten. Er ist nun einmal so, wie er ist, und wird garantiert so bleiben. Es ist nicht Ihre Aufgabe, ihm beizubringen, daß er der Beziehung zuliebe ein anderer Mensch werden muß. Ihre Aufgabe ist es zu entscheiden, ob Sie ihn und seine Einstellung zum Leben problemlos akzeptieren können. Am glücklichsten sind wir ja mit Menschen, die wir genauso akzeptieren können, wie sie sind. Wenn wir erwarten, daß sie sich uns zuliebe ändern, achten wir sie nicht und geben auch auf uns nicht acht. Es ist sehr wahrscheinlich, daß er Sie durch sein Verhalten wieder schokkieren und verletzen wird, nur daß Sie dann viel weniger das Recht haben, schockiert oder auch nur überrascht zu sein, weil sie dann ja bereits wissen, daß er zu einem solchen Verhalten fähig ist.

Ich habe mit Frauen gearbeitet, die von ihrem Partner erwarteten, daß er aufhört, sich mit anderen Frauen zu treffen, sich mit Männern einzulassen, Drogen zu nehmen, zu trinken, zu spielen, sich mit Pornographie zu beschäftigen, sie selbst zu schlagen, zu kritisieren oder ihnen durch Arbeit aus dem Weg zu gehen – und so weiter, und so fort. Diese Männer waren nicht in der Lage, ihren Frauen zuliebe damit aufzuhören, jedenfalls nicht auf lange Sicht. Sie haben ihr Verhalten vielleicht eine Zeitlang geändert, damit Ruhe war, aber das konnten sie nicht durchhalten. Menschen sind nicht in der Lage, sich zum Wohle eines anderen Menschen auf Dauer zu verändern. Eine Zeitlang können sie sich Zügel anlegen oder anlegen lassen, aber das ist alles nur vorübergehend. Nach und nach werden sie ihr früheres Verhalten wieder aufnehmen, weil ein Mensch, der sich verändert, um einem anderen Menschen zu gefallen oder auch nur einen Gefallen zu tun, im Grunde unverändert bleibt.

Ich hoffe, daß Sie sich sagen können: «Dieser Mann ist fähig, Dinge zu tun, die mich abstoßen. Kann ich dieser Tatsache ins Auge sehen und damit leben? Zwar habe ich wohl das Recht, ihm zu sagen, wie sein Verhalten auf mich wirkt, aber ich habe nicht das Recht, von ihm zu erwarten oder gar zu fordern, daß er sich mir zuliebe ändert. Wenn ich ihm mehr als einmal mitteile, wie sein Verhalten auf mich wirkt, so *ist* das eine indirekte Aufforderung, sich zu ändern. Es ist meine Sache zu entscheiden, wie *ich* mit meinen Gefühlen zu seinem Verhalten umgehe, nachdem ich sie ihm einmal mitgeteilt habe. Ich kann ihm meine Entscheidung mitteilen, aber wiederum nur, um ihn zu informieren, und nicht, um ihn unter Druck zu setzen, er solle sich ändern. Sonst komme ich womöglich noch dahin, Drohungen auszusprechen, die ich dann doch nicht wahrmache.» Das alles ist nicht leicht in die Tat umzusetzen, Mikki, aber es ist eine Bewältigung Ihrer Situation, die Ihnen vielleicht jahrelangen Ärger, Schmerz und Anschuldigungen ersparen kann.

Was Sie davon abhält, Ihre Situation in dieser Weise zu betrachten, ist Ihr Eigensinn. Ihr Brief enthält deutliche Anzeichen von Eigensinn, vor allem auf dem Gebiet der Ernährung. Das ist das Zweite, was ich mir mit Ihnen zusammen gern genauer anschauen möchte.

Wenn Sie beide eßsüchtig sind, hat es wirklich keinen Sinn, miteinander darüber zu sprechen. Es kommt häufig vor, daß Menschen, die süchtig sind, andere Süchtige heiraten oder sich mit ihnen zusammentun. Dann neigt jeder dazu, die Probleme des anderen zu kontrollieren. Wenn beide dieselbe Sucht haben, wie das bei Ihnen und Ihrem Freund der Fall ist, nimmt es oft einer der beiden in die Hand, die Krankheit für beide zu überwachen. Dieser Versuch, das Eßverhalten zu kontrollieren, ist ebenso ein Symptom der Krankheit Eßsucht wie der Nahrungsmittelmißbrauch selbst. Er schließt die Bereitschaft aus, einzugestehen, daß es einem selbst an Kontrollvermögen mangelt, und gerade das ist der erste Schritt zur Besserung. Außerdem wird Ihr Versuch, das Eßverhalten Ihres Partners zu überwachen, in ihm letzten Endes keine dankbaren Gefühle für Sie hervorrufen. Vielmehr wird Ihr Verhalten ihn früher oder später wütend machen, weil er sich von Ihnen gegängelt fühlt. Als Folge davon wird er den Wunsch verspüren, sich dagegen aufzulehnen und irgendwie durchzumogeln. Er wird, entsprechend Ihrer Rolle der «kontrollierenden Mutter», das «unartige Kind» spielen.

Wenn Sie Ihre Eßprobleme angehen wollen, dann fangen Sie damit an, sich nicht mehr darum zu kümmern, was Ihr Freund ißt, und konzentrieren Sie sich auf sich selbst. Das ist der Punkt, wo Ihre Aufmerksamkeit hingehört. Sein Eßverhalten und sein Gewicht sind seine Angelegenheiten, nicht Ihre. Der

Versuch, anderen bei der Bewältigung ihres Lebens zu «helfen», zeugt wiederum nur von einem Mangel an Respekt vor dem Recht des anderen, er selbst zu sein, *auch wenn er uns scheinbar zu diesem Eingreifen einlädt oder es zuläßt.* Dieses Verhalten wird für beide zu einer Falle, es ist ein Kneifen vor der Verantwortung für die eigene Person.

Zum Schluß, Mikki, möchte ich noch einen Blick auf mögliche Schlüsselerlebnisse für ihre Kämpfe mit Männern werfen. Die Auseinandersetzung mit Ihrem älteren Bruder in Ihrer Kindheit kann bei Ihnen den Wunsch hinterlassen haben, «gewinnen» zu wollen, den Wunsch, sich ihm oder jedem anderen Mann gegenüber, mit dem Sie sich einlassen, durchzusetzen, weil jeder dieser Männer letzten Endes für Ihren Bruder steht. Wenn dieses Bedürfnis, über den anderen zu triumphieren, immer noch in Ihnen wühlt, werden Sie sich zu Männern und zu Situationen hingezogen fühlen, die Ihnen nicht wirklich guttun, und werden dann versuchen, sie ebenso zu lenken und zu kontrollieren, wie Sie sich damals wünschten, Ihren Bruder lenken und kontrollieren zu können. (Ich vermute, daß das «schockierende» Verhalten Ihres augenblicklichen Freundes dem Ihres Bruders in gewisser Weise ähnelt.) Dieses Bedürfnis wird Sie in einer kämpferischen Grundhaltung mit Männern gefangenhalten, mit Männern, die immer auf irgendeine Weise die schwierigen Seiten Ihres Bruders und Ihres Kampfes mit ihm repräsentieren. Bevor Sie nicht stillhalten, sich Ihre Machtlosigkeit über ihn und jeden anderen Menschen eingestehen und bereit sind, den Teil Ihrer Persönlichkeit, der durch ihn enttäuscht und verletzt wurde, heilen zu lassen, werden Sie nicht in der Lage sein, Ihr Bedürfnis nach Kontrolle über einen Mann so weit aufzugeben, daß Sie lieben und geliebt werden können.

Liebe Frau Norwood,
auch ich bin Kind eines alkoholsüchtigen Vaters. Mein Leben lang hatte ich Probleme mit Freßanfällen und wurde auch schon wegen schwerer Depressionen ins Krankenhaus eingewiesen. Meine Familie

war gestört im umgekehrten Sinne, denn ich wurde von meinem Vater mit Liebe überhäuft und mit übertriebener Fürsorglichkeit erstickt. Als ich in die Pubertät kam und das andere Geschlecht entdeckte, war ich natürlich angewiesen auf Bestätigung von außen, außerhalb meiner Familie. Aber dort wurde ich nicht mit der gleichen selbstverständlichen Wärme aufgenommen, wie mein Vater sie mir entgegenbrachte. Ich sah darin den Beweis meiner Unzulänglichkeit und strengte mich um so mehr an, liebenswert zu werden. Und damit geriet ich in einen Teufelskreis.

Ich glaube, ich gehöre zu einer Gruppe von liebesabhängigen Frauen, die Sie in Ihrem Buch übergangen haben, nämlich zu denjenigen unter uns, die immer allein gelebt haben und die noch nicht einmal eine *ungesunde* Beziehung längere Zeit aufrechterhalten konnten. Ich weiß, es gibt unter uns viele, die sich bei den Männern für nicht liebenswert halten und deswegen total verschüchtert sind und sich trotzdem abquälen mit ihrer Sehnsucht nach einer befriedigenden Beziehung. In den wenigen Tagen, die vergangen sind, seit ich Ihr Buch las, habe ich gespürt, wie Liebe zu mir selbst aufkeimt. Ich habe auch «den Knoten, den wir Liebe nennen» in meinem Bauch gespürt und «den Wind, der durch meine leere Seele weht.» Ich weiß, ich werde weiter wachsen.

Marcie G.

Liebe Marcie,

wenn wir das Opfer übermäßiger, besitzergreifender elterlicher Fürsorge waren, ist es sehr angstauslösend, diese schmeichelhafte Aufmerksamkeit neu zu definieren und sie nicht mehr «Liebe» zu nennen, sondern einzusehen, daß es sich dabei in Wirklichkeit um eine unangemessene, verdeckt sexuelle Annäherung handelte. Viele alkoholabhängige Männer schenken ihren Töchtern sehr viel mehr Aufmerksamkeit als ihrer Ehefrau oder anderen erwachsenen Partnerinnen, weil eine wirklich offene und liebevolle Beziehung zu einem ebenbürtigen Menschen bei Alkoholismus im Grunde genommen nicht möglich ist. Zum einen sind sexuelle Störungen auf Grund der betäubenden Wirkung des Alkohols und der verminderten Produktion männlicher Hormone bei männlichen Alkoholabhängigen sehr verbreitet. Zum andern ist die Selbstachtung des Alkoholikers immer angeschlagen, und der Selbsthaß steigt entsprechend. Unter diesen Umständen ist es natürlich leichter, die eigene Tochter, die unkritisch ist und den Vater bewundert, als Liebesobjekt zu wählen, statt eine erwachsene, ebenbürtige Frau, die wahrscheinlich sauer auf ihn ist, ihn ablehnt und seine Schwachstellen nur zu genau erkennt.

Wenn eine Tochter auf diese Weise mit ihrem Vater auf ein und dieselbe Ebene gehoben wird, ganz gleich, ob es zu direkten sexuellen Handlungen zwischen ihnen gekommen ist oder nicht, so hat alles zwischen ihnen einen sexuellen Unterton, *weil er seine Tochter als seinen Besitz behandelt hat.*

Zu dieser Dynamik kommt eine zweite hinzu, die damit zusammenhängt und den Druck exponentiell verstärkt. Nämlich: Obwohl die Eltern allem Anschein nach die Sorge für ihr Kind übertreiben, trägt in Wirklichkeit das Kind die Last der Verantwortung für das Wohlergehen seiner Eltern. Normalerweise kommen Erwachsene ihren Bedürfnissen nach Liebe, Unterstützung, Verständnis und Geselligkeit vor allem durch das Zusammensein mit anderen Erwachsenen nach. Der Versuch, diese Bedürfnisse durch das Zusammensein mit einem Kind zu befriedigen, ist fehl am Platz, weil das Kind noch kein ausreichend starkes Gefühl von sich selbst und seinem Getrenntsein von anderen hat, um solche Anforderungen eines Erwachsenen ohne Schaden überstehen zu können. Das Kind wird vereinnahmt, um den Bedürfnissen des Erwachsenen zu dienen.

Diese beiden zusammenhängenden seelischen Dynamiken können für eine Tochter in Ihrer Position, Marcie, alle späteren Begegnungen mit Männern überschatten. Kein Wunder, daß die Beziehung zu einem Mann, der ebenso erwachsen ist wie Sie, Ihnen genauso große Angst macht wie das Alleinsein. In beiden Fällen wirkt nach, daß Ihr Vater Sie sich als Partnerin angeeignet hat. Sind Sie doch einmal mit einem Partner zusammen, so betrügen Sie Ihren Vater, weil Sie ihn wegen eines anderen Mannes verlassen. Sind Sie dagegen alleine, so bleiben Sie in der Falle drückender Verantwortung stecken, die Sie sowohl als seine Tochter als auch als seine (unpassende) Hauptpartnerin für ihn empfinden.

Natürlich hängen Ihre Freßanfälle und Ihre Depressionen höchstwahrscheinlich mit den Umständen Ihrer Kindheit und Ihrer erblichen Veranlagung aufs engste zusammen. Viele, viele zwanghafte Esser kommen aus Alkoholikerfamilien, von denen sie nicht nur die Anlage zu einem gestörten Stoffwechsel von Kohlehydraten geerbt haben, sondern in denen auch die Grenzen zwischen Eltern und Kind auf die eine oder andere Weise nachhaltig verschoben waren. Ihr zwanghaftes Essen muß als die primäre Suchtkrankheit angegangen werden, und zwar bei Overeaters Anonymous. Es ist eine primäre Krankheit, weil sie direkt behandelt werden muß und nicht als Symptom einer anderen Krankheit. Zwanghaftes Essen sowie Alkoholismus als primäre Krankheit zu betrachten bedeutet aber nicht, daß über die Probleme, die die Sucht «verursacht» haben, weniger gesprochen werden müßte. Sowie es eine Sucht *ist*, handelt es sich um einen eigenständigen Krankheitsverlauf, der aufgehalten werden muß. Das ist das vorrangige Anliegen der Genesung. Für den Alkoholiker, der trocken bleiben will, oder für den zwanghaften Esser, der sich an seine Diät hält, ist es wahrscheinlich sehr hilfreich (wenn auch nicht unbedingt notwendig), wenn er sowohl die seelischen als auch die körperlichen Umstände versteht, die zu seiner Sucht geführt haben. Tatsächlich kommen die seelischen Ursachen oft zum Vorschein, sobald man mit der Enthaltsamkeit begonnen hat. Aber selbst die ausführlichste Besprechung der seelischen Seite der Krankheit bewirkt ohne Enthaltsamkeit keine Heilung, weil der veränderte Zustand infolge der Eßsucht genauso wie der veränderte Zustand infolge von Alkohol oder anderen Drogen eben diese Heilung verhindert. Der Schlüssel zur Genesung von Sucht ist, zuerst das Suchtverhalten aufzugeben und dann darüber Gespräche zu führen, nicht umgekehrt.

Damit Sie sich Ihren Gefühlen und Ihrem Verhältnis zu

Ihrem Vater (und Ihrer Mutter) zuwenden können, müssen Sie mit dem Suchtverhalten aufhören, das dazu dient, eben diese Gefühle nicht hochkommen zu lassen. Ohne den Mißbrauch von Nahrungsmitteln als Droge, mit der Sie sie betäuben, unterdrücken oder auf andere Weise bemänteln, werden diese höchst unangenehmen Gefühle hochkommen und ihren Zweck erfüllen, nämlich Ihr Verständnis zu vertiefen und Ihre Heilung zu fördern.

Wenn Sie sich all das anschauen, zusammen mit anderen, die den gleichen Hintergrund haben, darüber sprechen, wenn Sie erleben, daß Sie mit Ihren Erfahrungen und Ihren Reaktionen auf diese Erfahrungen nicht allein dastehen, wird der Druck Ihres heimlichen Ringens nachlassen. Ich möchte annehmen, daß Ihre Treue zum Vater der größte Stolperstein auf dem Wege zu Ihrer Heilung ist. Ich hoffe, daß Sie sich trotzdem entschließen, an Selbsthilfegruppen teilzunehmen, die Ihnen Heilung bringen können.

Liebe Frau Norwood,
Ihr Buch war mir eine große Hilfe. Als ich das erste Mal den Titel Ihres Buches hörte, sagte ich zu mir: «Das war ich früher mal!» Ich war sicher, jetzt gesund zu sein. Wie sehr habe ich mich doch geirrt! Und darum schreibe ich Ihnen jetzt auch. Ich möchte hier in meiner Umgebung die Therapie finden, die für mich in Frage kommt, und ich weiß einfach nicht, wie die aussieht. Ich hoffe, Sie können mir einen konkreten Tip geben. Am liebsten würde ich zu Ihnen persönlich kommen, um mich beraten zu lassen.

Ich bin neununddreißig und Künstlerin. Ich war nie verheiratet. Ich bin auf allen Gebieten meines Lebens ziemlich erfolgreich, nur nicht in der Liebe. Ich habe einen großen Freundeskreis und bin meist voller Lebensfreude. Aber jedesmal, wenn ich mich auf eine Liebesgeschichte einlasse, ist es um meine innere Sicherheit geschehen. Das einzige, was mich umschmeißt und durcheinanderbringt, ist mein Liebesleben. Immer wieder bin ich in einer Beziehung so depressiv geworden, daß ich mich selbst nicht mehr wiedererkannt habe. Das macht mir angst. Ich möchte nicht, daß das wieder passiert.

Vor zehn Jahren habe ich ein paar Jahre lang eine Psychoanalyse gemacht. (Meine Mutter lag damals im Sterben, und ich war in eine katastrophale Liebesaffäre verwickelt.) Als mir letzten Monat klarwurde, daß ich ernsthaft in seelischen Schwierigkeiten stecke, ging ich zu meinem alten Psychoanalytiker zurück. Er ist inzwischen emeritiert, arbeitet aber privat mit einigen Patienten weiter. Seitdem gehe ich weiter zu ihm. Ich bin aber nicht davon überzeugt, daß die Freudsche Therapie das Richtige ist für mich, eine Frau, die zu sehr liebt. Für einen Rat wäre ich Ihnen sehr dankbar.

Karla J.

P. S. Mein Vater ist Alkoholiker, und ich esse manchmal übermäßig. Ich leide nicht unter Anorexie und auch nicht unter Bulimie.

Liebe Karla,
ich bin Ihnen sehr dankbar für Ihren Brief, weil er mir Gelegenheit gibt, mehrere sehr wichtige Themen anzusprechen. Ich möchte mit Ihrem erstaunlichen Postskriptum beginnen – es ist so erstaunlich, weil es ganz eindeutig ins Zentrum Ihrer Probleme zielt und den Schlüssel für deren Lösung enthält. Wenn Sie sich dazu bereiterklären, die Themen, die Sie in Ihrem Postskriptum erwähnen, vorrangig anzugehen, werden Sie sich von den lebenslangen körperlichen und seelischen Ursachen befreien, die zur Geschichte Ihrer gestörten Liebesbeziehungen beigetragen haben.

Sie sind eßsüchtig und Co-Alkoholikerin. Das ist bei Ihnen das primäre Krankheitsgeschehen, Ihre Diagnose, wenn Sie so wollen. Beides, die Freßsucht und der Co-Alkoholismus, bedingt sich gegenseitig, sowohl verhaltensmäßig als auch genetisch. Die Töchter von Alkoholikern erben häufig die Anlage zur Entwicklung von Überempfindlichkeit gegen und Abhängigkeit von bestimmten Nahrungsmitteln, wozu auch das Symptom Eßzwang gehört. Zwanghaftes Essen ist auch eine stressbedingte Störung, was heißt, daß sie durch starken Stress ausgelöst und / oder verstärkt werden kann. Im Umfeld von Alkoholismus aufzuwachsen, bringt sicherlich die ganze Kindheit hindurch genügend Stress mit sich, um eine Eßstörung zu erzeugen oder zu verschlimmern. Aber eine Familiengeschichte mit Alkoholabhängigkeit wirkt sich auch auf die Gegenwart aus, weil die erlernten ungesunden Verhaltensmuster des Co-Alkoholismus in Beziehungen weiter praktiziert werden und für den Erwachsenen weitere Schwierigkeiten mit sich bringen. Der Stress, den diese Verhaltensmuster in Beziehungen unweigerlich hervorrufen, kann die Eßstörung verstärken, und natürlich kann die Eßstörung die seelische Stabilität und das körperliche Wohlbefinden schwer beeinträchtigen, die zu einer gesunden Beziehung beitragen.

Zwanghaftes Essen geht fast immer mit Depressionen einher, nicht nur als Folge der Schwierigkeiten mit der eigenen äußeren Erscheinung und dem Selbstbild, sondern auch auf Grund des gestörten Stoffwechsels, der das vegetative Nervensystem schädigt. Wir wissen ja, daß unsere Gefühle durch ein System von Nervenzellen erzeugt werden, die eine vielseitige Ernährung mit chemischen Substanzen benötigen, für die unser Körper entweder ausreichend sorgt oder auch nicht. Die Fähigkeit des Körpers, diese Nervenzellen zu ernähren und zu erhalten, beruht auf einem Stoffwechselprozeß, der bei den meisten Eßsüchtigen gestört ist.

Nahrungsmittel, die Sie übermäßig zu sich nehmen, wirken auf Ihr Nervensystem wie eine Droge, die zumindest teilweise den gesunden Stoffwechsel beeinträchtigt. Sie sind von der Nahrungsmitteldroge körperlich und auch seelisch abhängig, weil Sie sich damit in einen veränderten Zustand bringen. In dieser Hinsicht ähneln Ihre Gedanken, Gefühle und Verhaltensweisen in hohem Maße denen jedes anderen Süchtigen. Und auch Ihr Genesungsverlauf gleicht dem von anderen Suchtkrankheiten. Darum sind die Overeaters Anonymous, die nach den gleichen Grundsätzen vorgehen wie die Anonymen Alkoholiker, auch so wirkungsvoll bei der Behandlung von Eßsucht.

Wenn es um Sucht oder Co-Abhängigkeit geht, muß diese Erkrankung im Mittelpunkt jeder therapeutischen Bemühung stehen. Geht es um beides, um Sucht und Co-Abhängigkeit, müssen sie als Krankheitsverläufe betrachtet werden, die sich gegenseitig bedingen. Die Behandlung beginnt mit dem Entzug der süchtig machenden Drogen oder Nahrungsmittel, weil der Klient sich ohne diese Abstinenz in einem veränderten Zustand befindet und für den Genesungsprozeß nicht zugänglich ist.

Menschen, die an Abhängigkeit von chemischen Substanzen oder an Zwangsverhalten erkrankt sind, müssen Menschen aufsuchen, die beide Abhängigkeiten und den entsprechenden Genesungsverlauf vollständig verstehen. Am hilfreichsten ist es, wenn der professionelle Berater auch ein Mensch auf dem Wege der Genesung von der gleichen Abhängigkeit ist. Geht es um Co-Abhängigkeit (in Ihrem Fall Co-Alkoholismus), gilt das gleiche. Der Therapeut muß die Co-Abhängigkeit und deren Genesungsprozeß verstehen und sollte im Idealfall selbst ein Mensch auf dem Weg der Genesung sein. Sie müssen sich jemanden suchen, Karla, der möglichst all das in sich vereint. Nach einem Therapeuten oder einer Therapeutin zu suchen, der oder die über diese Erfahrungen und dieses Wissen verfügt, erscheint Ihnen vielleicht als auswegloses Unterfangen. Aber denken Sie daran, daß die meisten zwanghaften Esser von ihrer Familiengeschichte her auch Co-Alkoholiker sind, und Therapeuten, die zwanghaftes Essen als eine Sucht ähnlich der Alkoholabhängigkeit verstehen, kennen sich meistens auch mit Co-Alkoholismus gut aus. Zum Glück wächst die Anzahl der Therapeuten, die die Krankheiten Sucht und Co-Abhängigkeit behandeln und dafür auch die wichtigste Qualifikation aufweisen, daß sie nämlich selbst auf dem Wege sind, von diesen Krankheiten zu genesen.

Einen Therapeuten aufzusuchen, der kein Spezialwissen auf den Gebieten Sucht und Genesung von Sucht hat, ist meiner Meinung nach für Sie die gleiche Zeit- und Geldverschwendung wie die Behandlung durch einen Herzspezialisten, wenn

Sie unter Sehstörungen leiden und Kontaktlinsen verschrieben bekommen müßten. Beim Herzspezialisten werden Sie alle möglichen vorbeugenden Ratschläge für Ihr Herz und Ihre Herzkranzgefäße erhalten, was sehr interessant sein kann, aber es wird Ihnen nicht besser gehen. Menschen, die an Sucht und Co-Abhängigkeit erkrankt sind, müssen jemanden aufsuchen, der das Problem erkennt, versteht und als *primären* Krankheitsverlauf behandelt, und *nicht als Symptom eines anderen Leidens*. Die Krankheiten Sucht und Co-Abhängigkeit erzeugen viele psychische Symptome, die Menschen in eine Therapie bringen. Leider erkennen Psychotherapeuten, die suchtkranke Menschen behandeln, die Abhängigkeit nur sehr selten und sind deshalb auch nicht in der Lage, ihren Klienten auf die Hilfsprogramme hinzuweisen, die den ersten notwendigen Schritt zur Genesung herbeiführen können: den Abbruch des Suchtverhaltens. Jede, auch die am besten geeignete Therapie muß diese Voraussetzung schaffen, damit der Klient davon profitieren kann.

Meiner Erfahrung nach kann es in der Therapie keinen wirklichen Fortschritt geben, wenn der Klient weiterhin sein zwanghaftes Verhalten oder seine Abhängigkeit von chemischen Substanzen praktiziert. Ihr erster Schritt muß deshalb darin bestehen, daß Sie Ihr zwanghaftes Essen angehen (das sowohl ein Zwangsverhalten als auch eine Abhängigkeit von chemischen Substanzen darstellt). Wenn Sie meine Klientin wären, würde ich es zur Bedingung für die Fortsetzung der Therapie machen, daß Sie sich fest bei Overeaters Anonymous engagieren. Für die ersten dreißig Tage würde ich mindestens ein tägliches Treffen empfehlen und anschließend drei Treffen die Woche. Wenn Ihre Genesung bei Overeaters Anonymous erst einmal begonnen hat, müßten Sie auch regelmäßig zwei-, dreimal die Woche zu Al-Anon gehen. Wenn Sie vor einem solchen Maß an Verpflichtungen für Ihre Genesung zurückschrecken, dann sollten Sie daran denken, daß beides fortschreitende Krankheiten sind; das heißt, sie verschlimmern sich mit der Zeit und können tödlich enden. Wenn Sie Krebs hätten, wären Sie wahrscheinlich eher bereit, alles zu tun, was die Genesung erfordert. Sie würden sich Zeit und Mittel nehmen, um bei jeder Behandlung zu erscheinen, die Sie heilen könnte. Versuchen Sie doch, für Ihre Genesung von diesen ebenso lebensbedrohlichen Krankheiten das gleiche Maß an Verpflichtungen aufzubringen.

In Ihrem Brief schreiben Sie auch von Ihrem Wunsch, für eine Beratung mich aufzusuchen. Aber ich bin nicht die Quelle der Heilung für Ihre Suchtkrankheit und Co-Abhängigkeit, Karla, sondern die entsprechenden Zwölf-Schritte-Programme sind es. Sie gehören zu Overeaters Anonymous und zu Al-Anon. Sie *können* nur mit Unterstützung durch das Zwölf-Schritte-Programm genesen, aber meiner Meinung nach nicht allein durch eine Psychotherapie, ganz gleich wie wunderbar und qualifiziert die Therapeutin auch sein mag. Meiner Meinung nach würde die Therapeutin allerdings darauf *bestehen*, daß Sie Ihr Zwölf-Schritte-Programm durcharbeiten, wenn sie wirklich so wunderbar und qualifiziert wäre. Ihre Genesung wird größtenteils in einer Gemeinschaft von Menschen vor sich gehen, die mit den gleichen Fragen kämpfen wie Sie.

Liebe Frau Norwood,
Ihr Buch erreichte mich in einer entscheidenden Zeit meines Lebens. Mein Ehemann, mit dem ich nur drei Jahre zusammenlebte, hat mich vor vier Monaten verlassen und will nichts mehr mit mir zu tun haben. Er hat die Scheidung noch nicht eingereicht, verschließt sich aber jeder Hilfe, damit wir unsere Beziehung weiterführen können. Jetzt habe ich erkannt, daß das, was ich «Liebe» für ihn nannte, wohl eher Besessenheit gewesen ist, die mich so gelähmt hat, daß ich nicht in der Lage war, weiterzukommen.

Ich bin alkoholabhängig und auf dem Weg der Genesung, ebenso mein Mann. Wir haben uns beim Trinken kennengelernt und zur gleichen Zeit, aber in verschiedenen Kliniken mit dem Genesungsprozeß angefangen. Wir sind beide Mitglied bei den Anonymen Alkoholikern und arbeiten das Programm durch, und ich mache außerdem eine Therapie und bin bei Al-Anon. Ich habe das Gefühl, als hätte ich nicht verstanden, was ich zu tun habe, oder als hätte ich nicht richtig gehört, was ich tun muß, um verstehen zu können. Deswegen schreibe ich Ihnen. Ich glaube, Sie wissen etwas, das ich auch wissen muß. Ich hoffe sehr, von Ihnen zu hören.

Gloria J.

P. S. Ich bin übrigens einundvierzig, habe einen fünfundzwanzigjährigen Sohn und eine zweiundzwanzigjährige Tochter, war sechsmal für kürzere Zeit verheiratet und habe die Kinder aufgezogen, die beide das College absolviert haben. In den Augen anderer Menschen bin ich sehr erfolgreich und habe trotzdem das Gefühl, als menschliches Wesen total versagt zu haben...

Liebe Gloria,
vielleicht haben Sie bei der Arbeit an Ihrem Programm bei den Anonymen Alkoholikern den Spruch gehört: «Wenn du's nicht nüchtern und trocken getan hast, hast du's überhaupt nicht getan.» Die meisten Menschen, die von Alkohol oder anderen Drogen abhängig geworden sind, haben diese Drogen schon in sehr jungen Jahren benutzt, um sich nicht mit der Realität auseinandersetzen zu müssen, typischerweise im Alter von vierzehn. Ich weiß nicht, wann Sie mit dem Alkoholmißbrauch angefangen haben, aber für die Antwort auf Ihren Brief nehme ich mal an, daß Sie, wie so viele Menschen, die an dieser Abhängigkeit erkranken, ziemlich früh die Droge in unangenehmen Lebenssituationen als Stütze benutzt haben. Wenn das auf Sie zutrifft, dann haben Sie die schwierige Aufgabe, eine eigene Identität zu entwickeln, die normalerweise zwischen Pubertät und Anfang zwanzig in Angriff genommen und oft als «Identitätskrise» bezeichnet wird, bis zu Ihrer Trockenheit aufgeschoben. Viele Menschen, die drogenabhängig waren, sind, seit sie trocken wurden, *niemals* tanzen gegangen, haben sich mit niemandem verabredet oder sind bei keiner Verabredung erschienen und hatten keinerlei sexuellen Kontakt. Im-

mer wenn das Leben unangenehm wurde und uns herausgefordert hat, haben wir bei der Droge Zuflucht gesucht, damit sie unbehagliche Situationen glättete oder die Angst betäubte. Da wir stärker und reifer werden, wenn wir uns diesen unangenehmen, schmerzlichen Zeiten stellen und sie durchleben, kommt unser natürliches seelisches Wachstum zum Stillstand, wenn wir ihnen ausweichen.

Offensichtlich heißt trocken sein noch viel mehr, als sich zu enthalten. Wenn Sie trocken sind, wird es notwendig, gewissermaßen durch die Jahre bis zum Ursprung Ihrer Sucht zurückzugehen und sich dann durch die Lektionen und die Wachstumsschritte hindurchzuarbeiten, die Sie wegen Ihres chemisch veränderten Zustands ausgelassen haben. Das ist nicht leicht, wenn Sie einundvierzig und Mutter erwachsener Kinder sind. Es erfordert ein beträchtliches Maß an Ergebenheit und Mut, dort wieder anzufangen, wo Ihr Reifungsprozeß vor so vielen Jahren abbrach.

Aber es liegt auch ein Trost darin zu wissen, daß Ihr Problem nicht darin besteht, daß an Ihnen etwas verkehrt wäre – Sie müssen einfach nur etwas an sich arbeiten, um erwachsen zu werden. Welche Vierzehnjährige ist denn schon reif für eine gesunde, vernünftige, verbindliche Beziehung mit einem Angehörigen des anderen Geschlechts? Sie hat einfach noch nicht genügend Selbsterkenntnis und Selbstsicherheit für eine stabile, gesunde Partnerschaft erworben.

Wenn Sie bedenken, daß alles, was ich schreibe, auf Sie und auch auf Ihren Mann zutrifft, dann können Sie vielleicht begreifen, warum es für das Funktionieren Ihrer Ehe nicht ausreichte, trocken zu sein. Trocken sein löst nicht die Probleme, die in Beziehungen auftauchen; es bewirkt lediglich die Beseitigung eines gewaltigen Hindernisses auf dem Weg, uns diesen Problemen zu stellen. Es ist, als wenn Sie versuchten, im Gebirge eine Straße zu bauen. Liegt ein riesiger Felsbrocken im Weg, so muß zunächst er beiseite geschafft werden, ehe mit den Bauarbeiten begonnen werden kann. Ähnliches gilt für den Aufbau einer Beziehung. Solange eine Alkoholabhängigkeit nicht behandelt wird, stellt sie für die Weiterentwicklung ein unüberwindliches Hindernis dar.

Ihr Mann und Sie haben sich füreinander entschieden, während Sie noch tranken. Ihre Beziehungsdynamik wird damals sehr anders ausgesehen haben als heute. Ich wage zu behaupten, daß keiner von Ihnen die geringste Ahnung hat, wie man nüchtern mit einem Ehepartner zusammenlebt, und diese Wahrheit ist schmerzlich. Es ist oft leichter zu sagen: «Dieser Mensch ist mein Problem», als die unvermeidliche Peinlichkeit und Angst einzugestehen, die durch die simple Tatsache hervorgerufen werden, daß wir ständig mit einem anderen Menschen zusammen sind und das vorher nie gekannt haben.

Aus den genannten Gründen überleben nur sehr wenige Beziehungen zwischen zwei Menschen, die von chemischen Substanzen abhängig sind, oder zwischen einem Alkoholiker oder Süchtigen und einem Co-Alkoholiker das Stadium der Trokkenheit. Wenn Menschen glauben, daß Nüchternheit die «Antwort» auf ihre Probleme ist, werden sie zwangsläufig eine Enttäuschung erleben. Nüchternheit schafft nur die Bedingungen, unter denen wir mit Geduld, Mut, Ergebenheit und Beharrlichkeit nach der Antwort suchen und sie möglicherweise finden können.

Ein letztes Wort: Bei meiner jahrelangen Arbeit auf dem Gebiet der Suchtkrankheiten sind mir viele Menschen begegnet, die trocken geworden sind, und ich habe beobachtet, daß ihr Leben sich zunehmend verbessert, wenn sie trocken bleiben und sich mutig jeder «nächsten Genesung» stellen, die durch Nüchternheit erst möglich wird. Manchmal allerdings springen Menschen auf dem Weg zur Genesung ab, die Lebensbedingungen ändern sich, oder es wird uns etwas genommen, das wir in unserer Beschränktheit für unser höchstes Gut halten und freiwillig niemals aufgegeben hätten. Dann ist es wichtig, daran zu denken, daß wir das, was uns wirklich ausmacht, niemals verlieren können. So wird es zu unserer Aufgabe, was uns genommen wurde, loszulassen, um Platz zu schaffen für etwas Größeres und Besseres, das sich in unserem Leben zeigen will.

Liebe Robin,
ich fand es entsetzlich einfach, Ihr Buch auf mich zu beziehen.

Meine Mutter starb im Alter von fünfundfünfzig Jahren an Alkoholismus, zwanzig Jahre nach dem Zeitpunkt, als ich mit dem Versuch anfing, ihr das Leben schön zu machen. Mein Vater sitzt im Rollstuhl, halbseitig gelähmt, unfähig zur Kommunikation, und trinkt immer noch. Ich bin nach zweiundzwanzigjähriger Ehe von meinem Mann geschieden worden, der ebenso trinkt wie sein Vater und sein Großvater vor ihm.

Ich habe bei den Anonymen Alkoholikern mehr oder weniger regelmäßig mitgemacht, manchmal jahrelang mit guten Resultaten. Ich glaube an sie! Jetzt trinke ich wieder und stecke in einer ungesunden Beziehung – auch mehr oder weniger regelmäßig.

Meine Frage lautet: Kennen Sie eine Therapeutin in Baltimore, die Ihr Buch kennt, danach arbeitet und mir helfen könnte?

Ich hoffe, recht bald etwas von Ihnen zu hören.

Connie V.

Liebe Connie,
viele alkoholabhängige Frauen werden rückfällig auf Grund von co-abhängigen Verhaltensmustern. Anders ausgedrückt: Alkoholikerinnen, die trocken sind, werden meistens rückfällig wegen ihrer Probleme mit Männern. Ein offensichtlicher Grund dafür ist, daß die meisten Frauen (und Männer), die alkoholabhängig sind, genauso wie Sie aus Alkoholikerfamilien stammen. Sie waren also Co-Alkoholiker, lange bevor sie an Alkoholismus erkrankten. Auch wenn sie trocken sind, sind diese Alkoholiker immer noch Co-Alkoholiker ohne Behandlung, deren sämtliche ungesunde, früh entwickelte Verhaltensmuster in ihren Beziehungen weiterwirken.

Bei den meisten trockenen Alkoholikerinnen ist Co-Alkoholismus der Hauptgrund für ihre Schwierigkeiten, abstinent zu bleiben. Ihr Co-Alkoholismus drückt sich entweder als starkes Kontrollverhalten oder als ebensostarkes Abhängigkeitsverhalten aus, meist zeigen sie abwechselnd beides. Dieses Hin und Her in Beziehungen ist Ausdruck der zugrunde liegenden Angst vor Nähe und gleichzeitig der noch größeren Angst davor, verlassen zu werden. Frauen (und Männer), die in Alkoholikerfamilien aufgewachsen sind, waren oft Opfer unterschiedlich schwerer seelischer, körperlicher oder sexueller Mißhandlungen, und vor allem aus diesen Vorgeschichten setzen sich auch die Beziehungsprobleme zusammen, unter denen diese Menschen als Erwachsene leiden. Sie neigen dazu, Partner zu wählen, die ihnen die Gelegenheit geben, sich der familiären Konstellation und den Kämpfen der Vergangenheit noch einmal auszusetzen – diesesmal mit der Hoffnung, aus diesen Kämpfen als Sieger hervorzugehen.

Dies alles zur Erklärung dessen, was ich Ihnen jetzt sagen will. Ihre Alkoholabhängigkeit erleichtert es Ihnen, ihre Beziehungssucht zu praktizieren. Ihre Beziehungssucht liefert Ihnen alle möglichen Entschuldigungen dafür, daß Sie trinken. Sie können jede der beiden Abhängigkeiten im Dienste der jeweils anderen einsetzen. Wenn Sie diesen Teufelskreis durchbrechen wollen, müssen Sie wieder trocken werden, jetzt hoffentlich streng begrenzt auf eine reine Frauenrunde. Bei diesen Treffen «nur für Frauen» werden Sie zumindest diese eine Stunde sicher davor sein, Ihrer Beziehungssucht nachzugehen (gemischte Treffen der Anonymen Alkoholiker können für Beziehungssüchtige sehr schlüpfrige Orte sein!) und können Ihre Fragen über Männer und was diese mit Ihrem Trinken zu tun haben offen besprechen. Später werden Sie wahrscheinlich auch zu Al-Anon gehen wollen, wo Sie ein reiches Wissen über Beziehungen und viel Heilung von krankhafter Co-Abhängigkeit finden werden.

Zu Ihrer Bitte um eine Empfehlung muß ich Ihnen sagen, daß ich schon seit Jahren die Anonymen Hilfsprogramme und niemals einzelne Therapeuten/tinnen empfehle. Wenn es darum geht, positive Veränderungen zu fördern, glaube ich mehr an den Einfluß der Selbsthilfegruppen als an den einer Einzeltherapie. Jeder Therapeut, der auf meinen Theorien aufbaut, würde wissen, daß seine primäre Verantwortlichkeit Ihnen gegenüber darin besteht, dafür zu sorgen, daß Sie die Anonymen Alkoholiker besuchen, und Ihnen dabei zu helfen, das Programm zu verstehen und durchzuarbeiten. Ein guter A A-Mentor könnte das gleiche für Sie unentgeltlich tun.

Wenn Sie sich entschließen, zu den Anonymen Alkoholikern zurückzukehren, und dann immer noch einen Therapieplatz suchen, werden Sie vielleicht den Menschen in Ihrer Umgebung hören, die auch im Programm für professionelle Berater sind und Sucht und Genesung wirklich verstehen. Aber denken Sie daran: Therapie ist kein «leichter, bequemer Weg», und nüchtern zu werden ist immer noch der erste Schritt, der für Ihre Genesung notwendig ist. Ich wünsche Ihnen viel Glück.

Liebe Robin,
Ihr Buch bekam ich durch eine Frau, für die ich bei Overeaters Anonymous Mentorin bin, und sie wiederum hat über die Lektüre Ihres Buches zu Overeaters Anonymous gefunden.

Ich kann immer noch nicht begreifen, wie es kommt, daß ich mit den Menschen bei Overeaters Anonymous und Al-Anon so sehr verbunden bin, oder wie es passieren konnte, daß ich einen ehemaligen Alkoholabhängigen heiratete, der schizophren war und vor zweiundzwanzig Tagen, acht Wochen nachdem ich ihn verlassen hatte, Selbstmord beging.

Meine Eltern tranken beide nicht. Im Augenblick beschäftigen mich die Gründe für meine Krankheiten aber nicht so sehr, sondern mir ist wichtig, daß mir die verheerende Natur meiner schädlichen Verhaltensmuster in Hinsicht auf Essen, Familie und Männer – in dieser Reihenfolge – vollkommen bewußt wird.

Im Februar begann meine Genesung von einer dreizehnjährigen Eßstörung, die drei anorektische Phasen, zwei Phasen von Fettleibigkeit und am Ende (ich hoffe jedenfalls, daß es das Ende ist) eine viereinhalbjährige bulimische Phase mit beinah tödlichem Ausgang umfaßt.

Bis heute hat mir niemand die ganze Reihe merkwürdiger körperlicher Anpassungsprozesse und Empfindlichkeiten erklären können, die für meine Genesung charakteristisch sind. Ich beschreibe sie Ihnen jetzt in der Hoffnung, daß Sie über medizinisches Wissen verfügen, das mir weiterhelfen könnte.

Ich bin sechsundzwanzig, wiege ungefähr 50 kg und bin 1,61 m groß. Mein Gewicht ist stabil, und meine Diät besteht aus 1300 Kalorien täglich, die dem kritischen Blick eines Ernährungswissenschaftlers standhalten können.

Trotzdem gab es in den ersten vier Monaten unerklärliche epileptische Anfälle, die nach dieser Zeitspanne genauso unerklärlich wieder verschwanden – so der Chefarzt für Neurologie des Krankenhauses, wo ich behandelt werde. Meine Menstruaion *setzte aus*, als ich aufhörte, abwechselnd mich zu überfressen und dann gleich Abführmittel zu nehmen, während ich meine Menstruation wie am Schnürchen bekommen hatte, als ich nur achtzig Pfund wog und bulimisch war. Ich kenne drei Fälle von Bulimie, die mit schwerem Herzversagen einhergingen. Eine dieser Frauen starb im zweiten Monat ihrer Genesung; eine im akuten bulimischen Stadium. Die dritte, auch eine Frau, für die ich bei Overeaters Anonymous Mentorin bin, hatte vor acht Tagen einen Anfall von Herz- und Lungenversagen und kann von Glück sagen, daß sie noch lebt. Sie befindet sich auch in den ersten Monaten ihrer Genesung.

Ebenso wie Ihr Buch (für mich) Beziehungsneuland erobert, muß jemand für die *Genesung* (im Gegensatz zur Krankheit) von Bulimie neues Gebiet erschließen. Ich bin kein Arzt. Ich weiß nicht, was da im einzelnen vor sich geht, aber offensichtlich ist es ein enormer Schock, wenn man mit der Völlerei und dem Abführen *aufhört*, ein Schock, der traumatischer ist und länger dauert, als man bislang angenommen hat.

Das einzige, was ich bis jetzt herausgefunden habe, ist, daß das Abführen eine Art Krampf bewirkt. Was meinen eigenen Fall angeht, ich habe solche Krämpfe viereinhalb Jahre lang dreißig bis vierzig Mal pro Nacht eingeleitet. Ist dadurch meine Anfallsschwelle ernstlich in Mitleidenschaft gezogen worden? Wurde mein Nervensystem vorübergehend oder auf Dauer geschädigt? Diese Auswirkungen haben mit den Folgen von langfristiger Unterernährung und Schlafmangel nichts zu tun und stellen eine Reaktion für sich dar. Einige andere Menschen mit Bulimie bei Overeaters Anonymous haben sehr viel längere Krankengeschichten als ich. Wie können wir uns gegenseitig am besten helfen, erst einmal körperlich am Leben zu bleiben, damit wir dann die seelischen Fragen besprechen können, um die es in unseren Gruppen und in Ihrem Buch geht?

Wenn Sie wissen, wer oder was uns bei unserer körperlichen Erholung helfen könnte, so sagen Sie es mir bitte. Heute *will* ich leben. Ich möchte genau verstehen, was sich da eigentlich abspielt und was ich zur Heilung beitragen kann, indem ich bei meinem eigenen Körper anfange.

Pat M.

Liebe Pat,
ich antworte Ihnen erst heute auf Ihren Brief vom Dezember, weil er unter anderen Arbeiten auf meinem Schreibtisch vergraben lag, wo ich ihn erst kürzlich hervorholte. Sinnigerweise lag er in einem Stapel von Briefen, die ich sehr gern ausführlicher beantworten wollte, als es mir normalerweise möglich ist. Sie stellen mir viele Fragen über Eßstörungen, die Sie wahrscheinlich viel besser beantworten können als ich; Sie sind die *Expertin*, weil Sie unter der Krankheit leiden. Sie und andere bei Overeaters Anonymous, die auf dem Weg der Ge-

nesung sind und über ihre Krankheit sprechen, müssen viel voneinander lernen und es den Menschen in medizinischen und beratenden Berufen beibringen.

Ich möchte Sie um einen großen Gefallen bitten. Würden Sie mir wieder schreiben und mir die Lösungen mitteilen, auf die Sie bei Ihrer Genesung gestoßen sind? Weil ja doch Sie die Expertin sind, Pat, und nicht ich! Fast alles, was ich jemals über die verschiedenen Suchtkrankheiten gelernt habe, habe ich nicht im Hörsaal oder aus Büchern gelernt, sondern von Menschen, die an diesen Krankheiten leiden und auf dem Weg der Genesung sind.

Ich schreibe ein zweites Buch mit Briefen, die ich als Reaktion auf «*Wenn Frauen zu sehr lieben*» erhalten habe. Ich würde gerne Ihre beiden Briefe, den ersten und den zweiten, um den ich Sie bitte, in dieses Buch aufnehmen. Sie *müssen* natürlich nicht zustimmen – aber es ist eine gute Möglichkeit, andere Menschen wie Sie zu erreichen, die auch Fragen haben und vielleicht auch die Antworten finden, wenn sie lernen, sich selbst zu vertrauen.

In jedem Fall danke ich Ihnen, daß Sie mir geschrieben haben und wünsche Ihnen für Ihre weitere Genesung alles Gute.

Liebe Robin,
ich kann auch nicht erklären, wie es zu der Genesung von meinen Eßstörungen gekommen ist. Die Entscheidung, gesund zu werden, war ebensowenig eine bewußte Entscheidung wie die, anorektisch, adipös und bulimisch zu werden. Eines Tages, ungefähr zwei Wochen nachdem Patti, meine bulimische Freundin, im Schlaf an Herzversagen gestorben war, verlor ich meine «Zauberkraft», die Macht, willentlich mich vollzufressen und zu entleeren.

Zurückgezogenheit, Enthaltsamkeit und Witwenschaft haben eine unglaublich verheerende Wirkung auf mich gehabt. Ihr Brief erreichte mich in einem schrecklichen Augenblick. Mein Mann hat sich vor einem Jahr um diese Zeit während der Feiertage erhängt. Dieses Jahr hat meine Mutter mich gebeten, aus ihrer Wohnung auszuziehen, während meine Schwester bei uns Ferien macht. Ich fühle mich in gewisser Weise doppelt am Boden zerstört...

Ich bin jetzt siebenundzwanzig Jahre alt und habe seit zwei Jahren mein Gewicht gehalten, das erste Mal seit meiner Pubertät. Ich bin außerdem anfällig für Angstzustände, meine Periode bleibt manchmal aus, und ich habe hin und wieder pseudo-epileptische Anfälle, mit entsprechenden EEG-Befunden.

Gefühlsmäßig weiß ich nie, was als nächstes kommt: Verzweiflung mit Selbstmordtendenzen, gespannte Kontrolliertheit, stille Freude oder die sanfte Ruhe des Akzeptierens.

Mein Geist produziert Phantasien mit Orchesterbegleitung in Technicolor, manchmal auch Szenen mit meinem letzten Mann oder aus meiner Kindheit. Beide Arten von Visionen sind erfüllt von Schmerzen und Ohnmachtsgefühlen.

Ich arbeite ganztags als Sekretärin für den Chef einer großen Abteilung an einer der bedeutendsten Medizinischen Hochschulen der USA. An sechs Tagen in der Woche spreche ich mit meinen beiden Genesungspartnerinnen, die beide früher auch anorektisch / bulimisch waren. Ich gehe mindest einmal am Tag zu einem Treffen, manchmal auch zu zwei Treffen täglich. Außerdem empfange und verteile ich pro Treffen mindestens drei Umarmungen und führe drei oder mehr Telefongespräche täglich. Ich lese täglich Bücher der Anonymen Alkoholiker, von Overeaters Anonymous, Al-Anon und Alateen und schreibe jeden Morgen und jeden Abend auf, wie ich mich fühle und was ich erlebt habe. Irgendwie nehme ich auch jeden Tag ein gutes Frühstück, ein Mittagessen und ein Abendbrot zu mir. Mich wiege ich nie. Ich wiege das Essen.

Wenn ich über mein Programm und meine Genesung schreibe, schreibe ich immer mit der linken Hand, wie jetzt auch. Ich weiß nicht warum. Ich bin Rechtshänderin.

Es fällt mir immer noch schwer zu glauben, daß ich nicht nur in Hinsicht auf Nahrungsmittel, sondern auch in Hinsicht auf Beziehungen krank bin und leide. Aber ich weiß, was mich im Augenblick am meisten bedroht: seelische Unterdrückung. Es tut weh, mit Menschen zusammenzusein, die das Spiel spielen «Wann haben wir denn unseren Spaß?» Und genau dieses Spiel wollen die meisten Amerikaner in meinem Alter offensichtlich spielen. Jetzt, wo ich auf dem Weg der Genesung bin, macht mir die Vorstellung angst, jemanden sexuell zu lieben. Ich nehme mir viel Zeit, mich langsam mit Menschen vertraut zu machen und herauszufinden, ob wir gefühlsmäßig zusammenpassen, und wenn mich etwas abstößt, ziehe ich mich zurück, auch wenn mir nicht immer klar ist warum. Ich bin aggressiv geworden, wenn es darum geht, mich vor anderen zu schützen. Wenn das Wesen des anderen mit meinem nicht gut zusammenpaßt – nein, danke.

Ich plane zur Zeit, im Januar meine Ausbildung fortzusetzen, um mich als technische Sachbearbeiterin im medizinischen Bereich zu qualifizieren.

Das wär's, was ich über mich zu berichten habe, Robin. Sie können mit meinen besten Wünschen alles veröffentlichen, was Sie für geeignet halten.

Pat M.

Liebe Pat,
obwohl ich Ihre Fragen hinsichtlich der manchmal katastrophalen körperlichen Reaktionen beim Aufhören von Freßanfällen und Abführorgien nicht beantworten kann, bin ich doch sicher, daß Sie von den einschlägigen Forschungsergebnissen erfahren, sobald welche auftauchen, bei dem großen Wissensdurst, den Sie haben, bei Ihren Verbindungen zu anderen mit der gleichen Krankheit, bei Ihrer offensichtlichen Intelligenz und dem Zugang, den Sie auf Grund Ihrer Arbeit zur medizinischen Forschung haben.

Da ich Psychotherapeutin bin und nicht Ärztin, veranlaßt

mich Ihr Brief eher dazu, mich mit den Angelegenheiten von Herz und Seele zu beschäftigen und weniger mit den körperlichen Aspekten und Auswirkungen von Sucht. Wie Ihr Brief deutlich zeigt, Pat, sind Suchtkrankheiten tödlich. Es liegt in der Natur des Suchtkranken, daß er die Sucht praktiziert, und es liegt in der Natur jeder Suchtkrankheit, daß sie sich verschlimmert und schließlich tödlich verläuft. Die medizinischen Einzelheiten, warum und wie jemand auf Grund einer Suchtkrankheit stirbt, sind zweifellos wichtig, aber meiner Meinung nach tragen sie zum Verständnis eines vollständigen Bildes nicht so viel bei, wie wir manchmal glauben möchten. Vor allem deswegen nicht, weil die Medizin gar nicht weiß, warum ein Mensch wie Sie, der sich die Suchtkrankheit einmal zugezogen hat, daran *nicht* stirbt, sondern gesund wird. Suchtkrankheiten besetzen, anders als sonstige Krankheiten, jede Dimension des betroffenen Menschen; die seelische und geistige Dimension des Süchtigen wird ebenso angegriffen wie sein physischer Körper. Meistens erkrankt die seelische Dimension zuerst, gefolgt von der geistigen, wobei der Körper erst Reaktionen zeigt, wenn die Sucht schon in den letzten Stadien ist. Wenn irgendeine Form von Sucht zu einer akuten körperlichen Krise führt und Lebensgefahr besteht, muß mit Hilfe medizinischer Eingriffe alles versucht werden, um das körperliche Gleichgewicht des Patienten wieder herzustellen. Aber nachdem das getan ist, wird die größte Paradoxie der Suchtkrankheiten offensichtlich. Ganz gleich, wie krank der Süchtige war oder wie stark sein oder ihr Leben auch in Gefahr war, wenn die medizinische Hilfe die einzige Behandlung bleibt, wird der Patient nach einer gewissen Zeit sein Suchtverhalten fast immer unweigerlich wieder aufnehmen. Die Erfahrung, wie sehr die körperliche Verfassung infolge der Sucht gelitten hat, reicht nicht aus, um Genesung zu bewirken. Wissen allein, wie alarmierend es auch sein mag, reicht für eine Beendigung des Suchtverhaltens nicht aus.

Der folgende Fall macht das deutlich. Ich kannte vor Jahren einmal einen stattlichen Mann aus der Mittelschicht, Angestellter, verheiratet und Vater von vier Kindern. Mit Ende fünfzig wurde er wegen schwerer Komplikationen als Folge seiner Alkoholabhängigkeit ins Krankenhaus eingeliefert. Zwei Tage später entdeckte eine Krankenschwester, daß er nicht mehr atmete. Durch den gerade noch rechtzeitigen Einsatz des Krankenhauspersonals konnte er wiederbelebt werden.

Nachdem er gründlich untersucht und sorgfältig gesundgepflegt worden war, wurde er auch noch unmißverständlich aufgeklärt, welche tödlichen Folgen es haben würde, wenn er vom Alkohol nicht ganz und gar abließe. Und trotzdem nahm er vier Wochen nach seiner Entlassung aus dem Krankenhaus die Trinkerei wieder auf. Schließlich verlor er seine Familie, dann seine Arbeit, wurde angezeigt, weil er ein Kind belästigt hatte, und saß seine Strafe im Gefängnis ab. Am Ende, nachdem er ein paar Jahre von Sozialhilfe gelebt hatte, ging er endgültig an seiner Alkoholabhängigkeit zugrunde.

Ich zitiere dieses Trinkerleben nicht als eine Schauergeschichte und gewiß nicht, weil es etwas Seltenes wäre, sondern eher um die Tatsache zu verdeutlichen, daß Suchtkrankheiten, obwohl ihre körperlichen Auswirkungen medizinisch behandelt werden müssen, durch die medizinische Behandlung allein auf Dauer nicht behoben werden, ganz gleich wie ausgezeichnet oder angemessen diese Behandlung auch sein mag. Und zwar deswegen, weil die Medizin den seelischen und geistigen Dimensionen des Süchtigen nicht gerecht wird, die fortlaufend heilen müssen, damit der Genesungsprozeß fortschreiten kann.

Manchmal offenbart sich Süchtigen plötzlich eine segensreiche und umfassende Erkenntnis von sich selbst und ihrer Krankheit – ein solcher «Augenblick der Klarheit» wird oft als spirituelle Erfahrung empfunden –, und sie sind dadurch in der Lage, ihr Suchtverhalten aufzugeben und mit der Genesung zu beginnen. Häufiger geschieht der Wechsel aber subtiler, und das übliche Krankheitsverhalten funktioniert für den Süchtigen einfach nicht mehr. Das war bei Ihnen der Fall, als sie zwei Wochen nach dem Tod Ihrer Freundin feststellen mußten, daß Sie Ihre «Zauberkraft» verloren hatten, sich durch Völlerei und Abführen Erleichterung zu verschaffen. Auch Alkoholabhängigen passiert es oft, daß sie einfach nicht mehr trinken können. Wenn das geschieht, verliert der Alkohol seine «Zauberkraft», egal wieviel und wie oft sie trinken.

Aber ob es nun mit dem Geschenk eines leuchtend klaren Augenblicks beginnt, oder ob das Suchtverhalten einfach nicht mehr «funktioniert» – um die Genesung muß weiterhin Alltag für Alltag gerungen werden. Selbst diejenigen, die auf die Knie fallen und tränenüberströmt einen Ausweg aus ihrer Sucht sehen, den es vorher nicht gab – selbst diese begnadeten Menschen müssen trotzdem mit ganzem Herzen Tag für Tag an ihrer Genesung arbeiten.

Ich weiß, daß ich Ihnen das nicht erzählen muß, Pat. Ihr Brief macht deutlich, daß Ihre Genesung für Sie das Allerwichtigste ist. Ich weiß, Sie wissen, daß Sie ein Wunder sind.

Und Ihre Genesung ist mit einem stabilen Gewicht und einer gesunden Beziehung zum Essen nicht abgeschlossen. Selbst aus den wenigen Worten über Ihre Familie geht hervor, daß in diesem Bereich noch sehr viel Schmerzvolles für Sie liegt.

Es gibt viele typische Verhaltensweisen, die zwanghafte Esserinnen gemeinsam haben. Zwanghaftes Reden (um die Kontrolle über das Gesagte zu behalten) ist eine. Extremer Perfektionismus in bezug auf die eigenen Leistungen und Ziele ist eine weitere. Eine der wichtigsten ist meiner Erfahrung nach, daß sie mit ihren Müttern oft durch eine extrem enge Beziehung verbunden sind, die beladen ist mit gegenseitiger Feindseligkeit und Abhängigkeit. Beide kommen häufig, um durch Rat und Hilfe die andere vor zahlreichen Schwierigkeiten zu retten, die trotzdem unvermindert bestehen bleiben. Mutter und Tochter verhalten sich beide, als kämpften sie ständig darum, die andere zu ihrer Aufpasserin zu machen. Beide sind so bedürftig und möchten gleichzeitig so unbedingt die Kontrolle behalten, daß sie zwischen der Rolle der Gebenden und der Nehmenden hin und her schwanken. Das Essen spielt bei dieser Auseinandersetzung als Beweis oder Ersatz für Liebe oft eine Schlüsselrolle. Je mehr Zeit sie miteinander verbringen, desto kränker werden sie, weil beide noch nicht einmal für sich selbst genügend seelische Kräfte haben, geschweige denn für die andere. Sie «borgen» sich ihre seelischen Vorräte voneinander aus und verwischen dabei ständig die individuellen Grenzen zwischen sich. Weil beide ständig «Fürsorge» füreinander aufbringen, fühlt sich jede zunehmend bedürftiger, und die Folge davon ist, daß sie noch enger zusammenrücken.

Sie haben bei Ihrer Genesung sehr viel Mut und Entschlossenheit bewiesen, Pat. Ich habe den starken Verdacht, daß für Sie das Haus Ihrer Mutter ein «schlüpfriger Ort» ist. Denken Sie bitte daran, daß Ihre Mutter nicht dazu da ist, Sie zu erhalten. Dafür ist Gott da. Halten Sie sich an Ihr Programm, dann schaffen Sie beides: Ihre Mutter zu segnen und sie loszulassen.

Die Briefe in diesem Kapitel machen sehr deutlich, daß Abhängigkeiten nicht säuberlich voneinander getrennt existieren. Ihre körperlichen und seelischen Wurzeln sind oft miteinander verwoben. Die Genesung von einer Sucht kann entweder das Auftauchen einer anderen Sucht beschleunigen oder zu einer weiteren Genesung führen. Die Heilung von jeder Sucht erfordert die Anwendung der gleichen Prinzipien wie Hingabe, Offenheit, Demut und Bereitwilligkeit, aber die fälligen Verhaltensänderungen können sich im einzelnen beträchtlich unterscheiden. Alkoholiker zum Beispiel müssen, um trocken zu bleiben, ihre starke Selbstbezogenheit aufgeben und sich mehr darauf einlassen, anderen zu helfen. Aber die meisten Beziehungssüchtigen und besonders die Co-Alkoholiker müssen sich genau in die entgegengesetzte Richtung entwickeln, das heißt, sie müssen egoistischer werden (sich selbst mehr lieben und fördern) und sich weniger um das Wohlergehen anderer kümmern. Darüber hinaus habe ich Alkoholiker und andere Süchtige kennengelernt, die kein ganzes Jahr enthaltsam bleiben konnten, bevor sie nicht ihre co-abhängigen Verhaltensweisen angingen und ihre Versuche unterließen, andere zu retten und sich dabei völlig zu verausgaben. Und mir sind Beziehungssüchtige bekannt, die die besessene Suche nach einem Mann nicht aufgeben konnten, bevor sie nicht aufgehört hatten, zu trinken und Drogen zu nehmen.

Manchmal fühlen wir uns vielleicht völlig am Boden zerstört, wenn wir uns all den Abhängigkeiten gegenübersehen, die unser Leben bestimmen. Doch wir können, wie viele Frauen in den Briefen dieses Kapitels feststellen, dieselben Hilfsmittel, mit denen wir bereits umzugehen gelernt haben, auch auf die nächste Sucht anwenden, die während des Genesungsprozesses sichtbar wird.

Kapitel 6: Briefe von Frauen, die in Therapie sind

Neben dem Wunsch, die Briefe, die ich erhalten habe, auch Menschen zugänglich zu machen, die die gleichen Erfahrungen oder Sorgen haben, hatte ich noch einen weiteren Grund, ein neues Buch zusammenzustellen. Ich hoffe, daß diese Briefe zum Lehrstück für diejenigen werden, die Gruppen leiten, welche nach den Grundideen über Suchtkrankheit und Genesung aus *«Wenn Frauen zu sehr lieben»* vorgehen. Es war nicht einfach, mit ansehen zu müssen, wie sich plötzlich eine große Anzahl von therapeutisch geleiteten Gruppen bildete, die angeblich nach den Grundideen von *«Wenn Frauen zu sehr lieben»* arbeiten und trotzdem offensichtlich von Menschen geleitet werden, die erst einmal selbst begreifen müssen, was Beziehungssucht eigentlich ist, was sie mit anderen Suchtverhalten gemeinsam hat und wie sie am besten behandelt wird.

So wurde mir zum Beispiel folgende Geschichte von einer Journalistin erzählt, die bei ihren Recherchen zum Thema *«Wenn Frauen zu sehr lieben»* mit Teilnehmerinnen einer solchen therapeutisch geleiteten Gruppe sprach. Die Journalistin hatte angedeutet, daß sie ein Interview mit mir vorhabe, und sofort wurde sie von den Teilnehmerinnen der Gruppe gebeten, mir zu sagen, daß sie ein weiteres Buch von mir, eine Art *«Wenn Frauen zu sehr lieben, Band II»*, für dringend nötig hielten. Da der erste Band *«Wenn Frauen zu sehr lieben»* zu der Zeit kaum ein Jahr auf dem Markt war und ich für meine eigene Genesung mehr als sechs Jahre gebraucht hatte und immer noch einen weiten Weg vor mir habe, fragte ich die Journalistin, ob diese Frauen wirklich das Gefühl hätten, bereits alles befolgt zu haben, was in *«Wenn Frauen zu sehr lieben»* empfohlen wird. Sie antwortete, sie hätten einen sechswöchigen Kursus zu dem Thema absolviert, alle hätten ihre schädlichen Beziehungen abgeschüttelt und hätten folglich ebenso wie ihre Therapeutin das Gefühl, es sei an der Zeit, sich jetzt ein paar «gute» Männer zu suchen. Ich war ehrlich gesagt entsetzt, daß sich so etwas aus dem entwickeln konnte, was ich geschrieben hatte. In sechs Wochen konnten diese Frauen unmöglich alle Lektionen durchgearbeitet haben, die sie brauchten, um ihr Verhalten im Zusammensein mit ihren früheren Partnern zu begreifen, noch konnten sie die Trauerarbeit um das Ende dieser Beziehungen angemessen geleistet haben. Mir kam es so vor, als ob sie nur deshalb nach einem neuen Mann Ausschau hielten, um sich von ihrer Angst zu befreien, alleine und mit sich selbst konfrontiert zu sein. Anders gesagt: mit Hilfe therapeutischer Unterstützung benutzten sie ihre Jagd auf eine neue Beziehung als *Droge*. Und all dies im Namen ihrer Genesung!

Als ich in einem Seminar versuchte deutlich zu machen, daß Therapeuten (neben Krankenschwestern) zu der Berufsgruppe mit den meisten Beziehungssüchtigen gehören und daß wir oft ohne zu wissen, was Genesung ist, geschweige denn, sie selbst erlangt zu haben, Gruppen zu diesem Thema leiten, erzählte ich diese Geschichte. Eine der Zuhörerinnen rief wütend: «Sie sind Therapeuten gegenüber aber auch nur feindlich eingestellt!», und mehrere Zuhörer klatschten, um ihre Äußerung zu unterstreichen. Es war ein brenzliger Augenblick, aber wie so viele brenzlige Augenblicke im Leben war er auch ein Geschenk, denn er veranlaßte mich, meine Erfahrungen als Therapeutin *und* Klientin sowie meinen Genesungsprozeß sorgfältig zu überdenken.

Mir wurde dadurch klar, daß ich tatsächlich große Vorbehalte gegenüber der Therapie als Allheilmittel gegen alle möglichen Leiden habe, für das sie heute allgemein gehalten wird. Die Überzeugung, mit dem Auffinden des richtigen Therapeuten würden alle Probleme im Leben gelöst, ist vielleicht genauso weit verbreitet wie die Auffassung, daß wir nur die richtige Beziehung finden müssen, um zum gleichen Ergebnis zu kommen. Auch in meinem Leben gab es eine Zeit, da war ich fest davon überzeugt, die Beratung durch einen tüchtigen, mitfühlenden Therapeuten würde mir Lösungen für die meisten seelischen Schwierigkeiten bieten, mit denen einzelne Menschen und Familien zu kämpfen haben. Diese Überzeugung spielte für meinen stark ausgeprägten Wunsch, Therapeutin zu werden, eine große Rolle. Ich sehnte mich danach, anderen Menschen bei der Veränderung ihres Lebens zum Besseren beistehen zu können.

Erst nach mehrjähriger Arbeit mit alkohol- und drogensüchtigen Klienten, bei der es mir nicht *ein einziges Mal* gelang, diese Veränderung zum Besseren zu erzielen, wurde mein unerschütterlicher Glaube an die therapeutischen Möglichkeiten, Menschenleben zumindest in Hinsicht auf Suchtverhalten verändern zu können, dann doch nachhaltig erschüttert. Nach ungefähr fünf Jahren, in denen ich ernsthaft versucht hatte, drogensüchtigen Menschen dabei zu helfen, von ihren Drogen loszukommen, und dabei früher oder später immer einen Fehlschlag erlitt, wurde ich von trockenen Mitgliedern der Anonymen Alkoholiker eingeladen, ihre öffentlichen Treffen zu besuchen. Ohne meine mehrjährigen vergeblichen Anstrengungen auch nur mit einem Wort zu kritisieren, sagten sie zu mir: «Robin, wenn du mit uns Alkoholikern arbeitest, bekommst du vielleicht Lust mitzumachen und dir anzusehen, wie wir es schaffen.»

Meine Begegnung mit Anonymen Alkoholikern brachte mich mit Hunderten von trockenen, glücklichen Menschen in Kontakt. Was ich nicht auch nur einem einzigen Menschen für länger als ein, zwei Wochen beizubringen verstand, das schafften diese Menschen schon seit mindestens Jahren oder sogar Jahrzehnten. Sie blieben nüchtern und trocken, frei von Alkohol oder anderen Drogen, und lebten ein Leben in Würde und Selbstachtung.

Bei meinen fortgesetzten Besuchen ihrer öffentlichen Treffen hörte ich trockene Alkoholiker offen und nicht selten sogar humorvoll über ihre früheren qualvollen Erfahrungen sprechen und dann beschreiben, wie sie jetzt Tag für Tag mit Hilfe ihrer Mitgliedschaft bei den Anonymen Alkoholikern und einer höheren Macht auf dem Wege der Genesung sind. Diese Geschichten veränderten mein therapeutisches Vorgehen, weil ich das erste Mal anfing, wirklich zu *begreifen*, was Sucht eigentlich ist. Und ich fing auch an zu begreifen, welch ein Wunder die Genesung von Sucht ist – ein Wunder, das ich als Therapeutin nicht zustande bringen konnte.

Mit diesem neuen Bewußtsein machte ich es zur Bedingung für die Fortsetzung der Therapie bei mir, daß meine süchtigen Klienten zu den Anonymen Alkoholikern gingen. Da viele meiner Klienten damals auf Grund gerichtlicher Anweisung wegen alkohol- oder drogenbedingter Vergehen zu mir kamen, konnte ich beträchtlichen Druck auf sie ausüben, damit sie die Treffen besuchten. Einge dieser Klienten begannen infolge der Begegnung mit den Anonymen Alkoholikern tatsächlich zu genesen, und ihr Erfolg färbte schließlich auf mich ab. Ich wurde als Beraterin für Fälle von Alkohol- oder Drogenmißbrauch mehr und mehr anerkannt.

Es kostete mich fünf weitere Jahre als Beraterin im Bereich der Suchtkrankheiten, in denen ich vor allem mit den Familienmitgliedern des abhängigen Klienten arbeitete, um zu begreifen, daß der Besuch bei Al-Anon für die Genesung dieser Co-Abhängigen ebenso notwendig war wie der von Alkoholikern bei den Anonymen Alkoholikern. Mitzuerleben, wie Co-Abhängige immer kränker wurden und sogar an den stressbedingten Störungen starben, die die jahrelange zermürbende Beschäftigung mit einem Alkoholiker mit sich brachte, machte mir deutlich, daß Co-Abhängigkeit ebenso wie die Abhängigkeit selbst eine fortschreitende und schließlich tödlich endende Krankheit ist. Ich sah, daß die Genesung von der Co-Abhängigkeit ein ebenso großes Wunder ist wie die Genesung von jeder anderen Abhängigkeit auch – und daß auch sie ein Wunder ist, das *ich* trotz meiner jahrelangen Erfahrung und meiner Hingabe an die therapeutische Arbeit nicht vollbringen konnte. So wurde der Besuch bei Al-Anon ein Muß für jeden Co-Abhängigen, der mich als Therapeutin aufsuchte, und allmählich fingen auch viele dieser Klienten an, ihr Leben zu ändern und gesund zu werden.

Die schwierigste Lektion, die ich als Therapeutin auf dem Gebiet der Abhängigkeit und Co-Abhängigkeit zu lernen hatte, war die Einsicht, was ich für den abhängigen oder co-abhängigen Klienten *nicht* zustande bringen kann. Ich kann die Genesung nicht zustande bringen, aber die Anonymen-Programme mit ihrem liebevollen Gemeinschaftsgefühl und ihrer Verankerung in spirituellen Grundsätzen *können* es, wenn der Klient wirklich geheilt werden will. Daß ich mein Verlangen aufgeben konnte, meine Klienten im Alleingang zu retten, hat zu dem dankenswerten Ergebnis geführt, daß viele von ihnen durch die Zauberkraft der Anonymen-Programme in ihrem Leben Nüchternheit und Seelenfrieden gefunden haben.

Während sich all dies in meinem Berufsleben ereignete, gab es auch in meinem Privatleben einige Veränderungen...

Als ich meine berufliche Laufbahn als Beraterin begann, glaubte ich nicht wirklich an eine Höhere Macht, hatte aber gleichzeitig das Gefühl, daß Gott, wenn er überhaupt existierte, seine Sache nicht besonders gut machte. Ich war sicher, es besser machen zu können. Es ist für mich ein kleines Wunder, daß ich trotz meiner Überheblichkeit jemals lernte, mich zu bescheiden – jedenfalls gegenüber Gott. Aber das Leben hat schon seine eigene Methode, uns besonders anmaßende Menschen auf die Knie zu zwingen. Als meine persönlichen Verhältnisse sich verschlechterten und immer chaotischer wurden, bis sie mich schließlich meine Arbeit, die Vormundschaft für meine Kinder und meine Gesundheit kosteten, mußte ich schließlich eingestehen, daß ich noch nicht einmal mein eigenes Leben bewältigen konnte. Ein Beruf, bei dem ich die Rolle einer Autorität auf dem Gebiet «Erfolg im Leben» übernahm, kam schließlich selbst mir etwas anmaßend vor.

Ich hatte von vielen Alkoholikern gehört, wie das Leben von der Sucht mehr und mehr zerstört wird, daß dieser Zustand sich aber zum Besseren wenden kann, wenn man gewisse Grundsätze befolgt. Obwohl ich weder Alkohol- noch sonstigen Drogenmißbrauch trieb, begann mein Leben ähnlich auszusehen wie ihres in den akuten Phasen der Abhängigkeit, und zwar weil ich mich selbst in der akuten Phase von

Abhängigkeit befand. Ich war von keiner Droge abhängig aber von der Beziehung zu Männern, die ich immer dazu benutzt hatte, mich von unerträglichen Ängsten zu befreien. Mit anderen Worten, ich hatte diese Beziehungen als Droge benutzt, von der ich nach und nach völlig abhängig geworden war.

Nur weil ich all den genesenden Alkoholikern der Anonymen Alkoholiker zuhörte, konnte ich schließlich begreifen, daß auch ich eine Suchtkranke war und, noch wichtiger, daß auch ich genesen konnte, wenn ich ihrem Beispiel folgte.

So wandte ich mich schließlich um Hilfe an Gott, und dadurch begann sich mein Leben auf ebenso wunderbare Weise zu verändern, wie ich es von anderen Abhängigen, die auf dem Weg der Genesung waren, gehört hatte.

Das ist jetzt fast sieben Jahre her, und mit jedem Jahr wuchs meine Überzeugung, die zugegebenermaßen auf rein subjektiven Erfahrungen beruht, daß die wichtigste Voraussetzung jeder therapeutischen Bemühung, ob es nun um Sucht geht oder nicht, in folgendem besteht: jeden leidenden Menschen in sich selbst nach dem heilenden spirituellen Leitprinzip suchen zu lassen und ihm dabei zu helfen, sich daran festzuhalten. Ich habe allerdings gesehen, daß viele von uns, die in die Helferberufe gehen, nicht nur ähnliche Lebensgeschichten mit vielen Schmerzen und Traumatisierungen aufweisen, sondern alle auch einen tiefen Zorn hegen auf unsere Eltern und auf Gott. Ich glaube, so ziemlich alle von uns verspüren das dringende Bedürfnis, einem nicht vorhandenen oder gleichgültigen oder unberechenbar grausamen Gott die Zügel aus der Hand zu nehmen, mit denen er das Leben unserer Klienten lenkt. Das führt oft dazu, daß wir geneigt sind, unsere Klienten eher zu mehr als zu weniger «Selbstbewußtsein» (Selbstüberhebung) anzuleiten. Die Klienten werden dazu ermuntert, sich auf ihre eigene Intelligenz und auf die des Therapeuten zu verlassen, statt ihre einzigartige und ganz persönliche spirituelle Führung in sich selbst zu suchen und zu finden. Natürlich kann ein Therapeut, der nicht selbst mit einer solchen inneren Führung lebt, nicht einsehen, warum es wichtig sein soll, dem Patienten bei dieser Suche zu helfen.

Da ich diesen Weg beruflich und privat gegangen bin, lassen Sie mich noch zwei Dinge dazu sagen. Erstens sind nach meiner Erfahrung die Suche nach unserem inneren spirituellen Prinzip und unsere Unterwerfung unter seine Führung harte Arbeit, weil ja doch alles im Leben – Menschen, Umstände, materielle Dinge, Ehrgeiz, Begierden und Ängste – uns in die andere Richtung ziehen will, nach außen. Es erfordert meine *ständige* Wachsamkeit und Hingabe, mich daran zu erinnern, daß bei dem Spiel nicht ich Regie führe und daß ein Höheres Prinzip mich leitet, wenn ich darum nachsuche.

Zweitens, obwohl diese ständige und wiederholte Kapitulation eine schwierige Herausforderung ist, ist es mir heute unmöglich, anders zu leben. Ich möchte nicht mehr so leben wie damals, als ich noch glaubte, selber alles am besten zu wissen. Heute weiß ich, daß jede Heilung, ob es nun um ein gebrochenes Bein, einen gebrochenen Geist oder ein gebrochenes Herz geht, durch das Wirken des spirituellen Prinzips zustande kommt. Wenn wir eine Heilung fördern wollen, tun wir das am besten, indem wir dieses spirituelle Prinzip mit Demut und voller Dankbarkeit anerkennen.

Ich arbeite heute nicht mehr als Therapeutin. Einer der Gründe dafür ist, daß meine eigene Genesung weder die Folge der akademischen und praktischen Ausbildung für meinen Beruf war noch aufgrund meiner eigenen Therapie geschah, obwohl ich sicher lange genug in beiden Richtungen nach Lösungen gesucht habe. Bei meiner Suche habe ich sehr viele verschiedene Methoden ausprobiert, manche waren schädlich, manche wirkungslos und einige, in begrenztem Umfang, hilfreich. Aber meine Genesung geschah und geschieht weiterhin in einer Selbsthilfegruppe mit spiritueller Ausrichtung. Keiner ist der Experte, wir alle sind gleich, und jeder von uns ist selbst dafür verantwortlich, seinen Weg mit Hilfe von Akzeptieren, Liebe und gegenseitigem Verständnis zu finden. Geld ist nicht erforderlich, Ratschläge werden nicht erteilt, und es wird kein Druck ausgeübt, ein anderer Mensch zu werden, als der, der wir sind. Das kommt bedingungsloser Liebe näher, als alles was ich jemals erfahren habe, und ihre heilende Kraft versetzt mich nach wie vor in Erstaunen.

Ein weiterer Grund für die Entscheidung, meine therapeutische Praxis aufzugeben, besteht darin, daß ich an einem Punkt angelangt bin, wo ich kein Geld mehr dafür annehmen kann, mit anderen die Hilfsmittel zu teilen, die mein Leben gerettet haben und die ich selbst umsonst bekam. Diese Hilfsmittel sind wirklich alles, was ich anderen Menschen heute geben kann – und auch das nur, wenn der andere sie wirklich haben will. Sie umfassen die einzige Einstellung, die meiner Erfahrung nach angesichts von Sucht etwas bewirkt, und sind ein Geschenk, das von einer Macht kommt, die größer ist als wir – die zu uns kommt und durch uns wirkt, die aber nicht *uns* gehört. Und das Schönste an diesem Geschenk ist, daß wir es an andere weitergeben können.

Nichts von alledem ist als Vorschrift für andere Therapeuten oder als Kritik an ihrer Arbeit gedacht. Es gibt keine Art zu leben oder zu arbeiten, die für uns alle paßt. Bei mir hat es sich nun einmal so entwickelt.

Vielleicht haben einige meiner Vorbehalte gegen Therapie auch mit den Gründen zu tun, aus denen ich sie aufgesucht habe. Ich glaube, die meisten von uns gehen aus ähnlichen Gründen in eine Therapie, aus denen wir auch unsere Sucht entwickeln und praktizieren: Wir wollen es vermeiden, uns dem Schmerz auszuliefern, der in unserem Leben so unerträglich heftig ausbricht. Wir hoffen, daß dieser Schmerz durch den Besuch bei einem Therapeuten zum Stillstand kommt, verhütet, erleichtert, in Ordnung gebracht oder zumindest erheblich verringert werden kann. Tatsächlich ist es für uns aber ein Segen, wenn ein Therapeut oder eine andere geeignete Person uns erkennen hilft, daß dieser Schmerz uns eine unschätzbare Lektion erteilt und uns dann den Mut aufbringen läßt, uns ihm zu stellen. Meiner Meinung ist es am besten, wenn der Therapeut auf der Grundlage seiner persönlichen Erfahrungen und seines persönlichen Beispiels arbeitet.

Seelischer Schmerz kommt zustande, wenn wir uns nicht ehrlich bestimmten Erkenntnissen über uns selbst und unsere Lage stellen wollten, die uns eigentlich schon längst bewußt sind. Was auch immer unser Geheimnis sein mag, wir finden es zu bedrohlich, überwältigend, beschämend oder unerträglich, um ihm ins Gesicht sehen zu können, und so versuchen wir zu verhindern, daß es zum Vorschein kommt – und der Schmerz hält an und wird schlimmer, bis wir schließlich vielleicht keine andere Wahl mehr haben und ihn uns anschauen müssen.

Wenn wir uns wirklich verändern und wachsen wollen, müssen wir uns diesem Schmerz und dem, was er uns sagen will, beugen, und das ist tatsächlich so etwas wie eine Kreuzigung. Wenn wir unser kostbares Selbst wiedererlangen wollen, das unter äußerlichen Bildern und inneren Lügen begraben wurde, müssen wir oft gerade die Überzeugungen von der eigenen Identität, von unserer Familiengeschichte, unseren gegenwärtigen Lebensumständen und unserem innersten Wesen aufgeben, an denen wir am meisten hängen. Die wenigsten von uns begrüßen eine so qualvolle Erfahrung, ganz gleich, wie sehr sie uns vielleicht auch verändern kann. Statt dessen suchen wir nach Wegen, dem Schmerz zu entgehen, wo wir eigentlich einen Weg finden müßten, der uns *durch* den Schmerz hindurchführt.

Seelischer Schmerz bedeutet für die Psyche das gleiche wie physischer Schmerz für den Körper: er ist ein Hinweis, daß etwas in uns krank oder kaputt ist. Er ist eine dringende Aufforderung, die notwendige Heilung zu suchen. Wenn wir heil werden wollen, müssen wir den Schmerz willkommen heißen wie den weisesten Lehrer, der an unsere Tür klopft, und wir müssen willens sein, die Lektion zu lernen, die er uns beizubringen versucht. Letzten Endes geht es im Leben darum, aufzuwachen und zu wachsen, und diese Vorgänge werden oft schmerzvoller als nötig, *weil wir sie nicht willkommen heißen.*

Gott sei Dank, daß niemand uns unsere Seelenarbeit abnehmen kann. Unsere schlimmsten Probleme entstehen dadurch, daß wir versuchen, diese Arbeit zu vermeiden oder aufzuschieben. Letzten Endes müssen wir diese Arbeit aber doch annehmen, sie ergründen, von ihr lernen, sie segnen und weitermachen, dankbar für das Geschenk eines tieferen Verständnisses für uns als Individuen ebenso wie für die ganze Menschheit. Denn wir sind nicht einzigartig in unserem Schmerz. Niemand von uns hat neue Spielarten des furchtbaren Geheimnisses und entsetzlichen Verlustes erfunden. Was für uns gilt, gilt auch für sehr viele andere, und was uns bei der Heilung hilft, kann auch anderen bei der Heilung helfen. Wenn sie bereit dazu sind, können wir anderen helfen, sich ihren Problemen ebenso zu stellen, wie wir uns ihnen gestellt haben, ganz gleich, ob wir von Beruf Therapeut sind oder nicht. In dem Maße, wie wir genesen, ehrlich und demütig werden und offen dafür sind, einem höheren Zweck zu dienen – in dem Maße sind wir auch als Menschen auf dem Weg der Selbsthilfe Therapeuten, Geistliche, Heiler im Sinne eines höheren Ganzen.

Andrerseits kann es eine riskante Angelegenheit sein, sich einen Therapeuten zu suchen und in Therapie zu begeben, weil diese Beziehung nicht auf dem Selbsthilfeprinzip beruht, sondern unweigerlich die Überlegenheit eines Menschen über den anderen beinhaltet, besonders wenn man bedenkt, daß niemand verletzlicher ist als der Klient, der Hilfe für seine seelischen Probleme sucht. Während ich dies schreibe, laufen in der Stadt, in der ich lebe, Gerichtsverfahren gegen drei Therapeuten, von denen zwei amtierende Geistliche sind, wegen angeblich sexuellen Verhaltens gegenüber ihren Klienten. Sexuelle Zudringlichkeit ist nur eine der offensichtlicheren Verhaltensweisen, durch die Therapeuten das Vertrauen und die Leichtgläubigkeit ihrer Klienten ausnutzen können. Jemand, der beruflich ausgebildet ist und die entsprechenden Zeugnisse und Zulassungen vorweisen kann, ist nicht zwangsläufig auch gesund oder fähig genug, Klienten zu helfen. Tatsächlich kann es leicht vorkommen, daß Therapeuten ihre Klienten psychisch schädigen, einfach weil ihnen die nötige Ausbildung fehlt oder auf Grund schwerwiegender verdeckter Charakterschwächen. Viele von uns wählen einen Helfer-Beruf, weil wir selbst geschädigt sind. Oft erben wir das physiologische Vermächtnis und die Verhaltensweisen unserer kranken Familien und entwickeln auf diesem Wege unsere eigenen unerkannten und unbehandelten Probleme mit Sucht und Co-Abhängigkeit. Diese Anfälligkeit wird unser persönliches Leben und auch unser Berufsleben so lange in Mitleidenschaft ziehen, wie sie nicht erkannt und behandelt wird. Und so lange werden wir uns auch vor unserem eigenen Schmerz und der Entdekkung unserer Geheimnisse schützen, indem wir uns hinter der

Expertenrolle verstecken und unsere Arbeit dazu benutzen, uns auf das Leben und die Schwierigkeiten anderer Menschen zu konzentrieren, um dadurch unseren eigenen Problemen aus dem Weg zu gehen.

Das alles soll nicht ausschließen, daß Therapie auch hilfreich und der Therapeut ein kompetenter Berater für Menschen sein kann, die um seine Hilfe nachsuchen. Aber Therapeuten sind auch nur Menschen, die ein unruhiges Leben führen, das sich oft in andere Richtungen entwickelt, als sie es wünschen oder anderen eingestehen mögen. In diesem Fall stellt sich die Frage: Was tut ein männlicher oder weiblicher Therapeut, wenn seine berufliche Glaubwürdigkeit an einer persönlichen Lebensführung hängt, mit der er aus verschiedenen Gründen immer weniger zurechtkommt?

Meine eigenen Kämpfe mit diesem Dilemma gehören zu den schwierigsten meines Lebens. Und gleichzeitig waren es Erfahrungen, die sich von allem, was ich erlebt habe, am meisten auszahlten und zu den größten Veränderungen führten. Diese Lektionen, das weiß ich inzwischen, waren der Grund dafür, daß meine Seele mich diesen Berufsweg hat wählen lassen.

Neben dem Wunsch, anderen zu helfen, hat mich der therapeutische Bereich angezogen, weil ich selbst immer unter großen seelischen Schmerzen litt und Auswege und Erleichterung suchte. Aber je länger ich in der Beratung tätig war, desto schwerer fiel es mir, offen zuzugeben, daß ich die Antworten, nach denen ich ständig suchte, immer noch nicht gefunden hatte und daß die Schmerzen nur noch schlimmer wurden. Zu oft wurde das kompromißlose Eingeständnis meiner eigenen verfahrenen Situation von dem Zwang beiseite geschoben, als kompetente Therapeutin auftreten zu müssen. Therapeutin zu sein, machte es mir letzten Endes schwerer, dafür zu sorgen, daß es mir besser ging. Mein Stolz sowie meine Angst vor dem Verlust der beruflichen Glaubwürdigkeit standen mir im Wege, und so wurde ich immer kränker. Ich mußte an den Punkt kommen, wo ich bereit war, mich ganz und gar zu ergeben, ehe meine eigene Heilung anfangen konnte.

Den Schmerz und die verzweifelte Anstrengung an diesem

Wendepunkt, diese Kapitulation, dieses Aufgeben kann ich einfach nicht beschreiben. Ich habe eine Bekannte, die niemals wirklich verwinden konnte, daß der Therapeut, der ihr so wunderbar geholfen hat, Selbstmord beging. Alle, die wir im therapeutischen Bereich tätig sind, kennen diesen Druck nur zu gut, der entsteht, wenn wir unser eigenes Leben immer weniger bewältigen können. Wir geraten mehr und mehr in die Defensive, haben immer mehr Geheimnisse, und unsere Angst wächst, daß die Wahrheit über uns ans Licht kommt und wir unsere Glaubwürdigkeit und unseren Beruf verlieren. Oder wir bekennen uns zu der Verletzlichkeit unseres Wesens, stellen uns der Lektion, wie hart und gleichzeitig hilfreich sie auch immer sein mag, sammeln die Scherben auf und machen weiter. Wie sehr dieser Schritt uns auch ängstigen mag, nur dadurch, daß wir unsere eigene Genesung suchen, verwandeln sich unsere ängstlich gehüteten Geheimnisse in Gaben, die wir am höchsten schätzen, in Mittel, durch die wir uns selbst und auch die, denen wir helfen möchten, wirklich verstehen lernen. Im Verlauf meiner Heilung stellte sich für mich heraus, daß ich nichts verlor, was zu meinem höchsten Wohle wirklich notwendig gewesen wäre, und daß mein Leben sich zu etwas Höherem und Schönerem entwickelte, als ich es jemals vorher gekannt hatte. Außerdem weiß ich, daß meine Erfahrungen nicht einzigartig sind. Daß unser Leben *schöner* wird und wir jetzt *besser* in der Lage sind, anderen zu helfen – beides stellt die Genesung uns in Aussicht.

Diejenigen, die am besten verstehen, aus welchen Gründen Menschen eine Therapie suchen (und die meisten Menschen, die eine Therapie suchen, haben Probleme mit Sucht und/oder Co-Abhängigkeit), sind mit diesen Gründen auch aus eigener Erfahrung vertraut und haben mit ihrer Genesung beträchtliche Fortschritte gemacht. Manche in den helfenden Berufen, die auf dem Gebiet dieser Krankheiten keine ausreichende Ausbildung oder keine persönliche Erfahrung mit der Genesung haben, wissen oft nicht, welche Hilfe und Unterstützung ihren Klienten mit dem Programm der Anonymen-

Gruppen zur Verfügung stehen, oder sie unterschätzen, wie notwendig es ist, daß ihre Klienten daran teilnehmen. Der folgende Brief belegt einige dieser Fehler, die professionellen Therapeuten regelmäßig unterlaufen, wenn sie diese grundlegenden Tatsachen nicht verstehen.

Liebe Robin Norwood,
ich habe flüchtig in Ihrem Buch gelesen und war sicher, es würde mir nur zeigen, wie total hoffnungslos alles ist, aber Sie sind ziemlich gründlich, soweit ich das mit meinem begrenzten Verständnis dieser Probleme beurteilen kann – meiner Probleme.

Ich bin neunundzwanzig Jahre alt, eßsüchtig, magersüchtig, alkoholabhängig – mir geht es nicht gut. Seit meinem neunten Lebensjahr bin ich in Therapie. Letztes Jahr habe ich mich selbst in eine Privatklinik aufnehmen lassen und bin dort drei Monate geblieben. Im Verlauf meines Aufenthaltes fing ich an, unter Panik- und Angstanfällen zu leiden. Gestern hatte ich einen solchen Anfall. Mein Arzt ist verreist.

Die Beziehungen, die Sie in Ihrem Buch beschreiben, entsprechen genau den Erfahrungen, die ich mit meinem Therapeuten mache. Gleich zu Anfang habe ich ihn darum gebeten, er solle nicht zulassen, daß ich ihn zu sehr liebe, aber er sagte, das sei schon in Ordnung, er liebe mich auch und würde mich niemals verlassen, in die Irre führen oder Vereinbarungen brechen, die wir gemeinsam getroffen haben. Er sagte mir, daß er sehr gern eine Beziehung zu mir hätte, die über die Arzt-Patienten-Beziehung hinausgehe, daß er mich wirklich liebe und vieles in mir (und nicht nur an mir) sähe, was er wundervoll finde.

Während meiner Zeit in der Klinik traf er mich jeden Tag, auch sonntags. Nach meiner Entlassung ging ich dreimal die Woche zu ihm, auch jetzt noch. Das geht jetzt über ein Jahr so, und ich lebe nur von

Sitzung zu Sitzung. Glauben Sie mir, es wäre eine Erleichterung, wenn ich sterben könnte, wenn ich den Mut aufbrächte, mich umzubringen. Es wäre nicht mein erster Versuch. Das ist keine Drohung. Mir ist bewußt, wie egoistisch und feige das wäre. Ich bin völlig erschöpft und durcheinander. Ich muß noch sagen, daß ich meinen Arzt anfangs nach der Möglichkeit fragte, körperlich mit ihm intim zu werden. Er war der Meinung, daß das zu dieser Zeit schädlich für mich wäre, aber nichts sei unmöglich, und ich sei so krank, daß er noch gar nichts absehen könne. Bei einem Ausgang während meines Klinikaufenthaltes habe ich fünfzehntausend Dollar für Kleidung ausgegeben, nur damit ich jeden Tag etwas Neues anzuziehen hatte. Ich konnte dieselben Kleider nicht zweimal tragen. Ich habe mich völlig verausgabt – und war buchstäblich am Verhungern. In diesem Körper wohnen zwei Sallys.

Ich habe oft versucht, zu einem anderen Arzt zu gehen. Ich ließ ihn das wissen, und er hat einen so großen Einfluß auf mich, daß ich diese Verabredungen um seinetwillen natürlich abgesagt habe. Ein enger Freund meiner Mutter ist hier im Osten ein prominenter Professor für Innere Medizin. Der hat versucht, mit mir Termine zu vereinbaren, hat aber schließlich aufgegeben, weil ich sie immer absagte.

Über meine Kindheit brauche ich kein Wort zu verlieren. Von all den Fallgeschichten in Ihrem Buch etwas. Was Männer in meinem Leben betrifft: sie müssen mindestens dreihundert Millionen auf dem Konto haben, sonst zählen sie für mich nicht als menschliche Wesen. Hinzu kommt, daß ich vor Jahren von zu Hause weggelaufen bin, um Stripteasetänzerin zu werden und dies und das und jenes.

Eines meiner größten Probleme war/ist die Angst, verlassen zu werden. Mein Vater ging von zu Hause weg, als ich vier Jahre alt war. Er sagte, er würde mich besuchen kommen, und ich machte mich schön für ihn, aber er ist nie gekommen. Er haßte meine Mutter, und ich gehörte zu ihr... wir gaben ihm das Gefühl, versagt zu haben. Das mache ich immer noch so mit Männern.

Jedenfalls fuhr mein Therapeut vor zwei Monaten nach Florida, um Urlaub zu machen. (Er nennt mir seine Terminplanung Wochen im voraus, weil ich sonst ausraste.) Als er aus dem Urlaub zurückkam, erzählte er mir, daß er weggehen würde. In zwei Monaten zieht er nach Florida um. Er verläßt mich! Plötzlich sah alles ganz anders aus. Er sagt, er liebt mich, aber 1. würden wir immer nur eine Arzt-Patienten-Beziehung haben, 2. sei er nicht meine Mutter, mein Vater, meine Tochter, mein Sohn und so weiter, und 3. ist die Rechnung, die ich immer bezahlt habe, zum Hauptthema geworden, obwohl er vorher gesagt hatte, ich solle mir überhaupt keine Sorgen machen, das sei nicht wichtig. Er zog sich zurück und verhielt sich kühler, und ich fühlte und wußte, daß er in den Sitzungen gar nicht mehr bei mir war. Er war schon gegangen. Nur wegen der Therapie bei ihm bleibe ich noch in diesem Teil des Landes. Gefallen hat es mir hier überhaupt nicht.

Als er mir das erste Mal sagte, daß er weggehen würde, habe ich meine Wut gegen mich selbst gerichtet – habe mir die Pulsadern aufgeschnitten – und so weiter und so fort. Wir beschlossen, daß ich auch nach Florida ziehe. Ich fühlte mich sofort toll. Ich hätte endlos weit laufen können. Er war wirklich begeistert. Aber nichts ist von Dauer. Er hat alles zurückgenommen. Mit anderen Worten, meine schlimmsten Befürchtungen sind wahr geworden.

Ich liebe ihn so sehr, daß ich ihn gehen lassen kann. Ich liebe ihn so sehr, daß ich auch die Therapie fortsetze, wenn das die Bedingung dafür ist, daß ich ihm nach Florida folgen kann. Ich will wissen, was das Ganze soll.

Entschuldigen Sie, daß ich diesen Brief so hingeschludert habe, aber ich bin wirklich in Schwierigkeiten. Ich hoffe, Sie können mir helfen.

Wir hatten diese blödsinnige Abmachung – wenn ich mein Essen bei mir behielte, würde er mich in die Cafeteria zum Essen einladen. Nicht im Traum hätte ich jemals auch nur einen Fuß in ein Speiselokal gesetzt. Also habe ich aufgehört, mich zu übergeben, aber nun will er mich nicht mitnehmen. Das hört sich alles so dämlich an, aber es bricht mir wirklich das Herz. Er weiß ganz genau, wie wichtig das für mich war.

Sally V.

Meine erste Reaktion auf Sallys Brief war Zorn über ihren Therapeuten, weil er sich ihr gegenüber sachlich und menschlich so falsch verhielt. Der sexuelle Part ihrer Begegnungen stieß mich besonders ab, und ich sah in Sally das Opfer eines Opportunisten, der sie ausnutzte und seinen Beruf dazu mißbrauchte, sich mit schwachen Frauen wie ihr zu treffen und sie zu verführen. Daß es solche Therapeuten gibt, ist oft genug festgestellt worden, und ich fühlte mich in meiner Auffassung bestätigt, daß Frauen, die eine Therapie machen, am besten bei Therapeut*innen* aufgehoben sind.

Während ich das deutliche Gefühl hatte, der beste Weg, ihren Fall angemessen zu behandeln, wäre für diesen Mann gewesen, Sally an eine kompetente Therapeutin zu überweisen, die mit Suchtkrankheit und ihrer Behandlung bestens vertraut ist, wurde mir beim zweiten Lesen des Briefes klar, daß sein Verhalten weniger ein Kunstfehler, als das Verhalten eines Co-Abhängigen war. Diese veränderte Sichtweise des Geschehens zwischen den beiden wurde durch ein Telefongespräch, das ich mit Sally führte, noch weiter bestätigt. (Obwohl ich mich strikt daran halte, die zahlreichen Anfragen nicht per Telefon zu beantworten, war ich durch Sallys dramatischen Brief so alarmiert, daß ich in ihrem Fall eine Ausnahme machte!) Bei diesem Telefonat wurde mir klar, daß es ihr wichtigstes Anliegen war, ihre verschiedenen Süchte ungestört durch ernsthafte Genesungsversuche befriedigen zu können, und daß sie das ständige Drama als ihr Lebenselixier brauchte. Sally war nicht im geringsten daran interessiert, eine Therapeut*in* zu finden, was ich ihr zusammen mit der Teilnahme an den Veranstaltungen der Anonymen-Gruppen, die für ihre verschiedenen Süchte zuständig sind, dringend empfahl.

Die Anspielung im Brief auf das Weglaufen, um Stripteasetänzerin zu werden, sowie das kokette «dies und das und jenes» weisen auf ein weiteres Zwangsverhalten von Sally hin, vielleicht im sexuellen Bereich.

In den meisten Fällen gibt es in der Lebensgeschichte von Frauen, die Stripteasetänzerin oder Prostituierte werden oder andere Berufe mit sexuellen Seiten ergreifen, sexuelle Mißhandlungen, und sie verspüren das Bedürfnis, das sexuelle Drama zu wiederholen, wobei sie ständig auf der Suche nach einem Gefühl von Macht und Überlegenheit Männern gegenüber sind. Das ist ein wichtiges therapeutisches Thema, aber in Sallys Fall hätte die Abhängigkeit von chemischen Suchtmitteln zuerst behandelt werden müssen. Nüchternheit ist erforderlich, bevor irgendwelche anderen Probleme in der Therapie aufgegriffen werden können.

Die ganze briefliche und telefonische Auseinandersetzung mit Sally war für mich ein erneuter wichtiger Hinweis darauf, wie wenig wir alle – Familie, Freunde oder professionelle Helfer – tun können, um im Falle von Abhängigkeit einen Menschen zu verändern. Alles, was wir als spontane Reaktion auf Abhängigkeit zeigen, ist falsch. Wir versuchen zu helfen oder zu bestrafen. Beide Reaktionen sind die eines Co-Abhängigen. Unseren Anstrengungen, helfen zu wollen, liegt ein Gefühl von Mitleid zugrunde und der irreführende Glaube, daß der andere den Mut zur Veränderung bekommt, wenn wir ihm die Sache erleichtern und ihm helfen, sich besser zu fühlen. Dieses Vorgehen scheint ganz folgerichtig zu sein, aber es bewirkt nichts, weil Menschen sich selten ändern, es sei denn, ihre Schmerzen werden schließlich unerträglich. Mit unserer Anstrengung zu helfen, lindern wir den Schmerz des Abhängigen, was nur eine Verlängerung der Krankheit zur Folge hat.

Wenn diese Methode «Hilfreich» nichts bewirkt, sind wir enttäuscht und ärgerlich und wollen, daß der Abhängige leidet und dadurch seine Lektion erteilt bekommt und gezwungen wird, sich zu ändern. Tatsächlich kann aber der Abhängige oft viel mehr Schmerz ertragen, als wir es mit ansehen können, zum Teil auch mit «Hilfe» bewußtseinsverändernder Drogen, die wie Betäubungsmittel wirken. Aus Mitleid und Schuldgefühlen heraus starten wir dann vielleicht schon bald einen neuen Versuch zu helfen.

Wir müssen in der Lage sein, klar zu vermitteln, was Abhängigkeit ist, wie sie verläuft, welche Folgen sie hat und welche Heilmethode die beste ist. Dann müssen wir zurücktreten und der Süchtigen die Entscheidung überlassen, ob sie bereit ist, das für ihre Genesung Erforderliche zu tun. Der größte Unterschied zwischen Sallys Therapeuten und mir besteht wahrscheinlich darin, daß ich in der Lage war, Sallys Abneigung herauszuhören, ihrem Suchtverhalten wirklich den Kampf anzusagen, und dadurch konnte ich sie loslassen. Die Fähigkeit, herauszuhören, daß ein Süchtiger noch nicht dazu bereit ist, seine Genesung ernsthaft in Angriff zu nehmen, und ihn dann loszulassen, wird größer, wenn man viele Jahre lang zu hartnäckig versucht hat zu helfen und einsehen mußte, daß dadurch nichts bewirkt wird.

Es ist sehr schwer für berufsmäßige Helfer, klar und objektiv zu sein und sich an die Grundsätze zu halten, die für die Behandlung von Sucht gelten – die Regeln nicht abzuändern, keine Ausnahmen zu machen und nicht mit den Versuchen fortzufahren, die Abhängigen zu bewegen, das zu tun, was wir selbst für richtig halten. Schwieriger wird das noch durch die Tatsache, daß wir ja schließlich *bezahlt* werden und man von uns Resultate erwartet. Und um die Dinge noch komplizierter zu machen – viele von uns in den helfenden Berufen wären gar nicht in diesem Bereich tätig, wenn wir nicht das starke Bedürfnis hätten, andere zu retten oder zu kontrollieren oder beides. Aber zum Wohle der Abhängigen müssen wir unseren Traum fahren lassen, derjenige zu sein, der den Wendepunkt im Leben dieses Menschen bewirkt. Wir müssen akzeptieren, daß es in unserer Verantwortung liegt, uns privat mit der Enttäuschung auseinanderzusetzen, die unweigerlich durch die Tatsache hervorgerufen wird, daß wir mit Menschen arbeiten, die nicht auf vorbildliche Weise genesen. Unsere Anteilnahme muß ebenso unpersönlich und unbeeinflußt wie echt sein. Ihre eigene Genesung muß der Klientin wichtiger sein als uns. Sonst werden wir versuchen, sehr viel mehr zu tun als unseren angemessenen Arbeitsanteil für das Leben der Klientin zu leisten, was letztendlich weder den Süchtigen noch uns zugute kommt.

Man kann unmöglich genau wissen, welche Motive hinter dem Verhalten von Sallys Therapeuten stecken. Vielleicht ist er ein Frauenheld übelster Sorte, der sich an seine schwachen Klientinnen ranmacht. Vielleicht hat er nach bestem Gewissen gehandelt und geglaubt, es würde Sally besser gehen, wenn er sie davon überzeugen könnte, daß sie liebenswert ist, und ihr eine stabile, fürsorgliche Beziehung böte, in der ihr Selbstwertgefühl wachsen kann. Vielleicht waren seine Beweggründe auch gemischt, wie es bei den meisten von uns der Fall ist, die professionelle Berater werden. Ohne ein ausreichendes Verständnis für den eigenen Willen, der die Manöver einer Süchtigen von Sallys Kaliber schürt, verwandelten seine fehlgeleiteten und/oder selbstsüchtigen Anstrengungen ihre Begegnung in ein Duell, das am Ende sie gewonnen hat. Sie geht immer noch all den Süchten nach, die sie entwickelt hat, und betrachtet trotzdem jetzt den Therapeuten, der ihr helfen sollte, als ihr Hauptproblem – statt ihren Alkohol- und Drogenmißbrauch, ihre lebensbedrohlichen Eßstörungen und ihre zwanghafte Verschwendungssucht.

Dieser Fall enthält für uns alle wichtige Warnungen. Klientinnen sollten auf der Hut sein vor Therapeuten oder Therapeutinnen, die meinen jemanden durch ihre «Liebe» verändern zu können. So reizvoll die Vorstellung auch sein mag, die Liebe und die Weisheit eines Therapeuten könnten der magische Katalysator für die Verwandlung sein – Genesung wird so nicht erreicht. Die Veränderung ist Sache der Klientin. Der Therapeut kann nur als Ratgeber dienen.

Und Therapeuten sollten wachsam gegenüber Klientinnen sein, die den professionellen Berater als bezahlte Lösung für ihre Probleme betrachten. Kein professioneller Berater kann das für einen Klienten sein, ebensowenig wie jeder andere

Mensch, ob Ehemann, Ehefrau, Eltern oder Freunde. Veränderung, Genesung ergibt sich zwischen dem Betroffenen und einer viel größeren Macht, die über uns professionelle Berater weit hinausreicht, ganz gleich, wie sehr wir uns anstrengen.

Das Problem im nächsten Brief ist nicht die Abhängigkeit von chemischen Suchtmitteln, sondern Beziehungssucht, in diesem Falle Co-Alkoholismus. Und trotz der ernsthaften Bemühungen von Therapeutin und Klientin zeigen sich wiederum keine Fortschritte, weil die Therapeutin nicht in der Lage ist, eine genaue Diagnose zu stellen und die Co-Abhängigkeit als ein eigenständiges Krankheitsgeschehen angemessen zu behandeln.

Nach meiner Beobachtung ist das Aufsuchen eines Therapeuten bei Sucht in Wirklichkeit nichts anderes als das Aufschieben der Genesung, es sei denn, der betreffende Therapeut hätte das methodische Vorgehen nach dem Programm der Zwölf Schritte gründlich verstanden und unterstütze diese Methode voll. Wenn der Therapeut glaubt, die Therapie sei die Basis für eine Genesung, erweist er der süchtigen Klientin einen schlechten Dienst, der viel Geld und Zeit kosten kann und trotz aller Anstrengungen nicht verhindert, daß die Sucht weiter fortschreitet. Viele Menschen, die auf dem Gebiet der Sucht arbeiten, sind einig in der Beobachtung, daß Therapie hierbei eine sehr schlechte Erfolgsrate aufweist. Selbst wenn der Therapeut erkennt, daß den Problemen der Klientin die Sucht zugrunde liegt, und wenn er ihr hilft, sich ihrer zerstörerischen Verhaltensmuster und der tieferen Beweggründe für ihre Sucht bewußt zu werden, ist die Klientin meist noch lange nicht in der Lage, ihr *Suchtverhalten aufzugeben.* Weder Information noch Identifikation, weder Verständnis noch Einsicht reichen bei Suchtkrankheiten aus, um die Genesung zu bewirken, und auch die größten Anstrengungen des Therapeuten nicht, der Klientin bei der Kontrolle ihres Verhaltens zu helfen, weil diese Anstrengungen auf lange Sicht immer Teil der

Krankheit selbst sind, ganz gleich, wie durchdacht sie auch sein mögen. Durch solche Anstrengungen, die Klientin zu überwachen, wird der Therapeut mit seinem Versuch, etwas zu kontrollieren, worauf weder er noch die Klientin irgendeinen Einfluß haben, grundsätzlich zum Co-Abhängigen der Klientin. Das erzeugt beim Therapeuten Enttäuschung und Ärger, bei der Klientin Schuldgefühle und Vorwürfe.

Um für süchtige Klientinnen hilfreich sein zu können, muß der Therapeut ein gründliches Verständnis dafür haben, daß Sucht eine Krankheit ist, und ebenso wissen, daß wir hinsichtlich der Genesung machtlos sind und uns dem Geschehen überlassen müssen. Der Therapeut muß fest darauf beharren, daß die Klientin an dem Programm der Anonymen-Gruppen teilnimmt, das auf ihre Sucht zugeschnitten ist. Wenn der Therapeut die Grundlagen des methodischen Vorgehens nach den Zwölf Schritten nicht versteht und für die Therapie noch weitere Ziele festsetzt, können diese die Klientin verwirren und mit den Zielen in Konflikt geraten, mit denen die Anonymen-Gruppen erfahrungsgemäß so gut vorankommen.

Der Therapeut könnte seiner Klientin zum Beispiel seine Unterstützung versagen, wenn sie sich auf eine höhere Macht verläßt, und dieses Verhalten als eine Form unreifer Abhängigkeit interpretieren. Oder der Therapeut erkennt nicht, daß erst das Suchtverhalten *aufhören* muß, bevor der Genesungsprozeß anfangen kann. Der Therapeut ermuntert die Klientin vielleicht direkt oder indirekt dazu, anderen die Schuld an ihrer Konditionierung zur Sucht zu geben (wenn wir anderen die Schuld geben, werden wir ärgerlich, und Ärger *nährt* die Sucht). Oder der Therapeut legt den Vergleich mit anderen Menschen nahe, statt die Klientin anzuleiten, die eigene Heilung und das innere Vergeben zu suchen und erst dann die Beziehung zu anderen richtigzustellen. Außerdem wird es einem Therapeuten schwerfallen, die abhängige Klientin und die Macht der Sucht wirklich anzuerkennen, wenn er Abhängigkeit nicht persönlich erfahren und wesentliche Fortschritte bei der Genesung gemacht hat; und um so weniger kann er dann auch zugestehen, wieviel Zeit die Genesung braucht. Vor allem diese persönliche Erfahrung versetzt den Therapeuten in die Lage, der Klientin zu helfen, indem er vorhersagen kann, wie die Genesungsschritte aussehen, die Schwierigkeiten, die bei jedem dieser Schritte überwunden werden müssen, die Themen, denen sie sich stellen muß, und die ständige Gefahr des Rückfalls, wenn sie diese Themen vermeidet. Aber ich betone nochmals, daß ein guter Mentor in der Selbsthilfegruppe dafür ebenso geeignet ist wie ein Therapeut.

Andererseits gibt es einen sehr wichtigen Punkt bei der Genesung, mit dem ein Therapeut wahrscheinlich besser umgehen kann als ein Mentor – nämlich der Klientin bei ihrer vertieften Auseinandersetzung mit schwierigen Familienverhältnissen zu helfen. Meiner Meinung nach können Therapeuten dort segensreich einwirken, wo es darum geht, die abhängige Familie als Einheit zu behandeln, sich gemeinsam die verschiedenen Rollen anzuschauen, die jeder entwickelt hat, um es mit der Sucht aufnehmen zu können, und zu untersuchen, wie diese Rollen in Wirklichkeit zum Fortschreiten der Sucht beigetragen haben. Familientherapie hilft den Familienmitgliedern, ein neues Verständnis von sich selbst zu gewinnen, das ihre individuelle Genesung ebenso fördert wie die der gesamten Familie. Ergiebige familientherapeutische Sitzungen bauen die Gewohnheit ab, anderen die Schuld zu geben, fördern das Selbstverständnis und die Übernahme der persönlichen Verantwortung für die eigenen Entscheidungen und das eigene Verhalten.

Viele professionelle Berater, Krankenhäuser und Kliniken mit Stationen für Alkohol- und Drogenabhängige haben jetzt seit einigen Jahren diese Methode der Familienbehandlung in Verbindung mit dem Zwölf-Schritte-Programm angewandt. Dieselbe Methode wurde bei der Behandlung anderer Abhängigkeiten wie Eßsucht oder dem Gebrauch von Sex als Droge eingesetzt. Aber die Anerkennung der Beziehungssucht als einer ebenso schweren Krankheit ist noch nicht so weit verbreitet, vielleicht auf Grund unserer tiefsitzenden und weit verbreiteten Gewohnheit auch noch die schädlichsten Spielarten von Beziehungssucht romantisch zu verklären.

Obwohl stationäre wie auch ambulante Behandlungsprogramme Abhängigkeit und Co-Abhängigkeit inzwischen gleichermaßen als ernst zu nehmende Krankheiten betrachten, wird die Beziehungssucht selten ernster genommen als eine dumme Fehlentscheidung im Liebesleben. Ein, zwei dumme Fehlentscheidungen im Liebesleben – das gibt es schon, aber außerdem gibt es auch die Tatsache, daß Beziehungssucht eine ernst zu nehmende Krankheit ist. Als der Gebrauch von Marihuana und später von Kokain sich auszubreiten begann, wurden beide Drogen von Medizinern und professionellen Beratern im allgemeinen nicht als Suchtmittel betrachtet. Erst als die von diesen Drogen Abhängigen nach mehreren Jahren feststellten, daß sie ohne Hilfe davon nicht loskamen, erkannten die Fachleute, daß diese Substanzen einige Menschen sehr wohl süchtig machten. Und so ist auch die Vorstellung von Beziehungssucht für die meisten Menschen neu, und der Begriff wird wahrscheinlich so lange ziemlich oberflächlich benutzt, bis die wahre Natur von Sucht genauer verstanden wird.

Nach meiner Erfahrung können weder Menschen mit Beziehungssucht noch andere Abhängige allein mit Hilfe einer Therapie vollständig genesen. Sie hören vielleicht *eine Zeitlang* auf, aber der Tendenz nach nehmen sie das Suchtverhalten nicht nur wieder auf, sondern fahren damit im verstärkten, noch schädlicheren Maße fort, wenn sie im Verlaufe des Genesungsprozesses ihren Eigensinn nicht aufgeben und eine spirituelle Richtung finden.

Der folgende Brief von Mary Ellen belegt diese Punkte ganz deutlich. Sie kam wegen des seelischen Durcheinanders und der Schmerzen infolge einer Beziehungssucht (die bis jetzt nicht diagnostiziert wurde) in Therapie. Weil der Suchtcharakter ihres Verhaltens bis jetzt nicht erkannt und schon gar nicht behandelt wurde, haben Mary Ellens Bereitwilligkeit zur Therapie und die gut gemeinten Anstrengungen der Therapeutin, ihr zu helfen, bis jetzt zu keiner Verbesserung ihres Zustands geführt. Im Gegenteil: sie wird kränker.

> Liebe Frau Norwood,
> seit fast neun Jahren bin ich von einem Alkoholiker geschieden – die letzten drei Jahre war ich bei einer

Frau in Therapie, die ihren Doktor in Psychologie hat. Ich ging zu ihr, nachdem meine Beziehung mit einem anderen Mann plötzlich abbrach, der auch Alkoholiker war. In meiner Ehe und in dieser Beziehung habe ich die ganze Verzweiflung und das gleiche zwingende Bedürfnis erlebt, diese Männer ständig anzurufen, wie Sie es im ersten Kapitel beschreiben.

All die Jahre hatte ich immer das Gefühl, daß ich mit meinem Ex-Ehemann jederzeit Kontakt aufnehmen könnte... daß er sich irgendwo aufhielt und mich immer noch liebte, aber auf Grund seiner Krankheit nicht in der Lage war, sich für mich und unsere Kinder aufzuraffen. Ich habe diese Verbindung niemals wirklich abgebrochen. Jedesmal wenn ich ihn besuchte (er wohnt in Kalifornien, und ich wohne in Oregon), habe ich mit ihm geschlafen und hatte immer das Gefühl, daß er sich irgendwie ändern würde, wenn ich ihm nur zeigte, wie sehr ich ihn liebe.

Nachdem ich ihn fast zwei Jahre nicht gesehen hatte, habe ich mich im letzten Mai mit ihm verabredet, weil ich geschäftlich in Kalifornien zu tun hatte. Ich hatte mehrere Jahre lang keinerlei Beziehung zu einem Mann gehabt, und die Begegnung mit ihm kam mir vor, als ob all meine Gebete erhört worden seien. Klar, er trank immer noch und hatte praktisch nichts getan, um sein Leben zu ändern. Aber er war immer noch ein Mann, der mir Liebe und Aufmerksamkeit schenkte. Um es kurz zu machen: Wir ließen uns intensiv aufeinander ein und pendelten den ganzen Sommer lang hin und her. Es war im Gespräch, daß er wieder nach Oregon ziehen sollte, um ganz neu anzufangen, als er im August, während ich gerade bei ihm war, einen schweren Herzanfall bekam.

Drei Wochen lag er auf der Intensivstation – sein Kreislauf war sehr, sehr krank. Sein Herz ist angegriffen, und als weitere Komplikation bekam er noch eine schwere Lungenentzündung und litt außerdem in der Klinik drei Tage lang unter Delirium tremens (eine Folge des plötzlichen Alkoholentzugs).

Ich sprach dann mit dem Arzt und beschrieb ihm die Situation. Der Arzt erzählte mir und den beiden Brüdern des Patienten (beide trockene Alkoholiker), daß Michael keine Genesungschance hätte, wenn er in Kalifornien bliebe und in seinem alten Beruf weiterarbeitete. Er war Portier in einem großen Hotel und trug schweres Gepäck. Außerdem rauchte und trank er stark. Nachdem er aus dem Krankenhaus entlassen war, kam er schließlich mit mir nach Oregon. Der Doktor warnte mich, ich solle mir gut überlegen, was ich da auf mich nähme, aber ich wollte ihn bei mir haben und hatte das Gefühl, das wäre der einzige Weg. Er blieb sechs Monate.

Ich wußte, daß er die ganze Zeit über, die er bei mir lebte, im Hinterkopf hatte, daß er nach Kalifornien zurückkehren und sein altes Leben weiterführen wollte. Aber seine Brüder und ich warnten ihn ständig, daß er das wegen seiner wackeligen Gesundheit nicht tun dürfe. Ich tat alles, um es ihm schön zu machen, und habe, glaube ich, jedesmal einen Streit angefangen oder ihn einfach nicht beachtet, wenn er wieder von Kalifornien sprach. Er tat sogar so, als fühle er sich die meiste Zeit sehr wohl, und fing hier ein Rehabilitierungsprogramm für Herzkranke an.

Schließlich fuhr er eines Tages mit dem Wagen meines älteren Sohnes weg und nahm den größten Teil seiner Kleider mit. Er rief mich an und sagte, er wolle die Versicherung für seine Arbeitsunfähigkeit verlängern, die nach einem halben Jahr abgelaufen war, in ein paar Tagen werde er zurück sein. Zwei Tage später rief ich seinen Bruder an und erfuhr, daß er, kaum zurück in Kalifornien, wieder zu trinken angefangen hatte und mit mir nicht sprechen wollte. Nach weiteren vergeblichen Anrufen sprach er schließlich mit mir und verhielt sich so, als wäre ich wie seine Eltern, die ihn ausschimpfen. Eine Woche später tauchte er schließlich mit dem Wagen auf, nachdem er die ganze Nacht durchgefahren war und ständig getrunken hatte, und erzählte mir gleich als erstes, ich solle ihn zum Bus bringen – er tauge nichts und täte mir nur einen Gefallen, wenn er aus meinem Leben verschwände. Er weigerte sich, über irgend etwas zu sprechen – er war einfach schrecklich niedergeschlagen und feindselig.

Ich brachte ihn zum Bus, und das war das letzte Mal, daß ich von ihm etwas gesehen oder gehört habe. Er hat sich auch bei keinem seiner Brüder gemeldet, aber einer von ihnen hat seine Spur verfolgt und herausgefunden, daß er wieder mit seinen Saufkumpanen zusammen ist und sein altes Leben fortführt.

Soweit die Vorgeschichte. Vom Verstand her weiß ich, daß er ja doch tut, was er will, und daß ich machtlos bin und ihm nicht helfen oder ihn verändern kann. Am liebsten würde ich das alles wegstecken und mein Leben einfach weiterleben, aber es fällt mir wahnsinnig schwer. Immer noch zieht es mich ans Telefon, um ihn ausfindig zu machen und mit ihm zu sprechen, obwohl ich weiß, daß wir uns nichts zu sagen haben.

Meine Therapeutin macht sich Sorgen um mich und meint, ich würde mich wegwerfen und hätte nicht den Willen, meine lebenslangen selbstzerstörerischen Verhaltensmuster aufzugeben. Ich bin sauer auf sie, weil ich finde, sie sollte mich gerade jetzt nicht fallenlassen, wo alles für mich so furchtbar ist.

Ich weiß, Sie können mir auch kein todsicheres Rezept dafür geben, wie ich all das hinter mir lassen kann. Ich habe überlegt, zu Al-Anon zu gehen, aber ich will über mein Leben mit einem Alkoholiker gar nicht nachdenken und reden – ich lebe ja nicht mehr mit ihm zusammen und werde ihn wahrscheinlich nie wiedersehen – bis zu seiner Beerdigung, die wahrscheinlich nicht mehr lange auf sich warten läßt.

Übrigens hatte ich keine gestörte Kindheit, so wie Sie das beschreiben. Aber es gab Probleme, als mein Vater starb. Ich war damals zehn Jahre alt, und meine Mutter wurde mit ihrer Einsamkeit im Zusammenleben mit einer Tochter im Teenageralter nicht fertig. Ich bin einsam aufgewachsen. Meine Schwester und mein Bruder waren erwachsen und aus dem Haus, und als ich Michael heiratete, war ich schwanger. Meine Familie war komplett gegen diese Ehe. Ich glaube, sie haben mich damals aufgegeben.

Beruflich geht es mir ausgezeichnet. Ich habe die letzten acht Jahre in einer großen Firma hart gearbeitet und bin schließlich in eine Führungsposition aufgestiegen. Meine Kinder sind wunderbar, es geht ihnen gut. Selbst Michaels Weggehen hat ihnen nicht allzuviel ausgemacht. Sie waren bei meiner Therapeutin, und sie meint, daß sie – anders als ich – nie geglaubt haben, daß er wirklich bei uns bleibt. Meine Schwierigkeit liegt in mir selber. Ich kann ihn nicht loslassen und fühle mich, als ob ich frisch geschieden wäre und mein Leben vorbei sei. Am liebsten würde ich nicht ins Büro gehen und muß mich sehr zusammenreißen, um meinen Kindern ein glückliches Gesicht zu zeigen.

Können Sie mir etwas empfehlen? Meine Therapeutin (die ich wirklich sehr gerne mag und der ich vertraue) meint, ich solle einen Psychiater aufsuchen und mich medikamentös behandeln lassen. Ich nehme jetzt mehrere Medikamente wegen einer schweren Überfunktion der Schilddrüse, die ich seit November habe. Meine Therapeutin meint, es wäre ratsam, einen zweiten Experten zu konsultieren, weil jemand anders vielleicht etwas herausfindet, das ihr entgangen ist.

Ich möchte nicht aufgeben. Am meisten sehne ich mich nach einer festen Beziehung mit einem verläßlichen Mann. Ich war dazu nie in der Lage. Wie es in *«Wenn Frauen zu sehr lieben»* schon heißt – diese Art von Männern hat mich immer «gelangweilt».

Meine Kinder werden in weniger als fünf Jahren aus dem Haus gehen. Diese Aussicht und die andere, daß ich in diesem Mai vierzig werde, ist für mich entsetzlich. Wie kommt es, daß ich in allen Lebensbereichen so erfolgreich bin, nur nicht im persönlichen?

Mary Ellen J.

Liebe Mary Ellen,
Sie schreiben in Ihrem Brief: «Vom Verstand her weiß ich, daß er ja doch tut, was er will, und daß ich machtlos bin und ihm nicht helfen oder ihn verändern kann. Am liebsten würde ich das alles wegstecken und mein Leben einfach weiterleben, aber es fällt mir wahnsinnig schwer. Immer noch zieht es mich ans Telefon, um ihn ausfindig zu machen und mit ihm zu sprechen, obwohl ich weiß, daß wir uns nichts zu sagen haben.»

Diese Sätze belegen, daß Sie in die gleichen Kämpfe verwikkelt sind wie ein Alkoholiker, der weiß, daß durch sein Trinken alles nur noch schlimmer wird, und trotzdem ohne Hilfe damit nicht aufhören kann. Sie kämpfen mit ihrer eigenen Abhängigkeit von *ihm*, die ebenso fortschreitet und genauso stark ist wie jede Abhängigkeit von chemischen Substanzen. Und ebenso wie die chemisch bedingte Abhängigkeit beeinflußt diese seelisch bedingte Ihr ganzes Leben: Ihre übrigen Beziehungen, Ihre Arbeit und Ihre Gesundheit.

Ihre Therapeutin ist von Ihnen enttäuscht, weil Sie nicht in der Lage sind, Ihre Krankheit, die Beziehungssucht, zum Stillstand zu bringen – in Ihrem Fall vor allem Co-Alkoholismus. Wie jeder andere Süchtige auch können Sie aus eigener Kraft oder allein durch therapeutische Hilfe mit dieser Sucht nicht aufhören. Sie brauchen ein Hilfsprogramm. Ich glaube, daß ein Therapeut, der einen Alkoholiker behandelt, der nicht zu den Anonymen Alkoholikern gehen will, oder einen Co-Alkoholiker, der nicht zu Al-Anon gehen will, die Macht dieser Abhängigkeiten ebenso unterschätzt, wie er die alleinige Wirkung von Therapie überschätzt. Im Idealfall ist der Therapeut nicht nur bereit, darauf zu bestehen, daß der Klient das entsprechende Hilfsprogramm in Anspruch nimmt, sondern hat außerdem gründliche Kenntnisse davon, wie die Grundsätze dieses Programms die Genesung bewirken, so daß er sie voll unterstützen kann.

Mary Ellen, Ihr Widerstand, bei Al-Anon mitzumachen, ist genau der gleiche Widerstand, den ein Alkoholiker gegen die Anonymen Alkoholiker verspürt. Ich hoffe, daß Sie die Bereitwilligkeit entwickeln, alles Notwendige für Ihre Genesung zu tun, und anfangen, mehrere Male in der Woche zu Al-Anon-Meetings zu gehen. Es ist ein Programm für die Familien und Freunde von Alkoholikern. Es ist nicht erforderlich, daß Sie mit einem Alkoholiker zusammenleben, weil die Krankheit Co-Alkoholismus – wie Ihr Brief deutlich macht – ganz unabhängig davon existiert, ob der Alkoholiker körperlich anwesend ist oder nicht.

Ich hoffe auch, daß Sie selbst Ihre Krankheit ernst genug nehmen, um sicherzustellen, daß Sie Hilfe von professionellen Beratern bekommen, die mit den Krankheiten Abhängigkeit und Co-Abhängigkeit sowie dem *Genesungsprozeß* Erfahrung haben. Ich würde die Kompetenz jedes Therapeuten auf diesem Gebiet anzweifeln, der den Besuch bei Al-Anon nicht zur Bedingung seiner Therapie macht. Wenn wir professionellen Berater Abhängigkeit und Co-Abhängigkeit begreifen, lernen wir die heilende Kraft der Anonymen-Programme sehr schätzen und können akzeptieren, daß diese Programme für unsere Klienten das leisten, was wir nicht zustande bringen.

Außerdem muß bei der Beurteilung Ihrer Kinder weitaus mehr in Betracht gezogen werden als die Frage, ob sie geglaubt haben, daß Ihr Mann zu Hause bleibt. Kinder von Alkoholikern (und Co-Alkoholikern) sind oft imstande, nach außen hin «gut auszusehen», obwohl sie unter großen seelischen Schmerzen leiden, die sie anderen und sich selbst gar nicht eingestehen können. Das Zusammenleben mit einem Elternteil, der Co-Alkoholiker, depressiv und körperlich angeschlagen ist (und außerdem womöglich sich selbst aufopfert und andere übermäßig kontrolliert, da dies die häufigsten Symptome für Co-Alkoholismus sind), kann ebenso schädigend sein wie das

Zusammenleben mit einem trinkenden Alkoholiker. Auch hier ist für jede Beurteilung ein gründliches Verständnis der Krankheitsbilder Abhängigkeit und Co-Abhängigkeit erforderlich.

Für uns alle, ob professionelle Helfer oder Laien, ist es wichtig, sich ständig bewußt zu halten, daß die meisten Süchtigen nicht genesen. Die meisten sterben allmählich an ihrer Krankheit. Das gilt für Menschen, die von chemischen Substanzen abhängig sind, und ich glaube, daß es auch für Beziehungssüchtige gilt. Es wäre keine Übertreibung zu sagen, daß Sie, genauso wie Ihr Mann, an Ihrer Suchtkrankheit sterben, wenn man Ihren gegenwärtigen Gesundheitszustand bedenkt.

Ich wage zu behaupten, daß sich Ihre Probleme sowohl im körperlichen als auch in jedem anderen Bereich Ihres Lebens bessern werden, wenn Sie die nächsten fünf Jahre an Ihrer Genesung arbeiten. Sollte das dann auch die Zeit sein, da Ihre Kinder das Haus verlassen, werden Sie sich weniger allein fühlen als je zuvor.

> Liebe Frau Norwood,
> ich bin fast mein ganzes Erwachsenenleben lang in den verschiedensten Therapien gewesen, und keine hat mir geholfen, meine Verhaltensmuster zu ändern.
>
> Obwohl ich attraktiv bin und jünger aussehe, bin ich doch schon über fünfzig und habe also nicht mehr viel Zeit, um eine gesunde Beziehung zu entwickeln. Ich habe gerade eine neunjährige Beziehung zu einem Mann hinter mir, der mich schlecht behandelt hat, nicht auf meine Bedürfnisse einging, viele andere Frauen hatte – und im Verlauf unserer Beziehung eine Frau geheiratet hat, die in einer anderen Stadt wohnt. Ich habe sogar das mitgemacht, bis seine Frau darauf bestand, daß er mit ihr zusammenlebt. Er wollte mich als Geliebte nebenher behalten und mich ungefähr alle drei Wochen einmal sehen! Das hat selbst mir gereicht (oder besser, nicht gereicht).
>
> Ich habe die ganze Zeit über geweint, als ich Ihr Buch las, ich wurde daran erinnert, daß meine Eltern

sich gegenseitig offensichtlich so dringend brauchten, daß sie uns Kindern fast gar keine Beachtung schenkten. Ich weiß, daß ich auch in meiner letzten Liebesbeziehung immer noch das Gefühl hatte, die Welt wäre vollkommen in Ordnung, wenn ich ihn nur dazu bewegen könnte, mich zu lieben. Dieser Mann schien genauso wie mein Vater in der Lage zu sein, einen anderen Menschen (mangelhaft) zu lieben – warum also nicht mich? Und ich stelle mir diese Frage immer noch.

Vielleicht sollte ich hinzufügen, daß ich seit meinem zwölften Lebensjahr immer wieder an Depressionen erkrankt bin, und das einzige, was mir je geholfen hat, war, daß ich neuerdings Psychiater gefunden habe, die Depressionen medikamentös behandeln. Das soll nicht heißen, daß ich glücklich bin, sondern nur, daß ich zumindest einigermaßen klarkomme, wenn ich diese Medikamente einnehme. Ohne sie bin ich depressiv und bekomme Angst, wieder in die Klinik zu müssen.

Ich danke Ihnen, daß Sie sich die Zeit nehmen, dies zu lesen und zu beantworten.

Tanya L.

Liebe Tanya,
viele, viele Frauen, die zu sehr lieben, leiden an endogener Depression* und kämpfen oft ihr Leben lang damit, so wie Sie auch. Auch ich habe die meiste Zeit meines Lebens versucht, davor wegzulaufen und damit fertig zu werden, trotz der un-

* *Endogene* Depressionen sind physiologisch bedingt, das Ergebnis einer Stoffwechselstörung mit mehreren Ursachen wie zum Beispiel erbliche Veranlagung und ständige schwere Belastungen (Stress), die nach und nach den Stoffwechsel verändern. Genetisch sind sie oft verbunden mit Alkoholismus. *Exogene* Depressionen sind reaktiv, das heißt, sie sind Folge eines Verlustes, also hauptsächlich Trauer. Bei einem Menschen, der für endogene Depressionen anfällig ist, kann jeder Stress (Verlust und Trauer darüber) eine Episode endogener Depression auslösen.

geheuren dunklen Wolke, die sich im Laufe der Jahre in immer kürzeren Abständen auf mich herabsenkte.

Endogene Depressionen sind die Folge einer Stoffwechselstörung, die durch körperliche oder seelische Belastungen hervorgerufen oder verstärkt wird. In mancher Hinsicht gleichen diese Depressionen dem Zustand der Betrunkenheit. Der Stoffwechsel des Gehirns ist dann genauso stark verändert wie im schweren Rauschzustand. Viele von uns geben in der akuten depressiven Phase Litaneien von sich, die den endlos wiederholten Klagen eines Betrunkenen in der Kneipe ähneln, seine Frau habe ihn vor zwanzig Jahren verlassen. Wir geben vielleicht ständig unserem Bedauern Ausdruck, entschuldigen uns ständig oder verspüren das dringende Bedürfnis, einen sinnlosen Telefonanruf zu machen (wieder ganz ähnlich wie ein Betrunkener).

Ich habe einmal eine Gruppe für Depressive geleitet, und wir haben uns erzählt, wie es uns mit den Kämpfen gegen diese Krankheit ergangen ist. Ich war verblüfft, wie sehr wir den Alkoholabhängigen der Anonymen Alkoholiker glichen und uns ebenso wie sie trafen, um ernsthaft darüber zu sprechen, wie die Depression unser Leben beeinflußt. Es kursieren unter professionellen Beratern viele Mythen über Depressionen, aber bei unseren Treffen sprachen wir darüber, was sie für uns *wirklich* bedeuten. Wir halfen uns gegenseitig, gesund zu werden, indem wir gemeinsam lernten, die Macht der Krankheit über uns anzuerkennen. Wir halfen uns gegenseitig mit einfachen Gedächtnisstützen, nachzugeben, auszuruhen, sobald die Depression uns befiel, statt wieder das ganze Theater unserer gewohnten Gegenmaßnahmen zu inszenieren und uns dann erst recht von der Krankheit niederdrücken zu lassen. Wir alle hatten schwere Schuldgefühle, weil wir depressiv waren, und neigten zu Perfektionismus, mit dem wir unser heimliches Unvermögen zu kompensieren trachteten. Viele von uns kamen aus Alkoholiker- oder sonstwie gestörten Familien und hatten als Erwachsene unglaublich belastende Beziehungen angefangen. Wir lebten in einem ständigen Chaos und hatten außerdem noch Angst, die Männer, mit denen wir zusammen waren, würden uns wegen unserer Depressionen verlassen und wir dadurch noch viel depressiver werden. Kein Wunder, daß die meisten von uns immer kränker wurden.

Ein paar Dinge haben uns geholfen:

- Viele Mitglieder unserer Gruppe gingen zur «Recovery Inc.», einer Selbsthilfegruppe, die der Psychiater Dr. Abraham Low für Menschen mit neurologischen Störungen ins Leben gerufen hat. Die Methoden, die bei «Recovery» für die Genesung eingesetzt werden, können für jeden Depressiven von großer Hilfe sein, und es ist schade, daß so wenige Ärzte und Psychotherapeuten ihre Klienten auf diese ausgezeichnete und zudem *kostenlose* Möglichkeit hinweisen.
- Wir riefen uns gegenseitig an, wenn wir Angst hatten oder verzweifelt waren. Wir lernten, damit nicht so lange zu warten, bis wir schon gar nicht mehr ansprechbar waren. Weil wir nicht so lange warteten, konnten wir oft einem schweren Schub zuvorkommen, indem wir durch den Anruf *unseren Stress abbauten.*
- Wir hörten auf, uns unserer Depressionen zu schämen und sie möglichst zu kaschieren. Erst mußten wir sie selbst als Krankheitsbild anerkennen, ehe wir erwarten konnten, daß auch andere sie ernst nehmen.
- Wir betrachteten die Depression schließlich als eine Krankheit wie Diabetes. Und wir lernten, daß wir Selbstdisziplin brauchten, wenn wir uns davor schützen wollten, durch unsere Krankheit behindert zu werden – wie auch Diabetiker ihre Gesundheit nicht halten können, wenn sie weiterhin Zucker essen. Viele von uns litten unter Überempfindlichkeit gegen und Abhängigkeit von bestimmten Nahrungsmitteln, was berücksichtigt werden mußte. Wir unterstützen uns gegenseitig bei der Einhaltung unserer neuen, seltsamen Diätpläne, mit denen wir uns oft wie gesellschaftliche Außenseiter vorkamen, die aber schon bald bei vielen Symptomen wesentliche Erleichterung brachten.
- Einige von uns brauchten regelmäßig ihre Medikamente, aber bei vielen aus der Gruppe hat die ganze Zeit über nicht ein Medikament angeschlagen. Für diese Menschen hat mit der Zeit jedes verschriebene Arzneimittel seine Wirkung

verloren, und einige Medikamente hatten böse innere und äußere Folgen. Für niemand in der Gruppe war irgendein Medikament «die Lösung».

- Es wurde uns allen klar, daß die vollständige Abstinenz von Alkohol und anderen «belebenden» Mitteln eine absolut unumgängliche Voraussetzung für unsere Bemühungen war, depressive Schübe zu verhüten. Wir durften doch unseren Körper bei seinen Anstrengungen nicht behindern, den Stoffwechsel zu entgiften.
- Für uns alle war die Unterstützung durch Gespräche mit anderen Menschen, die uns verstanden, von unschätzbarem Wert. Uns mit den individuellen Auslösern für unsere Allergien zu konfrontieren und etwas dagegen zu tun, war ein ebenso wichtiger Faktor für die Genesung, wie daß wir Mittel und Wege fanden, um mit unseren äußeren und inneren Gegebenheiten, unserer Lebenssituation und ihrer geistigen Verarbeitung realistischer umgehen zu lernen.

Was uns *nicht* half, wenn wir uns in den Qualen der Depression verloren, war die übliche Psychotherapie durch Reden. Wenn wir einem Therapeuten von unseren tief verwurzelten seelischen Problemen erzählen, verstärkt das meistens die Depression allein schon wegen der Belastung, die eine typische Therapiesitzung mit sich bringt. Außerdem waren wir alle so wenig wir selbst wie ein Betrunkener, wenn die endogene Depression uns im Griff hatte. Der Therapeut sprach zu jemand mit *verändertem Bewußtseinszustand*, in einem Stadium der Stoffwechselstörung mit Auswirkungen auf die Gehirnfunktion. Es wurde uns klar, daß die einzige Aufgabe des Therapeuten dann darin bestand, uns bei unseren Kämpfen mit der Krankheit zu unterstützen – und das konnten wir auch selber tun in der Gruppe.

Der Versuch, mit endogenen Depressionen ein normales Leben zu führen, gleicht dem Versuch, mit einem angebrochenen Bein Ski fahren zu wollen. Es ist sehr schwer und sehr schmerzhaft. Hinzu kommt, daß niemand, auch nicht wir selbst, einzuschätzen vermag, wie schwer wir behindert sind, denn wir bluten nicht aus offenen Wunden. Weil wir uns schämen, versuchen wir alles, was in unseren Kräften steht, um zu kaschieren, wie es uns erschöpft, den Anschein von Normalität aufrechtzuerhalten. Dieses Ringen macht unseren Feind, den Stress, noch stärker.

Auch hier, wie bei so vielen seelischen, körperlichen und geistigen Problemen, läßt der Versuch, das Geheimnis zu wahren, uns kränker werden, und es hilft uns, gesund zu werden, wenn wir diesen Versuch aufgeben. Das Bemühen, unsere Verfassung zu verbergen, während wir gleichzeitig immer verwirrter werden, ist verzweifelt anstrengend. Wieviel leichter ist es dagegen zu bekennen: «Ich habe auf Grund von Stoffwechselstörungen ab und zu depressive Zustände. Wenn die eintreten, bin ich nicht ich selber und muß mich ausruhen, bis es mir wieder besser geht.»

Für die meisten aus unserer Gruppe ist die endogene Depression etwas, womit wir wohl unser ganzes Leben zu tun haben werden. Aber sie kann besser gehandhabt werden, wenn wir uns daran erinnern, daß unsere Genesung, genauso wie die eines Alkoholkranken, auf körperlicher, seelischer und spiritueller Ebene vor sich geht. Indem wir, soweit wir es vermögen, auf jeder dieser Ebenen an uns arbeiten, schaffen wir das Klima, in dem wir uns selbst heilen können.

Liebe Frau Norwood,
ich habe Ihr Buch auf Empfehlung meiner Therapeutin gelesen, zu der ich wegen meiner Veranlagung zum Alkoholismus gehe. Meine Beziehungen schienen sich alle aufzulösen, und auch ich fing an, mich aufzulösen. Ich glaubte, alles zu tun, was von mir in einer Beziehung erwartet wird, aber ich stieß immer nur auf irgendwelche Blödiane, die nichts von mir hielten. Ich begreife jetzt, daß das gar nicht der Fall war, sondern daß ich nach Männern süchtig war.

Außer Männern habe ich noch ein paar weitere Süchte: Zucker, Kleidung, Rauchen, Trinken, gelegentliche Anfälle von Waschzwang und Verschwendungssucht. Ich war überrascht, daß Sie über Verschwendungssucht nicht mehr geschrieben haben. Ich fühle mich innerlich oft so schlecht, daß ich wenigstens nach außen hin gut aussehen möchte (Verleugnung), und glaube, daß jeder mich mag, wenn ich gutes Aussehen und Vertrauenswürdigkeit ausstrahle (Kontrolle). Aber es geht so nicht; ich habe mich dadurch nur in «Schulden» gestürzt (noch eine Besessenheit).

Mein größtes Problem ist, Hilfe zu bekommen. Deswegen gehe ich ja zu einer Therapeutin, aber ich fühle mich wie ein Quengelbaby. Ich schreie meinen Jammer heraus, aber ich kann mich nicht so weit davon befreien, daß ich irgendwelche Fortschritte mache. Ich war bei den Treffen der Anonymen Alkoholiker, aber ich fühle mich dort fehl am Platz, weil ich ja noch nicht «ganz unten» bin. Ich war bei den Treffen der «Erwachsenen Kinder von Alkoholikern», aber dort fühle ich mich auch fehl am Platz. Ich habe das Gefühl, sobald ich den Mund auftue, kommen nur Klagen heraus. Wenn ich einfach nur zuhöre, nehme ich schon ein paar wichtige Dinge auf, aber dort zu sein, macht mir höllische Angst. Ich fühle mich nicht stark genug, um meine eigene Gruppe zu gründen. Wissen Sie, was ich meine? Ich fühle mich irgendwie festgefahren.

Im Augenblick will ich niemanden in meinem Leben haben. Ich bin sehr, sehr einsam, aber ich will niemanden in meinem Leben haben, weil ich so schlecht auf mich achtgeben kann, wenn ich jemanden um mich habe. Wenn ich doch nur zuerst an mich denken könnte! Denken Leute aus normalen Familien zuerst an ihr eigenes Glück?

Ich bin in dem Glauben aufgewachsen, daß man für die Liebe alles tut und sich aufopfert, daß Liebe verlangt, daß wir uns fügen und vergeben und uns mit dem Schmerz abfinden. Inzwischen hat die Welt sich wohl gewandelt, und ich habe es nicht mitbekommen – weil Sie mir jetzt erzählen, Liebe erfordere auch Egoismus (von der guten Sorte). Werde ich *jemals* erwachsen genug sein, um so zu lieben, daß ich mir meine Individualität bewahre und mit mir selbst in Kontakt bleibe?

Jeannie C.

Liebe Jeannie,
Ihrem Brief entnehme ich, daß Sie noch nicht bereit sind, das Erforderliche zu tun, um gesund zu werden. Ich hoffe, ich irre mich, denn es gibt vieles, was Ihnen sehr helfen kann, wenn Sie sich entscheiden, es anzunehmen – Hilfe, die Ihr Leben wirklich verändern wird.

Mehrere der Anonymen-Programme kommen für Sie in Frage, und genau dort gehören Sie meiner Meinung nach auch hin. Wenn Sie wirklich erwachsen werden wollen, müssen Sie als erstes mit dem Trinken aufhören. Es ist Zeit- und Geldverschwendung, eine Therapie zu machen und gleichzeitig irgendwelche bewußtseinsverändernden Drogen zu nehmen. Sie müssen trocken und nüchtern sein, damit Sie in anderen Lebensbereichen Fortschritte machen können. Gehen Sie also wieder zu den Anonymen Alkoholikern, um sich bei der Alkoholabstinenz unterstützen zu lassen. Übrigens haben sich die meisten Alkoholiker, mit denen ich in meiner fünfzehnjährigen Berufspraxis auf dem Gebiet der Suchtkrankheiten zu tun hatte, genauso gefühlt wie Sie. Die haben auch nicht geglaubt, daß sie zu den Anonymen Alkoholikern gehören. Die meisten trinken immer noch und kommen mit ihrem Leben immer weniger zurecht, aber sie glauben weiterhin nicht, daß sie Alkoholiker sind.*

* Alkoholismus ist gar nicht so schwer zu definieren. Wenn jemand trinkt, dadurch Probleme bekommt und trotzdem weitertrinkt – das ist Alkoholismus. In vieler Hinsicht ist Alkoholismus vergleichbar mit Schwangerschaft. Entweder man ist es, oder man ist es nicht. Aber wenn man es ist, zeigt es sich zu Anfang nicht sehr deutlich, also wird es einem selbst und anderen Menschen vielleicht gar nicht auffallen. Aber im Verlauf der Zeit wird es immer offensichtlicher.

Wenn Sie eine Zeitlang trocken sind – ein halbes bis ein ganzes Jahr –, stellen Sie vielleicht fest, daß Sie auch für die anderen Suchtkrankheiten, die Sie erwähnen, Hilfe brauchen. «Debtors Anonymous» (Anonyme Schuldner) haben vielen trockenen Alkoholikern geholfen, ihre zwanghafte Verschwendungssucht zu überwinden. «Overeaters Anonymous» ist für die Genesung des Eßsüchtigen ebenso wichtig wie die Anonymen Alkoholiker für den Alkoholabhängigen. (Die meisten zwanghaften Esser stellen fest, daß sie sich vom Alkohol fernhalten müssen, auch wenn sie davon nicht in erster Linie abhängig sind, weil Alkohol und Zucker im Körper die gleiche Wirkung haben; die Einnahme jeder dieser beiden chemischen Substanzen kann einen Eßanfall zur Folge haben.) An vielen Orten gibt es inzwischen «Relationships Anonymous», Selbsthilfegruppen zum Thema Beziehungssucht für diejenigen, die Beziehungen als Droge benutzen; auch solche Gruppen könnten für Sie in Frage kommen.

Keiner dieser Genesungsprozesse kann von Dauer sein, wenn Sie weiter trinken, weil eine der wesentlichen Funktionen von Alkohol darin besteht, daß er den Teil des Gehirns einlullt, der nein sagt. Und, Jeannie, Sie wissen, wie wichtig dieser Teil Ihres Gehirns für den Versuch ist, sich von einer Sucht zu befreien. Sie können es sich nicht leisten, diese Funktion einzuschläfern, weil Sie dann bald dahin kommen, ja zu sagen zu den Schuhen für zweihundert Dollar, zu der Mousse au chocolat, zu dem verheirateten Mann oder zu allen dreien.

Auch Al-Anon und die Treffen der «Erwachsenen Kinder von Alkoholikern» kommen für Sie in Frage, und diese Hilfsprogramme sollten nach und nach ein wichtiger Bestandteil Ihrer Genesung werden. Meiner Meinung nach sollten Sie mit diesen Programmen aber warten, bis Sie ein volles Jahr trokken und nüchtern sind. Bei den Treffen von Al-Anon oder der «Erwachsenen Kinder von Alkoholikern» identifizieren sich die erst kurzzeitig trockenen Alkoholiker oft mehr mit den Alkoholikern, deren Trinkerei anderen so viele Schmerzen bereitet, als mit den anwesenden Co-Alkoholikern. So können gewaltige Schuldgefühle entstehen. Umgekehrt können Alkoholiker, die noch kein ganzes Jahr trocken sind, es vorziehen, ihre Genesung vom Alkoholismus nicht weiter zu beachten, sich nur noch auf ihre Verhaltensmuster als Co-Alkoholiker konzentrieren und im Verlaufe dieses Prozesses wieder zu trinken anfangen. Also ist ein Jahr Nüchternheit die angemessene Voraussetzung für all diese Genesungsprozesse.

Lassen Sie mich Ihnen abschließend sagen, daß Sie mit der entscheidend wichtigen Arbeit anfangen müssen, Ihre Abhängigkeiten und Verhaltensmuster als Co-Abhängige mit Hilfe der entsprechenden Programme und in der entsprechenden Reihenfolge konkret anzugehen, und das ist *wichtiger*, als noch einen weiteren Therapeuten aufzusuchen oder noch ein weiteres Buch zu lesen. Die Treffen werden Sie vor Einsamkeit, vor Angst und vor Besessenheit schützen. Dort in erster Linie werden Sie lernen, was es heißt, mit gesundem Egoismus an Ihrem Leben zu arbeiten und wie Sie für Ihre Genesung Unterstützung finden können, statt Ihre Süchte zu befriedigen. Und das Schönste von allem – durch die bedingungslose Liebe, die Sie dort erfahren, kommen Sie nach und nach an den Punkt, wo Sie nur noch Entscheidungen treffen, die Ihnen helfen, Ihr Wohlbefinden und Ihren inneren Frieden zu unterstützen und zu festigen – ganz gleich, ob es bei diesen Entscheidungen um Essen, Trinken, materiellen Besitz, Verhalten oder Menschen geht. Nur gesunde, liebevolle Menschen können auch gesunde und liebevolle Beziehungen eingehen. Wenn Sie sich selbst so lieben, daß Sie sich von der Sucht befreien können, schaffen Sie die Vorbedingung dafür, daß Sie sich auch auf andere Menschen gesund und liebevoll beziehen können.

Liebe Frau Norwood,
ich arbeite im metaphysischen Bereich. Ich war als Beraterin tätig, habe Vorträge gehalten und Gruppen geleitet und benutze eine Heilmethode, die vor allem mit dem Emotionalkörper arbeitet.

Ich habe mit meinem Sohn eine Woche in einem Rehabilitierungszentrum für Alkohol- und Drogenabhängige verbracht, und dort arbeitet man nach Ihrem Buch. Meine zukünftige Schwiegertochter hat es gelesen und weiterempfohlen, speziell den Familienangehörigen der Patienten.

Da es so hilfreich ist, würde ich gern eine Gruppe über das anbieten, was Sie geschrieben haben. Ich würde gern wissen, was Sie von einem solchen Workshop halten.

Ginger J.

Liebe Ginger,
zunächst einmal vielen Dank dafür, daß Sie mich nach meiner Meinung fragen; denn ich habe natürlich eine, und zwar eine ganz entschiedene. Ehrlich gesagt finde ich es alarmierend, wieviele Therapeuten, die selbst überhaupt nicht verstehen, was Sucht eigentlich ist und wie man sie angemessen behandelt, Gruppen zum Thema Beziehungssucht anbieten.

Sucht heißt, daß ein Mensch sich nicht alleine davon befreien kann. Weitere Informationen oder Gruppenerfahrungen werden die Sache nicht umkehren und einen Menschen plötzlich in die Lage versetzen, sein destruktives, abhängiges Verhaltensmuster ganz aufzugeben, ob es nun um Essen, Alkohol, Arbeit, Sexualität, Drogen oder Beziehungen geht.

Ich wünsche mir von ganzem Herzen, daß jeder, der Vorträge zum Thema Beziehungssucht plant, zumindest mehrere öffentliche Treffen verschiedener Anonymen-Gruppen besucht, besonders die der Anonymen Alkoholiker und von Al-Anon. Nur auf diese Weise kann er die gewaltige Macht von Sucht und Co-Abhängigkeit begreifen. Nur *von den Menschen, die auf dem Weg der Genesung sind*, kann er lernen, welch langwieriger, schwieriger Prozeß die Genesung ist, und sie als ein Geschehen verstehen, das zu seiner Entfaltung tatsächlich Jahre der Anstrengung und Hingabe verlangt.

Die Genesung erfordert, daß wir unser Vertrauen nicht auf einen Therapeuten, sondern auf eine Höhere Macht setzen, und darauf wird in kaum einer jener Gruppen, von denen ich gehört habe, Nachdruck gelegt. Statt dessen neigt man in diesen kurzzeitigen Workshops dazu, größeres Gewicht auf die Kontrolle durch den eigenen Willen zu legen, ein Vorgehen, das auf lange Sicht bei Sucht *nichts* bewirkt.

Viele Menschen, die solche Vorträge halten oder Gruppen leiten wollen, sind, wie Sie auch, Ginger, selbst Co-Alkoholiker. Das Bedürfnis, anderen zu erzählen, wie es ihnen besser gehen kann, ist ein wichtiges Merkmal des unbehandelten Co-Alkoholismus. Ich glaube fest daran, daß wir anderen mehr nützen, als all diese Vorträge es vermögen, wenn jeder von uns sich um seine *eigene* Genesung kümmern und sie zur absoluten Priorität machen würde, weil wir dann *beispielhaft* für ein Leben wären, in dem wir nicht mehr dirigieren, kontrollieren und Ratschläge erteilen müssen unter dem Deckmantel des «Helfers». Über Genesung reden, schreiben und Vorträge halten – das alles kommt häufiger vor als die Genesung selbst.

Auf viele von uns, die Berater oder Therapeuten geworden sind, übt die Vorstellung, andere zu heilen, einen großen Reiz aus, und einige von uns sind tatsächlich fähige Heiler. Aber die Aufforderung «Arzt, hilf dir selbst!» gilt sowohl für diejenigen unter uns, die bei der Heilung der Seele helfen wollen, als auch für Menschen, die die Heilung des Körpers fördern wollen. Wir müssen bei uns selbst beginnen, und manchmal heißt Heilung für uns, daß wir eine Zeitlang damit *aufhören* müssen, für andere Hilfe zu suchen, besonders wenn wir Co-Alkoholiker oder auf andere Weise beziehungssüchtig sind. Statt dessen müssen wir lernen, innezuhalten und uns um uns selbst zu kümmern.

Alles, was für die Genesung wirklich von Wert ist, habe ich von Menschen gelernt, die selbst auf dem Weg der Genesung sind. Ich glaube nicht, daß wir anderen bei der Erreichung von Zielen helfen können, die wir selbst nicht erreicht haben. Darum muß unsere eigene Genesung immer an erster Stelle stehen, wenn wir anderen eine Hilfe sein wollen. Um etwas geben zu können, müssen wir es zunächst einmal haben.

Genesung kann man nicht kaufen. Sie kann nicht erlangt werden, indem man den richtigen Therapeuten aufsucht oder sich den richtigen Vortrag anhört (obwohl das alles sehr hilfreich sein kann). Sie ist nicht der Entschluß: von jetzt an für alle Zeiten. Genesung ist ein kontinuierliches Geschehen, das Minute für Minute beginnt, Stunde für Stunde wächst und sich schließlich Jahr für Jahr weiterentwickelt, aber sie geht niemals schneller vor sich als Tag für Tag. Sie erfordert keinen einmaligen gewaltigen und dramatischen Angriff, sondern angesichts der Macht dieser Krankheit vielmehr ein tägliches hingebungsvolles Umgehen mit dem Problem, die täglich neue Verpflichtung, alles zu tun, um das schädliche Verhalten zu verhindern, all die kleinen und großen Dinge zu unterlassen, die zu einem «Ausrutscher» führen, die Schritte nicht zu tun, die uns so leicht, so selbstverständlich und heimtückisch in den Sinn kommen. Nur jemand, der selbst auf dem Weg der Genesung ist, kann das wirklich verstehen und an andere weitervermitteln.

Frau Norwood,
ich habe Ihr Buch gerade zu Ende gelesen. Nach den ersten Seiten dachte ich, ich würde dieses Buch nie wieder anfassen. Ich weinte, weil ich feststellen mußte, daß ich noch eine weitere Krankheit habe. Ich bin bereits eine Süchtige auf dem Weg der Genesung und Alkoholikerin. Ich war über ein Jahr bei den «Narcotics Anonymous» und bei den Anonymen Alkoholikern und bin ein halbes Jahr nüchtern. Anderthalb Jahre war ich in Therapie und habe außerdem zwei Entzugsprogramme mitgemacht. Ich bin ein erwachsenes Kind eines Alkoholikers, und wahrscheinlich komme ich auch für «Overeaters Anonymous» in Frage.

Als ich anfing, Ihr Buch zu lesen, war ich wie erschlagen. Das war ich, schwarz auf weiß! All meine alten Denkmuster schalteten sich wieder ein. Ich arbeite an meinem vierten Schritt (innere Inventur) und war der Meinung, daß ich zusätzlichen Druck nicht gebrauchen kann. Aber als ich über meine Beziehungen schrieb, sah ich, daß meine Verhaltensmuster mit Männern bereits mit meinem Vater angefangen haben. Ich dachte dann, vielleicht sollte ich den Mut aufbringen und das Buch doch wieder zur Hand nehmen.

Es tat weh. Es ist keine Freude, sich so zu sehen. Es

hilft mir, daß Sie sagen, es ist eine Krankheit. Damit kann ich umgehen, weil ich weiß, das heißt: es ist nicht mein Fehler, ich muß mir keine Vorwürfe machen. (Ich wollte nur einfach nicht *noch eine* Krankheit haben.)

Ich hatte fast ein Jahr lang eine Beziehung zu einem Abhängigen, der auch auf dem Weg der Genesung ist. In der Therapie sagte man mir, mich auf einen Mann einzulassen sei, außer einen Schluck zu trinken oder Drogen zu nehmen, das Gefährlichste, was ich überhaupt tun könne, und daß es zu einem Rückfall meiner Suchtmittelabhängigkeit führen würde. Und kurzfristig trat das auch ein. Bevor ich Ihr Buch las, dachte ich, vielleicht bin ich nicht ganz richtig im Kopf, weil ich diese *total* ungesunde und unbefriedigende Beziehung nicht um's Verrecken aufgeben wollte.

Ich tue mein Bestes, um mein Programm durchzuarbeiten, und das hat mir sehr geholfen. Aber die Tür hinter dieser Beziehung ganz zu schließen, fällt mir sehr schwer. Ihr Buch hat mir ein paar ganz entscheidende Werkzeuge in die Hand gegeben, die mir helfen, mit diesem Teil meiner abhängigen Persönlichkeit umzugehen. Erstens werde ich meiner Therapeutin gegenüber ehrlich sein (sie denkt, daß ich die Beziehung beendet habe) und mir die Hilfe holen, die ich brauche. Außerdem habe ich vor einer Woche erfahren, daß einige Frauen im Anschluß an die Lektüre Ihres Buches eine Selbsthilfegruppe gegründet haben, und daran werde ich teilnehmen. Ich war bereits in einer Selbsthilfegruppe für Beziehungssüchtige. Sie dauerte nur sechs Wochen, hat mir aber sehr geholfen.

Roberta J.

Liebe Roberta,
Ihr Brief ist deswegen so wichtig, weil Sie darin beschreiben, was keine von uns ins Auge fassen will und was doch für die

meisten von uns so wichtig ist – die «nächste Genesung». Vor allem für Menschen, die wie Sie an einem oder mehreren der Anonymen-Programme teilnehmen, kommt ein Punkt, an dem sie das Gefühl haben: «So! Geschafft! Ich habe genug aufgegeben, jetzt darf ich mich mal ausruhen. Natürlich arbeite ich an meinem Programm/en so gut ich kann weiter. Aber nun will ich mich ein bißchen entspannen.» Und trotzdem räumt die Genesung in einem Lebensbereich oft gerade nur den Schutt beiseite, so daß wir erkennen können, warum wir in anderen Lebensbereichen noch immer kaum zurechtkommen.

Wenn sie sich mit einer Abhängigkeit oder einem Krankheitsverlauf auseinandergesetzt haben, wollen die meisten Menschen mit aller Macht verhindern, daß sie ihre nächste Abhängigkeit, die schon wartet, wahrnehmen oder sich gar damit beschäftigen. Paradoxerweise müssen sie weitaus mehr Energie aufbringen, um den nächsten anstehenden Arbeitsschritt zu ignorieren, wenn ihre Genesung in einem Bereich schon fortgeschritten ist. Der Mann bei den Anonymen Alkoholikern, der seit mehreren Jahren trocken ist, kann sich trotzdem der Einsicht verschließen, was seine Abhängigkeit von abnormem Sex seiner Familie immer noch antut. Oder eine Frau mit einem guten, soliden Al-Anon-Programm hat vielleicht mit dem Alkoholismus ihres Mannes Frieden geschlossen, versucht aber weiterhin zu ignorieren, daß sie selbst nach bestimmten Nahrungsmitteln süchtig ist.

Die meisten alkoholabhängigen Frauen müssen sich, genau wie Sie, Ihrer Beziehungssucht stellen, wenn sie erst einmal trocken sind, denn fast alle stammen aus Alkoholiker-Familien, in denen sie von klein auf Co-Abhängigkeit gelernt haben. Viele waren das Opfer körperlicher und sexueller Mißhandlungen, und nach und nach müssen sie auch in diesen Bereichen geheilt werden, um sich mit ihrer Nüchternheit wirklich wohlzufühlen. Wenn es bei trockenen Alkoholikerinnen zu einem «Ausrutscher» kommt, dann meistens auf Grund von co-abhängigen Verhaltensmustern. Darum wurden Sie gewarnt, sich nicht auf einen Mann einzulassen, wenn Sie erst kurzfristig trocken sind. Kein anderes Gebiet ist so «rutschig» für gerade erst nüchterne und trockene Frauen wie das der Beziehungen.

Je länger die erste Genesung anhält, desto mehr Mut und Demut erfordert es, sich der nächsten Genesung zu stellen. Im Laufe der Jahre, die man genesen ist, häuft sich Stolz an, und es ist weder leicht noch erfreulich, bekennen zu müssen, daß wir uns beim Aufräumen in einem Lebensbereich noch lange nicht um alle Schmerzen oder alle Geheimnisse gekümmert haben. Aber statt die nächste Genesung als Dämpfer für den eigenen Stolz oder als fehlerhaftes Durcharbeiten eines perfekten Programms anzusehen, wäre es angebrachter, sie zu begrüßen. Es hilft, wenn wir uns – noch bevor wir unseren anderen Abhängigkeiten gegenüberstehen – daran erinnern, welche Erleichterung das volle Eingeständnis unserer Niederlage gegenüber der Sucht war. Und zu erkennen, daß die Genesung kein endgültiger Zustand ist; sie ist keine Tür, die wir hinter einem zurückliegenden Lebensweg zuschlagen, sondern eine, die wir täglich neu öffnen müssen, um besser, freier und umfassender erfahren zu können, was es heißt, lebendig und heil und gesund zu sein.

Das alles liegt vor Ihnen, Roberta. Vor Ihnen liegt kein Kümmerdasein, in dem Sie nach und nach Ihre liebsten Dinge und Beschäftigungen aufgeben müssen, damit Sie so gerade eben überleben – physisch und psychisch. Gerade das Gegenteil wartet auf Sie: ein Leben, in dem die Wege geebnet wurden, und vor Ihnen liegt ein großer, offener, freier Platz für all das Gute, das auf Sie zukommen möchte. Und an Ihrer nächsten Genesung arbeiten Sie einfach deswegen so eifrig, weil Sie all dem Guten ein weiteres Hindernis aus dem Weg räumen wollen.

Eine abschließende Bemerkung. Ich mußte lachen und war zugleich traurig, als ich Ihr «Bekenntnis» las, daß Sie Ihre Therapeutin über Ihre augenblickliche ungesunde Beziehung getäuscht haben. Dieses Vorgehen, für eine Therapie zu bezahlen und dann dem Therapeuten gegenüber noch nicht einmal ehrlich zu sein, ist *sehr* verbreitet, mehr als Therapeuten es sich eingestehen wollen, weil wir diesem Phänomen gegenüber so hilflos sind.

Menschen, die eine Therapie anfangen, suchen meistens Linderung für den Schmerz, der eine natürliche Folge ihrer gegenwärtigen Lebensweise ist. Sie hoffen, diese Linderung durch den «Kauf» eines Experten sicherzustellen. Mit anderen Worten, sie tragen in die Therapiesituation die gleiche selbstverständliche Konsumentenhaltung hinein wie jemand, der sein Auto in die Werkstatt bringt. Sie sind bereit, dafür zu bezahlen, daß jemand mit dem entsprechenden Fachwissen Fehlerhaftes repariert, aber es ist Sache des Experten, das Problem zu finden und zu beheben. Wenn es um ein kaputtes Auto geht, steht unser Ego nicht auf dem Spiel und sucht zu verbergen, weshalb der Wagen nicht funktioniert. Aber wenn es um ein unglückliches Leben geht, das wir nicht bewältigen können, steht unser Ego sehr wohl auf dem Spiel und will unbedingt verbergen, welche Einstellungen, Verhaltensweisen und Heimlichkeiten den Schmerz erzeugen. Das gilt vor allem für jede Form von Abhängigkeit.

Es liegt in der Natur des abhängigen Menschen (ganz gleich, unter welcher Abhängigkeit er leidet), herunterzuspielen oder gänzlich zu verleugnen, wie krank er ist und wie sehr seine Situation sich verschlechtert hat. Für Alkoholiker, mit denen wir als Berater arbeiten, ist es typisch, daß sie ihr Trinken verniedlichen oder ganz verleugnen. Wenn unser / e Klient / in beziehungssüchtig ist und wir wissen, wie wir diese spezielle Abhängigkeit diagnostizieren können, dann wissen wir auch, daß die Aussagen über die schädliche Verbindung meistens beträchtlich geschönt werden oder ganz unterbleiben.

Wenn wir Therapeuten einem Klienten gegenübersitzen, können wir nur mit dem Material arbeiten, das der Klient uns mitteilt; hinzu kommt unser Verständnis von der Situation oder der Krankheit des Klienten, wie sie typischerweise auch von anderen erfahren wird, die all das durchgemacht haben. Wenn wir uns selber damit herumgeschlagen haben, trägt das erheblich zum Verständnis der kritischen Lage des Klienten bei. Wir versuchen, für den Klienten ein Spiegel zu sein, der ihm eine Kombination zeigt aus dem, was er uns erzählt und was wir als Experten und möglicherweise selbst genesende Menschen über die Umstände wissen, mit denen er kämpft.

Aber wegen der unvermeidlichen Verleugnungtendenz des Klienten kann die Einzeltherapie für Süchtige (und auch hier gilt: ganz gleich, um welche Sucht es geht) niemals die Methode der Wahl sein. Die Spiegelung durch den Therapeuten, die natürlich auf den Berichten des Klienten beruht, wurde bereits verzerrt durch den unbewußten Drang des Klienten, entscheidende Dinge herunterzuspielen oder ganz wegzulassen. Aber durch das Zusammentreffen mit anderen, die unter der gleichen Abhängigkeit leiden, wird hier Abhilfe geschaffen. Selbst wenn jede / r Teilnehmer / in bestimmte Aspekte seiner oder ihrer Krankheit verleugnet – wenn alle ihre Geschichten und alle ihre Kämpfe zusammenkommen, dann decken sie jede Facette der Krankheit ab und stellen einen Spiegel zur Verfügung, der am Ende jeder und jedem von ihnen das Bild, das sie oder er sich anschauen muß, in seiner Ganzheit widerspiegelt.

Roberta, Sie brauchen diesen Spiegel für Ihre Beziehungssucht ebensosehr wie für Ihre Abhängigkeit von chemischen Drogen. Wie Sie bereits entdeckt haben, werden die Gruppentreffen zum Thema Beziehungssucht als Ergänzung zu Ihrer Therapie die beste Unterstützung für Ihre Heilung auch auf diesem Gebiet sein.

Kapitel 7: Briefe von Frauen, die an Selbsthilfegruppen für Beziehungssüchtige teilnehmen

Gruppen für Beziehungssüchtige haben sich in sehr großer Zahl gebildet. Einige fingen an, noch bevor «Wenn Frauen zu sehr lieben» erschienen war, sehr viele kamen nach der Veröffentlichung des Buches hinzu. Einige dieser Gruppen werden von Therapeutinnen geleitet, andere halten sich bei der Gründung einer Selbsthilfegruppe für Beziehungssüchtige eng an die Richtlinien von «Wenn Frauen zu sehr lieben». Meine langjährige Arbeit auf dem Gebiet der Suchtkrankheiten hat mir gezeigt, daß das Zwölf-Schritte-Programm die effektivste und angemessenste Behandlung für *alle* Formen von Sucht ist, die Beziehungssucht eingeschlossen. Ich freue mich sehr, daß es überall Gruppen gibt, die auf der Grundlage der Zwölf Schritte der Anonymen Alkoholiker an der Beziehungssucht arbeiten. Diese Gruppen haben mit mir persönlich nichts zu tun. Schließlich sind sie anonym. Aber sie sind, zusammen mit entsprechenden anderen Zwölf-Schritte-Programmen, die *einzigen* Gruppen, die ich Beziehungssüchtigen mit gutem Gewissen empfehlen kann. Wenn ich auch glaube, daß die Zehn Schritte zur Genesung, die in «Wenn Frauen zu sehr lieben» bekanntgemacht wurden, von ganz wesentlicher Bedeutung für alle Frauen sind, die zu sehr lieben, so meine ich doch, daß ein Zwölf-Schritte-Programm, das der spirituellen Entwicklung größere Bedeutung beimißt, der beste Rahmen ist, in dem diese Zehn Schritte befolgt werden können. Wenn es um Beziehungs*sucht* geht, ist keine andere Behandlung auf Dauer so effektiv. Bei alledem geht es nicht darum, irgendein bestimmtes Zwölf-Schritte-Treffen bejahend zu unterstützen. Das wäre unangemessen und nicht ratsam, weil diese Meetings, was die Befolgung der Schritte und der ursprünglich von den Anonymen Alkoholikern entwickelten Traditionen betrifft, sehr unterschiedlich sein können.

Ich halte mich schon lange daran, daß ich nur die Anonymen-Programme empfehle und niemals einzelne Therapeuten oder Therapeutinnen, Gruppentherapien oder psychologische Behandlungsinstitute. Und mir ist niemals ein Mensch mit Problemen begegnet, der für die Teilnahme an zumindest einem der über hundert verschiedenen Anonymen-Programme nicht in Frage gekommen wäre.

Der folgende Brief macht deutlich, was für viele alkoholabhängige Frauen auf dem Weg der Genesung gilt: daß es, nachdem sie trocken geworden sind, noch eine weitere Krankheit gibt, der sie sich zuwenden müssen, wenn sie weiterhin trokken bleiben wollen. Die Krankheit Beziehungssucht taucht bei so vielen Alkoholikerinnen auf, weil sie oft aus Alkoholikerfamilien stammen, wo sie schon lange, bevor sie ihre Abhängigkeit von chemischen Substanzen entwickelten, Co-Alkoholikerinnen waren.

Ist die Erkrankung an Suchtmittelabhängigkeit erst einmal aufgehalten worden, dann wird die seelische Berg- und Talfahrt, die durch die Verhaltensmuster des Co-Alkoholismus verursacht wird, zur größten Bedrohung für anhaltende Nüchternheit. Die Länge der Strecke, die die Verfasserin des nächsten Briefes zurücklegen mußte, um von ihrer Beziehungssucht zu genesen, entspricht in vollem Maße ihren Anstrengungen, trocken zu bleiben, und das aus gutem Grunde. Ihr wird klar, daß ihre Beziehungssucht eine ebenso große Bedrohung für ihr Leben und Wohlergehen darstellt wie ihre Alkoholabhängigkeit.

Liebe Robin Norwood,
ich heiße Ramona und bin nicht nur genesende Alkoholikerin, sondern auch eine genesende Frau, die zu sehr liebt.

Ich wurde vor drei Jahren trocken, den Drohungen meines (damaligen) auch trinkenden Ehemannes folgend, der darauf bestand, daß ich wegen *meiner* Trinkerei etwas unternehmen sollte. Also begab ich mich in Behandlung, voller Angst ihn zu verlieren, wenn ich nicht tat, was er von mir verlangte.

Irgendwann auf diesem Weg beschloß ich, selber gerne trocken werden zu wollen, und ich fing an, das Programm der Anonymen Alkoholiker für *mich* durchzuarbeiten. Während ich an meinem Programm arbeitete, begann mein Mann Bemerkungen fallenzulassen, die mir deutlich machten, daß ihm die Veränderungen nicht gefielen, die er an mir wahrnahm. Er fing an, immer länger von zu Hause wegzubleiben und auch mehr zu trinken. Die Angst, ihn zu verlieren, war immer noch mein erster Gedanke, obwohl ich – so wie die Dinge zwischen uns standen – wußte, daß ich wieder zu trinken anfangen und ihn dann ganz sicher verlieren würde, wenn wir zusammenblieben. Also verließ ich nach zehnmonatiger Trockenheit sein Haus und hoffte, er würde mich so sehr vermissen, daß er wegen seiner eigenen Trinkerei etwas unternehmen würde. Dann wären wir beide trocken und würden an unserem AA-Programm arbeiten und für immer und ewig glücklich sein. Er war ehrlich genug, mir zu sagen, daß er nicht bereit oder willens war, sich zu ändern, als ich ihn bat, mit mir zusammen eine Beratung aufzusuchen. Aber natürlich dachte ich, daß er die Dinge mit der Zeit anders sehen würde.

Bei der Behandlung hatte man mir gesagt, daß ich auch von ihm abhängig sei und nicht nur vom Alkohol. Aber ich konnte das einfach nicht einsehen, geschweige denn akzeptieren. Ich fing also an, alles zu lesen, was mir in die Finger kam, um ihm schwarz auf weiß zeigen zu können, was zwischen uns falsch lief, und dann würde ich ihn in Ordnung bringen und meine Ehe mit ihm weiterführen können.

Ich ging zu Al-Anon, aber ich schöpfte dort nur

neue Hoffnung, er könne doch trocken werden, und das band mich noch enger an ihn. So jedenfalls malte ich es mir aus.

Und natürlich fuhr ich fort, mich mit ihm zu treffen, seinen Lügen zu glauben und zuzulassen, daß er mich so behandelte, wie es ihm paßte. Er hat mich nicht körperlich mißhandelt, aber die seelische Mißhandlung war unerträglich. Während er sich mit anderen Frauen herumtrieb und trank, wartete ich auf ihn, hoffend und betend, daß er sich ändern möge. Ich tat alles, was man sich nur vorstellen kann, um ihm zu gefallen, und wollte immer so gern glauben, daß er im Guten zu mir zurückkehrte.

Daß ich nicht trank, das weiß ich jetzt, geschah allein durch Gottes Gnade, der wohl etwas Besseres für mich im Sinn hatte. Letztes Jahr war ich dann seelisch am Ende, ebenso wie ich mit meiner Trinkerei am Ende gewesen war. Beim Zubettgehen abends betete ich darum, sterben zu dürfen, und verfluchte Gott, als ich aufwachte und immer noch lebte. Ich ging zur Arbeit, kehrte nach Hause zurück, kapselte mich ab, weinte und betete darum, sterben zu dürfen. Nur eine liebe Freundin hatte mich nicht aufgegeben. Inzwischen habe ich sie durch Krebs verloren, aber sie war die Freundin, die mich mit bedingungsloser Liebe zu den Schritten ermutigte, die später mein Leben verändert haben.

In meiner seelischen Hölle fand ich irgendwann Ihr Buch und las es. Das war auf jeder Seite ich, da stand, was mit mir nicht in Ordnung war. Erst jetzt konnte ich annehmen und einsehen, daß es Hoffnung gab.

Al-Anon war immer noch verwirrend für mich, weil ich ständig heraushörte, daß er mit dem Trinken Schluß machen würde, wenn ich es nur richtig anstellte (das haben sie nicht *gesagt*, sondern das habe ich *gehört*). Ich dachte, meine einzige Hoffnung auf Genesung liege darin, meine eigene Gruppe zu gründen für Frauen wie mich – süchtig nach Männern. Ich war bereits in Therapie, hatte aber das Gefühl, mehr zu brauchen. Mit Hilfe der Liebe und Ermutigung meiner lieben Freundin Carla und einer weiteren Freundin, Lois, fing ich eine Gruppe an, die auf Ihrem Buch beruhte.

Ich weiß gar nicht, wo ich anfangen soll, Ihnen zu erzählen, wie sehr mein Leben sich seither verändert hat, wie die Türen mir offenstehen, mein Selbstwertgefühl gewachsen ist, meine Zuversicht gewachsen ist oder ich gewachsen bin.

Ich glaube wirklich, daß ich nicht mehr da wäre und Ihnen diesen Brief nicht mehr schreiben könnte, wenn ich meinen früheren Weg weitergegangen wäre. Dreimal habe ich beim Trinken versucht, mich umzubringen – alles nur aus süchtiger Liebe zu meinem (jetzt ehemaligen) Mann.

Nachdem ich die Frauengruppe gegründet hatte, habe ich angefangen, neben meiner regulären Arbeit auf einer offenen Station für genesende Sucht- und Alkoholkranke zu arbeiten. Ohne mein persönliches Wachstum in den vergangenen sechs Monaten wäre ich nicht in der Lage gewesen, das alles zu bewältigen.

Ich sitze nicht mehr da und weine oder kapsele mich ab oder bete darum, sterben zu dürfen. Ich bin auch nicht mehr ständig deprimiert oder habe das Gefühl, einen Mann in meinem Leben zu brauchen, der auf mich aufpaßt und/oder mit dem ich glücklich sein kann.

Heute bin ich die meiste Zeit glücklich. Heute bin ich voller Dankbarkeit für all das, was Gott mir gegeben hat (und auch für das, was er mir nicht gegeben hat). Ich führe heute ein reiches und aktives Leben. Wenn es dazu kommt, daß ich mich mit jemandem verabrede, sagen mir meine fünf Sinne, ob es mir gut tut oder nicht. Ich kann es genießen, mit einem Mann zusammen zu sein, aber wenn keiner da ist, sitze ich nicht da wie eine Armamputierte und warte auf seinen Anruf. Ich lebe mein Leben jetzt für mich. Sollte zufällig ein Mann vorbeikommen, gut, aber wenn nicht, kann ich mein Leben ebenso gut für mich leben. Ich langweile mich nie, und ich weiß, daß ich nicht alleine sein muß.

Ramona A.

Liebe Robin,
ich habe Ihr Buch gelesen und finde es einfach toll! Wir haben hier (zehn Frauen) eine Selbsthilfegruppe angefangen, sind aber auf ein Problem gestoßen. Auch Männer, die das Buch gelesen haben, möchten sehr gern an der Selbsthilfegruppe teilnehmen. Wir sind ganz erschrocken! Aber sie leiden doch wahrscheinlich genauso wie wir. Was sollen wir bloß tun?

Rachel R.

Liebe Rachel,
ich glaube, daß es für Männer und Frauen getrennte Selbsthilfegruppen geben muß, wenn es um die Krankheit Beziehungssucht geht. Frauen und Männer verhalten sich anders, wenn das jeweils andere Geschlecht anwesend ist. Mit ihren eigenen Geschlechtsgenossinnen sind Frauen meistens offener und geben mehr von sich preis, besonders wenn sie Probleme besprechen, bei denen es um Männer geht. Für Männer gilt das Gegenteil. Sie teilen sich in der Gegenwart von Frauen offener mit, als wenn nur Männer anwesend sind, zumindest am Anfang. Aber mit der Zeit werden auch sie viel ehrlicher, wenn nur das eigene Geschlecht anwesend ist. Wenn die Männer, von denen sie gehört haben, wirklich eine Selbsthilfegruppe wollen, werden sie ihre eigene anfangen. Sie, Rachel, müssen nicht für die Genesung dieser Männer sorgen.

Lange bevor «Wenn Frauen zu sehr lieben» geschrieben wurde, gab es schon Selbsthilfegruppen, die die Zwölf-Schritte-Methode für das Problem Beziehungssucht einsetzten. Viele sind für Männer *und* Frauen offen, es gibt also nicht «den richtigen» Weg, mit dieser Frage umzugehen. Sie bekommen hier nur meine Meinung zu hören. Wenn Sie sich entscheiden, Ihre Gruppe auf Frauen zu beschränken, können Sie sich immer noch entschließen, beide Gruppen einzuladen, nachdem sie erst einmal gefestigter sind. Denkbar ist, daß daraus gelegentliche gemischte Treffen für Frauen und Männer entstehen, wodurch eine eventuelle Stimmung von «wir gegen sie» abgebaut werden kann. Aber wenn Sie so vorgehen sollten, dann denken sie auf jeden Fall daran, bei den gemeinsamen Treffen an Ihrer eigenen Genesung zu arbeiten, nicht an der der Männer! Vielleicht können die beiden folgenden Briefe Ihrer Gruppe bei der Entscheidung helfen.

Liebe Robin,
nachdem ich «Wenn Frauen zu sehr lieben» gelesen hatte, versuchte ich verzweifelt, in der Nähe eine Selbsthilfegruppe zu finden, in der Frauen diesen Fragen gemeinsam nachgingen. Nachdem ich zu meiner großen Enttäuschung herausfand, daß es keine solche Gruppe gab, entschloß ich mich, Ihrem Rat folgend, meine eigene zu gründen. Ich bin glücklich, sagen zu können, daß wir jetzt eine feste, engagierte und begeistert arbeitende Gruppe haben, die von zwölf Teilnehmerinnen in der ersten Woche auf fünfundzwanzig bei unserem letzten (dem fünften) Treffen angewachsen ist. Ich möchte Ihnen auch sagen, Robin, daß die Gründung dieser Gruppe und meine aktive Teilnahme an der inhaltlichen Arbeit das Beste ist, was ich jemals für mich getan habe.

Obwohl wir bereits mehrere Fragen, die aufgetaucht sind, durchgearbeitet haben, wären wir sehr froh, wenn Sie uns bei einigen Bedenken weiterhelfen könnten, die uns kürzlich kamen. Zum einen: Würden Sie empfehlen, Männer in die Gruppe aufzunehmen? Diese Frage hat bereits einige Verwirrung gestiftet, weil bei einem unserer letzten Treffen ein

Mann auftauchte. Natürlich lud ich ihn ein zu bleiben, aber da wir mitten in der Diskussion über die Frage waren, ob wir Männer zulassen wollen oder nicht und noch keine eindeutige Antwort gefunden hatten, fühlten sich einige Teilnehmerinnen in seiner Gegenwart ziemlich gehemmt. Außerdem haben wir uns entschieden, der Zwölf-Schritte-Methode zu folgen, die die Anonymen Alkoholiker und Al-Anon benutzen. Finden Sie auch, daß das ein gutes Konzept ist? Und weiter würden wir unser Konzept ab und zu gern ändern, indem wir Videotapes benutzen und/oder eine Referentin dazuholen und so weiter. Können Sie uns noch andere wirksame Mittel empfehlen, um die Inhalte zu vermitteln? Und welchen allgemeinen Richtlinien sollten diese Treffen folgen? Im Augenblick überlassen wir es den jede Woche wechselnden, freiwilligen Leiterinnen, die Themen auszusuchen und führen dann offene Diskussionen. Aber vielleicht gibt es bessere, effektivere Möglichkeiten?

Und könnten Sie mir auch etwas zu «Relationships Anonymous» sagen? Ist das das Gleiche wie «Wenn Frauen zu sehr lieben», nur unter einem anderen Namen?

Wir würden jeden Vorschlag, jedes Feedback und ergänzende Material von Ihrer Seite sehr begrüßen, Robin, weil wir natürlich unbedingt das Bestmögliche für uns aus der Gruppe herausholen möchten. Inzwischen ist sie für mich von absoluter Wichtigkeit, aber manchmal tappe ich etwas im dunkeln herum, wenn es um die «richtige» Strukturierung geht.

Marti S.

Bevor ich mich den anderen Fragen in Martis Brief zuwende, ist es vielleicht aufschlußreich, wenn ich zunächst den Zusatz über den neuesten Stand der «Männerfrage» zitiere, den sie auf dem Einverständnisschreiben für mich notiert hat, mit dem sie mir die Erlaubnis gab, ihren Brief für das vorliegende Buch zu verwenden.

Liebe Robin,

was die Frage betrifft, ob wir in unsere Gruppe Männer aufnehmen sollen: Wie ich schon erwähnte, waren wir nicht sicher, ob wir Männer aufnehmen sollen, und nachdem bei einem Treffen ein tapferer Knabe in unserer Gruppe gesessen hatte, rief ich jede Teilnehmerin an und fragte sie, wie sie die Gruppe an diesem Abend empfunden hätte. Drei oder vier Frauen hatte ich um ihre Meinung gefragt und konnte nicht verstehen, warum sie alle dafür waren, daß Männer in unsere Gruppe kamen, obwohl ich an diesem Abend in Gegenwart des einen sehr viel Unbehagen empfunden hatte. Auf einmal wurde es mir klar! Ich fragte Frauen, die ja in erster Linie Männer *umsorgt* hatten, ob wir Männer zulassen sollten. Jede sagte: «Ja, weil er sonst nirgendwo Hilfe findet» oder etwas ähnliches. Also formulierte ich meine Frage anders, nämlich: «Fühlst du dich mit Männern in der Gruppe genauso offen und entspannt?», und die überwältigende Mehrzahl stimmte mit «Nein!». Das war für mich und die anderen Teilnehmerinnen der Gruppe wirklich ein gutes Beispiel dafür, wie wir die Bedürfnisse anderer (besonders die von Männern) über unsere eigenen stellen!

Marti S.

Was Martis übrige Fragen betrifft, so weiß ich, wie schon einmal in diesem Buch gesagt wurde, keine effektiveren Mittel, mit Sucht und Genesung umzugehen, als die Zwölf-Schritte-Methode der Anonymen-Programme. Und für die Fragen zur Abänderung der Struktur für ein bestimmtes Treffen gilt, daß die Teilnehmerinnen dieses Treffens solche Fragen am besten untereinander besprechen und dabei den Richtlinien folgen, die in den bewährten Anonymen-Programmen für Entscheidungsprozesse in Gruppen entwickelt worden sind.

Die Anonymen Alkoholiker (die als erste das Zwölf-

Schritte-Programm einführten) haben von Anfang an strikt demokratische Prinzipien für die Entscheidung jeder organisatorischen und inhaltlichen Frage benutzt. Jede Gruppe, die die Zwölf-Schritte-Methode für ihre Zwecke einsetzt, täte gut daran, die Literatur der Anonymen Alkoholiker gründlich zu studieren und deren Prinzipien für ihre Entscheidungsprozesse zu übernehmen. Die Anonymen-Programme gingen immer davon aus, daß keine einzelne Person, ganz gleich wie «fachlich» bewandert, Entscheidungen für andere treffen sollte. Und sie sind immer von der Überzeugung ausgegangen, daß jeder Mensch, der mit einer bestimmten Sucht kämpft, ein Experte *ist* und bei allen Entscheidungen Mitspracherecht haben sollte. Alle Fragen (auch die nach dem Ein- oder Ausschluß von Männern) können von jeder einzelnen Gruppe entschieden werden, indem sie den Richtlinien folgt, die seit fünfzig Jahren die Entscheidungsprozesse der Anonymen Alkoholiker so demokratisch gestalten. Es ist verführerisch zu glauben, ein anderer Mensch wisse, was das Beste für uns ist, und dabei unsere eigenen Fähigkeiten zu unterschätzen und die eigene Verantwortung für wichtige Entscheidungsprozesse abzugeben. Aber wenn wir bereit sind, die Antwort auf jede Frage in unserem eigenen Herzen zu suchen, können wir anderen, die ebenso suchen, mitteilen, was wir gefunden haben, und gemeinsam zu einer Entscheidung gelangen, die für alle Beteiligten am besten ist.

Menschen, die mit ihrem Genesungsprozeß angefangen haben, suchen oft nach einer Möglichkeit, die Dinge zu beschleunigen. Diese Haltung ist so unproduktiv, daß wir ständig dagegen ankämpfen müssen. Die Bereitschaft, langsam vorzugehen und eine neue Lebensweise Tag um Tag zu lernen, ist auf die Dauer bei weitem effektiver, als wenn wir mit übertriebener Anstrengung versuchen, möglichst schnell voranzukommen und schon bald frustriert, enttäuscht und entmutigt sind.

Gruppen, die sich mit Beziehungssucht auseinandersetzen und die Zwölf-Schritte-Methode benutzen, laufen unter vielen Namen, «Relationships Anonymous» ist am weitesten verbreitet. Andere Gruppen, die sich mit den gleichen Fragen beschäftigen, sind «Love-n-Addiction» («Liebe und Sucht»),

«Love and Sex Addicts Anonymous» («Anonyme Liebes- und Sexsüchtige»), (die sich sowohl mit Beziehungssucht als auch mit dem Gebrauch von Sex als Droge auseinandersetzen) und verschiedene «Wenn Frauen zu sehr lieben» – Gruppen, *die nach einer Zwölf-Schritte-Methode vorgehen*, im Unterschied zu gleichnamigen Gruppen, die von professionellen Helferinnen geleitet werden. (Ich muß noch hinzufügen, daß der beste Name für eine Selbsthilfegruppe zum Thema Beziehungssucht vom Verleger der Hardcoverausgabe von «Women Who Love Too Much» im Scherz erfunden wurde und trotzdem die Sache sehr gut trifft: «Overlovers Anonymous».)

Liebe Robin,
wir haben Sie kürzlich in einer Talkshow gesehen und bekamen Lust, Ihnen zu schreiben. Wir sind eine Frauengruppe, die auf Grund Ihres Buches zusammengefunden hat. Seit Anfang August dieses Jahres treffen wir uns einmal die Woche.

Zunächst etwas zur Geschichte unserer Gruppe. Die Gruppe für Frauen, die zu sehr lieben, war bei uns am Ort so stark angewachsen, daß wir sie in kleinere Gruppen aufteilen mußten. Unsere setzt sich aus Frauen zusammen, von denen die meisten an Zwölf-Schritte-Programmen teilnehmen. Eine Teilnehmerin tippte einen Plan mit Präambel und der Aufzählung von Hindernissen für erfolgreiches Arbeiten, übernommen vom Zwölf-Schritte-Programm, und los ging's, hauptsächlich auf der Grundlage Ihres Buches und mit dem Gelassenheitsspruch endend. Einige Frauen sind dazugekommen, aber über kurz oder lang wieder ausgeschieden, doch fünf von uns sind dabeigeblieben, und kürzlich stießen drei weitere als aktive Teilnehmerinnen zu unserer Gruppe.

Wir hatten oft das Gefühl, überhaupt nicht voranzukommen, aber als wir Ihr Interview im Fernsehen sahen, wurde uns klar, was für große Fortschritte wir in den letzten vier Monaten (einer relativ kurzen Zeit) gemacht hatten. Wir erkannten bei den beiden Frauen, die mit Ihnen in der Talkshow auftraten, unsere alte Verleugnung wieder und sind nun sehr erleichtert und dankbar, daß wir uns auf ein neues Verständnis zu bewegen.

Es ist nicht leicht gewesen, und von der Genesung sind wir weit entfernt. Wir arbeiten hart, jede auf ihre Art und nach ihren individuellen Möglichkeiten, und machen oft angsterregende Schritte ins Unbekannte dank der Aufrichtigkeit, mit der wir uns in der Gruppe gegenseitig unterstützen, und dank unserer Bereitschaft, auszusprechen, was wir fühlen.

Wir denken uns, daß Sie vielleicht viele Zuschriften von Frauen bekommen, die gerade die ersten Schritte in Richtung Genesung unternehmen und noch sehr unter Stress stehen. Wir möchten Ihnen versichern, daß es einigen von uns hier immer besser geht und daß wir anfangen zu begreifen und uns dafür zu lieben, wer wir sind.

Wir haben Menschen bei den Anonymen Alkoholikern oft sagen hören, daß sie beim ersten Besuch nicht gerade froh gewesen seien, dort zu sein, sich aber sehr darüber gefreut hätten, daß es andere genesende Alkoholiker dort gebe. Wir freuen uns sehr, daß es Sie gibt!

Acht Frauen auf dem Weg der Genesung

Am besten kann man die Zwölf-Schritte-Methode auf Beziehungssucht übertragen, nachdem man sich mit dem Vorgehen der Anonymen-Programme vertraut gemacht hat. Dafür besucht man entweder viele öffentliche Treffen der verschiedenen Zwölf-Schritte-Programme oder wird aktive Teilnehmerin an einem Zwölf-Schritte-Programm zur Genesung von einer anderen (als der Beziehungs-)Sucht.

Der folgende Strukturplan ist ein möglicher Rahmen für das Vorgehen nach der Zwölf-Schritte-Methode bei Beziehungssucht. Ich habe diesen Plan nicht entworfen. Er wurde mir von einigen Frauen zugesandt, die ihre eigene Gruppe gebildet und dabei die Vorgehensweisen der Anonymen Alkoholiker und von Al-Anon übernommen haben. Es sind viele ähnliche Pläne entwickelt worden, und vielleicht werden sie eines Tages alle zusammengefaßt, um die Methoden für den Umgang mit dieser speziellen Sucht zu vereinheitlichen. Doch schon jetzt sind die Ähnlichkeiten der Strukturpläne, die ich gesehen habe, sehr viel größer als ihre Unterschiede.

Ich habe diesen Strukturplan zusammen mit anderen, die mir zugeschickt wurden, an Frauen weitergegeben, die mir schrieben und um weitere Anleitungen für die Gründung einer Selbsthilfegruppe baten. Folgende Punkte müssen bei der Benutzung dieser Strukturpläne bedacht werden:

- Alle Beteiligten müssen anonym bleiben;
- niemand beansprucht die Expertenrolle; wer in den Helferberufen arbeitet, nimmt teil als – anonyme – Betroffene und nicht als Spezialistin;
- es gibt keine Teilnahmegebühren;
- die Leitungsfunktion geht reihum, Entscheidungen werden stets von der ganzen Gruppe getroffen.

Die Literatur der Anonymen Alkoholiker und von Al-Anon ist eine unschätzbare Informationsquelle für die Themen Sucht und Genesung, für empfehlenswerte Richtlinien, nach denen die Treffen organisiert werden können, für die Gestaltung von Entscheidungsprozessen und das Durcharbeiten der Schritte und Traditionen. Aber es ist das beste, wenn jedes spezifische Zwölf-Schritte-Programm durch eigene Erfahrung, Kraft und Hoffnung seine eigene Literatur entwickelt, in der die jeweils betreffende Krankheit und der Genesungsverlauf der einzelnen Teilnehmer beschrieben wird.

Strukturplan für ein einstündiges Treffen Anonymer Beziehungssüchtiger (Muster)

Guten Abend euch allen! Ich heiße.............. und leite heute unser Gruppentreffen.
Begrüßung (Vorlesen der Präambel).
Kurzes Schweigen, dann gemeinsam den Gelassenheitsspruch sprechen.
Die Zwölf Schritte.
Die Zwölf Traditionen.
Richtlinien zur Unterstützung der Genesung.
Gegenseitige Vorstellung (nur Vornamen).
Diskussion: ein selbstgewähltes Thema oder eines aus dem Anhang von «Wenn Frauen zu sehr lieben».
Die Siebte Tradition: die Anonymen Beziehungssüchtigen finanzieren sich selbst durch eigene Beträge.
Wahl einer Freiwilligen, die das nächste wöchentliche Treffen leitet.
Vorlesen der Genesungsaussichten (aus: «Wenn Frauen zu sehr lieben»).
Vorlesen der abschließenden Worte (aus: «Wenn Frauen zu sehr lieben»).
Schlußgebet.

Frauen, die zu sehr lieben Selbsthilfegruppe Präambel

Die Parallelen zwischen dem Verlauf der Alkoholkrankheit und dem der Beziehungssucht sind klar. Abhängigkeit, sei es von einer bewußtseinsverändernden Droge, sei es von einer Beziehung, erfaßt letzten Endes jeden Lebensbereich des Süchtigen in immer verheerenderem Ausmaß. Wir suchen Genesung von unserer Sucht, indem wir die Prinzipien der Zwölf

Schritte von den Anonymen Alkoholikern übernehmen und auf unser Leiden anwenden.

Gelassenheitsspruch

Gott gebe mir die Gelassenheit,
Dinge hinzunehmen,
die ich nicht ändern kann;
den Mut, Dinge zu ändern,
die ich ändern kann;
und die Weisheit, das eine
von dem anderen zu unterscheiden.

Die Zwölf Schritte

(Mit der freundlichen Erlaubnis von Alcoholics Anonymous World Services, Inc.)

1. Wir gaben zu, daß wir dem Alkohol gegenüber machtlos sind – und unser Leben nicht mehr meistern konnten.
2. Wir kamen zu dem Glauben, daß eine Macht, größer als wir selbst, uns unsere geistige Gesundheit wiedergeben kann.
3. Wir faßten den Entschluß, unseren Willen und unser Leben der Sorge Gottes – wie wir Ihn verstanden – anzuvertrauen.
4. Wir machten eine gründliche und furchtlose Inventur in unserem Inneren.
5. Wir gaben Gott, uns selbst und einem anderen Menschen gegenüber unverhüllt unsere Fehler zu.
6. Wir waren völlig bereit, all diese Charakterfehler von Gott beseitigen zu lassen.
7. Demütig baten wir Ihn, unsere Mängel von uns zu nehmen.
8. Wir machten eine Liste aller Personen, denen wir Schaden zugefügt hatten, und wurden willig, ihn bei allen wiedergutzumachen.
9. Wir machten bei diesen Menschen alles wieder gut – wo

immer es möglich war –, es sei denn, wir hätten dadurch sie oder andere verletzt.

10. Wir setzten die Inventur bei uns fort, und wenn wir Unrecht hatten, gaben wir es sofort zu.
11. Wir suchten durch Gebet und Besinnung die bewußte Verbindung zu Gott – wie wir Ihn verstanden – zu vertiefen. Wir baten Ihn nur, uns Seinen Willen erkennbar werden zu lassen und uns die Kraft zu geben, ihn auszuführen.
12. Nachdem wir durch diese Schritte ein seelisches Erwachen erlebt hatten, versuchten wir, diese Botschaft an Alkoholiker weiterzugeben und unser tägliches Leben nach diesen Grundsätzen auszurichten.

Die Zwölf Traditionen

(Mit der freundlichen Erlaubnis von Alcoholics Anonymous World Services, Inc.)

1. Unser gemeinsames Wohlergehen sollte an erster Stelle stehen; die Genesung des einzelnen beruht auf der Einigkeit der Anonymen Alkoholiker.
2. Für den Sinn und Zweck unserer Gruppe gibt es nur eine höchste Autorität – einen liebenden Gott, wie Er sich in dem Gewissen unserer Gruppe zu erkennen gibt. Unsere Vertrauensleute sind nur betraute Diener; sie herrschen nicht.
3. Die einzige Voraussetzung für die AA-Zugehörigkeit ist der Wunsch, mit dem Trinken aufzuhören.
4. Jede Gruppe sollte selbständig sein, außer in Dingen, die andere Gruppen oder die Gemeinschaft der AA als Ganzes angehen.
5. Die Hauptaufgabe jeder Gruppe ist, unsere AA-Botschaft zu Alkoholikern zu bringen, die noch leiden.
6. Eine AA-Gruppe sollte niemals irgendein außenstehendes Unternehmen unterstützen, finanzieren oder mit dem AA-Namen decken, damit uns nicht Geld-, Besitz- und Prestigeprobleme von unserem eigentlichen Zweck ablenken.

7. Eine AA-Gruppe sollte sich selbst erhalten und von außen kommende Unterstützungen ablehnen.
8. Die Tätigkeit bei den Anonymen Alkoholikern sollte immer ehrenamtlich bleiben, jedoch dürfen unsere zentralen Dienststellen Angestellte beschäftigen.
9. Anonyme Alkoholiker sollten niemals organisiert werden. Jedoch dürfen wir Dienst-Ausschüsse und -Komitees bilden, die denjenigen verantwortlich sind, welchen sie dienen.
10. Anonyme Alkoholiker nehmen niemals Stellung zu Fragen außerhalb ihrer Gemeinschaft, deshalb sollte auch der AA-Name niemals in öffentliche Streitfragen verwickelt werden.
11. Unsere Beziehungen zur Öffentlichkeit stützen sich mehr auf Anziehung als auf Werbung. Deshalb sollten wir auch gegenüber Presse, Rundfunk, Film und Fernsehen stets unsere persönliche Anonymität wahren.
12. Anonymität ist die spirituelle Grundlage aller unserer Traditionen, die uns immer daran erinnern soll, Prinzipien über Personen zu stellen.

Anonyme Beziehungssüchtige
Die Zwölf Schritte der AB

1. Wir gaben zu, daß wir Beziehungen gegenüber machtlos sind – und unser Leben nicht mehr meistern konnten.
2. Wir kamen zu dem Glauben, daß eine Macht, größer als wir selbst, uns unsere geistige Gesundheit wiedergeben kann.
3. Wir faßten den Entschluß, unseren Willen und unser Leben der Sorge Gottes – wie wir Ihn verstanden – anzuvertrauen.
4. Wir machten eine gründliche und furchtlose Inventur in unserem Inneren.
5. Wir gaben Gott, uns selbst und einem anderen Menschen gegenüber unverhüllt unsere Fehler zu.

6. Wir waren völlig bereit, all diese Charakterfehler von Gott beseitigen zu lassen.
7. Demütig baten wir Ihn, unsere Mängel von uns zu nehmen.
8. Wir machten eine Liste aller Personen, denen wir Schaden zugefügt hatten, und wurden willig, ihn bei allen wiedergutzumachen.
9. Wir machten bei diesen Menschen alles wieder gut – wo immer es möglich war –, es sei denn, wir hätten dadurch sie oder andere verletzt.
10 Wir setzten die Inventur bei uns fort, und wenn wir Unrecht hatten, gaben wir es sofort zu.
11. Wir suchten durch Gebet und Besinnung die bewußte Verbindung zu Gott – wie wir Ihn verstanden – zu vertiefen. Wir baten Ihn nur, uns Seinen Willen erkennbar werden zu lassen und uns die Kraft zu geben, ihn auszuführen.
12. Nachdem wir durch diese Schritte ein seelisches Erwachen erlebt hatten, versuchten wir, diese Botschaft an alle Frauen, die zu sehr lieben, weiterzugeben und unser tägliches Leben nach diesen Grundsätzen auszurichten.

Anonyme Beziehungssüchtige
Die Zwölf Traditionen der AB

1. Unser gemeinsames Wohlergehen sollte an erster Stelle stehen; der persönliche Fortschritt der meisten beruht auf der Einigkeit der Anonymen Beziehungssüchtigen.
2. Für den Sinn und Zweck unserer Gruppe gibt es nur eine höchste Autorität – einen liebenden Gott, wie Er sich in dem Gewissen unserer Gruppe zu erkennen gibt. Unsere Vertrauensleute sind nur betraute Diener; sie herrschen nicht.
3. Die einzige Voraussetzung für die AB-Zugehörigkeit ist der Wunsch, von Beziehungssucht zu genesen.
4. Jede Gruppe sollte selbständig sein, außer in Dingen, die andere Gruppen oder die Gemeinschaft der AB als Ganzes angehen.

5. Die Hauptaufgabe jeder Gruppe ist, uns selbst und einander zu helfen, von Beziehungssucht zu genesen. Wir tun dies, indem wir selbst den Zwölf Schritten der AA folgen und indem wir andere Beziehungssüchtige aufnehmen und ihnen Hilfe bieten.
6. Eine AB-Gruppe sollte niemals irgendein außenstehendes Unternehmen unterstützen, finanzieren oder mit dem AB-Namen decken, damit uns nicht Geld-, Besitz- und Prestigeprobleme von unserem eigentlichen spirituellen Zweck ablenken. Obwohl wir eigenständige Gruppen sind, sollten wir immer mit den anderen Anonymen Programmen zusammenarbeiten.
7. Eine AB-Gruppe sollte sich selbst erhalten und von außen kommende Unterstützungen ablehnen.
8. Die Tätigkeit bei den Anonymen Beziehungssüchtigen sollte immer ehrenamtlich bleiben, jedoch dürfen unsere zentralen Dienststellen Angestellte beschäftigen.
9. Unsere Gruppen sollten niemals organisiert werden. Jedoch dürfen wir Dienst-Ausschüsse und -Komitees bilden, die denjenigen verantwortlich sind, welchen sie dienen.
10. Anonyme Beziehungssüchtige nehmen niemals Stellung zu Fragen außerhalb ihrer Gemeinschaft, deshalb sollte auch unser Name niemals in öffentliche Streitfragen verwickelt werden.
11. Unsere Beziehungen zur Öffentlichkeit stützen sich mehr auf Anziehung als auf Werbung. Deshalb sollten wir auch gegenüber Presse, Rundfunk, Film und Fernsehen stets unsere persönliche Anonymität wahren. Außerdem sollten wir besonders darauf achten, daß die Anonymität all jener Menschen gewahrt wird, von denen wir abhängig waren.
12. Anonymität ist die spirituelle Grundlage aller unserer Traditionen, die uns immer daran erinnern soll, Prinzipien über Personen zu stellen.

Um unsere Genesung zu fördern, empfehlen wir, nach folgenden Richtlinien vorzugehen

1. Wir vermeiden es, während der Treffen Ratschläge zu geben und durcheinander zu reden. Wir treffen uns, um uns und anderen zu helfen, indem wir einander unsere Erfahrungen, unsere Kraft und unsere Hoffnung mitteilen. Jeder Mensch muß einen geschützten Ort haben, wo er frei sprechen kann ohne Kommentare, Fragen oder Ratschläge von anderen. Wenn wir anderen etwas sagen möchten zu dem, was sie uns mitgeteilt haben, so tun wir das am besten nach dem Treffen.
2. Wir vermeiden es, über «ihn» zu sprechen. Wir sind hier, um zu lernen, wie wir uns auf uns selbst konzentrieren können. Es ist wichtig, daß wir über unser eigenes Leben sprechen, nicht über das von anderen. Wir vermeiden es auch, uns in Vorwürfe, Haß und Selbstmitleid zu verlieren, weil all das unsere Genesung behindert.
3. Wir vermeiden die Vorherrschaft einzelner, indem wir die Gruppenleitung rotieren lassen und unsere Redezeit begrenzen, so daß jede zu Wort kommt. Niemand soll sich gezwungen fühlen zu reden, aber jede soll wissen, daß der Beitrag willkommen ist. Beachte: Keine von uns wird alle ihre Probleme bei einem einzigen Treffen lösen können – und es ist wichtig, das auch nicht zu versuchen.

Die Aussichten auf Genesung von Beziehungssucht

1. Wir akzeptieren uns vollständig, auch wenn wir uns in einigen Bereichen ändern wollen. Wir entfalten und hegen unsere bereits vorhandene Selbstliebe und Selbstachtung.
2. Wir akzeptieren andere so, wie sie sind, und versuchen nicht, sie zu ändern, so daß sie unseren Bedürfnissen entsprechen.

3. Wir sind in Kontakt mit unseren Gefühlen und Einstellungen hinsichtlich aller Bereiche unseres Lebens, einschließlich unserer Sexualität.
4. Wir schätzen uns selbst in jeder Hinsicht: unsere Persönlichkeit, unsere äußere Erscheinung, unsere Glaubens- und Wertvorstellungen, unseren Körper, unsere Interessen und Leistungen. Wir betrachten uns selbst als wertvoll, statt nach einer Beziehung zu suchen, die uns Selbstwertgefühl gibt.
5. Unsere Selbstachtung ist so groß, daß wir es genießen können, mit anderen Menschen – auch mit Männern – zusammen zu sein, die mit sich selbst in Einklang sind. Wir haben es nicht nötig, gebraucht zu werden, um Selbstwertgefühl zu entwickeln.
6. Wir gestatten es uns, im Umgang mit dafür geeigneten Menschen offen und vertrauensvoll zu sein. Wir haben keine Angst davor, von anderen in unserem tiefsten Wesen erkannt zu werden, aber wir liefern uns nicht Menschen aus, denen unser Wohlergehen gleichgültig ist.
7. Wir fragen uns: «Ist diese Beziehung gut für mich? Ermöglicht sie es mir weiterzuwachsen und meine Persönlichkeit voll zu entfalten?»
8. Wenn eine Beziehung uns schadet, sind wir fähig, diese aufzugeben, ohne durch Depressionen handlungsunfähig zu werden. Wir haben einen Kreis von Freunden und Freundinnen, die uns Unterstützung gewähren, und Interessen, die uns helfen, Krisen zu überstehen.
9. Wir schätzen unsere eigene innere Gelassenheit mehr als alles andere. Die Kämpfe, die Dramen und das Chaos der Vergangenheit haben ihren Reiz für uns verloren. Wir schützen uns selbst, unsere Gesundheit und unser Wohlbefinden.
10. Wir wissen, daß eine positive, erfüllende Beziehung nur zwischen Partnern bestehen kann, die gleiche Wertvorstellungen, Interessen und Ziele haben und von denen jeder fähig zu echter Nähe ist.

Und wir wissen, daß wir es wert sind, das Beste zu bekommen, was das Leben zu bieten hat.

Ein Vorschlag zum Abschluß der Gruppe

Die erste Phase der Genesung von der Krankheit «Zu sehr lieben» beginnt, wenn wir erkennen, was wir tun, und uns wünschen, damit aufhören zu können. Die zweite Phase kommt, wenn wir bereit sind, für uns Hilfe zu suchen, gefolgt von ersten ernsthaften Versuchen, uns diese Hilfe zu beschaffen. Dann treten wir in die Phase der Genesung ein, die von uns verlangt, daß wir uns auf unsere eigene Heilung verpflichten und bereit sind, mit dem Genesungsprogramm fortzufahren. Während dieser Phase fangen wir an, unsere Handlungs-, Denk- und Empfindungsweise zu verändern. Was uns früher normal und vertraut vorkam, empfinden wir allmählich als unangenehm und ungesund. In die nächste Phase der Genesung gelangen wir, wenn wir beginnen, Entscheidungen zu treffen, die nicht mehr unseren alten Mustern entsprechen, sondern unser Leben bereichern und unser Wohlbefinden fördern. Und schließlich entwickelt sich eine echte Liebe zu uns selbst. Wenn Selbst-Akzeptanz und Selbstliebe anfangen, sich zu entwickeln und zu festigen, sind wir bereit, immer anderen gefallen zu wollen, und werden fähig, einfach wir selbst zu sein, ohne durch eine bestimmte Form von Selbstdarstellung auf die Anerkennung und Liebe eines anderen abzuzielen.

«Nichts, absolut gar nichts geschieht in Gottes Welt versehentlich... Solange ich das Leben nicht als solches vollständig akzeptiere, kann ich niemals glücklich sein. Ich muß mich weniger auf die Veränderung der Welt als vielmehr auf die Veränderung meiner selbst und meiner Einstellungen konzentrieren.» *

* Aus dem «Big Book of Alcoholics Anonymous», 3. Auflage, S. 449, Abdruck mit Genehmigung von Alcoholics Anonymous World Services, Inc.

Kapitel 8: Briefe von Frauen, die Fragen, Vorschläge und Beschwerden äußern

Wie sollen wir mit unserem empörten Sinn für Gerechtigkeit umgehen, wenn es den Männern, die uns weh getan haben, im Leben so gut geht, während wir weiter leiden? Wie sind die Männer, die so unfähig sind zu lieben, so geworden? Wenn zu sehr lieben tatsächlich gar nichts mit Liebe zu tun hat, wie sieht dann wirkliche Liebe aus? Was ist mit Müttern, die ihre Töchter mit Liebe überschütten, und mit Töchtern, deren Hauptsorge dem Glück ihrer Mütter gilt? Wie sieht die lesbische Erfahrung von «zu sehr lieben» aus? Welcher Zusammenhang besteht zwischen Beziehungssucht und dem Verhalten einer verheirateten Person, die sich in eine aussichtslose Liebesaffäre stürzt und dafür alles aufs Spiel setzt?

Briefe von Leserinnen des Buches «Wenn Frauen zu sehr lieben», die Fragen zur Sprache bringen, die in die anderen Kapitel dieses Buches nicht passen, sind zu einem ganzen Abschnitt über «Verschiedenes» angewachsen und werden im folgenden behandelt.

Liebe Robin,
ich möchte Ihnen schreiben, weil ich mich zu sehr schäme, meine Gefühle meinen Freunden und Freundinnen und meiner Familie mitzuteilen.

Mit Hilfe Ihres Buches «Wenn Frauen zu sehr lieben» war ich in der Lage, die destruktive Beziehung mit einem Mann zu beenden, der ein echter Versager war. Ich sagte ihm vor zwei Monaten, er solle ausziehen, nachdem wir zehn Monate lang zusammengelebt hatten. Ich will Sie nicht mit Einzelheiten langweilen. Jedenfalls bin ich haargenau wie die Frauen in Ihrem Buch, und mein Ex-Freund Burt ist genau wie die drogensüchtigen, arbeitssüchtigen, selbstzerstörerischen und nie erreichbaren Männer, die Sie beschreiben. Es beunruhigt mich, welche Gefühle ich immer noch für ihn und die Beziehung habe, obgleich sie zu Ende ist. Er hat eine herausgehobene, ziemlich prominente Stellung, die er auch nach unserer Trennung beibehielt, und ich könnte platzen vor Neid, weil er nach außen hin so erfolgreich scheint, obwohl er doch in Wirklichkeit so gierig, geldgeil, selbstsüchtig und rücksichtslos gegen die Gefühle anderer Menschen ist.

Ich finde es ungerecht, daß er aus seinen krummen Touren lauter Vorteile zieht (er dreht nämlich kriminelle Dinger), während ich immer versuche, das Richtige zu tun, aber damit anscheinend nicht sehr weit gekommen bin.

Ich glaube an Ehrlichkeit, Treue, Achtung und Liebe. Mein Ex-Freund glaubt an Geld, Gier und Macht. Ich meine, Sie können sich selber ein Bild machen, Robin.

Ich möchte wissen, warum es schlechte Menschen oft so gut haben, während man gute Menschen nicht schätzt. Ich hätte diese negativen Gefühle für meinen Ex-Freund nicht, wenn er mir sagen würde, daß ich vielleicht in manchen Dingen recht hatte. Zumindest würde ich gern von ihm hören, er sei mir dankbar für alles, was ich für ihn getan habe. (Ich habe eine Menge für ihn getan!) Am liebsten wäre mir, wenn er sich für alle Lügen entschuldigen würde, die er mir erzählt hat. Ich werde aber nicht mit angehaltenem Atem darauf warten, weil ich weiß, daß er keine echten Gefühle kennt und keinen Sinn für Recht und Unrecht hat.

Robin, ich leide schrecklich wegen diesem Blödian. Ich will ihn niemals zurückhaben, aber es wäre schön zu wissen, daß ich ihm auch etwas bedeutet habe, obwohl ich weiß, daß das nie der Fall war.

Danke fürs Zuhören! Ich habe mich sehr geschämt, jemandem zu zeigen, daß ich an diesen Mann weiterhin auch nur einen Gedanken verschwende.

Bonnie J.

Liebe Bonnie,
ich danke Ihnen für die große Offenheit bei der Beschreibung der Gefühle, die Sie, wie Sie feststellen müssen, ihrem Ex-Freund immer noch entgegenbringen. Solche Gefühle wie: «Er ist kein guter Mensch, und trotzdem geht es ihm gut, während ich, die geschädigte Seite, immer noch so schrecklich leide» sind nach einer Trennung häufig zu beobachten.

Diese Gefühle werden mit der Zeit von allein verblassen, wenn Sie sich verbieten, andauernd über die scheinbare Ungerechtigkeit der Welt (eine ebenso unrichtige wie unnütze Feststellung) zu grübeln. Wenn Sie in solchen Gedanken schwelgen, wird sich Haß anstauen. Haß ist wie Frankensteins Monster, weil er so lange ein Eigenleben führt, wie wir uns nicht von ihm befreien. Er wächst und wächst, und mit der Zeit braucht er täglich Pflege und Nahrung. Wenn Sie also nicht aufpassen, haben Sie plötzlich einen Lieblingshaß namens Burt, der Sie ständig begleitet und mehr und mehr Platz in Ihren Gedanken, Gefühlen und vielleicht sogar in Ihrem Verhalten fordert. Wenn wir uns die Geschichte, wie wir betrogen wurden, oft genug selbst erzählen, fangen wir irgendwann auch damit an, sie anderen zu erzählen, klammern uns an die Ungerechtigkeit all dieser Ereignisse und lassen zu, um Ihre Formulierung aufzugreifen, daß «sie uns umbringen». Ein Beispiel: Ich war einmal in einem Restaurant, wo ein Gast zu der Bedienung sagte: «Wie geht es Ihnen?», und sie antwortete mürrisch: «Mir würde es gut gehen und heute wäre mein zwölfter Hochzeitstag, wenn mein Mann mich nicht vor sieben Jahren wegen einer anderen Frau verlassen hätte!» Diese Kellnerin hatte ganz offensichtlich einen Lieblingshaß, den sie seit sieben Jahren hegte und pflegte. Passen Sie also auf, Bonnie! Sich selbst zuliebe müssen Sie *Ihre* Einstellung zu diesem Mann und dieser Beziehung heilen.

Nichts geschieht in einer Beziehung zufällig oder im luftleeren Raum. Burt war vom ersten Tag an, als Sie sich getroffen haben, genau der Mensch, der er nun einmal ist. Vielleicht waren Sie damals von dem gleichen fragwürdigen Tun und seinem schwierigen Charakter gefesselt, die Sie heute an ihm so verabscheuenswert finden. Aber um lernen zu können, was diese Beziehung Ihnen beizubringen versucht, und um den Segen – ja, *Segen* – empfangen zu können, den sie Ihnen schenken will, müssen Sie etwas eigene Seelenerforschung betreiben. Wenn Sie damit anfangen, es abzulehnen, sich als Burts Opfer zu sehen, und wenn Sie zugeben, daß Sie an den Spielen, die zwischen Ihnen beiden liefen, voll beteiligt waren und alle Ihre Mittel eingesetzt haben, um ihn zu manipulieren, damit er sei und tue, was Sie wollten, dann sind Sie schon auf halbem Wege zu Ihrer Heilung. Solange Sie aber umgekehrt noch in irgendwelchen Phantasien schwelgen, daß Ihre Motive alle rein waren, seine hingegen abgefeimt, und sich weigern einzusehen, wie Ihre Überheblichkeit sowohl während der Beziehung als auch nach ihrem Ende gearbeitet hat, so lange bleiben Sie nicht nur stecken, sondern werden den ganzen Prozeß höchstwahrscheinlich wiederholen, vielleicht in einem noch ungesünderen Maße. Sie sollten lieber dahin kommen, Ihren eigenen Part wahrzunehmen, Ihre Schritte beim gemeinsamen Tanz mit Burt.

Und mehr noch: suchen Sie rücksichtslos nach Selbstkenntnis! Wenn Sie es zulassen, kann diese Beziehung Ihnen helfen, herauszufinden, wo Sie diese Schritte das erste Mal gelernt haben, wie Sie sie mit ihm und mit anderen vor ihm geübt haben und warum Sie diesen Tanz tanzen. Wenn Sie all dies erkannt haben, wird Ihnen natürlich die volle Verantwortung für Ihr Leben übergeben und die Bequemlichkeit genommen, anderen die Schuld an Ihrem Unglück zuzuschieben. Um eingestehen zu können, daß es keinen Zufall gibt und wir keine Opfer sind, müssen wir erwachsen werden und auch unsere Schattenseiten anschauen, statt das Problem immer außerhalb von uns und in einem anderen Menschen zu sehen.

Und schließlich müssen Sie, um Ihre eigene Heilung zu fördern, noch etwas tun, das große Disziplin erfordert. Jedesmal, wenn Sie sich selbst dabei ertappen, wie Sie sich an Burt mit Vorwürfen, Neid und Haß festbeißen, müssen Sie ihn segnen, segnen, segnen, ihm das Beste wünschen und ihn loslassen. Es gibt einen alten Spruch, der diesen sehr praktischen spirituellen Rat ausdrückt:

When confronted by a foe
Praise him,
Bless him,
Let him go.

(Stellt ein Feind sich dir entgegen,
Schenk ihm Lob und Dank und Segen
Und laß ihn dann zieh'n seiner Wegen.)

Für jemanden um das Beste zu beten, von dem wir uns gekränkt fühlen und der ungestraft davongekommen ist, das ist nicht leicht, ich weiß. Ich mußte es auch tun, während ich mit den gleichen Gefühlen kämpfte wie Sie. Es erfordert große Bereitschaft und enorme Disziplin, aber es befreit uns von der Last unseres Hasses und Selbstmitleids.

Wenn wir auf einen anderen Menschen neidisch sind, sind wir in dem Irrglauben befangen, daß die Welt nicht genug Gutes für alle Menschen bereithält und daß das Gute, das andere erhalten, unseren Anteil schmälert. Das ist ein falscher und unproduktiver Gedanke. Wir erhalten im Leben nicht mehr, indem wir anderen weniger wünschen. Das Gegenteil ist der Fall. Wir erhalten, was wir geben – drum: schenken Sie Segen!

Ich hoffe, Sie können einsehen, Bonnie, daß Sie durch intensive Arbeit an einer veränderten Einstellung zu Burt schließlich die Geschenke empfangen werden, die diese Beziehung Ihnen zukommen lassen will: Selbstkenntnis und die Befreiung von Selbstmitleid und Haß. Dann spielt es keine

Rolle mehr, ob Burt Ihnen dankbar ist. Auf gesunde und unabhängige Weise werden Sie ihm und für ihn dankbar sein – und tatsächlich von ihm so frei werden, wie Sie es auf anderem Wege kaum erreichen könnten.

Liebe Frau Norwood,
ich finde Ihr Buch hilfreich, aber arbeiten Sie nur mit weißen Frauen? Ich hatte beim Lesen diesen Eindruck.

Und wann werden Sie (oder jemand anderes) ein Buch zum Thema «Männer, die zu wenig lieben» schreiben? Nachdem ich die Erinnerungen dieser Frauen an ihre Väter und Ex-Liebhaber gelesen hatte, habe ich mich gefragt: «Wo zum Teufel haben es diese Männer gelernt, so miese Väter, Liebhaber und Ehemänner zu sein?»

Was mich betrifft, so versuche ich es mit folgender Affirmation, um meinem Vater zu vergeben (obwohl ich mich nicht erinnern kann, von meinen Eltern körperlich belästigt oder mißhandelt worden zu sein): «Ich vergebe meinem Vater, daß er sich mir gegenüber so unaufgeklärt verhalten hat.»

Marcie K.

Liebe Marcie,
um Ihre erste Frage zu beantworten: Ich «arbeite» gar nicht mehr «mit» irgend jemandem, weder mit Weißen noch mit anderen. Es ist an diesem Punkt meines Lebens für mich sehr wichtig geworden, einfach meine eigene Genesung in einer Selbsthilfegruppe mit anderen Betroffenen voranzutreiben. Ich habe keine Privatpraxis mehr.

Die Fallgeschichten aus «Wenn Frauen zu sehr lieben» stammen vor allem aus dem Leben von Frauen, die ich beruflich und privat gekannt habe und auch aus meinem eigenen Leben. Das sind durchweg weiße Frauen; einige sind Lateinamerikanerinnen (Hispania). Ich halte es für sinnvoll, bei der Suche nach einer Therapeutin darauf zu achten, daß sie einen ähnlichen Lebenshintergrund hat wie Sie und deswegen auch verstehen kann, wie Sie leben. Meiner Meinung nach sind kulturelle Gegebenheiten wichtig, damit Therapeutin und Klientin sich verstehen und aufeinander beziehen können, obwohl viele Fachleute im Beratungsbereich dem nicht zustimmen würden.

Um Ihre zweite Frage zu beantworten: Ich glaube, daß ein Buch darüber, warum Männer zu wenig lieben, am besten von einem Mann geschrieben wird, der sich mit dem Thema persönlich und möglicherweise auch beruflich auskennt und die Prinzipien gelernt und angewendet hat, die jene Beziehungsmuster umwandeln können. Es käme für mich niemals in Frage, ein Buch über Männer zu schreiben, weil ich nicht verstehe, was es heißt, ein Mann zu sein, ebenso wie nach meiner Beobachtung Männer nicht verstehen, was es heißt, eine Frau zu sein. Es wäre gut, wenn beide Geschlechter alles täten, um sich selbst besser verstehen zu können. Weil das ein Unternehmen ist, das uns ganz fordert, möchte ich behaupten, daß wir nicht hoffen können, jemals zu «Experten» füreinander zu werden.

Ihre Frage, warum so viele Männer negative Verhaltensmuster in Beziehungen entwickelt haben und lieblos, unfreundlich und sogar brutal im Umgang mit den Menschen sind, die ihnen am nächsten stehen, ist eine wesentliche Frage. Das zwischenmenschliche Verhalten müßte ich erst noch entdecken, das unehrlich, hinterlistig und rücksichtslos ist und seine Wurzeln nicht in Angst hat – Angst vor Scham und Lächerlichkeit, Angst vor Strafe, Angst, überwältigt und erdrückt zu werden, Angst vor körperlichem oder seelischem Schmerz, Angst, die Kontrolle zu verlieren, Angst vor Schwäche, Angst vor Verlust, Angst, verlassen zu werden, Angst vor dem Tod. In gewissem Maße ist jede dieser Ängste unvermeidliche Folge davon, lebendig und ein menschliches Wesen zu sein. Aber wenn die Angst zu groß wird, ist das Verhalten entsprechend übertrieben, stereotyp und unproduktiv. Und zwar darum, weil wir die Neigung haben, zu primitiveren Verhaltensweisen zu regredieren, wenn die Angst uns überfällt. Statt ruhig und überlegt die Worte und Handlungen auszuwählen, die gut durchdacht, objektiv ehrlich und gerecht sind und das gewünschte Ziel wahrscheinlich erreichen werden, neigen wir dazu, uns verzweifelt anzuklammern, gewalttätig anzugreifen oder blindlings zu fliehen.

In Beziehungen haben Männer im allgemeinen mehr Angst davor, überwältigt und erdrückt zu werden, während Frauen eher zu der Angst neigen, verlassen zu werden. Bei Konflikten zwischen beiden Geschlechtern liegt bei Männern, die sich bedroht fühlen, die Betonung auf Angriff (um die Bedrohung abzuschwächen) und auf Rückzug (um der Bedrohung zu entkommen), bei Frauen hingegen auf Klammern (weil die Bedrohung darin besteht, verlassen zu werden) und auf Angriff (um im Mann Schuldgefühle hervorzurufen und ihn und die Verlassensangst, für die er steht, dadurch unter Kontrolle zu bekommen). Natürlich wird wahrscheinlich keine dieser Reaktionen in der Hitze des Konflikts zu einer harmonischen Lösung führen, und genau deswegen, weil sie zu nichts führen, steigern sie die Angst und werden folglich noch heftiger.

Die physiologischen, soziologischen und psychologischen Ursachen für diese grundsätzlichen Unterschiede zwischen männlichem und weiblichen Beziehungsverhalten, besonders bei Stress, würden ein ganzes eigenes Buch rechtfertigen. Ohne groß ins Detail zu gehen, lassen Sie mich Ihnen einfach sagen, daß diese Ursachen auf allen Ebenen tatsächlich vorhanden sind. Diese Verhaltensweisen werden meist noch auffälliger, wenn die Herkunftsfamilie gestört war. Frauen aus Familien mit bestimmten Störungen entwickeln ein außergewöhnlich starkes Bedürfnis nach Sicherung durch Nähe; dieses Bedürfnis führt zu Verhaltensweisen wie Klammern, Besänftigen, Nörgeln und Betteln und zu übermäßiger Abhängigkeit (alle motiviert durch die Angst vor dem Verlassenwerden). Männer mit ähnlichem Familienhintergrund entwickeln ein außerordentlich starkes Bedürfnis nach Distanz, das zu emotionaler Zurückhaltung und zur Vorliebe für Außenaktivitäten führt (wiederum durch die Angst motiviert, erdrückt zu werden). Einfach gesagt: je gestörter eine solche Frau ist, desto stärker neigt sie dazu, in Mann und Familie ihre «Versorger» zu sehen, während der entsprechend gestörte Mann dazu neigt, in Frau und Familie eine Bedrohung für seine Sicherheit und Unabhängigkeit zu sehen.

Männer, die (um Ihren Ausdruck zu gebrauchen, Marcie) «zu wenig lieben», neigen dazu, sich mit Frauen zusammenzutun, die zu sehr lieben, weil beide den gleichen seelischen Hintergrund haben. Jeder der beiden ist bereits mit der Rolle vertraut, die der Partner spielt, und fühlt sich deshalb «wohl» mit diesem Partner oder zu ihm hingezogen. Dann kommen Kinder und werden von diesem gleichermaßen stark gestörten Elternpaar großgezogen.

So wird ein Teufelskreis in Gang gesetzt oder fortgeführt, in dem beziehungsgestörte Männer und Frauen beziehungsgestörte Männer und Frauen heranziehen.

Es versteht sich von selbst, daß jedes Kind – Jungen wie Mädchen – von seinem Vater beeinflußt wird, ganz gleich, ob dieser Vater anwesend ist oder abwesend und ob dieser Einfluß positiv oder negativ ist. Der Einfluß von Vätern oder Vaterfiguren kann sowohl im Guten wie im Schlechten von enormer Bedeutung sein. Aber dieses Buch ist für und über Frauen geschrieben, und deshalb möchte ich mich auf den Part konzentrieren, den wir bei der Entwicklung von Männern spielen, die unfähig sind, eine liebevolle Partnerschaft zu gestalten und aufrechtzuerhalten.

In unserer Kultur werden Männer hauptsächlich von Frauen großgezogen. Wenn ich mich auf Frauen konzentriere, will ich damit nicht sagen, daß vor allem Frauen, weil sie Mütter sind, die Verantwortung für Männer tragen, die «zu wenig lieben». Aber wenn so viele Männer unfähig sind, andere zu lieben, liegt das vielleicht teilweise an dem von ihren Müttern offen geäußerten oder versteckten Ärger und an ihrer Enttäuschung über die Männer im allgemeinen in unserer immer noch sehr sexistischen Gesellschaft oder über bestimmte Männer, und das sind meistens die Ehemänner und/oder die Väter dieser Frauen. Diese weibliche Wut auf Männer kann sich gegen das männliche Kind richten in Form von aggressiver Beherrschung und übermäßiger Kontrolle, Verspottung und Beschämung oder körperlicher Mißhandlung oder durch all diese Verhaltensweisen zusammen. Oder eine Mutter, die einsam ist, weil sie seelisch oder tatsächlich von ihrem erwachsenen Partner alleingelassen wurde, kann ihren unerreichbaren erwachsenen Partner durch ein verfügbares männliches Kind ersetzen und eine Beziehung mit ihm entwickeln, die sowohl unangemessen ist als auch auf übermäßiger Abhängigkeit beruht und oft auch noch stark sexuell gefärbt ist.

Kulturelle Vorurteile lassen uns dazu neigen, diese kleinen Jungen, die von älteren Frauen sexuell mißbraucht und/oder verführt wurden, eher für glücklich als für ausgebeutet zu halten. Mit dieser Einstellung fällt es uns schwer, einzuschätzen oder auch nur zuzugestehen, in welchem Maße Mütter ihre sehr empfindlichen Söhne durch versteckt verführerisches Verhalten schädigen. Inzest zwischen Mutter und Sohn wird von den meisten Fachleuten für die verheerendste Spielart des Inzest gehalten. Eine Freundin erzählte mir von zwei ihr bekannten alleinstehenden Müttern, die sich eine Wohnung teilten und drei Jungen im Alter zwischen sieben und zehn bei sich hatten. Diese Mütter gaben häufig Parties, tranken viel mit ihren Gästen und jagten dann zur Unterhaltung ihre Söhne und «waren wild auf sie» (was heißt, daß sie ihnen vor den Augen aller Gäste die Hosen herunterzogen). Meine Freundin beendete die Geschichte mit dem Kommentar: «Jetzt weiß ich, wo einige unserer Mörder und Vergewaltiger herkommen.» Und tatsächlich hatte sie eine besonders demütigende Form von Kindesmißbrauch beschrieben, mit schrecklichen Folgen für die späteren Beziehungen dieser Jungen zu erwachsenen Frauen.

Obwohl ich damit nicht sagen will, daß Frauen die Hauptursache für die verschiedenen Behinderungen gesunder Beziehungen sind, unter denen so viele Männer leiden, möchte ich doch darauf hinweisen, daß sehr viele Männer und Frauen durch Frauen psychischen, körperlichen und sexuellen Mißbrauch erfahren haben. In einer Zeit, wo den verschiedenen Formen von Mißhandlung, die Kinder erleiden, so viel Aufmerksamkeit geschenkt wird, ist die Rolle von Frauen bei diesen Mißhandlungen immer noch nicht voll erkannt worden. Wenn wir Schaden erlitten haben und dann nicht geheilt werden, sind wir tendenziell gefährlich. Da Frauen seit so langer Zeit Opfer von Mißhandlungen waren, ist es nur logisch, daß einige von uns jetzt auch zu Täterinnen geworden sind.

Und zum Schluß, Marcie, möchte ich Ihre Einstellung zu den mangelnden elterlichen Fähigkeiten Ihres Vaters loben. Um Ihretwillen ist es viel wichtiger, daß Sie ihm vergeben, als daß Sie ihn verstehen. Dank der spirituellen Prinzipien, die dem Vergeben zugrunde liegen, wird uns plötzlich all das Verständnis geschenkt, das wir brauchen, um die Lage eines Menschen begreifen zu können, wenn wir wirklich bereit sind, ihm zu vergeben.

Liebe Frau Norwood,
während ich Ihr Buch las, kam mir immer wieder eine Frage in den Sinn, auf die ich keine Antwort fand. Wir Frauen, die zu sehr lieben, sind nach Ihrem Buch bereit, den Schmerz einer mißglückten Beziehung auf uns zu nehmen, entweder um dadurch eine Daseinsberechtigung zu bekommen, oder um uns von unserem eigenen Leben abzulenken oder um den vertrauten märtyrerhaften Verhaltensmustern zu folgen. Aber Sie sagen nirgendwo, was Liebe eigentlich ist. Was ist wirkliche Liebe? Wie konnten wir sie so entstellen, daß wir unsere Gefühle für real hielten? Ich möchte gerne wissen, worauf wir uns bei unserer Genesung in der Abteilung «Liebe» freuen können. Ann hat am Ende Ihres Buches Angst vor Nähe, obwohl sie wieder gesund geworden ist. Wie konnte sie wissen, daß das, was sie fühlte, nun doch Liebe war? Was ist Liebe?

Es gibt mehrere Frauen in meiner Umgebung, die Ihr Buch lesen, und wir planen, gemeinsam nach Ihren Vorschlägen eine Selbsthilfegruppe zu gründen. Ich wäre Ihnen sehr dankbar, wenn Sie uns diese Frage beantworten würden. Es ist vor allem meine Frage, aber ich bin sicher, daß sie anderen auch in den Sinn gekommen ist.

Ich will die Genesung wirklich! Nicht nur für mich, sondern auch für meine drei Jungen, die ich, wie ich befürchte, ebenso, wenn nicht noch mehr durcheinandergebracht habe, als ich es jemals gewesen bin.

Barbara M.

Liebe Barbara,
eine große Bestellung! Ich kann nicht behaupten, die endgültige Antwort auf die uralte Frage «Was ist Liebe?» gefunden zu haben. Aber ich habe in all den Jahren gelernt, daß Liebe nicht das ist, was ich immer dafür gehalten habe, und daß sie paradoxerweise das ist, was ich immer zu «zahm» fand, um es für Liebe halten zu können.

Wie Sie wissen, Barbara, wird das Wort «Liebe» für viele stark aufgeladene Zustände, Gefühle und Erfahrungen benutzt, die in Wirklichkeit das verkörpern, was Liebe *nicht* ist. Lust, Leidenschaft, Eifersucht, Leiden, Angst, Aufregung, Gier, Verführung, Hoffnung, Unterwerfung, Selbstaufgabe, Befreiung von Langeweile und Einsamkeit, Demütigung, Anspruch, Konkurrenzkampf, Stolz und Eigensinn sind zum Beispiel einige Erregungszustände, die meistens aufgeputzt und als Liebe verkleidet werden. Je überwältigender die Erfahrung für uns war, desto überzeugter haben wir diese Empfindungen als Liebe bezeichnet. Die allgemeine Meinung geht in die Richtung, daß der Mensch, der am meisten aufgewühlt wird, auch am stärksten liebt. Umgekehrt neigen wir zu der Überzeugung, daß der Mensch, der am meisten mit sich in Frieden lebt, wahrscheinlich überhaupt nicht liebt.

Heute glaube ich, daß das Gegenteil stimmt. Die Liebe zu einem Menschen ist nicht zwanghaft, sondern gelassen. Es gibt keine Verzweiflung, kein Getriebensein, und nur ein Mensch, der bereit, fähig und geübt darin ist, sich selbst ganz zu lieben und anzunehmen, ist dazu in der Lage. Die Fähigkeit, einen anderen Menschen zu lieben, erwächst aus einem vollen Herzen, nicht aus einem leeren.

Das führt zu einem schrecklichen Dilemma für sehr viele von uns, die nach ihrer Kindheit mit leeren, einsamen, sehnsüchtigen Herzen aufbrachen und ihr Erwachsenenleben damit verbrachten, fieberhaft nach dem einen Menschen zu suchen, der uns den Schmerz nehmen könnte. Als unsere Suche uns statt Erleichterung nur noch mehr Schmerzen brachte, sind wir immer verzweifelter geworden. Wo ist «er», fragen wir, weil «er» unsere Antwort, unsere Hoffnung und unser Bedürfnis ist. Durch die Intensität und Inbrunst unserer Suche machen wir die Beziehung im Grunde zu einer Religion und legen ihr die größten Lasten des Menschseins zu Füßen.

Wir verlangen von einer Beziehung, daß sie uns Bedeutung, Identität und Lebenszweck schenkt, daß sie uns das Gefühl von Isolation nimmt und unsere Angst vorm Verlassenwerden mildert. Wir erwarten, daß wir uns in einer unsicheren Welt sicher fühlen und vor der Bedrohung durch Verlust, Trennung und Tod geschützt sind, wenn wir nur mit dem «richtigen» Menschen zusammen sind. Wir erwarten von dieser perfekten Beziehung, daß sie uns zu einem besseren Menschen macht und uns von unseren menschlichen Fehlern und Schwächen heilt – von unserer Unzufriedenheit und unserem Neid, von Stolz und Verzweiflung –, und uns außerdem den Fehlern und Schwächen anderer gegenüber toleranter werden läßt. Kurz gesagt, wir denken, eine Beziehung sollte uns vollkommen glücklich machen. Der Mann, auf den wir uns eingelassen haben, wird zu unserer Höheren Macht, zur heilenden Quelle für unseren Schmerz, zur Antwort auf all unsere Fragen und zum Lieferanten für alles, was wir nicht haben oder was in uns nicht entwickelt ist. Was für eine törichte und sogar gefährliche Sammlung von Erwartungen!

Die Beziehung zu einem anderen menschlichen Wesen, ob Eltern, Partner oder Kind, war niemals dafür da, uns mit all dem zu versorgen. Eine Beziehung kann uns Begleitung schenken, ja; ein gewisses Maß an Verständnis, ja; und auf jeden Fall immer die Möglichkeit, uns selbst besser kennenzulernen und zu erfahren, wo wir uns strecken und wachsen müssen. Eine gute Beziehung zu einem Partner schließt Zärtlichkeit, Anteilnahme und Sexualität mit ein. Aber für den Rest ist sie nicht verantwortlich. Der Kampf mit Sorge und Angst um die Zukunft, das Bedürfnis nach Identität und Sicherheit und nach jemandem, der uns mit all unseren Schwächen und Fehlern akzeptiert, die Sehnsucht, für unser Leben

Sinn und Bedeutung zu finden, die Notwendigkeit, mit Verlust und Tod zurechtzukommen, ohne uns in Verzweiflung oder Bitterkeit zu vergraben – unser Ringen mit solchen Lebensfragen gehört in den Bereich einer spirituellen Suche, nicht in den Bereich der Suche nach einer Beziehung. Wir haben kein Recht, von einem anderem Menschen zu erbitten, was wir von Gott erbitten müssen. Solange wir darauf bestehen, werden wir niemals das finden, was wir suchen.

Wenn wir statt dessen die Bereitschaft entwickeln, diese Bürde einer Macht zu übergeben, die größer ist als wir, und dann zulassen, daß diese Macht in unserem Leben wirkt, werden wir sehr viel besser imstande sein, anderen Menschen statt bedürftig und fordernd liebevoll und akzeptierend gegenüberzutreten. Außerdem werden wir, statt uns zu Menschen hingezogen zu fühlen, die nicht zu unserem eigentlichen Wohle beitragen, stärker in Richtungen gezogen, wo es für uns am besten ist. Wir sind besser in der Lage, klar zu unterscheiden und gleichzeitig weniger zu verurteilen. Paradoxerweise sind wir eher in der Lage, Menschen auszuwählen, die uns guttun, und die, die uns nicht guttun, gehenzulassen und zu segnen, wenn unsere Fähigkeit wächst, Menschen so zu akzeptieren, wie sie sind, statt sie in die Kategorien gut und böse einzuordnen.

Und wer tut uns gut? Die einfachste Antwort, die ich weiß, lautet: der Mensch, der uns in unserer Verbindung zu unserer Höheren Macht nicht beschneidet. Solange wir unserer spirituellen Bindung den *absoluten* Vorrang geben, werden Beziehungsfragen (und Antworten) sich von selbst klären. In dem Augenblick, wo wir die Beziehung als unsere Höhere Macht deklarieren, erkranken die Beziehungssüchtigen unter uns erneut. Das Vertrauen in etwas, das größer und anders ist als wir und unsere Beziehung, *muß* vorhanden sein, damit wir ungehemmt, tief und richtig lieben können. Sonst wächst die Angst vor dem Verlust der Beziehung, wo wir uns wünschen, die Liebe möge wachsen.

Die Liebe zwischen zwei Menschen wächst dann meiner Meinung nach auf spirituellem Fundament. Sie ist eine langsam wachsende Pflanze, wenn man so will, die die richtigen Bedingungen – den entsprechenden Boden, das richtige Klima und die gehörige Pflege – und viele Jahre braucht, um zur vollen Blüte zu gelangen. Wesentlich für ihr Sprießen ist eine Atmosphäre von gegenseitigem Vertrauen und Respekt. Wenn diese beiden Elemente fehlen, können viele der aufwühlenden Zustände Wurzeln schlagen und wachsen, die fälschlich Liebe genannt werden und eher Besessenheit sind, aber nicht Liebe.

Außer den grundsätzlichen Bedingungen wie gegenseitiges Vertrauen und gegenseitiger Respekt braucht Liebe auch die Verwurzelung in gemeinsamen Interessen, Werten und Zielen, um blühen zu können. Weil wir unsere Werte niemals einem anderen Menschen zuliebe ändern und Interessen und Ziele unmöglich über Jahre hinweg begeistert verfolgen können, wenn das Engagement nicht echt ist, kann Liebe nicht wirklich wachsen, wenn wir versuchen, die Übereinstimmung mit einem anderen Menschen vorzutäuschen. Die Wurzeln der Beziehung sind dann einfach zu flach. Das Vorhandensein der anderen Bedingungen sorgt dagegen für tiefe, kräftige und gesunde Wurzeln. Und schließlich braucht Liebe ein Klima von Intimität, um ihre höchsten Dimensionen entfalten zu können. Wer darauf hinarbeitet, muß sich dafür einsetzen, dieses Klima immer wieder herzustellen und ständig zu erneuern, selbst wenn er diese Anstrengung lieber umgehen würde. Intimität erfordert, daß wir verletzlich werden – daß wir unsere Abwehr fallenlassen und das Bedürfnis, gut dazustehen – und zulassen, als der Mensch erkannt zu werden, der wir wirklich sind.

Liebe Robin Norwood,
ich schreibe Ihnen wegen meiner Mutter, die Schwierigkeiten hat, weil sie meine Schwester auf eine ungute Weise liebt.

Ich weiß nicht, ob Sie meiner Mutter weiterhelfen können, denn es geht dabei ja nicht um eine eheartige Beziehung zwischen Frau und Mann. Kurz gesagt: meine Schwester ist zweiunddreißig Jahre alt und hat in den letzten fünfzehn bis achtzehn Jahren Drogen genommen, Drogen auf Rezept und auch Drogen vom Schwarzen Markt. Meine Mutter war in all diesen Jahren grundsätzlich immer da zur Unterstützung meiner Schwester. Wenn sie meiner Schwester nicht hilft, hat sie Schuldgefühle, und alle Versuche, meiner Schwester zu helfen, sind gescheitert. Es tut mir weh, mit ansehen zu müssen, wie meine Mutter für meine Schwester ihr Leben hingibt. Meine Mutter ist erst dreiundfünfzig, und ich finde, sie verdient es, ihr eigenes Leben zu führen. Sie hat wörtlich gesagt, daß sie sich von meiner Schwester suchtartig abhängig fühlt.

Es war immer mein größter Wunsch, meine Mutter glücklich zu sehen. Wie gesagt: ich suche Hilfe für sie. Ich wäre Ihnen für jeden Rat und jede Information zutiefst dankbar.

Rebecca V.

Liebe Rebecca,
Ihre Mutter muß damit aufhören, Hilfe für Ihre Schwester zu suchen, und Sie müssen damit aufhören, Hilfe für Ihre Mutter zu suchen. Sie sehen ja, wie alle Anstrengungen, die Ihre Mutter für Ihre Schwester unternimmt, letztlich nur dazu dienen, die Drogenabhängigkeit Ihrer Schwester zu unterstützen. Aber Sie können vielleicht nicht sehen, daß alle Anstrengungen, die Sie für Ihre Mutter unternehmen, sie in Wirklichkeit nur in die Lage versetzen, mit ihrer krankhaften Co-Abhängigkeit fortzufahren. Wenn wir uns mit Sucht und Co-Abhängigkeit auseinandersetzen, müssen wir wissen, daß Menschen sich nur dann zur Veränderung entschließen, wenn ihr Elend entsprechend schlimm geworden ist. Gerade weil Ihre Mutter sich immer so für sie eingesetzt hat, empfindet Ihre Schwester ihren Elendszustand nicht stark genug, um die Bereitschaft entwickeln zu können, selbst für sich Hilfe zu suchen. Und weil Sie sich immer so selbstlos eingesetzt haben, ist auch der Zustand Ihrer Mutter noch erträglich. Sie müssen damit aufhören, die Co-Abhängige Ihrer Mutter zu sein, ebenso wie Ihre Mutter damit aufhören muß, die Co-Abhängige Ihrer Schwester zu sein. Wenn Sie sich über Ihren eigenen Anteil an

dem ganzen Gefüge klarwerden, werden Sie begreifen, wie schwierig die Genesung von Co-Abhängigkeit ist, und Sie werden verstehen, warum Ihre Mutter bis jetzt damit fortfahren mußte, ihre Schwester zu unterstützen. Sie müssen sich selbst zuliebe genesen; aber wenn Sie lernen, das Leiden zu beenden, wirkt Ihre Genesung auf Ihre Mutter vielleicht so anziehend, daß sie ihrerseits das Interesse verspürt, ihre eigene Genesung in Angriff zu nehmen. Dafür gibt es aber natürlich keine Garantie, und also darf dies nicht der Grund dafür sein, daß Sie sich um sich selbst kümmern. Aber Gesundheit kann ebenso ansteckend sein wie Sucht und Co-Abhängigkeit.

Fragen Sie doch mal, ob in Ihrer Gegend Meetings von Al-Anon und auch von Nar-Anon (Narcotics Anonymous) stattfinden. Gehen Sie da hin, um zu lernen, wie Sie sich selbst helfen können, nicht Ihrer Mutter. Und schleppen Sie niemanden mit dorthin. Arbeiten Sie an *sich*. Darum geht es bei dieser Genesung. Co-Abhängige warten alle darauf, daß der oder die Süchtige gesund wird – was vielleicht niemals geschieht –, bevor sie sich selbst erlauben, glücklich zu sein. Lernen Sie glücklich zu sein, ganz gleich was Ihre Mutter oder Ihre Schwester tut. Dadurch verbessern Sie tatsächlich auch deren Genesungsaussichten.

Liebe Frau Norwood,
ich entspreche genau dem Typ Frau Ihres Buches, und wenn ich Sie kennen würde, hätte ich mich sehr darüber aufgeregt, daß Sie über mich schreiben und meine intimsten Gedanken und Gefühle auf den Seiten Ihres Buches für alle Welt lesbar ausbreiten.

Mein früherer Mann war zwar kein Alkoholiker, aber ein zwanghafter Spieler. Ich ging regelmäßig zum Gam-Anon-Treffen (Gamblers Anonymous) und finde, daß wir bei Gam-Anon den Frauen von Al-Anon, die Sie beschrieben haben, sehr ähnlich sind. In weiteren Auflagen Ihres Buches könnten Sie vielleicht die Tatsache erwähnen, daß der Ehepartner oder die wichtigste Bezugsperson im Leben eines zwanghaften Spielers grundsätzlich die gleiche Rolle spielt wie der Co-Alkoholiker für den Alkoholiker, und Sie könnten diesen Menschen das Gam-Anon-Programm vorschlagen. Das Gam-Anon-Programm ist im wesentlichen das gleiche Programm, nach dem man auch bei Al-Anon vorgeht.

In meiner Nachbarschaft haben sich einige Frauen zusammengetan, um eine Selbsthilfegruppe nach den Richtlinien in Ihrem Buch zu gründen. Ich habe vor, diese Gruppe zusätzlich zu meiner Gam-Anon-Gruppe zu besuchen, um mir die Unterstützung zu holen, die ich brauche.

Wie Sie dem Briefkopf entnehmen können, bin ich Rechtsanwältin. Beruflich bin ich erfolgreich und genieße das sehr. Früher war ich vierzehn Jahre lang Lehrerin an einer High School, studierte vier Jahre lang an vier Abenden in der Woche Jura und hatte in der Zeit, als ich Jura studierte und eine volle Lehrerstelle hatte, auch noch meine beiden Kinder. In einem anspruchsvollen Beruf erfolgreich zu arbeiten ist mir also nie schwergefallen.

Ich bin jetzt alleinstehende Mutter, nachdem ich vor drei Jahren geschieden wurde, und ziehe meine beiden Söhne, acht und zehn Jahre alt, allein groß. Ich glaube, ich bin eine gute Mutter, und meine Freunde und Freundinnen und meine Familie äußern sich in demselben Sinne.

Ich hatte aber mein ganzes Leben lang Schwierigkeiten in meinen Männerbeziehungen. Durch die Lektüre Ihres Buches wurde mir klar, daß die Gründe für diese Schwierigkeiten in meinem familiären Hintergrund liegen. Obgleich meine Eltern beide nicht in das klassische Bild des zwanghaften Trinkers oder zwanghaften Spielers passen, ist meine Mutter trotzdem ein sehr zwanghafter Mensch. Ihre Zwanghaftigkeit zeigte sich in ihrer Haushaltsführung und in ihrem Bemuttern.

Letztes Jahr, nachdem ich «Wenn Frauen zu sehr lieben» schon gelesen hatte, ging ich zu einer Party für alleinerziehende Mütter und Väter. Mein Verhalten und meine ganze Einstellung waren auf dieser Party anders als früher. Weil ich ja wußte, wie ich früher in Schwierigkeiten mit Männern hineingeraten war, beschloß ich, mir keinen speziellen Gesprächspartner zu suchen, sondern mit allen zu sprechen, die mir gerade über den Weg liefen. Vier Männer schrieben sich auf dieser Party meine Telefonnummer auf, und jeder von denen lud mich später ein, mit ihm auszugehen. Zwei riefen mich am Tag nach der Party an und einer zwei Tage später. Mit einem dieser Männer treffe ich mich jetzt seit zehn Monaten, und obwohl ich noch nicht weiß, was am Ende dabei herauskommen wird, war diese Beziehung bis jetzt doch ganz anders als alle meine früheren.

Mein Freund ist von der äußeren Erscheinung und auch von seiner Persönlichkeit her ganz anders als die Männer, mit denen ich mich früher eingelassen habe. Trotzdem ist die Versuchung, in meine alten Verhaltens- und Reaktionsmuster zurückzufallen, immer noch sehr stark, und ich kämpfe ständig dagegen an. Das Wissen, das ich durch mein Programm bei Gam-Anon und durch Ihr Buch erhielt, hat mir Kraft für diesen Kampf verliehen, der ständig weitergeht. Ich nehme an, ich werde mich auch in Zukunft noch lange Zeit damit herumschlagen müssen.

Obwohl ich noch einen weiten Weg vor mir habe, habe ich bereits beträchtliche Fortschritte gemacht. Ich bin ständig auf der Hut, ob ich nicht meinen alten Verhaltensmustern folge und zuviel gebe und den Mann bemuttere, mit dem ich eine Beziehung habe. Außerdem habe ich mir selbst versprochen, mich niemals wieder mit jemandem einzulassen, der den gleichen Charakter hat wie mein früherer Mann, der ein zwanghafter Spieler war.

Gina R.

Liebe Gina,
ich stimme Ihnen zu, daß Frauen, die zwanghafte Spieler heiraten, einen ähnlichen Charakter haben wie Frauen, die zwanghafte Trinker heiraten; und der Verlauf ihrer Beziehungen weist auch viele Parallelen auf. In vieler Hinsicht ist Sucht eben Sucht und Co-Abhängigkeit Co-Abhängigkeit, ganz gleich, um welche Variante es sich handelt. Darum wirken auch die gleichen Grundsätze bei der Behandlung jeder der beiden Formen.

Sie beschreiben Ihre Mutter als zwanghaft in ihrem Bemutterungsstreben und sagen dann, daß Sie selber dagegen ankämpfen, den Mann zu bemuttern, mit dem Sie zusammen sind. Viele von uns Co-Abhängigen haben sich selbst geschworen, niemals jemanden so zu verhätscheln, wie unsere Eltern es taten, und uns unserem Ehemann gegenüber niemals so zu verhalten, wie unsere Eltern sich gegeneinander verhielten. Und trotzdem müssen wir als Erwachsene feststellen, daß wir uns scheinbar gar nicht anders verhalten können. Und zwar darum, weil das Bemuttern und, wenn ich ein neues Wort einführen darf, das «Bepartnern» Verhaltensweisen sind, die sich uns tief eingeprägt haben, und keine intellektuell gewonnene Einstellung zu diesen Aufgaben. Wir lernen durch das alltägliche Leben in unserer Herkunftsfamilie ganz von selbst, was es heißt, Mutter zu sein, Vater zu sein, Ehemann zu sein oder Ehefrau zu sein. Wir sind durch das Vorbild unserer Eltern unweigerlich in jeder Faser unseres Wesens gefärbt worden, im positiven wie im negativen Sinne. Und so ertappen wir uns denn dabei, daß wir reden wie sie und uns wie sie verhalten, oft obwohl wir uns ganz fest vorgenommen haben, es anders zu machen.

Diese erlernten Verhaltensmuster sind in mancher Hinsicht dem Phänomen der Prägung im Tierreich verwandt. Ein Beispiel für Prägung ist ein frisch ausgeschlüpftes Küken, das dem ersten sich bewegenden Gegenstand folgt, den es sieht, wobei es dieses Objekt instinktiv mit seiner Mutter identifiziert. Manchmal (zum Beispiel bei Experimenten – über Prägung – in der Verhaltensforschung) ist der erste sich bewegende Gegenstand, den das Küken sieht, vielleicht keine Graugans, sondern etwa ein rollender Ball. Das Küken wird unwiderstehlich angezogen, dem Ball zu folgen, und wenn ein solches Verhalten für das Überleben des Vögelchens noch so unsinnig sein mag.

Ein anderes Beispiel für Prägung, das wegen seiner Übertragbarkeit auf den biologisch näher verwandten Homo sapiens noch viel bedeutsamer ist, ist Harry Harlows Experiment mit Rhesusaffen. Wer einmal Psychologie studiert hat, wird den Film * über dieses Experiment kennen, in dem das Affenbaby, dem die natürliche Mutter weggenommen wurde, sich lieber an ein gepolstertes Gestell klammert, vielleicht sogar daran herumnuckelt, statt an das nackte Drahtgestell, das Nahrung bereithält. Harlow leitete aus dieser Verhaltensbeobachtung die Theorie ab, daß die (dürftige) Gemütlichkeit, die das weich gepolsterte Gestell bietet, einen stärkeren Bonding-Effekt habe als das ungepolsterte Gestell, welches dagegen die Nahrungsquelle zu bieten hat, und daraus werde deutlich, daß tröstliche Geborgenheit sehr viel wichtiger ist als die Versorgung mit Essen.

Vielleicht noch wichtiger und folgenreicher für menschliches Verhalten ist die nächste Stufe dieser Experimente.** Die Affenbabys, die man in dieser deprivierten Umgebung – ohne Mutter – aufzog, entwickelten keine normalen sozialen Fähigkeiten für den Umgang mit Artgenossen. Entweder kauerten sie sich ängstlich nieder, oder sie fielen unverhältnismäßig aggressiv über andere her. Ihr Nahrungsbedarf war gedeckt worden, da aber ihr Bedürfnis nach liebevollem Austausch mit anderen Artgenossen unbefriedigt blieb (besonders mit den eigenen Eltern, die sie bei einer natürlichen Entwicklung liebkost, gefüttert und beschützt hätten), waren diese Affen als Erwachsene unfähig zur normalen Paarung und Elternschaft. Wenn die weiblichen Affen zwangsweise oder künstlich ge-

* «Mother Love», produziert von Columbia Broadcasting Systems, 51 West 52nd Street, New York, NY 10019. Zu beziehen über Carousel Films, Inc., 241 East 34th Street, New York, NY 10016.

** «Love among the Monkeys», Science News, Dezember 20, 1975, S. 389–390.

schwängert wurden, brachten sie Kinder zur Welt, die sie nicht säugten oder versorgten. Entweder beachteten sie ihre Kinder nicht oder behandelten sie schlecht, oder beides. Da sie selber die Fürsorge nicht bekommen hatten, die sie normalerweise für ihr eigenes Überleben gebraucht hätten, konnten sie als Erwachsene ihren eigenen Nachwuchs nicht versorgen.

Wir Menschen werden von Schuldgefühlen geplagt, wenn wir unser persönliches Wertsystem durch unser Verhalten oder auch nur in Gedanken verletzen. Oft kämpfen wir verzweifelt und blindlings gegen das, was bei uns Menschen der «Prägung» entspricht: jenes unentrinnbare Ausagieren dessen an anderen, was an uns und um uns herum ausagiert wurde, als wir klein waren. Wenn wir in der Kindheit übermäßig kontrolliert wurden, neigen wir als Erwachsene dazu, unsere Partner, unsere Kinder und vielleicht sogar unsere Kollegen und Kolleginnen übermäßig zu kontrollieren. Wenn wir in der Kindheit körperlich mißhandelt wurden, neigen wir dazu, unsere Kinder zu mißhandeln oder jemanden zu heiraten, der uns genauso einschüchtert, wie unsere Eltern es taten, und uns oder unsere Kinder mißhandelt. Wenn wir das Objekt unangemessener sexueller Annäherungsversuche eines Erwachsenen waren, werden wir selbst übermäßig verführerisch agieren oder uns mit einem sexuell haltlosen Menschen zusammentun, so daß wir unserer eigenen Sexbesessenheit nachgehen können, indem wir versuchen, den anderen zu kontrollieren.

Es ist nicht schwer, sich Generationen von Rhesusaffen vorzustellen, die genug Nahrung erhalten, um ihr physisches Überleben sicherzustellen, die aber aus Mangel an elterlicher Fürsorge nicht in der Lage sind, ihren Nachwuchs elterlich zu hegen – eine Generation von ungeliebten und liebesunfähigen Affen nach der anderen.

Wie für Harlows Rhesusaffen ist es auch für uns so gut wie unmöglich, etwas zu geben, das wir selbst nicht bekommen haben. Und fast ebenso unmöglich ist es, daß wir anderen gewähren, was uns nicht gewährt wurde. Wenn wir mit übermäßiger Fürsorge in unseren Bemühungen unterdrückt wurden, unsere Fühler auszustrecken, zu wachsen und selbständig zu werden, werden wir die gleiche ungesunde Reaktion auf das

Selbständigwerden unserer eigenen Kinder zeigen. Dieses Prinzip verursacht den Generationsaspekt der krankhaften Verhaltenszwänge und trägt, zusammen mit genetischen Faktoren, zum Generationsaspekt der krankhaften Abhängigkeit von chemischen Substanzen bei.

Die Macht dieser tief verankerten Verhaltensweisen kann nicht einfach durch gute Vorsätze gebrochen werden. Es genügt nicht, sich selbst und anderen zu geloben: Das werde ich nie wieder tun! Es bedarf konkreter Schritte, wie Sie, Gina, sie ja schon unternehmen: die täglich erneuerte Verpflichtung auf ein Genesungsprogramm.

«Wenn Frauen zu sehr lieben» habe ich für und über heterosexuelle Frauen geschrieben, die von ihren Beziehungen mit Männern abhängig sind, weil das die Art von Beziehungssucht war (und ist), die ich am besten kenne und verstehe. Während ich im Vorwort zu jenem Buch einräumte, daß auch Männer liebessüchtig sein können, scheine ich doch unbeabsichtigt den Schluß nahegelegt zu haben, daß alle Beziehungssüchtigen heterosexuell sind. Ich weiß, daß das nicht stimmt. Zwischen Liebespartnern des gleichen Geschlechts kann es die allerabhängigsten Beziehungen geben.

Phyllis und zahlreiche andere lesbische Frauen haben geschrieben (manchmal freundlich, manchmal weniger freundlich), um mich auf meinen Fehler hinzuweisen.

> Liebe Robin Norwood,
> vielen Dank, daß Sie «Wenn Frauen zu sehr lieben» geschrieben haben!
>
> Ich war zwei Jahre lang bei Al-Anon, weshalb mir viele der Begriffe vertraut waren, anderes wurde mir jetzt deutlicher – wie es zur Verleugnung kommt, daß guter Sex nicht unbedingt heißt, die beiden Beteiligten seien innig vereinigt. In den ersten Kapiteln bin ich noch zurückgezuckt, aber am Ende des Buches war ich voller Hoffnung.

Ich möchte fragen, ob Sie bei der nächsten Auflage (zu der es sicher kommt) Ihrer Einleitung nicht einen Zusatz über mich und andere wie mich hinzufügen können. Ich bin lesbisch, und es fiel mir schwer, immer wieder gesagt zu bekommen, ich sei von Männern besessen. Da die zehn bis zwanzig Prozent der Bevölkerung, die homo- oder bisexuell sind, von Ihren Darlegungen sehr profitieren können, wäre diese Ergänzung wirklich sinnvoll. Mein Al-Anon-Programm hat mich zwar gelehrt, mir zu nehmen, was mir gefällt, und den Rest stehenzulassen, aber das Gefühl, für Sie unsichtbar zu sein, konnte ich nur schwer verwinden. Ihr Buch ist eine große Hilfe, und ich bitte darum, daß Sie mir an irgendeiner Stelle eine Existenzberechtigung einräumen. Vielen Dank!

Phyllis R.

Nachdem ich zurückgeschrieben hatte, um mich für meine Auslassung der Homosexualität zu entschuldigen und zu erklären, ich hätte ausschließlich über die Beziehungssucht heterosexueller Frauen geschrieben, weil ich meinem Fachwissen nur auf diesem Gebiet traue, erhielt ich einen zweiten Brief von Phyllis, in dem sie ihre eigenen Erfahrungen mit Beziehungssucht beschreibt.

Liebe Robin,
ich war ganz aufgeregt, von Ihnen eine Antwort zu bekommen und Sie so offen für meinen Brief zu erleben. Natürlich habe ich eine Stunde lang versucht, mir wieder in Erinnerung zu rufen, was ich in dem Brief genau geschrieben hatte. An das Hauptthema erinnere ich mich aber.

Aus meiner Vorgeschichte: Ich habe sieben Jahre lang mit einem sehr liebenswerten, passiven und süchtigen/alkoholabhängigen Mann zusammengelebt. Schließlich habe ich ihn doch verlassen und mir geschworen, nie wieder auf einen erwachsenen Menschen aufzupassen.

Drei Jahre vergingen, und ich hatte nicht nur auf eine erwachsene, ausgeflippte Frau, sondern auch auf ihre zwei Kinder aufzupassen.

In vieler Hinsicht war diese Beziehung ganz anders und erfüllte mich sehr, weil es um eine Frau ging. Aber in vieler Hinsicht war diese Beziehung auch genau wie die erste, denn ich leide ja unter einer fortschreitenden Krankheit. Am allermeisten war ich selbst erstaunt, als ich die Ähnlichkeiten zwischen diesen beiden Beziehungen entdeckte.

Ich habe ganz entscheidende Einsichten gewonnen: 1. Mir wurde bewußt, daß ich immer glaubte, mit meiner «Liebe» alles «in Ordnung bringen» zu können; 2. mir wurde bewußt, daß diejenigen, die «zu sehr geliebt werden», eher Haß als Dankbarkeit empfinden; 3. ich lernte klar zu erkennen, wie dieser Tanz gleich bei den ersten Rendezvous beginnt, wenn ich den Mut habe, es nicht zu verleugnen; 4. ich begriff, daß ich hundertprozentig genesen kann und meine Kindheit in meinen Erwachsenenbeziehungen nicht wiederholen muß, und 5. erfuhr ich, wie unglaublich schmerzlich es in der Tat ist, diese Beziehungen und Verhaltensmuster aufzugeben.

Ich nutze das Al-Anon-Programm auf ganz neue Art, um mein Leben zu ändern. Danke für Ihre Informationen, Ihre Unterstützung und Liebe!

Phyllis R.

Phyllis' Brief bringt einen Punkt zur Sprache, der auch wichtig ist. Es kommt ganz wesentlich darauf an, daß ein Mensch, der Genesung sucht, bei der Wahl der geeigneten Behandlungsart von möglichst spezifischen statt von allgemeinen Gesichtspunkten ausgeht. Zum Beispiel hat Phyllis mit mindestens einem Alkoholiker / Abhängigen zusammengelebt. Das heißt, sie ist Co-Alkoholikerin und gehört zu Al-Anon. Sollte sie den Beschluß fassen, an einer Gruppe für Beziehungssucht teilzunehmen, dann sollte sie diese Gruppe *zusätzlich* zu dem spezifischeren Al-Anon-Programm besuchen, aber nicht anstelle davon. Ein weiteres Beispiel: Ist eine Frau mit einem zwanghaften Spieler verheiratet, dann sollte ihr primäres Genesungsprogramm Gam-Anon sein, obwohl sie auch vom *zusätzlichen* Besuch einer Selbsthilfegruppe profitieren könnte, die sich auf Beziehungssucht konzentriert. Oft lassen Menschen sich lieber auf eine allgemeinere statt auf eine spezifische Behandlung ein, weil sie sich schämen, so genau unter die Lupe zu nehmen, unter welchen Bedingungen sie leben oder gelebt haben. Aber geholfen wird uns am meisten, wenn wir uns ganz scharf eingeengt auf unser Thema konzentrieren. Deshalb ist es so wichtig, den Mut aufzubringen, gemeinsam mit anderen, die in derselben Verfassung sind wie wir, irgendwo zusammenzusitzen, also mit anderen Co-Alkoholikern, anderen Inzest-Opfern, anderen Geschlagenen, anderen mit Spielersüchtigen Verheirateten und so weiter. Sind Sie lesbisch und Co-Alkoholikerin, dann ist es wunderbar, wenn Sie schwule und lesbische Al-Anon-Treffen besuchen können, wo die speziellen Fragen, die Sie beschäftigen, offen besprochen werden können. Das Zusammensein mit Menschen, die genauso sind wie wir, ist außerordentlich heilsam und aufbauend, weil es Menschen sind, die viele unserer Gedanken, Gefühle, Erfahrungen und Kämpfe selber kennen und deswegen unsere Fortschritte am besten würdigen und anerkennen können.

Liebe Robin Norwood,
ich habe die ganze Palette der Fallgeschichten in Ihrem Buch drauf. Teile meiner Kindheit verbrachte ich in einem Heim. Ich hatte einen Stiefvater, der voll alkoholabhängig war. Nach zweiunddreißig Ehejahren (mit meinem zweiten Mann) und dem Auszug meiner fünf inzwischen erwachsenen Kinder setzte ich alles auf eine Karte und fing etwas mit meinem Freund aus der Schulzeit an (der natürlich verheiratet war). Ich zog in seine Gegend, wo er zu den Stützen der Gesellschaft zählte, und los ging der Tanz! Ich arbeitete mich beruflich höher (als Krankenschwester – natürlich!) und lauerte darauf, daß er sich scheiden

ließ. Jeden Monat gab es neue Ausreden, und schließlich erzählte ich seiner Frau, was Sache war. Von da an entwickelte sich mein Leben so, daß kein Dramatiker daraus ein Stück machen würde. Zu dramatisch!

Ich bin zu meinem Mann zurückgekehrt, und es ist langweilig, ja, aber es sieht so aus, als ob die Geschichte gut ausgehen könnte. Ich bin siebenundfünfzig Jahre alt, was keiner glaubt, jeder sagt, ich sähe keinen Tag älter aus als vierzig. Das war mir nie ein Trost, weil ich kein Selbstvertrauen hatte, nur den blinden Wunsch, all das Schiefe und Krumme in meiner Umgebung gradezurücken. Als Krankenschwester hatte ich das Gefühl, mir einen weiteren Lebenstag verdient zu haben, wenn ich einen Patienten dazu brachte, zu lächeln oder sich wohlzufühlen. Auch der Mann, mit dem ich die Affäre hatte, erzählte mir, daß er zu Hause so unglücklich sei und seine Frau seit Jahren nicht mehr liebe. Ich war sicher, daß wir beide zusammen bis ans Ende unseres Lebens glückselig sein würden. Jetzt weiß ich, daß er ein ebenso unzugänglicher und unerreichbarer Mensch ist wie meine Mutter. Diese Erkenntnis war für mich ein schwerer Schock.

Meine Frage ist nun: Können Sie beim Lesen dieses Briefes noch andere Gründe für meine «Eskapaden» finden? Ich denke, ich habe mehr Chancen, meine Fehler nicht zu wiederholen, wenn ich mich selbst besser verstehe.

Was die Übungen betrifft, die Sie vorschlagen – drei Minuten lang in den Spiegel zu schauen, meinen Namen zu sagen und «Ich liebe und akzeptiere dich genauso, wie du bist» –, das ist mir echt schwergefallen. Anfangs habe ich nur stumm in den Spiegel geschaut und geweint. Aber schließlich konnte ich die Sprachlosigkeit überwinden, und die Übung beginnt zu wirken. Danke.

Helena J.

Liebe Helena,
viele Frauen, die in einer chaotischen, unglücklichen Umgebung aufgewachsen sind, in der seelische Vereinsamung eine Rolle spielte, verhalten sich so wie Sie. Wenn sie es trotz dieses Erfahrungshintergrundes schaffen, sich mit einem verläßlichen Partner zu verbinden, überkommt sie nach und nach eine rastlose Unzufriedenheit, weil die Aufregung fehlt, die in ihrer Kindheit eine so bedeutende Rolle gespielt hat. Früher oder später fangen diese Frauen an, Ausschau zu halten nach dem, was ihnen fehlt, und werfen dabei ebenso wie Sie meist alles über den Haufen. Sie finden es ganz selbstverständlich, für diese altvertrauten Gefühle von Drama und Schmerz das Wort «Liebe» zu benutzen. Nichts an der Beziehung, die sie aufgeben, ist vergleichbar mit dieser Erregung. Die Crescendi der Gefühle in einer verbotenen Liaison, wie Sie eine hatten, werden aufgeschaukelt durch all die dramatischen Elemente, die es auch in Ihren Kindheitserfahrungen gab: Ungewißheit, Heimlichkeit, Gefahr, Scham, der Schmerz, vom Geliebten verlassen zu werden, ersehnte Wiederversöhnung, tiefe Verzweiflung, die wiederholt mit neuer Hoffnung abwechselt, immer längeres Warten, durchsetzt von überhitzten Begegnungen, der ständige unselige Konkurrenzkampf um Aufmerksamkeit, der Versuch, möglichst gut, möglichst attraktiv, möglichst liebevoll (oder alles zugleich) zu sein, damit sich alles zum Guten wendet und so weiter.

Das ständige Verlassenwerden in Ihrer Vergangenheit ist der Schlüssel zum Verständnis für ihr anhaltendes Bedürfnis, sich als Erwachsene eine Daseinsberechtigung zu verdienen. Als Kind glauben wir, daß wir persönlich der Grund für alles sind, was um uns und mit uns geschieht. Wenn es etwas Erfreuliches ist, sehen wir darin unser Verdienst, und wenn es etwas Negatives ist, nehmen wir die Schuld auf uns aus dem Gefühl magischer Allmacht, das bei allen Kindern altersgerecht vorkommt. Wir glauben dann, daß wir die Sonne zum Auf- und Untergehen bewegen und daß der Mond nachts zum Vorschein kommt, um uns zu erfreuen. Wenn wir von den Menschen, die wir brauchen, verlassen werden, glauben wir, auch das verursacht zu haben, weil wir etwas falsch gemacht oder unterlassen haben. Auch wenn wir den Grund dafür, daß wir verlassen wurden, niemals in Worte fassen, tragen wir die Last mit uns herum, es selber verursacht zu haben, und dazu kommt die Angst, erneut im Stich gelassen zu werden, wenn wir nicht sehr, sehr aufpassen, vorsichtig und gut sind. Das erklärt Ihre Berufswahl Krankenschwester und auch Ihre Affäre – das unwiderstehliche Bedürfnis, den Bedürftigen zu helfen, um dadurch sich selbst zu retten.

Ich freue mich sehr, daß Sie mit einer der empfohlenen Affirmationen arbeiten. Wenn sie gewissenhaft angewendet wird, hat diese Affirmation die Kraft, die alten Gefühle der Wertlosigkeit aufzuheben und durch das Vertrauen zu ersetzen, daß Sie im Plan des Universums notwendig sind und geliebt werden.

Kapitel 9: Briefe von Männern

Liebe Frau Norwood,
ich habe Ihr Buch gerade zu Ende gelesen, das mir sehr viel gegeben hat, aber es ist mir schwergefallen, im ganzen Buch «Frauen» immer mit «Männer» übersetzen zu müssen. Ich bin ein «geschlagener Mann» gewesen und bin jetzt als ein «Mann, der zu sehr liebt» das Opfer der Schachzüge einer unreifen Frau. Ich versuche, diese Abhängigkeit zu bekämpfen, indem ich mich über diese Krankheit besser informiere. Es ist sehr schade, daß Sie nicht sehen, wieviele Männer sich in gestörte, kühle, launische und unberechenbare Frauen verlieben und dann die gleichen Seelenqualen durchmachen wie die Frauen in Ihrem Buch. Wir Männer hätten auch Nutzen von Ihrem Buch und würden eher Trost daraus ziehen, wenn der Titel lautete: «Menschen, die zu sehr lieben». Oder Sie könnten Ihren Text umpolen auf das andere Geschlecht und unter dem Titel «Männer, die zu sehr lieben» veröffentlichen. Ansonsten Danke für die Hilfe.

Miguel J.

Es war weder ein Versehen noch Gleichgültigkeit, daß sich «Wenn Frauen zu sehr lieben» ausschließlich an Frauen gerichtet hat. Ich kann Frauen, die beziehungssüchtig sind, sehr gut verstehen, weil ich die gleiche Erfahrung gemacht habe, während ich die männliche Erfahrung von Beziehungssucht nicht nachvollziehen kann. Selbst wenn sie der weiblichen Erfahrung sehr ähnlich sein mag, habe ich doch den Eindruck, daß es feine Unterschiede gibt, und glaube, daß es anmaßend und unverantwortlich ist, wenn man sein Fachwissen von einem Gebiet einfach auf ein anderes überträgt. Wenn auch viele Autorinnen den Kern meines Wesens mit ihren Worten erfaßt haben, ist mir bis jetzt noch kein Autor begegnet, der meine Erfahrung als Frau genau beschreiben könnte. Ich möchte den Männern keinen schlechten Dienst erweisen und überlasse deshalb das Schreiben über die Männer den Männern. Trotzdem freue ich mich, daß «Wenn Frauen zu sehr lieben» vielen Männern geholfen hat, und ich freue mich auch, daß einige von ihnen sich die Mühe gemacht haben, mir ihre Gedanken über das Buch zu schreiben. Alle ihre Briefe betrachte ich als ein Geschenk, auf einige von ihnen möchte ich hier jetzt eingehen.

Die Briefe und Kommentare männlicher Leser von «Wenn Frauen zu sehr lieben» bilden, grob gesehen, vier Gruppen: Männer, die Frauen zu sehr lieben; Männer, die mit Frauen zusammen sind oder waren, von denen sie zu sehr geliebt werden oder wurden; Männer, die Frauen lieben, die wiederum einen anderen Mann zu sehr lieben; und schließlich schwule Männer, die (ihren) männliche(n) Partner zu sehr lieben.

In mancher Hinsicht können uns diese Briefe von Männern Beziehungssucht auf eine Art erhellen, wie die Briefe von Frauen es nicht vermögen. Besonders wenn der Mann selbst ein Beziehungssüchtiger ist, können wir den Krankheitsverlauf mit einer Klarheit beobachten, wie es sonst nicht möglich ist, weil nämlich in diesem Fall die Beziehungssucht ohne die kulturelle Rückendeckung verläuft, die Frauen für dieses Verhalten erfahren. In unserer Kultur wird jede Frau zu den meisten Verhaltensweisen aktiv ermuntert, die typisch für eine schwerkranke Beziehungssüchtige sind: einen anderen Menschen zum Angelpunkt ihrer Gedanken und Taten zu machen; von den Versuchen ganz in Anspruch genommen zu sein, diesen anderen Menschen zu kontrollieren, zu ändern und zu verbessern und dafür alles Erdenkliche zu tun; sich aufzuopfern und martern zu lassen; und mit den Gedanken, Gefühlen und Bedürfnissen dieses anderen Menschen sehr viel besser in Kontakt zu sein als mit ihren eigenen. Die Unterstützung, die die Beziehungssucht bei Frauen in unserer Kultur erfährt, und die Sanktionen gegen Frauen, die nicht auf diese Weise denken, fühlen und handeln, machen es fast unmöglich, einzuschätzen, wie ungesund diese Einstellungen und Verhaltensweisen für jedes Individuum sind, *wenn wir sie nicht bei einem Mann wahrnehmen.* So sexistisch es auch klingt (und *ist*!), nur wenn wir dieses liebessüchtige Beziehungsmuster im Kontrast zur typischen Rollenverteilung der Geschlechter zu sehen bekommen, wird offensichtlich, wie krank dieses Muster tatsächlich ist, abgesehen von der Geschlechtszugehörigkeit.

Der folgende Brief stellt, was die Schwere der beschriebenen Beziehungssucht betrifft, alles in den Schatten, was ich bislang kennengelernt habe. Sowohl das märtyrerhafte Verhalten als auch die manipulativen Anteile, die dahinterstehen, können deutlicher gesehen werden, weil der Verfasser ein Mann ist.

Liebe Frau Norwood,
Ihr Buch wurde mir von meinem Therapeuten empfohlen, der meinte, es könne mir in dieser sehr schweren Phase meines Lebens helfen, wenn ich mich in die Frauen hineinversetzte, die Sie beschreiben.

Ich kann mir nicht vorstellen, daß ich der erste Mann bin, der Ihnen schreibt, hoffe aber trotzdem, Ihnen meine Geschichte erzählen zu dürfen.

Zum Äußeren: Ich bin neunundzwanzig Jahre alt, 1,83 cm groß, 81,5 kg schwer und werde für ganz gut aussehend gehalten. Ich trinke nicht und rauche nicht und nehme keine Drogen. Wohl niemand würde mich einen arroganten, fiesen oder miesen Typen nennen. Ich bin kreativ und habe in den letzten drei Jahren als Drehbuchautor gearbeitet. Ich möchte nicht angeben: aber ich verdiene eine Menge Geld. Alle diese schönen Puzzlestückchen erwecken wohl den Eindruck, als ob sie sich zu einem interessanten und erfüllten Leben zusammensetzen ließen. Aber mein Leben ist davon weit entfernt. Obgleich ich heterosexuell bin, hat es während meiner ganzen Pubertät und ersten Erwachsenenjahre kaum Kontakte und schon gar keine dauerhafte Intimität mit Frauen gegeben, eine richtige Freundin habe ich nie gehabt. Die zwei oder drei Beziehungen, die ich mit Frauen zustande brachte, waren sehr kurz und dauerten höchstens drei, vier Wochen.

Ich nehme an, man könnte mich auch als einen dieser «netten, aber langweiligen Männer» beschreiben, vor denen viele Frauen in Ihrem Buch weglaufen. Ich selbst würde mich so nicht beschreiben wollen, doch anscheinend haben viele Frauen mich in die Rolle des «guten Freundes», aber nie in die des «Liebhabers» gesteckt. Weil ich so oft als Liebhaber abgelehnt wurde (von Frauen, die sich mit mir als Freund treffen wollten, und, Sie werden es nicht für möglich halten, mich manchmal sogar wichtiger nahmen als ihren richtigen Boyfriend), gab es viel Verwirrung, Stress und Enttäuschung in meinem Leben. Besonders, weil ich alles tue, um so nett wie möglich zu sein, wenn ich eine treffe, die mich interessiert. Vielleicht bin ich *zu* nett. Oder vielleicht fühle ich mich instinktiv zu Frauen hingezogen, von denen ich weiß, daß sie mich wegen der blendend attraktiven, sie aber letztlich nicht glücklich machenden Männer ablehnen werden, die Sie in Ihrem Buch beschreiben. Lassen Sie mich Ihnen von der einen herausragenden Beziehung erzählen, die ich hatte – herausragend durch ihre Intensität und durch ihre Auswirkungen auf mich, meine ich. Zusammengelebt habe ich mit dieser Frau nie und hatte noch nicht einmal Sex mit ihr. Aber in den letzten vier Jahren waren meine sämtlichen Energien ständig auf sie gerichtet, und es war von Anfang bis Ende eine verheerende Pleite.

Das erste Mal habe ich Lynn getroffen, als wir noch aufs College gingen. Sie war ein paar Male freundlich gewesen zu mir, obwohl ich zu der Zeit kein Interesse an ihr hatte. Ein paar Jahre vergingen, in denen sich unsere Wege häufiger kreuzten, und ich begann mich sehr zu ihr hingezogen zu fühlen. Während dieser Zeit lebte sie mit einem anderen Mann zusammen, also konnte ich sie nicht ernsthaft umwerben. Nach meinem Abschluß ging ich arbeiten, und als Lynn zwei Jahre später ihren Abschluß gemacht hatte, kehrte sie in den Osten zurück, um sich nach einer Arbeit als Schauspielerin umzusehen. Obwohl wir nun an entgegengesetzten Enden des Landes wohnten, blieben wir in Verbindung, und in mir lebte immer etwas die Hoffnung, daß wir eines Tages ein Liebespaar würden. Nachdem sie vor vier Jahren eine üble Beziehungskiste abgebrochen hatte, lud ich sie ein, mich zu besuchen. In meinem Herzen wußte ich, daß sie an einer Liebesbeziehung mit mir nicht interessiert war, aber ich hatte das Gefühl, sie für mich gewinnen zu können, wenn ich die Chance bekäme. Ich bezahlte ihren Flug hierher, und so fing eine transkontinentale Beziehung für zwei Jahre an. War Lynn bei mir, erzählte sie mir, wie toll es sei, der Tretmühle entronnen zu sein, sich ein Engagement als Schauspielerin zu suchen, während sie als Kellnerin jobte. Da ich damals als freiberuflicher Autor arbeitete, schlug ich ihr vor, mir bei einem Text zu helfen, ich würde mir dann das Honorar mit ihr teilen. Sie zögerte, weil sie so etwas noch nie gemacht hatte, aber ich freute mich, es ihr zeigen zu können. Wir schrieben und lebten eine Woche lang zusammen, und unsere Zusammenarbeit erwies sich als sehr fruchtbar. Als sie nach Hause zurückkehrte, fühlten wir uns beide großartig mit unserer Partnerschaft, und ich hatte das Gefühl, etwas ganz Besonderes von mir mit ihr geteilt zu haben. Meine Phantasie ist das Persönlichste, was ich habe. Damit verdiene ich meinen Lebensunterhalt und muntere mich auf, wenn die Dinge schieflaufen. Lynn dabei zu helfen, selber ihre Phantasie zu gebrauchen, war aufregend für mich. Das hier, redete ich mir ein, war nun eine Beziehung, von der ich noch nicht einmal zu träumen gewagt hätte – mit jemandem, der mich sowohl intellektuell als auch körperlich anregte. Und die Art und Weise, wie wir zusammen schrieben, war sehr viel inspirierender, als wenn ich alleine gearbeitet hätte. Aus dieser Beziehung mußte unbedingt etwas werden, und mit «etwas werden» meinte ich körperliche Liebe, Verbindlichkeit, Heiraten.

Ich bin sicher, Sie brauchen keine Kristallkugel, um zu prophezeien, wie das alles für mich ein böses Ende nahm. Zwei Jahre lang schrieben wir weiter viele Stücke gemeinsam. Und in den Zeiten, in denen keine Scripts zu schreiben waren, überwies ich telegrafisch Geld auf Lynns Bankkonto. Sie hat mich nie direkt darum gebeten, mir aber manchmal ziemlich eindeutige Winke gegeben. Und ich denke, ich habe es hauptsächlich getan, weil ich es tun wollte. Ich malte mir aus, daß jede freundliche Geste, jeder gemeinsam verfaßte Text und jeder überwiesene Scheck sich am Ende als ein weiterer Schritt in Richtung auf unsere dauerhafte Verbindung erweisen würde. Lassen Sie mich zu meiner Verteidigung bitte sagen, daß ich sie wirklich von ganzem Herzen liebte und glaubte, das alles tun zu müssen. Wenn wir jemanden lieben, umsorgen wir diesen Menschen dann nicht? In den zwei Jahren habe ich sie mehrmals besucht und sie mich auch. Sie lernte meine Eltern kennen und ich ihre. Jedes Jahr bekam ich, vor zwei Jahren tatsächlich genau zu Weihnachten, ein großes Geschenkpaket von ihren Eltern. Es hat mir das Herz gebrochen, als ich letztes Jahr eins bekam und ihnen auf nette Weise erklären mußte, warum ich lieber keins mehr bekommen möchte.

Während Lynn mit mir schrieb, ließ sie sich, sobald sie wieder zu Hause war, auf eine Reihe von Liebesaffären ein. Ich versuchte mir mit aller Macht einzureden, vorläufig sei ich eben nur ihr Freund, aber durch meine Treue und Geschenke und Fürsorge würde sie schon noch begreifen, daß ich sie wirklich liebte und der richtige Mann für sie war. Es kam die Zeit, in der die freiberufliche Arbeit auslief, die wir zusammen gemacht hatten. Ich brachte Lynn dann in Kontakt mit einigen Leuten an der Ostküste, die vor Ort Autoren mit Erfahrung suchten. Obwohl sie sehr unsicher war, ebnete ich ihr den Weg zu einer Verlagsgesellschaft, für die sie seitdem einige sehr gute Sachen geschrieben hat. Tatsächlich ist sie bei denen zu einer der wichtigsten Autorinnen geworden. Aber als sie gerade anfing, Aufträge von dort zu bekommen, war das Geld noch immer knapp, und sie wollte gern Schauspielunterricht nehmen. Das bezahlte ich ihr dann und tue das immer noch! Ihr Lehrer ist ein strammer, bildschöner, lediger Mann, und, um es kurz zu machen, sie werden im Juni heiraten.

Glauben Sie mir, sehr geehrte Frau Norwood, die Hölle kann nicht schlimmer sein als die letzten drei Monate, die ich durchgemacht habe. Zuerst erfuhr ich zufällig von Freunden, daß sie heiraten würde. Sie erklärte, daß sie sich nicht in der Lage fühle, es mir direkt zu sagen. Trotzdem erzählte sie es Leuten, mit denen ich regelmäßig zu tun habe. Ich wußte, daß sie sich mit diesem Kerl traf und dann sogar mit ihm zusammengezogen war. Aber alles, was sie mir von ihm erzählte, klang so, als sei er ein schöner, aber irgendwie langweiliger Bursche von der Sorte, die sie schon bald satt haben würde. Vor einem Jahr hatte sie sogar die Frechheit, ein Treffen zwischen ihm und mir zu arrangieren! Er hatte bei Filmen, Büchern und so weiter einen ganz ähnlichen Geschmack wie ich. Mein einziger Gedanke war, daß sie mich gegen eine hübschere Version meiner selbst austauschte. Und dann kam eine lange Phase, in der ich mich selber gehaßt habe. Wie kann es angehen, fragte ich mich, wenn ich in den Spiegel schaute, daß ich ihr helfen konnte, aus sich heraus eine wunderbare Begabung zum Vorschein zu bringen, die sie nie für möglich gehalten hätte, und daß ich auf diese wunderbare Weise mit ihr verbunden war und sie mich trotzdem sitzen läßt? Was, schrie ich meinem Spiegelbild zu, hat sie in mir gesehen und so gehaßt? Meine zusammengewachsenen Augenbrauen? Die Fettpolster an der Gürtellinie, die nicht weggingen, und wenn ich noch so viele Liegestütze machte? Was war es? Was? Was? Wie konnte ein Mann so gut zu der Frau sein, die er liebte, nur um dann von ihr stehengelassen zu werden?

Solche Selbstgespräche führte ich oft, und einige Tage, nachdem ich von ihrer Heiratsabsicht erfahren hatte, führte ich wieder so ein Selbstgespräch, aber diesmal mit einem Jagdmesser in der Hand. Ach ja, ich war ganz von Sinnen und schäme mich sehr, jetzt darüber zu schreiben, aber ich glaube, ich sollte Ihnen alles erzählen. Ich betrachtete mich im Spiegel, und jede Stelle, die nicht perfekt war, bekam einen Schnitt. Ich war vom Gram wie berauscht, und erst als ich sah, wie mir das Blut nur so herunterlief, wurde mir klar, was ich getan hatte und wie dringend ich Hilfe brauchte. Aber wer konnte mir helfen? Drei Jahre lang hatte ich eine Frau geliebt, die am anderen Ende des Landes wohnte, und jetzt, in meiner schlimmsten Krise, war ich total allein. Da bekam ich es wirklich mit der Angst zu tun. Und ich beschloß, mir Hilfe zu holen.

Ich verband meine Schnittwunden (ich schämte mich zu sehr, um einen Arzt aufzusuchen), und sie verheilten unter Schmerzen, aber ohne Narbenbildung. Am selben Tag, an dem ich mir selbst die Schnitte zugefügt hatte, ging ich zu einem Therapeuten, den mir ein Freund empfohlen hatte, und seitdem geht es aufwärts mit mir. Meine erste Aufgabe bestand darin, Ihr Buch zu lesen, und das hat mir sehr geholfen. Ich versuche, möglichst nicht an die Vergangenheit zu denken, daran, wie ich die Sache mit Lynn hätte ändern können, so daß sie sich in die von mir gewünschte Richtung entwickelt hätte. Ich denke nicht, daß ich die Beziehung hätte haben können, die ich mir mit ihr vorstellte, aber vielleicht wäre alles anders verlaufen, wenn ich nicht so schnell für sie eingesprungen wäre und mehr an mich selbst gedacht hätte. Mit «anders» meine ich, daß die ganze Sache viel früher aus gewesen wäre und ich mir das Schlimmste hätte ersparen können.

Ich hatte immer die große Angst, niemals eine wie sie zu finden, eine, mit der ich kreativ arbeiten und in die ich zugleich glühend verliebt sein konnte. Sie erschien mir als die Beste, die ich jemals finden konnte, und ich war wild entschlossen durchzuhalten, ganz gleich, wie schwierig alles werden würde. Ich war so sehr mit meinen Sorgen beschäftigt, die Dinge könnten sich verschlechtern, daß mir niemals dämmerte, daß die Dinge von Anfang an nicht gut standen.

Ich würde am Schluß dieses Briefes gern schreiben, nun sei alles viel besser geworden, ich verbrächte meine Abende mit wunderbaren Frauen, und alle meine Probleme wären gelöst. Aber das stimmt nicht. Auf jeden Fall *noch* nicht. Ich lade immer noch Frauen ein, mit mir auszugehen, und einige wollen mich kennenlernen, andere nicht. Und die, die wollen, möchten am liebsten eine Freundschaft mit mir. Sie denken, daß ich ein sehr unterhaltsamer Gesprächspartner bin, mit dem man viel Spaß hat, ein wirklich netter Kerl. Aber etwas fehlt. Lynn sagte immer, daß es zwischen uns nicht «geknistert» hat, und ich weiß immer noch nicht, was das heißen soll. Ich bin kein Spieler in der Erotik, und mein Gefühl ist, daß ich das auch nicht sein müßte, wenn ich wirklich in jemanden verliebt wäre. Wenn uns an jemandem etwas liegt, nehmen wir uns Zeit füreinander, teilen unser Glück mit diesem Menschen, und alles andere ist nicht so wichtig, stimmt's? Wo steht geschrieben, daß ein Mann ein Schweinehund sein muß, damit eine Frau sich für ihn interessiert? Warum jemanden hängenlassen und auf Distanz halten, den wir gerne mögen? Was mich an Frauen anzieht, ist eine gewisse Art von Risikofreude und Unabhängigkeit. Ich nehme an, das sind die Frauen, die nach einem kühlen und schwierigen Mann Ausschau halten. Wenn dann ein Mann wie ich daherkommt, ist es zu einfach mit ihm. Jammerschade!

Na ja, ich bin einsam, aber immerhin lebe ich noch, und das verdanke ich nicht zuletzt Ihrem Buch, das mir auf dem Tiefpunkt eine große Hilfe war.

David P.

Eine noch nicht genesene Frau, die zu sehr liebt, geht automatisch jeder ernsthaften Verbindung mit einem freundlichen, anständigen, anteilnehmenden Mann aus dem Wege, der in der Lage ist, gefühlsmäßig wirklich für sie da zu sein, weil eine solche Beziehung eine unannehmbare Herausforderung für ihre Fähigkeit darstellen würde, Nähe zuzulassen. Aber dieses Ausweichen sollte nicht verwechselt werden mit dem Sichabwenden einer gesünderen Frau, die nicht bereit ist, sich auf einen anderen Männertypus näher einzulassen, der, weil er so bescheiden, entgegenkommend und bereitwillig ist, typischerweise auch als «nett» bezeichnet wird. Ihre bewußten oder unbewußten Motive, ihm aus dem Weg zu gehen, können sehr gesund sein. Sie wittert, daß dieser Typ Mann durch sein angebliches Interesse an ihrem Wohlergehen und seine pausenlose Fürsorglichkeit sie indirekt in eine Schuldnerposition hineinzumanipulieren versucht. Als Ausgleich für all sein «Geben» schuldet sie ihm Dankbarkeit und Loyalität oder fühlt sich sonst schuldig, weil sie ihn «ausgenutzt» zu haben vermeint. Eine gesunde Frau wittert diese Falle instinktiv und weicht ihr aus (und ebenso im umgekehrten Fall ein gesunder Mann).

David bezeichnet sich selbst als «netten» Mann. Er schreibt, er habe sich anfangs zu Lynn hingezogen gefühlt, weil sie so unkonventionell gewesen sei. Trotzdem versucht er mit allen Mitteln – indem er die Rolle ihres Ratgebers und Lehrers spielt, sie finanziell unterstützt und für ihre fortlaufenden Affären immer «Verständnis» hat –, sie von sich abhängig zu machen. Er hat sich eingeredet, daß diese Taktiken bei ihm aus einer liebevollen Anteilnahme an Lynns Wohlergehen entspringen, aber es ist offensichtlich, daß sie in Wirklichkeit darauf angelegt waren, in ihr ein Gefühl von Verpflichtung hervorzurufen.

Wenn wir einem Menschen geben und geben und immer nur geben, der nicht in gleicher Weise reagiert, tun wir das meistens, weil wir nicht das Vertrauen haben, auf Grund unserer eigenen Vorzüge mit dem anderen einen Beziehung aufbauen und aufrechterhalten können. Mit anderen Worten, unser «Geben» ist eigentlich ein heimlicher Bestechungsversuch, eine getarnte Manipulation zu dem Zweck, daß der andere die Mängel übersehen soll, die wir zu haben glauben. Wenn der andere diese Manipulation dann unvermeidlich wittert und von sich weist, werden wir ganz selbstgerecht schockiert und mit Empörung reagieren, weil wir von den wahren Motiven gar nichts ahnen, die hinter all unserer Großzügigkeit stecken. Im Banne unserer Verleugnung können wir gar nicht verstehen, warum dieser Mensch uns so schlecht behandelt, wo wir doch so viel für ihn getan haben. Wo bleibt der Dank? Warum wird unsere Verehrung uns übelgenommen, statt geschätzt und geliebt? Die Antwort lautet: Weil wir nicht ehrlich waren! Wir waren nicht bereit, wir selbst zu sein und eine Ablehnung zu riskieren, also haben wir zu unseren Gunsten mit gezinkten Karten gespielt. Doch am Ende haben sich alle unsere Bemühungen nicht ausgezahlt. Jetzt sind wir wütend und verletzt und glauben, daß uns jemand ausgenutzt habe, für den wir immer nur das Beste wollten. Unsere märtyrerhafte Sicht der Dinge ist sehr auf unseren eigenen Vorteil bedacht, sie ist sehr bequem, viel zu glatt und sehr ungesund – und letzten Endes auch sehr selbstzementierend.

Manchmal ziehen Beziehungssüchtige das Phantasieren über *die* Liebesbeziehung der Möglichkeit vor, sich auf einen wirklichen, lebendigen, interessierten, ansprechbaren und liebevollen Menschen einzulassen – wie die Frau eines Gefängnisinsassen, die den Traum, wie es eines Tages sein könnte, der tagtäglichen Realität einer Partnerschaft vorzieht. Wenn wir nicht wissen, wie wir uns offen und vertrauensvoll auf einen anderen Menschen beziehen können, möchten wir uns dem Test vielleicht lieber gar nicht aussetzen. Sich Menschen auszusuchen, die unerreichbar sind und sich auf sie zu konzentrieren, ist eine großartige Möglichkeit, sich vor der Probe aufs Exempel zu drücken.

Ich kann nicht glauben, daß David sich Lynn zufällig gewählt hat; noch halte ich es für einen Zufall, daß er sich erst zu ihr hingezogen fühlte, *nachdem* sie sich mit einem anderen Mann eingelassen hatte und somit für ihn, David, unerreichbar war.

Davids Verhaltensmuster ist es, daß er sich zu unerreichbaren Frauen hingezogen fühlt. Tatsächlich sieht es fast so aus, als müsse eine Frau unerreichbar sein, damit er sie überhaupt attraktiv finden kann. Dieses Verhaltensmuster und seine Wurzeln verdienen eine genauere Untersuchung, weil darin die Angst vor jeder Form von Nähe zum Ausdruck kommt, eine Angst, auf die auch der Umstand hinweist, daß David sich Frauen aussucht, mit denen er keine sexuelle Verbindung eingeht.

Die größte Paradoxie der Beziehungssucht liegt darin, daß dem Besessensein von einem anderen Menschen eine tiefe Angst vor Nähe zugrundeliegt, eine Angst, der wir uns niemals stellen müssen, solange wir uns weiterhin Partner suchen, die aus diesem oder jenem Grunde nicht zu kriegen sind.

Die nächsten beiden Briefe zeigen ganz deutlich Beziehungssucht, weil in ihnen die Gedanken, Gefühle, Handlungen, Beweggründe, Bedürfnisse, Gesundheit und so weiter eines anderen Menschen ganz genau beschrieben werden, während es den Briefeschreibern zugleich an Aufmerksamkeit für die eigene zweifelhafte Verfassung auffällig mangelt. Der Arzt stellt sich in seinem Brief als einen gütigen, gesunden Mann vor, der sich rein zufällig in eine Frau verliebt, die mit einem Rohling verheiratet ist. Meiner Meinung nach sind die meisten Männer, die mit einer Frau Umgang haben, die einen anderen, dritten Menschen zu sehr liebt, selbst beziehungssüchtig. Schließlich haben sie sich mit einer Frau eingelassen, die grundsätzlich für sie unerreichbar ist, und sie wünschen und hoffen immer weiter, daß sie sich ändert. Ihre Konzentration auf die Probleme einer unerreichbaren Frau bietet ihnen eine bequeme Ablenkung davon, sich ihrem eigenen Dilemma stellen zu müssen, daß sie nämlich selbst zu sehr lieben.

Liebe Frau Norwood,
auf Empfehlung einer Frau, die zu sehr liebt, habe ich gerade Ihr Buch zu Ende gelesen. Sie war achtzehn Jahre lang mit einem Mann verheiratet, der sie mindestens die letzten zwölf Jahre psychisch mißhandelt hat. Er hatte während dieser Zeit zahlreiche Affären, unter anderem mit dem Au-Pair-Mädchen und der besten Freundin seiner Frau. Die Ehe ging schließlich zu Ende, und er heiratete ein junges Mädchen und gründete eine neue Familie. Ungefähr vier Jahre nach der Scheidung heiratete sie einen Mann, der vielleicht noch schlimmer ist als der erste. Sie ging drei Jahre mit ihm und ignorierte alle Warnsignale, die ihr zeigten, wie diese neue Ehe aussehen würde. Eine seiner Affären dauerte noch bis ungefähr ein halbes Jahr nach der Heirat, und er behandelt seine Frau meistens sehr schlecht. Sie sagte zu mir: «Ich fühle mich, als wäre ich seit zehn Jahren seine Dienstmagd.» Dreimal standen sie kurz vor der Scheidung, aber jedesmal will er alles wieder kitten, und sie willigt jedesmal ein.

Im letzten Frühjahr kam ich etwas in Kontakt mit ihr, als sie in meinem Haus arbeitete (sie ist Innenarchitektin), und sie erzählte mir, daß es um ihre Ehe sehr schlecht stünde. Sie wohnten in getrennten Zimmern, und beide hatten ihren Rechtsanwalt damit beauftragt, die Scheidungsbedingungen auszuhandeln.

Ich kenne sie seit siebzehn Jahren und mochte sie immer gerne und halte sie für einen liebenswürdigen Menschen. Ich bin vorher nie mit einer verheirateten Frau ausgegangen (und werde es hiernach auch nie wieder tun), aber ich lud sie zum Essen ein, weil ich sie als getrennt betrachtete. Sie sagte zu, und wir fingen eine Beziehung an, in der wir uns vier Monate lang fast jeden Tag sahen. Die Beziehung war sehr eng und sehr anregend, dabei friedlich und tröstlich, außer der Tatsache, daß sie immer noch verheiratet war, aber das schien nur noch eine Frage der Zeit.

Sie hatte damals zwei ernste Probleme: erstens verlor sie nach fünf Jahren ihre Stelle, und sie mußte innerhalb eines Monats eine neue Arbeit finden; zweitens begann sie unter schweren vaginalen Blutungen zu leiden, die nicht auf Medikamente ansprachen, und ihr Gynäkologe sagte, ihre Gebärmutter müsse entfernt werden.

In dieser Woche sah ich sie nur ein Mal (was ungewöhnlich war), und als ich sie anrief, um sie zum Essen einzuladen, sagte sie, sie könne nicht, weil sie und ihr Mann versuchen wollten, ihre Ehe wieder zu kitten. Nach all den üblen Geschichten, die sie mir über ihre Ehe und ihren Mann erzählt hatte, konnte ich das kaum glauben. Ich hatte das Gefühl, daß das nie gutgehen könne und daß sie mich bald anrufen würde, um mir genau das zu erzählen. Fünf Tage später rief sie mich an, um mir zu erzählen, daß er fast die ganze Nacht weggeblieben sei und ihr nicht sage, wo er gewesen sei und so weiter. An diesem Punkt wurde ich sauer und erzählte ihr, daß das die letzten zehn Jahre nicht anders gewesen sei und sich sehr wahrscheinlich niemals ändern würde, solange sie sein menschlicher Fußabtreter bleibe. Obwohl sie mir zustimmte, nehme ich an, daß sie das nicht hören wollte, denn sie rief nicht wieder an. Ungefähr einen Monat später rief ich sie auf der Arbeit an und bekam zu hören, daß ihre Ehe gut laufe, und da wurde mir der Mund trokken und das Herz schwer. Sie sagte auch, sie würde in ungefähr einer Woche operiert. Ich rief sie am Abend vor der Operation im Krankenhaus an, und sie schien glücklich, mit mir sprechen zu können.

Drei Tage nach der Operation rief sie mich an und tat das dann ungefähr eine Woche lang jeden Tag. Ich telefonierte dann auch mit ihr, weil sie mir erklären sollte, warum sie sich so verhalten hatte. Sie sagte, der Druck wegen ihres Stellungswechsels und das Trauma der Operation hätten sie veranlaßt, die Scheidung nicht einzureichen. Nun hat sie also ihrem Anwalt geschrieben, er möge die Scheidung wieder in Gang setzen, und will ausziehen, sowie sie körperlich dazu in der Lage ist. Ihr Mann hat sie in der Zeit der Operation und danach sehr schlecht behandelt, und das scheint der Tropfen zu sein, der das Faß zum Überlaufen brachte. Sie kann nicht Auto fahren und das Haus nicht verlassen, und ich habe sie seit zwei Monaten nicht gesehen und werde sie auch in den nächsten Wochen nicht sehen, weil sie nach Florida zu einer Freundin fährt, damit sie aus dem Haus wegkommt. Sie hat ihrem Mann bis jetzt noch nichts erzählt und will ihm auch nichts sagen, bevor es ihr körperlich nicht besser geht, weil er ihr das Leben nur noch erschwert, wenn sie ihm erzählt, daß sie ihn verlassen will.

Sie versichert mir dauernd, daß sie ihn dieses Mal wirklich verlassen wird auf Grund der Einsichten, die sie durch die Lektüre Ihres Buches gewonnen hat, auf Grund ihrer Therapie und weil sie jetzt keinen Druck mehr von außen hat.

Ich bin nicht so sicher und habe das Gefühl, daß sie jederzeit doch wieder in ihre alten Verhaltensmuster zurückfallen kann. Ich liebe sie sehr, und es hat mir weh getan, als sie zu ihrem Mann zurückkehrte, aber ich meine, falls sie jemals wieder zu ihm zurückkehren sollte, werde ich mit ihr endgültig Schluß machen.

In Ihrem Buch wird nicht viel über die Gefühle eines netten, gesunden Mannes gesagt, der sich mit einer Frau einläßt, die zu sehr liebt. Ich kann Ihnen sagen, daß es eine sehr enttäuschende und deprimierende Erfahrung ist, sich in eine solche Frau zu verlieben.

Wenn ich mein Glück jemals in dieser Beziehung finden sollte, haben Ihre Gedanken daran Anteil, und wenn es nicht gutgeht, wird Ihr Buch es mir leichter machen, mit der Situation fertig zu werden und sie zu akzeptieren.

Harold B., M. D.

Nachdem ich Dr. med. B. geschrieben und um Erlaubnis gebeten hatte, seinen Brief für dieses Buch zu verwenden, bekam ich folgende Mitteilung zurück:

Liebe Robin Norwood,
ich muß Ihnen unbedingt ein paar Nachsätze zu dem Brief schreiben, den ich Ihnen letztes Jahr geschickt habe. Die Frau, von der ich schrieb, kehrte letzten September wieder einmal zu ihrem Mann zurück. Ich traf mich nicht mehr mit ihr, rief sie aber im November an, und wir gingen zusammen essen. Es war schmerzlich zu sehen, daß sich zwischen ihr und ihrem Mann nichts geändert hatte. Wenn ich Ihr Buch wirklich aufmerksam gelesen hätte, wäre ich davon nicht überrascht gewesen. Sie ging auch nicht mehr zu ihrem Therapeuten, denn «es gibt nichts mehr, worüber wir sprechen müßten.» Das setzte allem die Krone auf.

Ich sagte ihr, daß ich sie nicht wiedersehen wolle und daß sie mir nicht schreiben solle. Sie war damit einverstanden, schickte mir aber einen kurzen Brief, nachdem ich ihr im Juli eine Karte zum fünfzigsten Geburtstag geschickt hatte.

Das letzte Jahr war sehr schwierig für mich, und es

hat lange gebraucht, bis der Schmerz sich langsam legte, aber jetzt sieht es allmählich wieder rosiger aus.

Ihr Brief hat einige der alten schmerzlichen Gefühle in mir aufgewühlt, aber glücklicherweise sind sie heute nicht mehr so intensiv.

Harold B., M. D.

Die kaum verhüllten Vorwände dieses Mannes, weiterhin Kontakt zu der Frau zu suchen, die die Quelle von soviel Aufregung und Verzweiflung gewesen ist, sind symptomatisch für Beziehungssucht. Er beschreibt bis in Einzelheiten ihre Unfähigkeit, sich von ihrem untreuen Mann zu lösen, während er gleichzeitig blind ist für seine eigene Unfähigkeit, den Kontakt mit ihr abzubrechen, obgleich sie kein einziges Versprechen gehalten hat.

Das Bedürfnis dieses Arztes, die Frau vor ihrem Ehemann und ihren eigenen selbstzerstörerischen Intentionen zu retten, macht ohne Zweifel einen wesentlichen Teil der großen Anziehungskraft aus, die sie auf ihn ausübt. Ich habe den Verdacht, daß der Mediziner weiterhin ganz naive Vorwände finden wird, um den Kontakt mit ihr wieder aufnehmen und seine Rolle in dieser unendlichen Geschichte weiterspielen zu können, solange er sein eigenes Bedürfnis nicht durchschaut hat, die Kontrastfolie sein zu müssen (im Kontrast zum unverantwortlich gefühllosen Ehemann zuverlässig und ergeben zu sein).

Liebe Frau Norwood,
Einzelheiten möchte ich Ihnen ersparen. Nur soviel: meine erste Berührung mit Ihrem Buch hatte schmerzliche Folgen... meine Freundin, jetzt Ex-Freundin, hat unsere Beziehung abgebrochen, nachdem sie Ihr Buch gelesen hatte. Zuerst wollte ich Ihnen eine Briefbombe schicken (obwohl ich eigentlich überhaupt kein gewalttätiger Typ bin, eher ziemlich passiv; ich warte immer darauf, daß andere so etwas

mal tun), aber dann bin ich doch lieber in eine Buchhandlung gegangen und habe mir selbst Ihr Buch gekauft. Ich habe es erst halb durch, begreife nun aber schon viel besser, wie meine Freundin Anna sich gefühlt und wie sie sich gesehen haben könnte. Ich begreife jetzt auch meine eigenen Schwierigkeiten sehr viel besser. Ich bin süchtig, Alkoholiker und zwanghafter Esser, und seit ein paar Jahren im Zwölf-Schritte-Programm. Jetzt weiß ich, daß ich eine Therapie machen muß, wenn ich mich jemals wohlfühlen will. Ich kenne die ganze Skala schmerzlicher Gefühlsverwirrungen aus eigenem Erleben. Zur Zeit bin ich wütend und verbittert. Ehrlich gesagt, weiß ich nicht, was ich mit diesem Brief an Sie eigentlich will, aber ich hatte das Bedürfnis, Ihnen zu schreiben und zu danken, Frau Norwood. Sie haben mir mit Ihrem Buch vielleicht das Leben gerettet.

Perry H.

Perrys Brief ist ein beredtes Zeugnis dafür, daß das Verlassenwerden in dem Mann, der das Objekt der Beziehungssucht ist, die gleichen Seelenqualen hervorrufen kann wie in der Frau, die die Beziehungssüchtige ist. In der Tat kann man bei solchen Paaren oft kaum unterscheiden, welcher Teil der abhängigere und bedürftigere ist, ganz gleich, welche Rolle er jeweils spielt.

Perrys anfängliche Rachephantasie angesichts seines Verlustes überdeckt seine aussichtslose Enttäuschung und Verwirrung, nicht zu wissen, wer er denn sein und wie er sich verhalten soll, wenn er mit Frauen zu tun hat. Er ist offensichtlich sehr unreif und sehr verängstigt. Da er aber seit mehreren Jahren von seinen verschiedenen körperlichen Abhängigkeiten frei ist, wäre er gut geeignet für eine Therapie bei Fachleuten, die mit der Ätiologie und Behandlung seiner individuellen Abhängigkeiten vertraut sind. Nur wenige Süchtige, ganz gleich welcher Art, genesen, ohne daß sie sich irgendwann einmal ihr enormes Manko im Bereich zwischenmenschlicher Beziehungen eingestehen. Vor allem Männer brauchen großen Mut, Hilfe ausgerechnet in dem Bereich zu suchen, in dem sie besonders gestört und verletzlich sind.

Liebe Frau Norwood,
Ihr Buch ist toll! Ich habe es sowohl aus beruflichen als auch aus privaten Gründen gelesen. Ich war betroffen. Sie haben mir die Lösung für ein entscheidend wichtiges Problem geliefert. Ich habe mich nämlich lange gefragt: «Wo sind denn nur all die vielen Frauen abgeblieben?» Ich bin jetzt sechsundfünfzig Jahre alt.

Früher haben die Frauen sich um mich gerissen. Je schlechter mein Zustand war, je ekelhafter ich mich gab, desto mehr kamen, um mich zu hätscheln. Es gab in meinem Leben *immer* Frauen, die mich betüterten und aus mir einen besseren Menschen machen wollten.

Das war vor Jahren, als ich noch trank, Frauen gegenüber den Chauvi herauskehrte, jede Menge Vorurteile hatte gegen Schwarze, gegen Juden und was es sonst noch alles gibt. Und ich war sehr beliebt!! Die Frauen flogen auf mich! Aber jetzt, jetzt gibt es keine Frauen mehr, die sich für mich interessieren, keine Frauen, die sich mir andienen, und es als ihre Pflicht betrachten, mir zu «helfen». Heute finde ich es ja schon schwer, auch nur eine Frau zu finden, die einfach meine Freundin sein will! Ich muß ihnen den Eindruck machen, als würde ich sie nicht «brauchen». Für einige mag ich sogar eine Bedrohung darstellen, obwohl ich in einer Beziehung ebensoviel zu geben wie zu nehmen hätte.

Aber mit der Hilfe Ihres Buches kann es jetzt wieder Frauen geben in meinem Leben!! Immer wenn ich einer neuen, interessanten Frau begegne, werde ich ihr schildern, wieviele Frauen an mir Interesse hatten,

> als ich alkoholkrank, vorurteilsbeladen und abstoßend war, und daß es jetzt, wo ich gesünder geworden bin, nur sehr wenige sind. Ich werde ihr von Ihrem Buch erzählen. Ich werde ihr erzählen, wie ich mein Leben geändert habe und die Schandflecken losgeworden bin, aber gleichzeitig mein «bezauberndes» Wesen verloren habe. Vielleicht ist sie dann interessiert. Und vielleicht wird daraus eine richtige Freundschaft, wer weiß?
>
> Earnest L.

Ich habe Earnest auf seinen Brief geantwortet und ihm einige Monate später noch einmal geschrieben, um seine Erlaubnis zu erbitten, diesen Brief für das vorliegende Buch zu verwenden. Das Vertragsformular, das er mir unterschrieben zurückschickte, enthielt am unteren Seitenrand folgende Notiz:

> Ihr Buch hat mir geholfen, eine wunderbare Frau zu finden, mit der ich jetzt verheiratet bin!
>
> Earnest

Manchmal habe ich den Verdacht, daß in unserer Kultur die meisten Frauen co-abhängig (und meist auch Co-Alkoholikerinnen) sind, und ich weiß, daß diese co-abhängigen Frauen ständig verzweifelt nach jemandem suchen müssen, den sie retten und verändern können. Gesündere Frauen sind eben nicht verzweifelt auf der Suche nach einem Partner, basta. Also war Earnest auf dem Höhepunkt seiner Krankheit natürlich sehr begehrt, während seiner Genesung hingegen kein bißchen.

Sein Brief und seine kleine Fußnote sind hier nicht abgedruckt worden, um den Schluß nahezulegen, die Lektüre von «Wenn Frauen zu sehr lieben» könne glückliche Ehen stiften. Ich wollte damit nur zeigen, daß es zumindest eine Frau gab, die ihn im nüchternen Zustand attraktiv genug fand, um ihn zu heiraten.

Liebe Frau Norwood,
ich habe gerade Ihr Buch gelesen, das für mich äußerst wertvoll und wichtig ist. Erst kürzlich habe ich eine Beziehung mit einer Frau beendet – oder sie ist für mich beendet worden –, an der mir sehr viel lag. Ihr Benehmen im Verlauf unserer Beziehung hat mich ziemlich irritiert, trotzdem liebte ich sie. Jetzt, da ich Ihr Buch gelesen habe, verstehe ich ihr Verhalten und ihre Vorgeschichte etwas besser.

Ich meine, diese Frau könnte immer noch eine gewisse Rolle in meinem Leben spielen oder ich in ihrem und wäre für Ihren Rat sehr dankbar, wie ich in Zukunft besser auf sie eingehen soll. Ich habe deswegen jetzt eine Psychotherapie angefangen. Es ist mir gelungen, Andrea in eine Beratung zu schicken, aber ich glaube, dort hat man Andreas Problem gar nicht erkannt. Andrea fand die Beratung zu riskant, brach sie ab und verließ mich.

Ich mache mir ernsthafte Sorgen um Andrea und meine auch diesen Brief ganz ernst. Ich möchte gerne, daß Sie ihr helfen oder mir helfen, ihr zu helfen.

Terrance R.

Meiner Meinung nach sollte kein Mensch jemals für einen anderen Menschen auf Therapeutensuche gehen. Immer wenn wir in Versuchung sind, das zu tun, sollten wir unsere Motive sehr genau untersuchen. Selbst wenn wir uns einreden, daß wir uns vor allem um das Wohl des anderen sorgen, haben wir doch meist einen ganz genauen «Behandlungsplan» mit gewünschten Resultaten, die die Therapie bei diesem Menschen erreichen soll, und wir suchen nach einem Therapeuten, der diese Resultate erzielt. Unter der Oberfläche arbeitet hier nicht barmherzige Nächstenliebe, kein selbstloses Interesse am Wohl eines anderen Menschen. Das Motiv ist Eigennutz, der unter dem Deckmantel «helfen wollen» agiert.

Selbst wenn das nicht so wäre – die Suche nach einem Therapeuten für einen anderen Menschen funktioniert einfach nicht. Die Entscheidung, sich eine Therapie auszusuchen, ist etwas ganz Persönliches und kann von Rechts wegen nicht einem anderen Menschen zuliebe getroffen werden. Damit der therapeutische Prozeß in Gang kommt, muß der Klient den brennenden Wunsch nach Selbsterkenntnis verspüren und sich freiwillig verpflichten, dieses Ziel zu verfolgen. Ohne diesen Ansporn kann eine Therapie einfach nicht erfolgreich sein.

Es ist offensichtlich, daß Terrance für Andrea einen Therapeuten sucht, weil er insgeheim hofft, daß sie in der Therapie offener wird für seine Zuneigung. So sehr er sich auch eine Besserung dieser Beziehung wünschen mag, wenn *er* genesen will, ist die einzige Therapie, um die er sich bemühen sollte, seine eigene.

Liebe Frau Norwood,
ich war ein Mann, dem Frauen, die zu sehr lieben, hinterherliefen, und ich kann bestätigen, in was für einem schrecklichen Elend die beiden Partner einer solchen Beziehung Tag für Tag leben.

In diesem Monat ist es zwanzig Jahre her, daß meine Frau Pam und ich uns in der nach Ihrem Buch typischen Weise begegnet sind. Ein Freund von mir hatte sich mit seinem neuesten Schwarm verabredet, und Pam war mitgekommen. Alle drei kamen in das Lokal, wo ich Billard spielte, weil mein Freund wollte, daß ich mich um Pam kümmere, damit er sich ganz dem anderen Mädchen zuwenden konnte. Ich war kalt, wortkarg, desinteressiert und grob und wollte einfach nur Billard spielen, aber nachdem mich mein Freund Al eine Zeitlang genervt hatte, zog ich doch mit ihnen los. Nach ein paar Stunden setzten wir die Mädchen ab, ich ging nach Hause und habe Pam auf der Stelle vergessen. Ungefähr drei Tage später fing Al an, mir zu erzählen, wie gerne Pam mich wiedersehen würde, und obwohl ich, wie ich mich erinnern kann, gar kein Interesse hatte, kann ich mich auch erinnern, wie beeindruckt ich war, daß überhaupt *irgendein* Mädchen sich mit mir treffen wollte. Ich weiß nicht genau, wie es kam, daß wir uns dann wiedersahen, aber ich erinnere mich daran, wie ich sie küßte und mich sofort rasend in sie verliebte. So begann für uns beide eine zweiundzwanzigjährige Misere, und unsere vier Söhne haben unser Unglück anscheinend in noch stärkerem Maße fortgesetzt. Wie Unzählige vor mir, habe ich Idiot die letzten Jahre damit verbracht, meine Familie und besonders meine Frau sinnlos zu quälen. Was wir beide getan haben, könnte als Anleitung für ein Leben auf der Folter dienen. Mir wird schlecht, wenn ich an unser Leben zurückdenke. Die Verantwortung für mein Tun zu übernehmen, war für mich ein unentrinnbarer Alptraum, und ich kann gar nicht sagen, wie tief ich alles bereue. Daß *ich* mich ändern muß, begann ich zu begreifen, als ich an einem Kursus über Menschenkenntnis teilnahm. Dort hörte ich, wie ein Mann kalt und unbeteiligt die Todesumstände eines seiner Kinder beschrieb, und ich sah, daß ich fünfzehn Jahre später genauso sein würde wie er. Ich war erschrocken, entsetzt, mir war hundeübel, und da beschloß ich, mich zu ändern. Das geschah nicht in einer Therapiesitzung; es geschah dadurch, daß ich die Erfahrungen eines Menschen anhörte und mitfühlte, den ich nur vierundzwanzig Stunden vorher getroffen hatte. Er war überhaupt nicht berührt von dem, was er erzählte, aber ich war es.

Dieser Abend wirkte mit einer solchen Wucht nach, daß er eine ganze Reihe von Veränderungen in Gang setzte, die ich unbedingt vornehmen mußte, um mit mir selbst weiterleben zu können. Aber diese Veränderungen führten auch zu einer Vertauschung der Rollen, die meine Frau und ich so lange gespielt hatten. Anstatt kalt, desinteressiert und gefühllos zu sein, war ich plötzlich voller Gefühle. Meine Frau dagegen zog sich zurück.

Mit diesem Rollentausch hat sich unsere Beziehung jetzt dramatisch verschlechtert. Er hat uns beiden die Qual nicht genommen oder sie gelindert, aber der Rollenwechsel hat uns geholfen zu verstehen, wie der andere bislang die Beziehung erfahren hat. Nachdem *ich* soviel Leiden verursacht habe, fühle ich mich jetzt als *ihr* Opfer.

Vor zwei Wochen wurde meine Scheidung eingereicht, und (typisch für jemanden, der sich nie entscheiden kann) es geschah «aus Versehen». Mein Rechtsanwalt reichte sie ein, weil er glaubte, ich hätte ihm darauf einen Vorschuß gezahlt. Hatte ich aber nicht. Den üblichen Honorarvorschuß nicht zu zahlen war unbewußte Taktik, um die Verantwortung für mein Leben nicht übernehmen zu müssen. Peinlich, aber wahr; die Tatsache, daß ich die Scheidung eingereicht hatte, erfuhr ich von meiner Frau, die es am nächsten Morgen in der Zeitung las. Ich möchte gar nicht von ihr geschieden werden. Ich möchte, daß wir beide gesund werden, und dabei weiß ich, daß das nur geschehen kann, wenn jeder von uns daran geht, sich mit sich selbst auseinanderzusetzen. Ich weiß, ich muß mich der undefinierbaren Angst stellen, die mich immer verfolgt und gequält hat. Das ist meine ganz persönliche Verantwortung und bleibt mir nicht erspart, ob ich nun verheiratet bin oder nicht.

Was auch geschieht mit Pam und mir, ich bin dankbar dafür, daß Sie und andere meinem Leben eine andere Richtung gegeben haben, wodurch ich vielleicht ein besserer Mensch werden kann.

Walt S.

Viele von uns, die einen Partner wie Walt hatten, träumen davon, daß der Mann unseres Lebens auch einen solchen seelischen Durchbruch erfährt. Aber Walt schreibt ja auch, daß seine Beziehung in größeren Schwierigkeiten steckt als je zuvor, und es hört sich so an, als ob seine Frau mit ihm nichts zu tun haben will. Sein Vorsatz, sich zu ändern, klingt so ernsthaft, daß man leicht die Tatsache übersieht, daß seelische Mißhandlung ein Dauerthema in dieser Ehe ist und daß es zumindest Anspielungen auf körperliche Mißhandlung gibt (obwohl Walt nirgendwo eindeutig zugibt, seine Frau und seine Kinder körperlich mißhandelt zu haben).

Ob es in dieser Situation nun allein um seelische oder auch um körperliche Mißhandlung geht – das Beziehungsmuster zwischen diesen beiden Partnern wird am besten verständlich, wenn man die Phasen, die zur Gewalttätigkeit führen, auf ihre Konflikte überträgt. Diese Phasen sehen wie folgt aus: Nach einer Zeit voller Mißhandlung faßt die mißhandelte Partnerin meist zunächst den Entschluß, keine weitere Mißhandlung mehr zu dulden – mit anderen Worten, sie droht damit, zu gehen. Die Stärke ihres Entschlusses entspricht seinen Reuebekundungen, *deren Motiv darin besteht, die Kontrolle über das Opfer nicht verlieren zu wollen.* Walts Beteuerungen, sein schädliches Verhalten eingesehen zu haben, sind ein Bestandteil dieses Zyklus. Seine Entschuldigungen und Versprechungen, sich nun aber wirklich zu ändern, werden so geschickt und überzeugend vorgebracht (und die mißhandelte Partnerin ist meist so abhängig von ihrem Peiniger), daß diese Phase der schönen Worte fast immer damit endet, daß das Paar sich wieder versöhnt. Dann kommt eine Flitterwochenphase, in der das Verhalten des mißhandelten Partners über jeden Tadel erhaben ist. In dieser Zeit fühlt sich die mißhandelte Partnerin stark und mächtig und ist davon überzeugt, daß sie den Mann und die Situation unter Kontrolle gebracht hat. Aber langsam baut sich die Spannung auf, und früher oder später beginnt das Mißhandeln nicht nur von neuem, sondern eskaliert und wird noch zerstörerischer als beim letzten Mal. Diesem Ausbruch folgen neue Gewissensbisse, reumütige Entschuldigungen und das Versprechen, sich zu ändern, begleitet von Blumensträußen, romantischen Briefkärtchen und so weiter. Eine Beziehung von noch größerer Intensität kann man sich, offen gesagt, kaum vorstellen. Keine Frau in einer stabilen, gesunden Beziehung wird jemals mit einer dermaßen ausschließlichen Verehrung umworben, wie der mißhandelnde Partner sie in der Phase der schönen Worte oder in der Flitterwochenphase zeigt. Tatsächlich entspricht die schädliche Beziehung – bis auf die körperliche Mißhandlung und/oder seelische Demütigung – vollkommen unseren kulturell geprägten Vorstellungen davon, wie «wahre Liebe» sich zeige. Das Betteln und Flehen, die Blumen und Briefe und verzweifelten Telefonanrufe, die Selbstmord- oder Morddrohungen oder beides, bis es zur Wiederversöhnung kommt – das alles sind typischen Merkmale der schädlichen Beziehung in der Phase der schönen Worte, und alle diese manipulativen Verhaltensweisen werden von unserer Kultur zu Kennzeichen der «wahren Liebe» verklärt.

Die mißhandelte Partnerin empfindet dieses Verhalten nicht nur als beruhigend, sondern auch als sehr schmeichelhaft, und genau so ist es ja auch gemeint. Jetzt ist sie sicher, daß das Blatt sich gewendet hat, und weil sie so begehrenswert für ihn und so notwendig für sein Leben ist, hat sie Macht über ihn. Sie wird ihn kontrollieren können. Dieses Bedürfnis, ihn zu kontrollieren, ist meistens ihr stärkstes Motiv für die Beziehung, aber wegen seiner heftigen Intensität und der starken Gefühle, die das Ganze in ihr hervorruft, glaubt sie, «verliebt» zu sein. Eine Zeitlang bereut er also und entschuldigt sich, und sie hat ihn in der Gewalt und verspürt diese Erleichterung, die aufkommt, wenn sie ihn da hat, wo sie ihn hinhaben wollte. Aber über kurz oder lang wendet das Blatt sich erneut. Ganz gleich, wer von den beiden verrückt spielt und wer mit kalter Gleichgültigkeit reagiert, die Unfähigkeit zur Nähe bleibt unverändert bestehen ebenso wie der Drang, sich gegenseitig zu manipulieren, zu kontrollieren und den Sieg zu sichern oder zu erringen.

Wenn Walts Frau seinen Versprechungen gegenüber, jetzt wolle er sich aber wirklich ändern, gleichgültig bleibt, obwohl er jetzt Vorträge besucht und über seine Gefühle spricht, dann weil sie entweder die Phase der schönen Worte verlängern möchte oder schließlich doch aus dem Karussell ausgestiegen ist, auf dem sie sich zusammen so viele Jahre gedreht haben. Sollte sie tatsächlich ihren Part des gemeinsamen Tanzes aufgegeben haben, dann kann sich nur im Verlauf der Zeit herausstellen, ob Walt seine Genesung nur deswegen in Angriff nimmt, um Pam damit zu imponieren, oder wirklich sich selbst zuliebe. O ja, überzeugend ist er sehr – aber das ist der mißhandelnde Partner immer. Das ist es, was sie in der Phase der schönen Worte auf Lager haben und was die mißhandelte Partnerin dazu bringt, sich ihrem mißhandelnden, reumütigen Partner gegenüber treulos und ungerecht vorzukommen, weil sie sein Versprechen, sich zu ändern, nicht liebevoll unterstützt.

Wenn Menschen ernsthaft an ihrer eigenen Genesung arbeiten, reden sie immer weniger über ihr Ringen um Selbstheilung. Ich kannte zum Beispiel einen Mann, der jahrelang bei den Anonymen Alkoholikern ein- und austrat (und ebenso zwischen Saufen und Nichtsaufen hin und her pendelte) und sich in den aktive Phasen seiner Gruppenzugehörigkeit immer vergewisserte, daß jedes Mitglied seiner Familie wußte, wann er ein Treffen besuchte. «Also, ich mache mich jetzt auf den Weg zum A. A.-Meeting!» verkündete er beim Verlassen des Hauses. Manchmal ging er wirklich zu einem Treffen, und manchmal ging er statt dessen einen trinken. Als er schließlich mit ganzem Herzen akzeptierte, daß er ein Alkoholkranker war, der an seiner Krankheit langsam starb, ging er um seiner selbst willen wieder zu den Anonymen Alkoholikern. Er besuchte wochenlang regelmäßig ihre Treffen, ohne daß seine Familie überhaupt davon wußte. Er ging nicht mehr zu den Anonymen Alkoholikern, um seine Angehörigen von irgend etwas zu überzeugen. Er ging da hin, um sein eigenes Leben zu retten.

Zur Genesung kommt es bei Männern wie bei Frauen, wenn man sie an und für sich sucht und um des Seelenfriedens willen, den sie verheißt, und nicht wegen ihrer positiven Folgen für das Eheleben.

Andernfalls ist die «Genesung» nur ein weiterer Zug im ehelichen Schachspiel, ein weiterer Schritt im tödlichen Tanz eines Paares, das sich stur und starr umklammert hält bis zum Ersticken.

Übrigens ist die Art und Weise, wie Pam und Walt sich fanden und ein Paar wurden, ein lehrreiches Beispiel dafür, daß es keine zufälligen Beziehungen gibt. Bei ihrem ersten Treffen hat Walt schlichtweg gar nichts getan, um ihr Beisammensein möglichst schön zu machen. Pam war es vielleicht schon lange, bevor sie Walt traf, gewohnt, die passive Rolle zu übernehmen, wenn sich einer gemein verhielt. Sofort witterte sie die attraktive Möglichkeit, ihn in jemand umwandeln zu können, der sie besser behandelte. Als Walt entdeckte, daß sich diese Frau zu ihm hingezogen fühlte, nachdem er offen zu erkennen gegeben hatte, daß er fühllos und gleichgültig war, hat er sich prompt «verliebt». Pam machte sich natürlich gleich an die Arbeit, indem sie versuchte, ihn zu ändern, während er jetzt jede nur mögliche Rechtfertigung dafür in der Hand hatte, sich noch mehr zu verschanzen und sich gegen ihre Bemühungen aufzulehnen. Dieses Verhalten, unterbrochen von gelegentlichen Zwischenspielen, bei denen er sich wieder zusammenriß, nachdem er zu weit gegangen war und Gefahr lief, sie zu verlieren, wurde im Laufe ihrer zweiundzwanzigjährigen Ehe einfach immer ausgeprägter. Aber begonnen hat ihr Tanz in dem Augenblick, als sie sich das erste Mal begegneten.

Liebe Frau Norwood,
ich habe Ihr Buch vor ungefähr einem Jahr gelesen. Ich möchte Ihnen mitteilen, welche Fortschritte ich in den letzten elf Monaten gemacht habe. Ich bin ein vierzigjähriger schwuler Mann, der zu sehr geliebt hat. Ich habe sieben Jahre lang mehrere Therapien angefangen und wieder abgebrochen und habe versucht, meine Beziehungsprobleme durchzuarbeiten. Über eine Zeitspanne von fast achtzehn Jahren hatte ich alle möglichen Affären mit unpassenden, uner-

reichbaren Männern. Offen gesagt, hat die Psychotherapie mir nur etwas gegeben, was ich «Erste Hilfe» nennen möchte – vorübergehende Erleichterung in Krisenzeiten, aber keine gründliche Sanierung der tieferen Ursachen.

Als ich Ihr Buch ausgelesen hatte, dachte ich lange und intensiv nach und kam zu der Einsicht, daß nicht nur die Männer, mit denen ich Umgang hatte, unerreichbar waren und nicht zu mir paßten, sondern daß für mich das gleiche galt. Ich mußte noch etwas tiefer bohren und mich ganz auf meine Sucht konzentrieren, bis ich die Gründe fand, warum ich nicht nur für andere unerreichbar war, sondern vor allem auch für mich selbst. Ich erkannte, daß ich von Sex und der Suche nach Liebe abhängig war. Ich hatte oder habe die gleichen Symptome wie ein Drogenabhängiger oder ein Alkoholiker, nur daß mein Fluchtmittel aus der Realität der Sex war. Letztes Jahr, am 17. Juni, ging ich zu meinem ersten Zwölf-Schritte-Treffen für Menschen, die Sex als Droge benutzen. Während der folgenden elf Monate bin ich mein sexuelles Zwangsverhalten losgeworden. Seit vier Monaten übe ich mich in Abstinenz, um zur inneren Läuterung, zur Katharsis zu gelangen. Ich sehe darin eine Möglichkeit, mit all den Gefühlen und seelischen Zuständen in Kontakt zu kommen, die ich über Jahre hinweg ausgeblendet habe. Das erste Mal in meinem Leben war ich in der Lage, mich in aller Klarheit mit den Beziehungsmustern in meiner Familie, mit dem Thema Selbstwertgefühl und mit dem ganzen Komplex Liebe, Lust und Leidenschaft, mit meiner Sex-Obsession, auseinanderzusetzen. Ich sehe jetzt, was für ein Mensch ich fünfundzwanzig Jahre lang gewesen bin. Ich sehe jetzt auch, wie das Wesen, das ich *ursprünglich* als Kind gehabt habe, allmählich wieder zum Vorschein kommen mag. Vielleicht kann ich dieses Wesen akzeptieren und ihm während der nächsten fünfundzwanzig Jahre (oder noch länger) erlauben, sich voll zu entfalten, zu blühen und zu reifen.

Ihr Buch hat mir die Augen dafür geöffnet, daß ich in meiner Familie das Faktotum war und mich niemals mit meinen eigenen Problemen, Bedürfnissen oder Gefühlen beschäftigt habe, sondern sie immer versteckte und unterdrückte. In den letzten elf Monaten wurde ich stark genug, oder wenn Sie so wollen, schwach genug, andere um Hilfe zu bitten und mich gleichzeitig mehr um mich selber zu kümmern. Ich habe gelernt, nur mich selbst «heilzumachen» (zumindest versuche ich's) und die Menschen, die mir nahestehen, ebendies für sich selbst tun zu lassen.

Das war nicht immer leicht. Es ging nur langsam und mühevoll. Aber nach und nach habe ich die Geduld entwickelt, immer nur damit zu leben, was jeder einzelne Tag konkret bringt. Wer weiß? Vielleicht werde ich eines Tages in nicht allzu ferner Zukunft sogar wieder wissen wollen, was beim Umgang mit Freunden herauskommt, die offen sind und zu mir passen. Bis dahin *bin* ich aber schon so weit, mich selbst anzunehmen und so zu lieben, wie ich bin.

Michael R.

Wenn ein Kind zu Hause das Faktotum ist, das «Mädchen für alles und für alle», dann kann es von Anfang an daran gehindert werden, sich selbst jemals zu erkennen oder verstehen zu lernen, besonders wenn seine Herkunftsfamilie stark gestört ist. Es ist zu sehr damit beschäftigt, alle anderen zu erkennen und verstehen zu lernen und die seelischen Flächenbrände zu löschen, von denen es umzingelt ist, während es aufwächst. Dieses freudlose dramatische Milieu gewöhnt ein Kind an ein Leben voller Aufregung, Kampf und Schmerz, das ihm später dann zum Bedürfnis wird. Die gleiche seelische Hochspannung mit abgründigen Heimlichkeiten und explosivem Druck wird dann in jeder folgenden Beziehung und Lebenslage gesucht. Je größer die Schwierigkeiten oder je heftiger die Auseinandersetzungen sind, desto größer die Aufregung, und desto intensiver ist auch das Gefühl oder die Erregung, die dadurch hervorgerufen wird. Diese Gefühle, so anheimelnd vertraut, sind ungeheuer attraktiv und werden oft irrtümlich für Liebe gehalten. Ein Mensch, der als Kind einem überwältigenden Druck ausgesetzt war, erzeugt später diesen Druck aktiv durch sein Beziehungsverhalten und hält ihn dauernd unter Dampf. Daß diese hochdramatischen, sinnlosen und sogar gefährlichen Auseinandersetzungen ebenso bei homosexuellen wie bei heterosexuellen Paaren vorkommen, bedarf keiner weiteren Worte. Tatsache ist, daß die dramatischen Momente in der Interaktion homosexueller Menschen besonders zugespitzt sind, weil unsere Gesellschaft sie in die Heimlichkeit verbannt.

Michael kann von Glück sagen, daß er sowohl sein sexuelles als auch sein generelles Beziehungsverhalten als Sucht zu erkennen vermochte. Ich glaube, er kann sich auch glücklich schätzen, daß er sich konsequent auf ein passendes Zwölf-Schritte-Programm eingelassen hat. Diesem Rezept folgen immer mehr homosexuelle und auch heterosexuelle Menschen, die sich wie Michael den Suchtcharakter ihres sexuellen Verhaltens eingestehen. (Das soll nicht heißen, daß die homosexuelle Beziehung an und für sich schon ein Indiz für den Gebrauch von Sex als Droge sein müsse. Ich möchte nur deutlich hervorheben, daß es sowohl unter Homosexuellen als auch unter Heterosexuellen Menschen gibt, die sich mit dem Gebrauch von Sex als Droge auseinandersetzen müssen.)

Die lebensgefährliche Möglichkeit, sich durch zwanghaft konsumierten Geschlechtsverkehr mit häufig wechselnden Partnern beiderlei Geschlechts Aids zuzuziehen, wirft ein grelles Licht auf den *Suchtcharakter* des Jagens nach Sex. Wir sind jetzt in der Lage, diese Sexversessenheit als die chronische und potentiell tödliche Krankheit zu verstehen und zu behandeln, die sie tatsächlich ist, und nicht als frei gewählten, etwas unkonventionellen Lebensstil.

Außerdem finde ich Michaels Entschluß, eine Zeitlang sexuell abstinent zu leben, damit seine verschütteten Gefühle und vergessenen Erfahrungen wieder zum Vorschein kommen, sehr weise und mutig. Wir alle müssen die «Droge» loslassen, die als Puffer zwischen uns und unserem Schmerz gedient hat, wenn wir heilen wollen, was in uns zerstört wurde.

Die nächsten Briefe sind so eindeutig, daß sie keinen Kommentar meinerseits benötigen.

Liebe Robin,
eine Freundin gab mir vor einigen Monaten Ihr Buch zu lesen. Ich habe nicht viel davon gehalten und betrachtete es als eine makabre Sammlung von Horrorgeschichten. Kurz darauf kam ich in Kontakt zu einer Frau, die dabei war, sich von ihrem alkoholabhängigen Mann zu trennen. Obgleich ich dreimal verheiratet war, bin ich in meinem ganzen vierundvierzigjährigen Leben keiner Frau begegnet, von der ich glaubte, sie könne für mich die ideale Partnerin sein. Und dann traf ich sie! Ich wußte, daß sie chaotisch und unzuverlässig war, daß es außer dem Komplex Ehe / Trennung / Scheidung noch viele ungeklärte Fragen in ihrem Leben gab und daß sie Zeit brauchte, um sich zu einer klaren Entscheidung durchzuringen. Ich war geduldig, aufmerksam, tolerant und half ihr, wo ich konnte. Von Anfang an war mir klar, daß ich sie liebte. Sie sagte von mir, daß sie noch nie jemanden gekannt habe, der so einfühlsam mit ihren Gedanken, Gefühlen und ihrem ganzen Wesen umgegangen sei. Meine Sinne (Instinkt / Intuition) waren niemals so hellwach wie beim Zusammensein mit ihr. Ich fühlte bedingungslose Liebe, wie ich sie in dieser Stärke noch nie erlebt habe (abgesehen von der Eltern-Kind-Beziehung). Da sagte sie mir, daß sie mehr Zeit für sich selber brauche – ohne mich. Liebe sei nicht das Richtige für uns, sondern Freundschaft und mehr nicht.

Ich fing sofort eine Psychotherapie an, um das Loslassen zu lernen. Mir ging auf, daß sie auf Machotypen flog, männlichere Männer als ich, die ihr aus irgendeinem Grunde *nicht* zur Verfügung standen. Sie hat mir das auch bestätigt. Ich kaufte mir Ihr Buch, um es noch einmal zu lesen, weil ich mir mehr Klarheit über sie verschaffen wollte. Ich nahm es zusammen mit den anderen von Ihnen empfohlenen Büchern mit in den Urlaub. Ich habe eine Woche lang gelesen und bin dann früher nach Hause zurückgekehrt. Ich hatte *mich* gefunden: das erwachsene Kind eines Alkoholikers, einen Mann, der zu sehr liebte. Ich hatte immer gedacht, einigermaßen normal und gesund zu sein. Jetzt erkennen zu müssen, wie mein Leben tatsächlich ausgesehen hat, empfinde ich als niederschmetternd.

Seit meiner Scheidung vor sechs Jahren habe ich mich auf verschiedene therapeutische Erfahrungen eingelassen. Zwanzig Jahre lang bin ich in die rauhe Schule des Lebens gegangen, um zu lernen, was Beziehungen zwischen Menschen sind. Aber jetzt geht auf einmal alles viel schneller: ich fange an zu begreifen und werde ein anderer Mensch. Therapeutische Erfahrungen sammle ich – mit Unterbrechungen – bereits seit fünfundzwanzig Jahren. Seit fünf Jahren fühle ich mich sehr stabil und gesund. Ich habe ein Diplom als psychologischer Berater und bin seit zehn Jahren Professor an einem College.

Erst jetzt weiß ich, daß ich dicke Probleme habe. Ich habe meine Beziehungsschwierigkeiten niemals damit in Zusammenhang gebracht, daß ich im Umfeld von Alkoholismus aufwuchs. Ich war bereit, diesen letzten Bruch als Chance zum Reiferwerden aufzufassen. Aber entdeckt habe ich nun eine bösartige Krankheit mit der Bezeichnung «zu sehr lieben». Ich fühle mich seelisch jetzt sehr labil, stecke in einer Sackgasse und brauche Hilfe. Diese Woche werde ich anfangen, die Meetings der «Erwachsenen Kinder von Alkoholikern» zu besuchen. Trotz all meinem psychologischen Wissen habe ich es glatt versäumt, mich selbst zu diagnostizieren, aber weil ich heute verstehe, warum ich mich so und nicht anders entwickelt habe, fühle ich mich am wohlsten, wenn wir, wie es jetzt geschieht, den Hebel direkt an meinem Problem ansetzen.

Frederic J.

Liebe Robin,
Susie hat mir eines Abends im Bett ganz ruhig mitgeteilt, sie sei mit meiner negativen Einstellung zum Leben nicht mehr einverstanden und nicht länger bereit, die Kraft aufzubringen, um mit meiner Unzufriedenheit und meinem Mangel an Offenheit und Gefühl weiterzuleben. Diese Worte und dazu ein Zwischenfall mit unserer Tochter, der, wie sich herausstellte, allein durch ihre Angst vor mir verursacht worden war und zum Glück vom Notarzt noch einmal abgewendet werden konnte – diese beiden Dinge schließlich haben meinen Panzer aufgebrochen. Ich konnte einfach nur noch zustimmen. Ich las Ihr Buch – und das hat bei mir noch mehr aufgebrochen. Ich habe lange nicht mehr so geweint wie beim Lesen von «Wenn Frauen zu sehr lieben». Ich gehe jetzt zu einem Psychologen und hoffe, dadurch meine Einstellung zum Leben zu ändern.

Benjamin D.

Liebe Frau Norwood,
ich bin zweiundzwanzig, stehe kurz vor dem College-Abschluß und will anschließend Jura studieren. Mein Vater ist alkoholabhängig, und meine Mutter hat sich wenig um mich gekümmert. Vor kurzem kam es zum Bruch mit meiner Freundin, die ich sehr

geliebt habe. Wir sind sehr verschiedene Menschen und wollten gerade zusammen in eine psychologische Beratung gehen, um unsere Probleme durchzuarbeiten. Aber sie machte Schluß, noch ehe unsere Sitzungen begannen, und ich ging dann eben alleine hin. Meine Beraterin hat Ihr Buch noch nicht gelesen, aber sie wußte, worin meine Schwierigkeiten liegen. Ich habe eine lange Vorgeschichte mit Frauen, zu denen ich mich hingezogen fühlte, weil es ihnen schlecht ging und ich das Gefühl hatte, sie bräuchten mich zu sehr, um sich von mir trennen zu können. Meine Beraterin sagte mir, ich müsse mich an ebenbürtige Frauen halten, das änderte aber nichts an meinem Gefühl, es sei mein Fehler, daß diese Beziehungen schiefgingen. Dank Ihrem Buch «Wenn Frauen zu sehr lieben» weiß ich jetzt, daß das nicht der Fall ist. Ich habe einen langen Weg zur Genesung vor mir, aber ich fühle mich schon besser, nachdem ich erst die beiden Anfangskapitel Ihres Buches gelesen habe.

Ich schreibe Ihnen, um Ihnen zu sagen, daß die Welt voll ist von Männern, die dieses Problem haben. Fast alle meine Freunde gehören dazu. Wir nennen dieses Syndrom «Die Netten sind die Allerletzten». Ganz gleich, wie wir es anfangen, es endet immer damit, daß ein Mädchen uns schikaniert. Wir können es anscheinend keiner recht machen, weil eine «Frau, die zu sehr liebt» uns langweilig und öde findet, wenn wir eine Beziehung mit ihr wollen. Wenn wir uns andererseits mit einer Frau einlassen, die so ist wie die meisten Männer in «Wenn Frauen zu sehr lieben», schlittern wir in eine Katastrophe von ähnlichem Ausmaß, weil solche Frauen uns kujonieren. In gewissem Sinne haben wir es schwerer als «Frauen, die zu sehr lieben». Aber es ist tröstlich zu wissen, daß ich in diesem Kampf nicht alleinstehe. Mit Hilfe meiner neuen Einsichten, meiner Beraterin und meiner Freunde werde ich es schon schaffen.

Glenn R.

Mit Glenns Brief landen wir wieder bei der Frage der Geschlechtsrollen. Wer hat es schwerer – der Mann, dessen Verhalten im Gegensatz steht zu den gesellschaftlich geforderten Erwartungen an sein Geschlecht, oder die Frau, deren Verhalten von der Gesellschaft systematisch gefördert wird? Offensichtlich haben sowohl Männer als auch Frauen mit diesem Problem zu kämpfen, aber ausgehend von etwas verschiedenen Standpunkten. Der Versuch, das Ausmaß ihres Leidens zu vergleichen und gegeneinander aufzurechnen, ist wahrscheinlich nicht so fruchtbar wie die Erkenntnis, daß Angehörige beider Geschlechter leiden, unabhängig davon, welches Rollenstereotyp sie jeweils übernehmen. Selbst wenn die Rollen austauschbar sind, bleibt in Wirklichkeit die Unfähigkeit zur Nähe immer bestehen. Diese Unfähigkeit ist sowohl die tiefere Wurzel der Schmerzen als auch das Problem, das eine in die Tiefe wirkende Heilung erfordert. Solange wie wir unsere Aufmerksamkeit auf den Zustand unserer Beziehung zu einem anderen Menschen richten und nicht auf die Entwicklung unseres eigenen inneren Selbst, wird sich unsere Fähigkeit zur Nähe nicht entfalten. Ob Mann, ob Frau, erst müssen wir unser eigentliches Wesen akzeptieren und lieben, ehe wir dulden können, daß ein anderer Mensch uns nahe genug kommt, um uns kennen und lieben zu lernen.

Kapitel 10: Briefe von Frauen, die auf dem Wege der Besserung sind

Die Überschrift dieses letzten Kapitels soll nicht besagen, daß nur solche Frauen, deren Briefe hier folgen, wirklich auf dem Weg sind, von ihrer Beziehungssucht zu genesen. Die meisten anderen Frauen, deren Briefe Sie gelesen haben, befinden sich ebenfalls in verschiedenen Stadien der Genesung. Die folgenden drei Briefe dienen einfach dazu, einige der Richtungen weiter zu erhellen, die die Genesung einschlagen kann, und zu zeigen wie die Frau sich fühlt, die eine dieser Richtungen eingeschlagen hat.

Der erste dieser Briefe beschreibt, wie die Umgangsformen eines Paares sich ändern, wenn die Frau, die früher die Verantwortung für das Funktionieren der Beziehung getragen hat, ihre Bemühungen einstellt, da sie schließlich die Verantwortung nicht alleine trägt. Während sie ihre Einstellung zu sich selbst verbessert, schafft sie auch Raum für eine Verbesserung der Situation. Oder anders gesagt: man trampelt nicht auf uns herum, wenn wir nicht bereits am Boden liegen.

In den beratenden Berufen wird die Dynamik von Ehen und Familien oft mit einem tanzenden Mobile verglichen, wobei die einzelnen Teile die beteiligten Menschen repräsentieren. Die Art und Weise, wie die Menschen miteinander verbunden sind, und das Gleichgewicht, das dadurch geschaffen wird, halten das Gebilde als Ganzes in der Schwebe. Wenn ein Familienmitglied seine Position verändert, verändert sich automatisch das Gleichgewicht der ganzen Struktur. Dieses Phänomen wird im folgenden Brief kurz und bündig beschrieben.

Hallo!
ich habe gerade Ihr Buch zu Ende gelesen. Das hat mir vielleicht die Augen geöffnet! Meine Schwester hat es mir empfohlen, und die Woche darauf schrieb mir eine Freundin, daß ich es lesen solle – also machte ich mich sofort daran und bin *sehr* froh, daß ich das tat. Ich sehe die Dinge jetzt ganz anders! Ich habe mich bei einer neuen Gruppe für die «Erwachsenen Kinder von Alkoholikern» angemeldet. Meine Schwester und ich haben uns in den meisten Fallgeschichten wiedererkannt. Mir ist auch aufgefallen, seit ich Ihr Buch gelesen habe, daß mein Mann (ein genesender Alkoholiker) oft gesagt hat: «Wozu brauche ich dich eigentlich?», wenn ich nicht tue, was er will, und dann zitterte ich richtig vor Angst, nicht gebraucht zu werden, weil das bedeutete, daß er mich nicht mehr haben wollte, obwohl ich immer mitverdient, gekocht, saubergemacht, seine Schulden aus der Zeit vor unserer Ehe übernommen habe und so weiter und so weiter! Als er mich letzte Woche fragte, wozu er mich brauche, antwortete ich einfach: «Weiß ich doch nicht.» Später am Abend sagte er, ich würde wieder «solo» gehen müssen, wenn ich nicht mehr Aufschnitt für sein Brot herbeischaffe. Ich verspürte eine Mischung aus Angst und Freude, als ich einfach antwortete: «Aha?» Noch später fragte er mich, ob ich ihn noch liebe.

Wie Sie sehen können, steht mir jetzt der Weg offen, so zu werden, wie ich es mir immer erhofft habe – frei, heil und gesund.

Merrilee S.

Wenn sich in einer Paarbeziehung ein Mensch ändert, gibt es nur drei mögliche Folgen. Entweder stellt sich der Partner entsprechend darauf ein; oder die Person, die sich geändert hat, macht die Änderung rückgängig; oder das ganze Beziehungsgefüge ändert sich radikal. Die meisten von uns fühlen sich durch jegliche Veränderung bedroht, die auf uns zukommt, selbst wenn sie Positives verspricht. Unsere erste Reaktion besteht meist in dem Versuch, die alten, vertrauten Umstände wieder herzustellen, mit denen wir uns eingerichtet haben und umgehen können. Außerdem glauben viele von uns, daß jemand, der uns wirklich liebt, uns davor schützen wird, daß wir uns ändern müssen, und uns statt dessen nachsichtig gestattet, genauso zu bleiben, wie wir sind. Wir halten es dann für einen Mangel an Liebe, wenn das Verhalten des anderen uns dazu zwingt, unser eigenes zu überprüfen und umzustellen. Unglücklicherweise ziehen viele von uns die Stagnation des Status quo der Herausforderung durch Veränderungen vor, die die Qualität unseres Lebens verbessern können.

Solange Merrilee zuließ, daß sie schlecht behandelt wurde, tat sie damit ihrem Mann keinen Gefallen auf ihre Kosten. Sie ließ passiv Umgangsformen zu, die für *beide* ungesund waren. Indem sie besser für sich selber sorgt, verschafft sie ihrem Mann die Möglichkeit, ein reiferer und verantwortungsbewußterer Partner zu werden. Ob er diese Herausforderung annimmt oder nicht, hat nichts mit ihrem Wert als Mensch zu tun oder damit, ob ihre Handlungsweise richtig ist. Seine Reaktionen spiegeln seine Fähigkeit oder Unfähigkeit wider, sich in dieser Beziehung als Mensch weiter zu entwickeln.

Wenn wir die Analogie des «Tanzes» aus «Wenn Frauen zu sehr lieben» anwenden, heißt das: Führt Merrilees Mann einen seiner üblichen Schritte aus, dann erwartet er von ihr, daß sie den dazu passenden Schritt macht. Reagiert sie aber mit einem neuen, unbekannten Schritt, so wirft ihn das aus dem Gleichgewicht. Plötzlich sieht er sich einer Partnerin gegenüber, die einen Tanz vorführt, den er nicht kennt. Natürlich fühlt er sich bedroht und versucht, sie in die gemeinsame altbekannte Routine zurückzuschubsen. Wenn ihm das nicht gelingt, muß er sich entweder in Bescheidenheit fügen, um die Schritte für ihren neuen Tanz selbst zu erlernen, oder er muß ganz aufhören, mit ihr zu tanzen, und sich eine neue Partnerin suchen, mit der er auf die altbekannte Weise weitertanzen kann.

Man muß sich darüber im klaren sein, daß Merrilees geändertes Verhalten ihrem Mann gegenüber dazu führen kann, daß ihre Ehe endet. Wir alle gehen dieses Risiko ein, wenn wir das Verhalten aufgeben, das uns in einer Beziehung schadet. Aber ich stelle regelmäßig fest, daß wir letzten Endes nicht bestraft werden, wenn wir unsere eigene Genesung ins Werk setzen. Einige Umstände können sich so ändern, daß wir zunächst alarmiert sind; einige Menschen können sich von uns zurückziehen, die wir lieber nicht gehen sehen würden. Aber am Ende wird unser Leben in demselben Maße schöner, wie wir uns selbst gegenüber ehrlicher werden.

Der nächste Brief faßt zusammen, was das vorliegende Buch als ganzes über den Genesungsverlauf sagen will: wie schwer es ist, überhaupt Genesung zu erlangen, wie lohnend die Anstrengung ist, und wie langsam sie sich vollendet.

> Liebe Frau Norwood,
> als ich Ihr Buch frisch gekauft hatte, konnte ich immer nur ein paar Seiten lesen. Es wirkte so stark auf mich, weil ich mich auf jeder Seite wiederfand!
>
> Ich bin vierundvierzig Jahre alt und seit zwei Jahren bei den Anonymen Alkoholikern und trocken. Nun, nachdem ich im Dezember Ihr Buch zweimal gelesen hatte, wurde alles in mir aufgewühlt. Bis zu dem Zeitpunkt hatte ich keine Ahnung, wie unfähig ich war, mich auf mich selbst statt auf «ihn» zu konzentrieren. Sie schreiben ja selbst, daß Frauen wie ich, wenn sie anfangen, einfach mal sich selbst anzuschauen, auf eine larvierte Depression stoßen können, die seit Jahren vorhanden ist. Nun, bei mir war es so, und der Januar war der schlimmste Monat in meinem Leben, seit ich trocken bin. Aber außer meinen Büchern von den Anonymen Alkoholikern las ich jeden Morgen den Abschnitt in Ihrem Buch, in dem Sie mir garantieren, daß auch ich von dieser Krankheit genesen würde, wenn ich mich an das hielte, was Sie geschrieben haben (ebenso wie sie mir

bei den Anonymen Alkoholikern versprochen haben, daß es mir besser gehen würde, wenn ich die Treffen besuchte und nicht tränke).

Ich verbrachte also den Januar damit zu beten, mit meinem Mentor und anderen bei den Anonymen Alkoholikern zu sprechen, die Treffen zu besuchen und hatte das Gefühl, daß es mir schlechter und schlechter ging. Ich wollte nicht trinken, ich wollte nicht sterben. Aber die Qual war so grauenvoll, daß ich mir nicht vorstellen konnte, wie ich weiterleben sollte. Ich hatte das Gefühl, als ob das ganze Leid meines Lebens hochkäme und bekam einen Groll wie nie zuvor.

Eines Tages schließlich, als ich mein Morgengebet sprach, gab ich mich völlig und gänzlich geschlagen und überantwortete alles in Gottes Hand.

An diesem Tag wurde mir auch das erste Mal klar, daß ich nicht nur zu den Anonymen Alkoholikern, sondern auch zu den Treffen der «Erwachsenen Kinder von Alkoholikern» gehen müsse. Meine beiden Eltern leben und trinken immer noch. Dank einer Freundin konnte ich mir schließlich eingestehen, daß ich mehr Hilfe brauchte als die Treffen, und durch eine ganze Reihe von Umständen landete ich schließlich bei einer Therapeutin, die ganz wunderbar ist. Die empfahl mir, einen fünftägigen Workshop der «Erwachsenen Kinder von Alkoholikern» mitzumachen. Ich überlegte hin und her, ob ich meine beiden Kinder im Teenageralter eine Woche allein lassen könne, und dann entschied ich mich dafür, denn wenn ich schon so weit geführt worden war, hieß das auch, daß ich hingehen sollte. Also war ich letzte Woche dort. Ich habe mich mit meiner ganzen Wut und Leidensgeschichte auseinandergesetzt.

Frau Norwood, ich weiß gar nicht, wie ich Ihnen beschreiben soll, wie wunderbar ich mich jetzt fühle. Ich fühle mich gefestigter, als ob mein Inneres und mein Äußeres mehr übereinstimmten als je zuvor in meinem Leben.

Als ich ein kleines Mädchen war, hat unsere Nachbarin immer bei der Arbeit gesungen, und ich hörte ihr immer zu und wünschte mir dieses Glücksgefühl so sehr für meine Familie und mich. Singen tue ich zwar noch nicht, aber ich lache, und ich summe sogar ein bißchen vor mich hin. Ich war wirklich ein sehr sanftes Kind, und das erste Mal in meinem Erwachsenenleben beginne ich zu fühlen, daß diese Sanftheit immer noch da ist, und sie ist ein wichtiger Teil von mir. Im Workshop wurde mir gesagt, ich solle ein Kinderphoto von mir so aufstellen, daß ich es jeden Tag anschauen kann. Ich habe es an meinem Spiegel befestigt. Es hilft mir, mich jeden Morgen daran zu erinnern, mit mir sanft umzugehen.

Nach drei Ehen (die letzten beiden mit demselben Mann, die erste, vierzehn Jahre dauernde, mit dem Vater meiner Kinder) und drei Scheidungen (bis zu meiner ersten Scheidung vor zehn Jahren habe ich nicht getrunken) bin ich jetzt mit einem ganz guten Mann zusammen. Er ist geschieden und seit sechs Jahren trocken bei den Anonymen Alkoholikern. Er wohnt zwei Autostunden entfernt, deshalb sehen wir uns nur an den Wochenenden, und jeder von uns hat Zeit für sich. Wir arbeiten beide an einer gesunden Beziehung, aber manchmal ist es nicht einfach, weil es für uns beide so neu ist, gesund zu sein.

Ich muß Ihnen von dem erzählen, was Sie in dem Abschnitt «Lassen Sie sich nicht auf Beziehungsspiele ein» in «Wenn Frauen zu sehr lieben» geschrieben haben.

Eines Abends rief er mich eine Stunde später an als üblich. Gleich bekam ich es mit der Angst zu tun, fühlte mich verlassen und war sauer, aber statt ihn anzurufen und die Opferrolle zu spielen (und ich bin wirklich gut in dieser Rolle), holte ich Ihr Buch hervor. Da saß ich nun im Schneidersitz auf meinem Bett und wurde regelrecht geschüttelt von dem alten Zwang, ihn anzurufen und mit meinem Schweigen zu quälen, las aber dann doch lieber den Abschnitt über Beziehungsspiele, da klingelte das Telefon. Als er anfing, sich zu entschuldigen, sagte ich ganz locker: «Oh, das ist okay, mir geht's gut», und fing an, draufloszuschwätzen. Er war so überrascht, daß er ausrief «*Wirklich?*». Das restliche Gespräch verlief gut.

Hinterher habe ich mich gefragt, ob ich es ganz richtig gemacht hatte, aber wie auch immer, schließlich hatte ich zumindest das «Oh» herausgebracht. Jetzt muß ich immer lächeln, wenn ich dieses Wort gebrauche oder höre.

Fünf Tage später. Ich lese noch einmal durch, was ich geschrieben habe. Ich muß Ihnen sagen, daß ich mich ziemlich unsicher fühle, wenn ich Ihnen alle diese Gedanken so offen mitteile, dabei kenne ich Sie doch nicht einmal. Aber das Risiko lohnt sich, weil ich mir selbstsüchtig vorkäme, wenn ich nach allem, was geschehen ist, Ihnen meine Gedanken nicht mitteilen würde.

Ich bin nicht so gut im Abschiednehmen. Das macht mich immer traurig. Aber ich glaube, ich sollte jetzt Schluß machen.

Sara P.

Saras Brief verdeutlicht mehrere wichtige Aspekte der Genesung. Das hohe Maß an Schmerzen, das sie ertragen mußte, bevor sie bereit war, ihre Beziehungssucht an dieselbe Macht zu übergeben, die ihre Alkoholsucht geheilt hatte, ist typisch für Frauen, die zu sehr lieben. Wir geben unsere Bemühungen, das Unkontrollierbare zu kontrollieren, nicht so einfach auf. Ebenso typisch ist die Tatsache, daß sich der Weg zu dieser nächsten Genesung sehr schnell zeigte, nachdem Sara sich völlig ergeben hatte. Es kommt sehr darauf an zu verstehen, daß die krampfhafte Suche nach Patentlösungen nicht der Weg zur Genesung ist. Die totale Bereitschaft, unter allen Umständen genesen zu wollen, ist der notwendige erste Schritt. Dann zeigt sich uns der Weg zur Genesung von selbst.

Als Sara es fertigbrachte, trotz ihrer Angst, ihrer Schmerzen und ihres Ärgers über den verspäteten Anruf einfach «Oh...» zu sagen, und eben nicht versuchte, ihren Freund zu bestrafen, errang sie einen wichtigen Sieg bei ihrer Genesung. Ihr inneres Gleichgewicht zu halten, war ihr wichtiger, als Mitleid zu erregen oder Rache zu nehmen. Natürlich haben ihr neues Verhalten und die ungewohnte Reaktion darauf sie etwas verunsichert. Wir alle brauchen etwas Übung in Verhaltensweisen, die Teil der Genesung sind, ehe wir sie uns zu eigen machen und uns wohl damit fühlen. Zuerst werden diese neuen Interaktionsmuster uns kalt, gefühllos, unvermittelt oder unpassend vorkommen. Wenn wir im nachhinein feststellen müssen, daß wir, wie Sara, mit Selbstzweifeln kämpfen, kann es uns guttun, mit einem anderen Menschen zu sprechen, der auch auf dem Weg der Genesung ist. Ein solcher Mensch kann objektiv einschätzen, was geschehen ist und uns in unseren Versuchen bestärken, die Genesung in die Tat umzusetzen.

Und schließlich sei auf Saras Gefühl von Ungeschütztheit hingewiesen, das sich einstellte, nachdem sie sich mir so offen mitgeteilt hatte. Der Genesungsprozeß bringt es automatisch mit sich, daß wir auf andere Menschen mit größerer Ehrlichkeit und Offenheit zugehen und uns selbst weniger zu verteidigen und zu schützen versuchen. Dadurch fühlen wir uns verletzlicher. Das hängt mit dem Umstand zusammen, daß die Genesung uns ein klareres Bewußtsein von all unseren Gefühlen verleiht zusammen mit der Fähigkeit, besser damit umgehen zu können. Saras Verletzlichkeitsgefühl ist ebenso untrügliches Kennzeichen ihrer Genesung wie ihr Mut, so offen zu schreiben (und den Brief dann *abzuschicken*), obwohl sie es als Wagnis empfindet. Unsere Genesungserfahrungen anderen mitzuteilen ist Teil der Genesung selbst.

Der letzte Brief ist sehr lang und detailliert, eignet sich aber gut als Abschluß. Er stellt eine sehr typische Entstehungsgeschichte von Beziehungssucht vor. Die Absenderin beschreibt haargenau die Gefühle und Erfahrungen der Kindheit und des Erwachsenenlebens, die typisch sind für Menschen, die in der gespannten, streitsüchtigen Atmosphäre einer Alkoholiker-Familie aufwachsen:

- Alkoholabhängige Eltern, die (manchmal zu Recht) ihre Kinder verdächtigen, Drogen zu nehmen, sich vorrangig auf dieses Problem konzentrieren und es zur Hauptursache der familiären Schwierigkeiten erklären, während sie die Folgen ihrer eigenen Alkoholabhängigkeit für die Familie ignorieren.
- Kinder, die ganz erleichtert sind, wenn sie aus ihrer chaotischen alkoholabhängigen Familie in die vergleichsweise stabile und berechenbare Umgebung einer Institution wie Psychiatrieklinik oder die Jugendstrafanstalt gebracht werden.
- Die Flucht in die Ehe (Gail Sheehy spricht in ihrem Buch «Passages» = deutsch «In der Mitte des Lebens» von «jailbreak marriage» – Ausbrecherheirat) als Flucht aus einer unerträglichen häuslichen Zwangsatmosphäre.
- Das regelmäßige Versagen der professionellen Helfer, bei einem gestörten Kind auch auf Alkoholismus der Eltern zu achten. (Er ist der wichtigste ausschlaggebende Faktor im Leben der meisten gestörten Kinder und Erwachsenen, wird aber selbst nach zahlreichen Begegnungen mit Vorgesetzten, Beratern, Jugendarbeitern und so weiter nur ganz selten diagnostiziert.)
- Die Tendenz von Menschen aus Alkoholikerfamilien, suchtmittelabhängig zu werden und/oder jemanden zu heiraten, der suchtmittelabhängig ist.
- Die «Sucht, gebraucht zu werden», die bei den erwachsenen Töchtern von Alkoholikern so verbreitet ist und sie zu Männern hinzieht, die ihr Leben nicht bewältigen können, und die sie veranlaßt, ihren Partner zu verlassen, wenn sein Zustand sich erheblich bessert.
- Die grauenvollen Dramen, in die manche Alkoholikerfamilien verwickelt sind, die sich oft über Jahrzehnte und Generationen hinweg erstrecken und von den Nachwachsenden verlangen, in diesem fortgesetzten Kampf Partei zu ergreifen.
- Das Bedürfnis des erwachsenen Kindes aus einer Alkoholikerfamilie, sowohl im privaten als auch im beruflichen Bereich «die Kontrolle» zu behalten.

- Alkoholismus und Co-Alkoholismus, die beide dazu führen, daß das Leben nicht mehr zu bewältigen ist.
- Die Notwendigkeit, sich seinem lang unterdrückten Haß zu stellen und ihn loszulassen, damit die Genesung stattfinden kann.

Der folgende lange Brief beschreibt auch sehr deutlich viele typische Aspekte der Beziehung zwischen einem Mann, der körperlich mißhandelt, und der Frau, die es nicht fertigbringt, sich ihm zu entziehen, und vor allem den Aspekt der Wiederholung in mehreren Generationen, der im Leben dieser beiden Menschen durchbricht:

- Die Tatsache, daß die Abhängigkeit von chemischen Substanzen in der Familiengeschichte beider in dieser gewalttätigen Beziehung verbundenen Partner vorzufinden ist.
- Die Tatsache, daß der Mißhandelnde als Kind selbst mißhandelt worden ist.
- Extrem chaotische und/oder gewalttätige Verhaltensmuster in der Familiengeschichte *beider* in dieser gewalttätigen Beziehung verbundenen Partner.
- Das Eskalieren der körperlichen Mißhandlungen während der Schwangerschaft, entsprechend den größeren Schutzbedürfnissen und Ängsten beider Partner.
- Der zunehmende Suchtcharakter der Prügel-Beziehung.

Doch das Wichtigste an diesem Brief ist: Er beschreibt, wie bei einer geschlagenen Frau die Genesung nicht nur von Alkoholabhängigkeit, sondern auch von ihrer Beziehungssucht zustande kommt. Wer mit Opfern häuslicher Gewalt gearbeitet hat, weiß, wie selten diese Frauen in der Lage sind, sich dem Mann zu entziehen, der sie mißhandelt. Wir alle kennen die deprimierende Regelmäßigkeit, mit der eine geschlagene Frau zu dem Mann, der sie schlägt, zurückkehrt, der sie vielleicht umbringt oder den sie umbringt, während beide sich in der Spirale ständig zunehmender Gewalttätigkeiten höherschrauben.

Ich glaube, es kann nicht oft genug gesagt werden, daß

Frauen, die körperlich mißhandelt werden, am besten zu verstehen und zu behandeln sind, wenn man erkannt hat, daß sie beziehungssüchtig sind. Sie leiden an einer chronischen, sich verschlimmernden und schließlich tödlich endenden Krankheit, die von den betroffenen Frauen selbst und von denen, die sie behandeln, ebenso ernst genommen werden muß wie jede andere lebensbedrohliche Form von Sucht. Ausnahmslos alle der mir persönlich bekannten Frauen, denen es gelungen ist, von dieser besonders dramatischen und tödlichen Variante der Beziehungssucht zu genesen, haben das geschafft, indem sie sich auf das eine oder andere Zwölf-Schritte-Programm eingelassen haben, meistens das der Anonymen Alkoholiker oder das von Al-Anon. Genau wie die Schreiberin des folgenden Briefes waren die geschlagenen Frauen, die ich kennengelernt habe, samt und sonders ein Fall für eine dieser Anonymen-Gruppen oder für beide, und fingen an zu genesen, als sie die dort angewendeten Prinzipien auf ihre Beziehungssucht übertrugen.

Ich stelle diesen Brief hier und nicht im Kapitel über geschlagene Frauen vor, weil er ein Bekehrungserlebnis beschreibt. Viele Alkoholiker (aber bei weitem nicht alle) haben eine ähnliche Bekehrung erlebt, ein zutiefst spirituelles Erwachen, das so plötzlich und zwingend über sie kommt, daß sie von Stund an nie wieder das Verlangen hatten zu trinken. In diesem Brief lesen wir, wie eine beziehungssüchtige, geschlagene Frau eine solche Bekehrung erlebt. Einigen von Ihnen mag es beim Lesen dieses Briefes schwerfallen zu glauben, daß sich eine Heilung wirklich und wahrhaftig wie die hier beschriebene ereignen kann. Ich kenne genügend Menschen, die ähnliche Heilungen von anderen lebensbedrohlichen Suchtkrankheiten erlebt haben, um zu wissen, daß es solche Wunder geben kann und gibt. Da es in der Natur jedes Suchtkranken liegt, seine Krankheit beizubehalten und an ihren Folgen zu sterben, ist die Genesung von jeder Form von Sucht ein Wunder, ob sie nun durch eine plötzliche Bekehrung geschieht oder durch einen langsamen Prozeß, der Schritt für Schritt zur Veränderung führt. Da Belindas Brief den bösartigen, ja tödlichen Charakter ihrer Beziehungssuchtkrankheit so überdeutlich macht, halte ich ihren erschütternden Bericht über ihre erstaunliche Genesung für das große Wunder, mit dem ich dieses Buch beenden möchte.

Liebe Frau Norwood,
ich heiße Belinda E. Ich bin siebenundzwanzig Jahre alt, alleinstehend, Mutter eines zweiundzwanzig Monate alten Jungen. Ich habe Ihr Buch vor mehreren Monaten gelesen. Es hat mir rundum gefallen, und ich habe mich an vielen Stellen wiedererkannt. Beide Eltern Alkoholiker, und ich bin ebenfalls sowohl coabhängig als auch selbst genesende Alkoholikerin.

Bevor ich zum Hauptanliegen meines Briefes komme, muß ich Ihnen etwas über mein Leben erzählen. Ich habe bis jetzt noch nie an jemanden geschrieben, der ein Buch veröffentlicht hat oder prominent ist, außer einmal als kleines Mädchen, da habe ich an Golda Meir wegen eines Referats für die Schule geschrieben. Ich erzähle Ihnen das, weil ich hoffe und wünsche, daß Sie meinen Brief ganz lesen und ihn nicht als einen der üblichen Fan-Briefe beiseitelegen oder mich gar für eine «Spinnerin» halten.

Ich bin als drittes Kind und einzige Tochter einer typischen Mittelschichtfamilie geboren worden. Nach außen hin unterschieden wir uns in nichts von anderen Familien, trotzdem waren wir anders, denn meine Mutter war Alkoholikerin. Sie war ständig wutgeladen, verbittert, haßerfüllt und wurde dauernd ausfällig. Mein Vater war selten zu Hause, weil er arbeiten mußte.

Als Teenager war ich ebenfalls viel wütend, verbittert, voller Haß und ständig in einem depressiven Zustand. Meine Eltern hatten den Verdacht, ich nähme Drogen (was ich nicht tat), und schickten mich von einem teuren Psychiater zum andern in Therapie. Diese Ärzte versäumten es alle, meine häusliche Situation ins Auge zu fassen, und richteten statt dessen ihre ganze Aufmerksamkeit auf mein Verhalten, in dem sie das alleinige Problem sahen. Sie waren derselben Meinung wie meine Eltern (die achtzig Dollar pro Stunde bezahlen mußten), daß mein Verhalten geändert werden müsse. Als sie mit ihren Methoden die gewünschten Resultate nicht erzielten, wurde ich zur Behandlung in eine psychiatrische Klinik überwiesen.

In den sechs Wochen Klinik besserte sich mein Zustand enorm, aber nicht infolge der psychiatrischen Behandlung, sondern weil ich aus der ungesunden Atmosphäre zu Hause herausgenommen war. Ich fand es in einer Anstalt voller «Verrückter» friedlicher als bei mir zu Hause.

Nach Entlassung aus der Klinik war ich entschlossen, mich so lange wie nötig gut aufzuführen, weil ich wußte, ich mußte nicht mehr lange zu Hause bleiben. Heimlich schwor ich mir, da so bald wie möglich wegzugehen, und mit siebzehn tat ich das auch, indem ich den erstbesten Jungen heiratete, der mich haben wollte.

Mein erster Mann tat mir leid, und ich dachte, ich könne ihm helfen, seine Schüchternheit und Unsicherheit zu überwinden. Wir blieben vier Jahre verheiratet, und in dieser Zeit überwand er diese Schwächen aus eigenen Stücken, ohne mein Zutun. Er wurde geschäftlich erfolgreich, und kurz darauf verloren wir das Interesse aneinander und ließen uns scheiden.

Mein Problem mit dem Trinken begann nach der Scheidung. In den folgenden Jahren wurde mein Alkoholismus immer schlimmer. Ich fuhr auch damit fort, mit Männern meine Spielchen zu treiben, die mir leid taten und von denen ich das Gefühl hatte, daß sie mich brauchten. Zweimal bat ich solche Männer, mich zu heiraten, glücklicherweise lehnten beide ab, aber ich war jedesmal am Boden zerstört.

Während dieser Zeit verschlimmerte sich auch der Alkoholismus meines Vaters. Wir arbeiteten beide bei demselben Ölkonzern und er war im Begriff, diese Firma zu verlassen, der er praktisch sein Leben geopfert hatte. Wir fühlten uns sehr nahe und verbrachten Stunden damit, Geschäftsangelegenheiten zu besprechen und zu trinken.

Nachdem mein Vater in den Ruhestand getreten war, ging meine Mutter zu den Anonymen Alkoholikern und zog aus dem gemeinsamen Haus aus. Sie ließ ihr Gesicht liften und begab sich auf Europareise, während mein Vater ernsthaft versuchte, sich zu Tode zu trinken. Ich wurde fast verrückt vor lauter Sorgen und Enttäuschungen.

Als meine Mutter zurückkehrte, fing zwischen den beiden ein langer, erbitterter Scheidungskrieg an. Meine Mutter hatte sich schon lange als Frau ausgenutzt gefühlt und suchte jetzt Unterstützung in einer Frauengruppe. Es war ein gemeiner, schmutziger Krieg, und ich stand zwischen den Fronten, und beide wollten mich auf ihre Seite zerren.

Eines Abends erhielt ich einen Anruf von meiner Mutter, der mein Leben für immer ändern sollte. Sie sagte, sie habe mehrere kompetente Frauen aus ihrer Frauengruppe und auch eine Vermögensberaterin um Rat gefragt, und alle hätten ihr geraten, sich von meinem Vater nicht scheiden zu lassen, weil er bei seinem Quantum keine zwei Jahre mehr zu leben habe, und mit der Scheidung würden ihr vom Gesamterbe hundertachtzigtausend Dollar entgehen. Statt dessen plante sie, das Haus umzubauen und völlig separat von ihm zu leben bis zu seinem Tode. An diesem Punkt bin ich ausgerastet. Ich konnte nur noch schreien: «Du bist doch krank! Du bist doch krank!», bis ich schließlich auflegte. Ich rief meinen Vater an, der gerade betrunken war, und hörte von ihm, daß er mit den Plänen meiner Mutter einverstanden sei. Ich wußte nicht, wen ich mehr haßte, meine Mutter, weil sie sich solch einen krankhaften, grausamen Plan ausgedacht hatte, oder meinen Vater, weil er diesem Plan auch noch zustimmte. Ich wußte nur, daß ich von den beiden weg wollte, so weit wie nur irgend möglich, und von diesem Punkt an war es mir wirklich egal, ob sie am Leben waren oder tot.

Sie ließen sich nicht scheiden. Stattdessen fing meine Mutter wieder mit dem Trinken an, und sie versöhnten sich wieder, aber nun wollte ich nichts mehr mit ihrem Leben zu tun haben und sie aus meinem völlig heraushalten. Ich kündigte meine Stellung und zog weg.

Ich hatte so lange in wilder Unordnung gelebt, daß ich jetzt einen Beruf wollte, in dem es um Recht und Ordnung geht: Ordnungshüter. Ich wollte zur Polizei. Ich absolvierte eine Reihe von körperlichen und psychologischen Tests und wurde schließlich zur Polizeischule zugelassen. (Zu der Zeit war ich voll alkoholabhängig.)

Während meiner Polizeiausbildung traf ich bei einer Weihnachtsfeier einen Mann, der hieß Dave. Ich war auf der Party mit einem anderen Bekannten und nahm Dave gar nicht richtig wahr. Ein paar Tage später traf ich seine Schwester (die auch auf der Party gewesen war) beim Einkaufen, und sie sprach mich an und sagte, Dave habe sie nach meiner Telefonnummer gefragt. Ich gab sie ihr widerstrebend. Seit ich nicht mehr zu Hause lebte, fühlte ich mich Fremden gegenüber immer noch ängstlich, aber meine Freundin, die mich begleitete, sagte, ich solle es tun, es wäre doch vielleicht mal ganz toll, mit ihm etwas zu unternehmen.

Dave rief an, und wir verabredeten uns zum Angeln. Die Anziehung, die Dave auf mich ausübte, war von Anfang an enorm. Seine Frau hatte ihn vor kurzem verlassen und beide Kinder mitgenommen. Er war so deprimiert, daß er nicht arbeiten konnte. Er fuhr einen uralten Klapperkasten von Lieferwagen und hatte seine Wohnung räumen müssen. Er schien ein angenehmer, sanfter Mann zu sein, der gerade eine Pechsträhne hatte und jemanden brauchte, der sich um ihn kümmerte und ihm in dieser schwierigen Zeit half. Er erzählte mir sehr wenig von seiner Familie und seiner Vergangenheit und sagte, das würde ich alles noch früh genug herausfinden.

Eine Woche später war er bei mir eingezogen. Ich konnte die Polizeiausbildung nicht abschließen, weil Dave pausenlos seelische Stützung brauchte, und meine Unabhängigkeit geriet in Konflikt mit seinen Bedürfnissen. Weil ich abends immer trank, fiel es mir schwer, mich zu konzentrieren und den Tag durchzustehen.

Kurz darauf wurde ich schwanger. Ich dachte, jetzt schenke ich ihm die Familie, die er verloren hat, und daß ein neues Kind unsere Beziehung festigen und seine Selbstachtung anheben würde.

Keiner von uns konnte über längere Zeit eine Arbeitsstelle halten, und ich mußte meine Eltern andauernd um finanzielle Hilfe bitten, was ich verabscheute. Sie waren über meine Lage entsetzt und voller Vorwürfe mir gegenüber, und ich wollte doch immer vollkommen unabhängig von ihnen sein.

Statt unsere Beziehung zu verbessern, brachte uns die Schwangerschaft nur noch mehr Spannungen, und Daves Naturell kam zum Vorschein. Er mißhandelte mich verbal und körperlich. Später erfuhr ich, daß er als Kind von seinem Vater mißhandelt worden war.

Ich trank auch während der Schwangerschaft, aber nicht sehr viel. Ich bin mir sicher, daß ich die Mengen getrunken hätte, die mein ungeborenes Kind schwer geschädigt hätten, wenn ich nicht jedesmal elend krank geworden wäre, sooft ich das versuchte.

Ein perfektes Beispiel dafür, wie wahnwitzig unsere Beziehung war, ist das, was ich im siebten Monat erlebt habe. Ich hatte vorzeitige Wehen und mußte ins Krankenhaus, wo es hieß, ich würde das Kind verlieren. Während ich dort lag, die Kontraktionen spürte und furchtbare Angst hatte, die Ärzte und Schwestern fieberhaft arbeiteten, um die Wehen medikamentös zu stoppen, war Dave eifersüchtig auf die Zuwendung, die mir galt, und sagte, ich hätte es gut hingekriegt, daß die Leute mich von oben bis unten bedienten, während er einsam und verlassen zu Hause sitze, wo keiner ihm etwas zu essen mache und sich um ihn kümmere. Er gab mir tatsächlich Schuldgefühle ein, weil ich im Krankenhaus liegen «durfte», und ich rief seine Schwester an, um sie zu fragen, ob Dave nicht bitte so lange bei ihr essen könne, bis ich wieder nach Hause käme.

Sie retteten das Kind, aber ich durfte nicht weiter als bis zur Toilette gehen und sollte so viel wie möglich im Bett liegen, bis die neun Monate Schwangerschaft voll waren. Außerdem mußte ich viermal täglich teure Medikamente nehmen, damit die Wehen nicht wieder anfingen. An meinem ersten Tag zu Hause mußte ich den wöchentlichen Großeinkauf erledigen, weil Dave sich schlicht weigerte. Und später verlangte er, ich solle doch bitte mit den Medikamenten aufhören, die seien zu teuer.

Nach der Geburt begann ich wieder stark zu trinken, und Dave war absolut keine Stütze bei der Versorgung des Neugeborenen. Sein Verlangen nach pausenloser Aufmerksamkeit wuchs, und seine Wutanfälle wurden häufiger. Ich wurde mehrmals geschlagen und mußte zweimal die Polizei rufen, als es so weit kam, daß wir nicht nur wieder mal den üblichen Krach hatten, sondern daß mein Leben und das meines Kleinen ernsthaft in Gefahr waren.

Das ging mehrere Monate so, bis ich in einer anderen Gegend eine Arbeit fand und wir dort hinzogen. Wir wandten uns an eine Beratungsstelle, aber weil Dave das Gefühl hatte, die Beraterin und ich seien gegen ihn, war es damit nach drei kurzen Besuchen vorbei. Schließlich, nach einer weiteren Szene, rief ich die Polizei an und ließ Dave abführen.

Ich verlor wegen meiner Trinkerei innerhalb kurzer Zeit mehrere Arbeitsstellen, und meine Angehörigen machten sich große Sorgen um meinen Sohn. Ich wollte mich ja um ihn kümmern, aber die Last meines Alkoholismus zusammen mit den vielen anderen Problemen zog mich immer tiefer in die Verzweiflung. Ich traf mich dann doch wieder mit Dave, um von ihm materiell und moralisch möglichst viel Unterstützung zu bekommen. Er bot mir etwas Geld an im Austausch für sexuelles Entgegenkommen meinerseits, und seine moralische Unterstützung sah so aus wie immer.

Ohne mein Wissen plante meine Familie eine «Intervention»* mit Hilfe einer Beraterin aus meiner Gegend. Sie nahmen zu David Kontakt auf, und alle Beteiligten trafen sich zur Vorbereitung im Büro der Beraterin. Dave wurde gesagt, daß die Vorbereitung für die «Intervention» vor mir geheimgehalten werden müßte, damit das ganze effektiv verlaufen könne, aber während einer Streiterei am folgenden Abend platzte er damit heraus, daß er und meine Familie darüber gesprochen hätten, mir mein Kind wegzunehmen, und alle hätten gesagt, das sei notwendig. Wir gerieten fürchterlich aneinander, und er hat mich geschlagen (das letzte Mal).

Am selben Abend kam später noch mein Bruder vorbei und erzählte mir, was es mit der «Intervention» in Wirklichkeit auf sich habe. Er war so liebevoll und mitfühlend. Ich war damit einverstanden,

* Eine solche «Intervention» ist eine therapeutisch strukturierte Konfrontation, bei der die Familie und die Freunde / Freundinnen dem / der Alkoholkranken einige Situationen vor Augen führen, in denen seine oder ihre Trinkerei Probleme und seelische Schmerzen verursacht hat. Das geschieht unter Anleitung einer neutralen Person, gewöhnlich einer Beraterin / eines Beraters, die / der für diese Aufgabe ausgebildet wurde. Ziel der «Intervention» ist es, den Alkoholkranken dazu zu bringen, daß er oder sie sich in Behandlung begibt.

die Beraterin aus eigenen Stücken zu konsultieren. Ich würde einen Termin ausmachen und freiwillig hingehen, aber mich nicht in meiner eigenen Wohnung vor den Augen meiner ganzen Familie fertigmachen lassen.

Innerhalb von fünf Minuten erzählte mir die Beraterin bei unserem ersten Treffen ohne Umschweife, in welchem Zustand ich sei und worauf ich zusteuerte. Sie hatte gedacht, ich würde hochgehen, aber das tat ich nicht. Ich wußte ja, daß sie mir die Wahrheit sagte. In gewisser Weise war ich erleichtert, weil ich nicht mehr so allein dastand. Einen Menschen gab es jetzt, der wußte, in was für einem schwarzen Abgrund ich fast mein ganzes Leben zugebracht hatte.

Wenige Tage später saß ich im Flugzeug, um ein Behandlungszentrum für Drogenprobleme und Alkoholismus in einem anderen Bundesstaat aufzusuchen. Und genau zur gleichen Zeit war auch mein Vater unterwegs zu einem Behandlungszentrum für Alkoholismus. Ich landete in einem prächtigen alten Herrenhaus inmitten der schönsten Landschaft, für dieses Heim waren diese herrlichen Hügel und Täler wie geschaffen. Ich erfuhr dort mehr Liebe, Unterstützung und Verständnis, als ich es mir jemals in meinem ganzen Leben erträumt hatte. Ich lernte viel über die Krankheit Alkoholismus, und mit Hilfe eines fantastischen Teams von Beratern und der Unterstützung der Patienten, die genauso waren wie ich, konnte ich den Haß auf meine Eltern zum großen Teil aufarbeiten.

Allerdings lehnte ich es ab, mich mit meinen Gefühlen für Dave auseinanderzusetzen, weil ich immer noch träumte, daß er sich ändern und unsere Liebe uns helfen würde, alles durchzustehen.

Während ich weg war, schaffte Dave alle meine Sachen in seine Wohnung. Er kam in meiner letzten Woche ins Behandlungszentrum und saß in einigen meiner Sitzungen dabei. Er unterzog sich außerdem schriftlich einigen psychologischen Tests, und wir hörten uns gemeinsam die Resultate an.

Die Beraterin erklärte ihm, alles spreche dafür, daß auch er von chemischen Substanzen abhängig sei. Sie beschrieb auch seine seelische Unreife, seine unrealistische Haltung und seine Veranlagung zur Gewalttätigkeit. Dave hatte dazu wenig zu sagen, und ich beachtete diese Befunde gar nicht, weil ich das Beste von ihm glauben wollte. Ich wußte, daß Dave gelegentlich Pot rauchte, aber das war meines Wissens nicht problematisch. Wir kehrten in seine Wohnung zurück und holten kurz darauf unseren Sohn aus dem Haus meiner Mutter ab. Ich ging davon aus, daß wir wieder eine richtige Familie sein würden.

Es dauerte nur ein paar Wochen, und Davids Marihuanakonsum wurde für uns zum Problem. Er rauchte nie zu Hause in meiner Gegenwart, sondern stahl sich regelmäßig weg und kehrte dann «stoned» und sauer auf mich zurück wie ein Teenager mit schlechtem Gewissen. Ich lernte schnell, daraus keine große Sache zu machen, weil sein Zorn sich dann bis zur Gewalttätigkeit steigerte, und ich wollte es unter keinen Umständen riskieren, mich oder meinen Sohn wieder seinen wüsten Attacken auszusetzen. Solange ich trank, war ich nicht in der Lage gewesen, mich selbst soweit unter Kontrolle zu halten, daß ich meine Gefühle für mich behielt, aber nüchtern konnte ich die Zerstörungskraft spüren, die hinter seiner Raserei lag, und ich lernte, meine Gefühle in seiner Gegenwart zurückzuhalten.

Es zeigte sich schnell, daß ich *gar kein* Gefühl äußern konnte, das nicht seinen Ärger hervorrief, und so wahrte ich ihm gegenüber eine kühle Fassade, während ich meine wirklichen Gefühle in den Einzelsitzungen bei meiner Beraterin herausließ und vor den Frauen in der Gruppentherapie, die wie ich waren.

Aber unser Sohn Patrick war noch zu klein, um die

Notwendigkeit einzusehen, den Ausdruck seiner Gefühle zu kontrollieren. Eines Abends als ich Patrick zu Bett gebracht hatte, wollte ich im Laden noch ein paar Flaschen Cola kaufen. Ich ging die Treppe runter und tat so, als ob ich das Haus verließe, indem ich die Tür zuschlug, versteckte mich aber im Eingang, um mich aus Jux nach oben zu schleichen und Dave zu erschrecken. Patrick in seinem Zimmer fing an zu weinen, und sofort schrie Dave, der nicht wußte, daß ich noch da war, ihm Drohungen und Schimpfworte zu. Ich blieb in meinem Versteck, um zu sehen, was als nächstes geschah. Dave ging in Patricks Zimmer und schlug ihn so heftig, daß ich es unten hören konnte. Wie benommen blieb ich in meinem Versteck. Dave kehrte an seinen Platz im Wohnzimmer zurück, Patrick schrie herzzerreißend in seinem Bettchen. Dave stieß wieder einen Schwall von Verwünschungen aus, stürmte zurück in Patricks Zimmer und stand am Kinderbett und schlug auf den Kleinen ein, als ich dazu kam, um das Schlimmste zu verhüten. Ich schnappte mir meinen Sohn und ging auf und davon. Nachdem ich ziellos herumgefahren war, ohne zu wissen, wo ich bleiben konnte, kehrte ich am selben Abend spät zurück. Dave tobte, als wir das Haus betraten, warf mit Sachen nach mir und überschüttete mich mit Vorwürfen und wüsten Anklagen. Ich ging darauf gar nicht ein, sondern sagte nur, er solle sich abregen. Er verzog sich wutschnaubend ins Bett, und ich blieb die ganze Nacht wach und dachte nach...

Ich dachte daran, wie oft er unter Tränen um Verzeihung gebettelt und wie oft er hoch und heilig geschworen hatte, mich «nie wieder» zu schlagen. Meine Selbstachtung war so kümmerlich, daß ich ihm wider besseres Wissen glauben wollte und ihm jedesmal vergab, mit dem Ergebnis, daß es wieder und wieder passierte. Aber ich war nicht bereit, ein Risiko einzugehen, wenn es um meinen Sohn ging.

Und dieser neueste Vorfall zerstörte das letzte bißchen Hoffnung, mit dem ich mich an den Wunschtraum von einer heilen Familie geklammert hatte. Am nächsten Tag erzählte ich alles meiner Beraterin, und wir begannen, meine Flucht zu planen.

Zuerst mußte ich eine Arbeit finden. Dave wollte, daß ich arbeitete (weil das Geld brachte), aber er wollte nicht, daß ich irgendwelche Außenkontakte oder Freundschaften hatte. Seine Mutter nahm es mir übel, daß ich nicht arbeitete, und sagte, ich solle meinen Mann unterstützen und mitverdienen. (Sie ist die Tochter eines Alkoholikers und hatte vier Ehemänner, die sie alle körperlich mißhandelten und/oder Alkoholiker waren). Meine einzigen Außenkontakte waren die Menschen im Behandlungszentrum und bei den Anonymen Alkoholikern. Und selbst die nahm Dave mir übel.

Ich suchte nach einer Arbeit und war zuversichtlich, daß sich bald etwas ergeben würde. Zwei Wochen vor meinem Halbjahrestag des Trockenseins (an dem Datum hoffte ich, stark genug zu sein, um auszuziehen) bekam ich ein ganz komisches Gefühl, das nicht wieder wegging. Es war etwas Ähnliches wie ein «Déjà-vu-Erlebnis» und wurde von Tag zu Tag intensiver. Mir war, als ob ich alles, was ich erlebte, früher schon einmal erlebt hätte: Ich wußte, was die Menschen sagen wollten, noch bevor sie es tatsächlich aussprachen; ich wußte sogar, wann das Telefon klingeln würde, bevor es dann wirklich klingelte. Ich fand das sehr merkwürdig und habe einigen wenigen auch davon erzählt, aber es war auch ein gutes Gefühl, als ob ich vor ungewöhnlichen Ereignissen oder Gefahren gewarnt werden solle.

Nach einer Woche war dieses Gefühl enorm stark geworden. Dave und ich wurden eines Abends bei seiner Mutter zum Essen erwartet, und irgend etwas sagte mir, ich solle da nicht hingehen. Früher hätte ich Dave nie zu sagen gewagt, ich würde nicht mitgehen, weil das mit Sicherheit zum Streit führte, und noch einen Streit mit ihm durfte ich nicht riskieren. Aber diese neue Vorahnung war so stark, daß ich mich nicht darüber hinwegsetzen konnte.

Wunderbarerweise fand ich die richtigen Worte, die Dave nicht mißtrauisch oder wütend machten, und er war einverstanden, alleine zu gehen. Als er fort war, brachte ich Patrick zu Bett und legte mich zum Ausruhen kurz auf dem Sofa hin.

(Zwischendurch muß ich Ihnen sagen, daß ich kein frommer Mensch bin. Während meines Aufenthalts in der Heilstätte bin ich Gott wieder nähergekommen, wobei mir ein gütiger Seelsorger, der dort arbeitete, geholfen hat. Aber das ist bei mir der reinste Kinderglaube. Jeden Abend bete ich zum lieben Gott, daß in meinem Leben Sein Wille geschehe, das war und ist auch heute noch das, woran ich glaube.)

Als ich auf dem Sofa aufwachte, war das Gefühl des Vorherwissens so stark, daß ich große Angst bekam. Ich hatte so etwas gelegentlich auch früher schon erlebt, immer in Verbindung mit schlimmen oder negativen Ereignissen, aber noch nie war es so stark gewesen. Diesmal schien sich eine gewaltige elektrische Energie im Zimmer zusammenzuballen, und ich saß auf dem Sofa starr vor Entsetzen. Ich befürchtete, dies sei Gottes Warnung, daß mein Leben bald zu Ende gehe, daß Dave von meinen Plänen erfahren und mich umbringen werde. Ich wußte ganz sicher, wenn Dave erführe, was ich vorhatte, würde er einen Wutanfall bekommen und mich ganz bestimmt umbringen.

Dann sah ich plötzlich mein ganzes Leben wie in einem Film vor mir ablaufen, zwar chronologisch nacheinander, aber doch synchron verdichtet auf einen winzigen Zeitpunkt. Und damit einher ging eine Art Wissen, das ich nicht ganz erklären kann. An die Stelle der bisherigen Gefühle, die ich jedem Menschen in diesem Film entgegengebracht hatte, schob sich für alle ein liebevolles Akzeptieren. Ich sah, daß wir alle nur Opfer waren und keiner Vorwürfe verdiente.

Als der «Film» aufhörte, war noch nicht alles vorbei, und ich fürchtete immer noch, das Ganze sei ein Vorzeichen für meinen baldigen Tod. Ich fragte Gott: «Hast Du mich bis hierher gebracht, nur damit es so enden muß?», da wurde meine Aufmerksamkeit plötzlich auf ein Bild an der Wand gelenkt.

Ich hatte das Gemälde von einer Freundin bekommen, mit der ich vor Jahren zusammen gearbeitet hatte. Ich nahm es jedes Mal mit, wenn ich umzog, weil ich es ganz schön fand, aber es hat mir sonst nicht viel bedeutet. Aber jetzt war mir, als ob ich das Bild zum ersten Mal sähe. Und während ich es anschaute, vernahm ich die wortlose Botschaft: «So wird der Film enden». Dieses Gefühl, dieses Wissen traf mich wie ein Blitz.

Das Ölbild zeigt eine herbstliche Szene mit goldenen Bäumen und sanften Hügeln. In der Ferne sieht man eine blonde Frau mit einem kleinen Kind an ihrer Seite, die auf einem langen, schmalen Pfad vom Betrachter weg auf den Horizont zuwandert. Voller Staunen sah ich: das war ja ein Bild von Patrick und mir beim Spazierengehen in dieser schönen Hügellandschaft, die uns umgab! Ich hatte das Bild vor Jahren geschenkt bekommen, lange bevor ich ahnen konnte, daß ich jemals ein Kind haben oder irgendwo anders leben würde als in dem flachen Land ohne Berge, das meine Heimat war.

Jetzt hatte ich keine Angst mehr, sondern fühlte mich entrückt. Ich war glücklich, dankbar und überwältigt! Das alles war so unwirklich, daß ich gar nicht glauben konnte, was geschah.

Und dann kam das Merkwürdigste. Ich vernahm mancherlei Dinge, aber wieder nicht in Worten und auch nicht in einer logischen Reihenfolge. Es war, als ob ein großer Wissensschatz fest und tief in meinen

Geist eingelassen würde. (Mit ist klar, daß ich Ihnen wie eine Wahnsinnige vorkommen muß. Aber bitte denken Sie so nicht von mir! Ich schwöre, daß jedes meiner Worte wahr ist.)

Mir wurde gesagt: «Du mußt anderen zeigen, was ich dir gezeigt habe. Alles, was in deinem Leben geschah, hatte seinen Grund. Dein Leiden war nicht sinnlos. Wenn du deine Lebenserfahrungen anderen mitteilst, wirst du ihnen helfen, sich in deinen Qualen wiederzuerkennen, so daß sie einen anderen Weg einschlagen und Meine Führung suchen können. Du mußt mit Aufrichtigkeit und Mitgefühl vorgehen und den ernsthaften Wunsch haben, anderen zu helfen, ohne für dich finanzielle Vorteile daraus zu ziehen. Wenn du tust, worum ich dich bitte, ist dein Lohn dir gewiß.»

Ich konnte nicht glauben, was da von mir erwartet wurde! Ich bin nicht so eitel zu glauben, daß mein Leben sich von dem anderer Menschen wesentlich unterscheidet, die in einer ähnlichen Umgebung aufwachsen. Ich bin sicher, daß es vielen Menschen noch sehr viel schlechter ergeht als mir. Und viele Leute glauben wahrscheinlich, ich sei die meiste Zeit meines Lebens verwöhnt worden, weil meine Familie immer Geld gehabt habe. Als ich davon zu Gott sprach, gab er zur Antwort: «Um so mehr Grund hast du, zu tun, worum ich dich bitte. Geld war es nicht, was dich leiden ließ, als du ein Kind warst.»

Heute *bin* ich die Frau auf dem Ölbild. Patrick und ich sind von Dave weggegangen, haben ihn der Obhut Gottes überlassen und wünschen ihm wirklich alles Glück. Wir lieben ihn und werden ihn oft vermissen, aber ich weiß, daß wir ihn verlassen mußten, denn unsere Zukunft liegt hinter den Bergen.

Und nun versuche ich zu tun, worum ich gebeten wurde, aber ich weiß nicht, wie ich es anfangen soll. Ich schreibe gerne, aber ich weiß, daß ich weder das Talent noch das Wissen habe, ein Buch zu schreiben, das meinem Auftrag gerecht wird. Ich kenne mich mit den Medien überhaupt nicht aus und weiß noch nicht einmal, wo ich mich darüber informieren könnte. Das einzige, was mir einfiel, war, Ihnen zu schreiben, Ihnen meine Geschichte zu erzählen und zu hoffen, daß Sie den Wunsch verspüren, sich auf mein Vorhaben einzulassen. Vielleicht können Sie mir einen Rat geben oder Vorschläge machen, was ich am besten tun sollte.

Bitte glauben Sie mir, daß ich keine «Spinnerin» bin. Es gibt viel in meinem Leben, dessen ich mich schäme, und ich habe vieles getan, worüber ich lieber nicht reden möchte, weil ich sehr zurückgezogen lebe; aber ich muß tun, was mir aufgetragen wurde, und ich finde, ich zahle damit einen geringen Preis für ein gesundes Leben für mich und meinen Sohn. Doch der wichtigste Grund, aus dem ich es tun muß, ist, daß es anderen, die sonst in die gleiche ausweglose Lage geraten wie ich, vielleicht doch einen Ausweg zeigen kann.

Danke dafür, daß Sie diesen langen Brief gelesen haben. Ich habe vorher Gott um Hilfe gebeten, die richtigen Worte zu finden, um Sie zu erreichen, und ich habe das Gefühl, Er hat es vollbracht.

Wenn dieser Brief Sie erreicht, im tatsächlichen und im spirituellen Sinne, schenken Sie mir doch bitte ein Zeichen der Verbundenheit. Ich hoffe, bald von Ihnen zu hören.

Belinda E.

Liebe Belinda,
ich hoffe, daß wir gemeinsam das tun, was Gottes Wille war, als Sie Ihren Brief schrieben. Ich danke Ihnen, daß Sie Ihre Lebensgeschichte an alle weiterschenken, die das vorliegende Buch lesen.

Anhang

Praktische Hinweise

Zitat aus einem Brief der Nationalen Kontakt- und Informationsstelle zur Anregung und Unterstützung von Selbsthilfegruppen in Berlin vom 15. 7. 1987: «Im Vorfeld der Erstellung des Buches ‹Wenn Frauen zu sehr lieben› hatten Sie [gemeint: der Rowohlt Verlag] angefragt, ob Sie unsere Adresse als Kontaktstelle für Selbsthilfegruppen-Interessenten angeben dürfen. Heute würde ich denken, ich habe diesem Wunsch zu ‹leichtfertig› zugestimmt. Denn die Nachfragen nach entsprechenden Selbsthilfegruppen (man nennt die Gruppen mittlerweile schon ‹Norwood-Gruppen›) war dermaßen hoch, daß teilweise bis zu zwei Drittel der täglichen Anrufe und Anschreiben von Frauen zu verzeichnen waren, die dieses Buch gelesen hatten und nun eine Gruppe suchten. – Das Problem war nun für uns, daß Menschen über uns Gruppen suchten, die es noch gar nicht gab. Zum Teil durch unsere Vermittlung haben dann örtlich arbeitende Selbsthilfegruppen-Unterstützungseinrichtungen angefangen, mit Betroffenen entsprechende Gruppen aufzubauen. Zur Zeit schätzen wir, daß es zwischen 50 und 100 Gruppen gibt. Tendenz: steigend.»

Ein halbes Jahr später, im Februar 1988, schreibt die Zeitschrift «Psychologie heute» über den «Bestseller wie Robin Norwoods Buch ‹Wenn Frauen zu sehr lieben›, das an bundesdeutschen Volkshochschulen geradezu ein ‹Norwood-Fieber› hervorgerufen hat».

Falls Sie eine solche «Norwood-Gruppe» suchen oder gründen wollen, finden Sie nützliche Informationen und Unterstützung bei folgenden Organisationen:

SELBSTHILFEGRUPPEN

Nationale Kontakt- und Informationsstelle zur Anregung und Unterstützung von Selbsthilfegruppen e. V.
Albrecht-Achilles-Straße 65
D-1000 Berlin 31
Tel. 030/8914019

Kontakt- und Informationsstelle für
Selbsthilfegruppen
(K. I. S. S.)
Gaußstraße 21
D-2000 Hamburg 50
Tel. 040/395767

Servicestelle für Selbsthilfegruppen
Schottenring 24
A-1010 Wien
Tel. 0222/6614405

Team Selbsthilfe Zürich
Wilfriedstraße 7
CH-8032 Zürich
Tel. 01/558678 (Mo 18–20, Mi 8–12)
01/2523036 (Fr 10–12, 13–16)

ANONYME ALKOHOLIKER

Bundesrepublik Deutschland
Anonyme Alkoholiker
Gemeinsames Dienstbüro
Postfach 100422
D-8000 München 1
Tel. 089/555685

Österreich
Anonyme Alkoholiker
Postfach 91
A-5400 Hallein

Schweiz
Anonyme Alkoholiker
Schweizerische Kontaktstelle
Cramerstraße 7
CH-8004 Zürich
Tel. 01/241 3030

Südtirol
Kontaktstelle der AA
Paternsteig 3
I-39031 Bruneck

AL-ANON

AL-ANON Familiengruppen
Zentrales Dienstbüro
Postfach 100192
Machabäerstraße 51
D-5000 Köln 1
Tel. 0221/125396

AL-ANON Familiengruppen
Zentrale Kontaktstelle
Postfach 85
A-1171 Wien

AL-ANON Familiengruppen
Kontaktstelle der deutschsprachigen Schweiz
Postfach 88
CH-4802 Sprengelbach
Regionale Telefonkontakte:
Aargau 062/518541 (Helen), Basel 061/468078 (Erna), Bern 031/360707, Luzern 041/368242 (Käthi), SG/TG 071/952874 (Claire), Zürich/SH
01/2521734 (Eva)

Deutsche Intergruppe der OA
– Anonyme Eßsüchtige –
Postfach 106206
D-2800 Bremen 1

Aktionskreis für Eß- und Magersucht
«Cinderella» e. V.
Westendstraße 35
Postfach 150105
D-8000 München 2
Tel. 089/5021212

Overeaters Anonymous
Postfach 680
CH-8021 Zürich

PRO FAMILIA Bundesverband
Cronstettenstraße 30
D-6000 Frankfurt am Main 1
Tel. 069/550901

FRAUENHÄUSER

ZiF Zentrale Informationsstelle
für autonome Frauenhäuser
Postfach 1433
D-3550 Marburg
Tel. 06421/14830 (Di 10–13)

«Soziale Hilfen für gefährdete Frauen und ihre Kinder»
Vereinssitz: Maroltingergasse 19–23
A-1136 Wien
Tel. 0222/943392

«Die Anschriften der beiden Frauenhäuser versuchen wir geheimzuhalten. Die folgenden Notrufnummern sind rund um die Uhr besetzt: 0222/31566, 0222/483880.»

Frauenhaus Zürich
Postfach 365
CH-8042 Zürich
Tel. 01/3632267

HILFE BEI SEXUELLEM MISSBRAUCH:

WILDWASSER e. V.
Mehringdamm 50
D-1000 Berlin 61
Tel. 030/7865017 (Mädchenbereich)
030/7865019 (Frauenbereich)

Literaturhinweise

ALKOHOLISMUS

WILHELM BURIAN: Die Psychotherapie des Alkoholismus. Unter besonderer Berücksichtigung des Frauenalkoholismus. Göttingen: Vandenhoeck & Ruprecht 1986

KARL H. GROHALL: Alkoholismus und Selbsthilfe. Stuttgart: Klett 1982

ELISABETH KLEIN: Kinder von Alkoholikerinnen. Meinungen, Urteile, Vorurteile und Nachforschungen seit dem 19. Jahrhundert. Köln: Forschungsstelle des Instituts für Geschichte der Medizin o. J. (Kölner medizinhistorische Beiträge 35)

BARBARA KÖPPL, WERNER REINERS: Hilfen für Kinder von alkoholkranken Vätern. Freiburg: Lambertus 1987

GERHARD KRAUSE: Alkoholismus. Ein Ratgeber. rororo 7449

STEFFEN NEUENDORFF, JÜRGEN SCHIEL: Al-Anon. Selbsthilfe für Angehörige von Alkoholkranken. Fischer Taschenbuch 3361

MARION ROLLIN, HARTMUT KLENKE: Schwankendes Glück. Das Buch zum Thema Alkohol. rororo 5405

FRED B. TASSEHOF: Brandwunden. Bericht eines anonymen Alkoholikers. Essen: Klartext 1983

IRMGARD VOGT: Alkoholikerinnen. Eine qualitative Interviewstudie. Freiburg: Lambertus 1986.

BEZIEHUNGSPROBLEME

Klaus Antons: Helfen oder Lieben? Trennung und Scheidung in psychosozialen Berufen. Reinbek: Rowohlt 1987

Jane Lazarre: Über die Liebe zu Männern. rororo 7755

Maria Marcus: Die furchtbare Wahrheit. Frauen und Masochismus. rororo 8313

Elisabeth Müller-Luckmann: Die große Kränkung. Wenn die Liebe ins Leere fällt. rororo 8379

Robin Norwood: Wenn Frauen zu sehr lieben. Die heimliche Sucht, gebraucht zu werden. Reinbek: Rowohlt 1986

Horst-Eberhard Richter: Eltern, Kind und Neurose. Psychoanalyse der kindlichen Rolle. rororo 6082

Horst-Eberhard Richter: Patient Familie. Entstehung, Struktur und Therapie von Konflikten in Ehe und Familie. rororo 6772

Wolfgang Schmidbauer: Die Angst vor Nähe. Reinbek: Rowohlt 1985

Diane Vaughan: Wenn Liebe keine Zukunft hat. Stationen und Strategien der Trennung. Reinbek: Rowohlt 1988

Jürg Willi: Die Zweierbeziehung. Spannungsursachen – Störungsmuster – Klärungsprozesse – Lösungsmodelle. Analyse des unbewußten Zusammenspiels in Partnerwahl und Paarkonflikt: Das Kollusionskonzept. Reinbek: Rowohlt 1975

DEPRESSION

Frederic F. Flach: Depression als Lebenschance. Seelische Krisen und wie man sie nutzt. rororo 7168

Kathy Nairne, Gerrilyn Smith: Leiden an der Wirklichkeit. Frauen und Depression. rororo 8358

ESSTÖRUNGEN

MARIA ERLENBERGER: Der Hunger nach Wahnsinn. Ein Bericht. Reinbek: Rowohlt Taschenbuch Verlag dnb 84

MARILYN LAWRENCE: «Ich stimme nicht». Identitätskrise und Magersucht. rororo 7965

ALICE SCHWARZER (Hg.): Durch dick und dünn. Ein EMMA-Buch. rororo 8092

MISSHANDLUNGEN

ARBEITSGRUPPE KINDERSCHUTZ (Hg.): Gewalt gegen Kinder. Kindesmißhandlungen und ihre Ursachen. rororo 6934

CORINNE DE BEER: Weil mein Vater so schlägt. Gespräche mit Kindern aus dem Frauenhaus Amsterdam. Frauen helfen Frauen e. V. Hamburg 1984 (über: Frauenbuchvertrieb u. Verlag GmbH, Berlin)

CHERYL BENARD, EDIT SCHLAFFER: Die ganz gewöhnliche Gewalt in der Ehe. Texte zu einer Soziologie von Macht und Liebe. rororo 4358

THERESIA BRECHMANN: Jede dritte Frau. Protokoll einer Vergewaltigung. rororo 12137

ANGELIKA EBBINGHAUS u. a. (Hg.): Wendepunkte. Frauen erzählen aus ihrem Leben. Alltag in einem Frauenhaus. Frauen helfen Frauen e. V. Hamburg 1982 (über: Frauenbuchvertrieb u. Verlag GmbH, Berlin)

FRAUENHAUS KÖLN (Hg.): Nachrichten aus dem Ghetto Liebe. Gewalt gegen Frauen. Ursachen, Auswirkungen, Bewältigungsstrategien. Köln: Frauenhaus Köln 1980

CAROL HAGEMANN-WHITE u. a.: Hilfen für mißhandelte Frauen. Abschlußbericht der wissenschaftlichen Begleitung des Modellprojekts Frauenhaus Berlin. Stuttgart: Kohlhammer 1981

BARBARA KAVEMANN, INGRID LOHSTÖTER: Väter als Täter. Sexuelle Gewalt gegen Mädchen. rororo 5250

PHILOSOPHIE, SPIRITUALITÄT

Ursa Krattiger: Die perlmutterne Mönchin. Reise in eine weibliche Spiritualität. rororo 8307

Wolfgang Schmidbauer: Alles oder nichts. Über die Destruktivität von Idealen. rororo 8393

Lutz Schwäbisch, Martin Siems: Selbstentfaltung durch Meditation. Eine praktische Anleitung. Reinbek. Rowohlt 1978

Anne-Marie und Reinhard Tausch: Wege zu uns. Menschen suchen sich selbst zu verstehen und anderen offener zu begegnen. Reinbek: Rowohlt 1985

Jürg Willi: Koevolution. Die Kunst gemeinsamen Wachsens. Reinbek: Rowohlt 1985

SELBSTHILFE

Nezih Acba: Selbsthilfe in Gruppen. Ein Leitfaden für Interessierte. Ehrenfried Klotz 1986 (im Verlag Vandenhoeck & Ruprecht, Göttingen)

Robert Anneken, Thomas Heyden (Hg.): Wege zur Veränderung. Beratung und Selbsthilfe. Tübingen: (Deutsche Gesellschaft für Verhaltenstherapie) DGVT 1985

Bloom, Coburn, Pearlman: Die selbstsichere Frau. Anleitung zur Selbstbehauptung. rororo 7281

Mascha M. Fisch: Gemeinsam werden wir es schaffen. Selbsthilfegruppen berichten. Herderbücherei 1195

Karl H. Grohall: Alkoholismus und Selbsthilfe. Stuttgart: Klett 1982

Josef Huber: Die neuen Helfer. Das «Berliner Modell» und die Zukunft der Selbsthilfebewegung. München: Piper 1987

Erhard Meueler: Wie aus Schwäche Stärke wird. Vom Umgang mit Lebenskrisen. Reinbek: Rowohlt 1987

Michael Lukas Moeller: Selbsthilfegruppen. Selbstbehandlung und Selbsterkenntnis in eigenverantwortlichen Kleingruppen. Reinbek: Rowohlt 1978

Michael Lukas Moeller: Anders helfen. Selbsthilfegruppen und Fachleute arbeiten zusammen. Stuttgart: Klett-Cotta 1981

Corinna Rosenberg, Marta Schönhals: Selbsthilfegruppen älterer Frauen. Bericht über einen Modellversuch. Stuttgart: Kohlhammer 1985

Ruth Schmid-Heinisch: Frauenwende. Neuorientierung in der Lebensmitte. München: Kindler 1986

Frauke Teegen, Anke Grundmann, Angelika Röhrs: Sich ändern lernen. Anleitungen zur Selbsterfahrung und Verhaltensmodifikation. rororo 6931

Alf Trojan (Hg.): Wissen ist Macht. Selbsthilfegruppen als Befreiung aus der Expertokratie. Fischer Taschenbuch 4173

SUCHT

Patrick Carnes: Zerstörerische Lust. Sex als Sucht. München: Heyne 1987

Christa Merfurt-Diete, Roswitha Soltau (Hg.): Frauen und Sucht. Die alltägliche Verstrickung in Abhängigkeit. rororo 7837

Lewis Yablonski: Synanon. Selbsthilfe der Süchtigen und Kriminellen. Stuttgart: Klett-Cotta 1975

THERAPIE

Hansjörg Hemminger, Vera Becker: Wenn Therapien schaden. Kritische Analyse einer psychotherapeutischen Fallgeschichte. Reinbek: Rowohlt 1985

Horst-Eberhard Richter: Eltern, Kind und Neurose. Psychoanalyse der kindlichen Rolle. rororo 6082

Horst-Eberhard Richter: Patient Familie. Entstehung, Struktur und Therapie von Konflikten in Ehe und Familie. rororo 6772

Wolfgang Schmidbauer: Die hilflosen Helfer. Über die seelische Problematik der helfenden Berufe. Reinbek: Rowohlt 1977

Wolfgang Schmidbauer: Helfen als Beruf. Die Ware Nächstenliebe. Reinbek: Rowohlt 1983
Anne-Marie und Reinhard Tausch: Wege zu uns und anderen. Menschen suchen sich selbst zu verstehen und anderen offener zu begegnen. rororo 8403
Jürg Willi: Therapie der Zweierbeziehung. Analytisch orientierte Paartherapie. Anwendung des Kollusions-Konzeptes. Handhabung der therapeutischen Dreiecksbeziehung. Reinbek: Rowohlt 1978

Register

Diane Vaughan

Wenn Liebe keine Zukunft hat

Stationen und Strategien der Trennung

Deutsch von Cornelia Holfelder-von der Tann, Ursula Höcker und Jürgen P. Krause

384 Seiten. Broschiert

Aus dem Inhalt:
Geheimnisse. Die Unzufriedenheit kommt zum Vorschein. Übergang: zwischen Abschied und Aufbruch. Ignorierte Signale: Versteckspiel zu zweit. Wenn die Illusion zusammenbricht. Rettungsversuche. Der Vorsprung des Initiators. Vor Publikum. Der Übergangsprozeß des Partners. Ablösung. Übergangsrituale.

Der amerikanischen Soziologin Diane Vaughan haben 103 Frauen und Männer in ausführlichen Interviews ihre «Trennungsgeschichten» erzählt. Bei der Auswertung stellte sich Überraschendes heraus: Bei allen individuellen Unterschieden der befragten Paare, ob aus armen oder reichen Verhältnissen stammend, ob hetero- oder homosexuell, ob verheiratet oder nicht, ob nach 18 Monaten oder 18 Jahren des Zusammenlebens – die Stationen und Strategien der Trennung gleichen sich in ihren Grundzügen, und es gibt erste, selten rechtzeitig erkannte Anzeichen für die beginnende Entfremdung.

Rowohlt

Robin Norwood

Wenn Frauen zu sehr lieben

Die heimliche Sucht, gebraucht zu werden

Deutsch von Sabine Hedinger

352 Seiten. Broschiert

«Ein Buch wie eine Intensivstation. Wie viele Herzen müssen bluten, damit so ein Buch der Weltbestseller des Jahres ist? Nr. 1 in Amerika, Nr. 1 bei uns.» *Bild der Frau*

«Ein Buch, das fesselt, das angst macht, das nicht mehr losläßt und unerbittlich nah ist.» *Prinz / Stadtzeitung Ruhrgebiet*

«Am Anfang war ein Buch ‹Wenn Frauen zu sehr lieben›. Inzwischen ist es ein ganzer Psycho-Boom. Frauen suchen per Zeitungsanzeigen Mitleidende, um sich in Selbsterfahrungsgruppen zusammenzuschließen. Therapeuten, die nach der Methode der amerikanischen Psychologin Robin Norwood arbeiten, müssen Wartelisten führen.» *Für Sie*

«... ist unter deutschen und amerikanischen Frauen gleichfalls zu einem Kultbuch der Lebenskorrektur geworden.» *Der Spiegel*